# 日本語漢字読法

曺 喜 澈 著

会話と作文活用
各種試験問題收録

學 士 院

# 머 리 말

日本語를 배우는 데 있어서 가장 어려운 점의 하나는 漢字를 익히는 일일 것이다. 우리나라에서는 漢字를 音만으로 읽는 데 비해, 日本漢字는 訓으로 읽는 방법도 있는 등 훨씬 복잡하고, 일상생활에서의 사용율도 우리나라보다 높기 때문이다.

漢字는 表意文字라는 성격 때문에 그 글자 수가 너무 많아서 정확한 글자 総数에 대해서는 定説이 없다. 현재 日本에서 발행된 사전 중에 가장 많은 수의 漢字를 수록한 「大漢和辞典(大修館)」에는 약 5만자가 실려 있다.

그러나 일본 사회에서 신문이나 잡지 등에서 일반적으로 사용하고 있는 漢字의 総数는 약 4千字 정도로 추정되고 있으며, 그 중에서 사용 빈도가 높은 상위 2千字의 사용도수 분포는 약 99% 전후에 이르고 있다.

이러한 의미에서 1981년에 「법령 · 공용문서 · 신문 · 방송 등, 일반사회에서 사용할 경우의 효율적이고 공통성이 높은 漢字를 모아 알기 쉽고 통하기 쉬운 문장을 쓰기 위한 漢字 사용의 기준으로 삼을 것을 목표로 제정된」 常用漢字(1945字)만 잘 익힌다면 별 불편없이 日本語를 읽고 쓸 수가 있을 것이다.

이 책은 「常用漢字」를 응용한 문형을 통하여 漢字를 익힐 수 있게 만들었다. 따라서 문제형식으로 된 문형을 통하여 漢字를 익힐 수 있을 뿐만이 아니라, 어휘·숙어·관용구 · 속담 등 日本語 전반에 대해 공부할 수 있으며, 나아가 日本語会話·作文 등의 실력까지도 향상시킬 수 있으리라 믿는다. 또 필요에 따라서는 「常用漢字」가 아닌 漢字를 사용한 경우도 있다.

日本漢字에 관한 것이라면 모두 실을 욕심으로 이 책을 엮었으나 아직도 부족한 것이 많으리라 생각된다. 앞으로도 여러분의 많은 의견과 충고를 받아 더 나은 내용이 되도록 계속 보완해 나가고자 한다.

끝으로 이 책이 나오기까지 도와주신 여러분과 学士院 장세진 사장님께 감사의 말씀을 드린다.

著 者　씀

# 目 次

## 第1部 日本語漢字 概要



## 第2部 日本語漢字 읽기

## 第3部 日本語漢字 쓰기



## 第4部 各種既出日本語漢字試験問題

# 第1部　日本語漢字 概要

## 1. 漢字의 伝来

漢字가 日本에 처음으로 전해진 시기는 확실하지 않지만 대체로 5세기 이전에 한반도를 통해 들어간 것으로 추정된다. 공식적인 漢字의 전래는 「日本書紀(720年)」에 따르면 応神天皇 15년(264年)에 百済의 阿直岐가 日本에 들렀고 이듬 해인 16年(265年)에는 阿直岐의 추천으로 王仁이 「論語」와 「千字文」을 가지고 갔다고 한다. 바로 이것이 漢文으로 쓰여진 문헌이 최초로 日本에 전해진 기록이다.

日本에는 원래 文字가 없었기 때문에 漢字가 日本에 막 전해졌을 때는 漢字는 모두 中国語式 내지는 韓国語式 発音으로 읽고, 漢字를 쓰는 것도 漢文(옛날 中国文章)을 쓸 경우에만 사용했을 것이다.

그러나 그러는 동안에 漢字와 漢文을 日本語로 번역하는 것을 생각해내고 또 漢字로 日本語를 나타낼 수 있게 되었다. 따라서 漢字는 外国의 文字라기 보다는 완전히 日本의 文字로 정착이 되고 日本의 독특한 「音」과 「訓」으로 읽게 되었다.

## 2. 漢字 읽는 법

中国語나 韓国語에서 漢字를 읽는 법은 一字一音이 원칙이지만 日本語에서는 대개의 漢字는 「音」과 「訓」의 두 가지 방법으로 읽는다. 또 「音」과 「訓」이 여러 개인 漢字도 있다.

예를 들면 「生」이란 漢字의 읽는 법은 「音」으로는 セイ・ショウ가 있고, 다음 「訓」으로는 いきる・いかす・いける・うまれる・うむ・おう・はえる・はやす・き・なま 등이 있다. 그밖에도 弥生(やよい)・千生(せんなり)・芝生(しばふ)・生憎(あいにく)・生呑(まるのみ)・平生(ふだん)・生命(いのち)・寄生木(やどりぎ) 등이 있으며 地名의 경우에는 더욱 복잡한 양상을 띠고 있다. 日本交通公社의 「時刻表」에서 「生」을 포함한 駅名을 들어보면,

生駒(いこま)・福生(ふっさ)・壬生川(にゅうがわ)・石生(いそう)・羽生田(はにゅうだ)・能生(のう)・栗生(あお)・生保内(あぼない)・麻生釣(あそづる)・生見(ぬくみ)・越生(おごせ)。

등의 예가 있다. 「生」을 읽는 법은 백 몇십 종류나 있다고 한다. 그런데 앞에서 언급한 대로 日本의 漢字를 읽는 법은 대체로 「音」과 「訓」의 두 종류가 있다.

## 3. 音読과 訓読

音読은 옛날에 漢字가 日本에 전해졌을 때 그 漢字가 가진 中国語로서의 発音 및 그것이 日本語風으로 변화한 것이다.

**訓読**은 그 漢字의 뜻에 대응하는 **和語**(고유日本語) 가운데 점차로 그 대응관계가 고정되어 읽게 된 것이다.

※ **音読**：中国에서부터 日本에 漢字가 전해졌을 때 漢字와 함께 들어온 읽는 법을 音読이라고 한다. 「音読」은 원래 中国의 말이므로 이것을 일본어로 대응시켜 읽은 것이 「訓読」이다. (예를 들면 「ショウ」라는 音으로 들어온 「松」에 「まつ」라는 日本語로 읽는 법이 더해져 「ショウ·まつ」라는 音訓両用의 읽는 법이 생기게 되었다.)

音読은 한 가지만 있는 것이 아니라 「行」처럼 「ギョウ」「コウ」「アン」 등 세 가지로 읽는 글자도 있다. 그것은 中国에서도 읽는 방법이 세 가지 있었고 또 한 가지로 읽던 것이 점차로 변해간 것을 나타내고 있다. 中国에서는 수 많은 나라가 흥망성쇠를 거듭하면서 수도가 바뀌고 문화의 중심지가 바뀌었다. 그리고 그때마다 그 지방의 말이 도입됨에 따라 글자를 읽는 방법이 늘어나기도 하고 변해가기도 했다.

그 대표적인 나라로서 「呉」「漢」「唐」 나라를 들 수가 있다. 音에는 「呉音」과 「漢音」 등이 있고 그 밖에 「唐音」이라는 좀 읽는 법이 특수한 것도 있다. 또 이 三者는 세 가지 모두 읽는 법이 다른 경우도 있고, 하나만 다른 글자도 있고 또 세 가지 모두 다 같은 글자도 있다. 여기서는 세 가지 모두 다 읽는 방법이 다른 글자의 예를 들어본다.

| 漢字音＼例 | 行 | 経 | 脚 | 明 |
|---|---|---|---|---|
| 呉　音 | ギョウ(修行) | キョウ(経文) | カク　(脚気) | ミョウ(灯明) |
| 漢　音 | コウ　(孝行) | ケイ　(経験) | キャク(脚本) | メイ　(明月) |
| 唐　音 | アン　(行火) | キン　(看経) | キャ　(行脚) | ミン　(明国) |

(1) **呉音**：呉(揚子江 下流地域)의 中国語音이 한반도를 거쳐 日本에 들어간 것으로 「対馬音」이라고도 한다. 日本에 가장 옛날에 전해진 것으로 불교관계 용어와 草木·薬品·가축名 등에 많이 쓰여지고 있다.

(2) **漢音**：呉音에 이어서 隋唐時代(奈良時代에서 平安時代初期)에 많이 전해진 것으로 당시의 수도이던 中国地方의 長安 부근의 발음이다. 奈良時代 이후 朝廷에서 「正音」으로 정해 보급에 노력했다. 이 漢音은 주로 学問의 世界에 많이 사용되었고 특히 근대 이후의 일본에서 많이 만들어진 새로운 漢語에는 주로 漢音이 사용되는 등 현대의 가장 일반적인 漢字音이다.

(3) **唐音**：鎌倉時代부터 江戸時代에 걸쳐 차츰 전해진 宋·元·明·清 등의 발음으로 宋音이라고도 한다. 이 音은 禅宗関係의 用語나 음식명·器具 등의 명칭에 보이는 좀 특수한 音으로 현대 中国語 発音에 가장 가깝다고 한다.

## 4. 重箱読(じゅうばこよ)み와 湯桶読(ゆとうよ)み

音으로 읽는 글자와 訓으로 읽는 글자가 복합되어 한 낱말을 이룰 경우에, 音으로 읽는 본래의 漢語와는 다른 특별한 것이라는 의식에서 이러한 용어가 생겼다. 일반적으로 重箱読み와

湯桶読み는 三字 以上의 熟語의 경우에는 해당되지 않고 二字熟語의 漢字・漢語가 日本語로서 일반화되어 본래의 日本語와는 구별의식이 없어지는 데서부터 생겼다.

**(1) 重箱読(じゅうばこよ)み：音＋訓**

「重(じゅう)・箱(ばこ)」처럼 漢字二字로 된 熟語를 읽을 때 처음의 한 字를 音으로 뒤의 한 字를 訓으로 읽는 것을 말한다.

〔例〕 悪玉(あくだま)・団子(だんご)・一時(いちどぎ)・駅売(えきうり)・毎朝(まいあさ)・本屋(ほんや)・客間(きゃくま)・落書(らくがき)・王手(おうて)・音引(おんびき)・気持(きもち)・借屋(しゃくや)

**(2) 湯桶読(ゆとうよ)み：訓＋音**

重箱読み와는 반대로「湯(ゆ)・桶(とう)」처럼 漢字 二字로된 熟語를 읽을 때 처음의 한 字를 訓으로 뒤의 한 字를 音으로 읽는 것을 말한다.

〔例〕 赤本(あかほん)・荷物(にもつ)・夕刊(ゆうかん)・手数(てすう)・身分(みぶん)・相客(あいきゃく)・消印(けしいん)・係員(かかりいん)・弱気(よわき)・場所(ばしょ)

## 5．慣用音(かんようおん)과 百姓読(ひゃくしょうよ)み

呉音・漢音・唐音 이외에 音이 日本에 들어오고 난 후에 日本에서 독자적인 변화를 한 것을「慣用音」이라고 한다.

〔例〕 立(リュウ→リツ)・話(クワ→ワ)・院(エン→イン)・輸(シュ→ユ)・遵(シュン→ジュン)

또 漢字의 構成要素로 부터 잘못 類推를 하여 그것이 일반화 된 것을「百姓読み」라고 한다.

〔例〕 消耗(ショウコウ→ショウモウ)・口腔(コウコウ→コウクウ)
洗滌(センデキ→センジョウ)・弛緩(シカン→チカン)
残滓(ザンシ→ザンサイ)・矜持(キョウジ→キンジ)
撒水(サッスイ→サンスイ)・憧憬(ショウケイ→ドウケイ)

위의 화살표 오른쪽에 있는 것이「百姓読み」로 밑줄 친 부분은 이미「慣用音」으로서 漢和辞典에도 실려 있다.「耗(コウ)」를「モウ」로 읽게 된 것은 旁의「毛」의 音에 이끌렸기 때문이다. 그 밖에 慣用音도 같은 사정으로 모두 변화한 것이다. 차차「消耗」라는 낱말은「慣用読み」가 일반화되어서 현재「ショウコウ」로 읽는 사람은 없는 실정이다.

## 6．当(あ)て字(じ)

日本語를 表記하기 위해 漢字를 사용할 때 그 漢字 본래의 意味와는 관계없이 단지「音」과「訓」만을 이용하여 적은 것으로 그 글자가 낱말마다 정해져 있는 것을 일반적으로「当て字」라고 한다.

〔例〕 砂利(じゃり)・師走(しわす)・部屋(へや)・天晴(あっぱれ)・可哀想(かわいそう)・珈排(コーヒー)・瓦斯(ガス)・合羽(カッパ)

또 다음과 같은 「当て字」는 漢字의 音訓을 이용함과 동시에 漢字가 가지는 뜻을 살리려고 한 것이다.

〔例〕 ① 時計(とけい)・三味線(しゃみせん)・波止場(はとば)・寄席(よせ)・護美箱(ごみばこ)

② 俱楽部(クラブ)(俱に楽しむ所)・歌留多(カルタ)(和歌を多く書きとめたもの)

## 7. 熟字訓(じゅくじくん)

漢字 二字以上의 熟字가 가지는 뜻을 利用하여 하나의 日本語 또는 外来語를 나타내는 것이다.

〔例〕 田舎(いなか)・五月雨(さみだれ)・梅雨(つゆ)・雪崩(なだれ)・浴衣(ゆかた)・老舗(しにせ)・煙草(たばこ)・麦酒(ビール)・硝子(ガラス)・憐寸(マッチ)

역시 위의 例도 일종의 「当て字」이지만 이것들을 특히 「熟字訓」이라고 한다.

## 8. 漢字의 字形

中国 後漢의 許慎이 『説文解字』(AD 100年)에서 漢字의 造字法과 運用法을 여섯종류로 분류하여 「六書」라고 했다. 이것이 그 후의 漢字研究의 規範이 되었다.

六書란 (1) 象形, (2) 指事, (3) 会意, (4) 形声, (5) 転注, (6) 仮借인데 이 중에 (5)와 (6)은 漢字의 運用에 관한 것이므로 造字法으로서는 四種類가 된다.

(1) **象形**：사물의 모양(形)을 본뜬(象) 간략한 그림문자로 자연・동식물・인간・신체・물건 등에 관한 것이 많다.

〔例〕 日・山・川・木・鳥・魚・目・耳・口・門

(2) **指事**：그림으로 나타내기 어려운 것을 추상적인 기호나 그 조합으로 나타낸 것이다. 예를 들면 「上」은 선(一) 위에 점(・)을 찍어 위의 위치를 나타낸 것이고 「本」은 나무(木)의 뿌리 쪽에 「一」라는 기호를 보태어 「뿌리」의 뜻을 나타낸 것이다.

〔例〕 一・上・下・本・末

(3) **会意**：두 개 이상의 글자를 모아 새로운 의미를 나타낸 것이다. 예를 들면 「나무(木)」를 모아서 「林」나 「森」를 만들거나 「산(山)」과 「돌(石)」을 모아 「바위(岩)」를 만드는 것 등이다.

〔例〕 東・鳴・好・信・炎・武

(4) **形声**：두 글자를 모아 한 쪽은 音, 다른 한 쪽은 뜻을 나타낸 것이다. 예를 들면「河」란 글자는「氵」로「물(水)」의 뜻을 나타내고「可」로「カ」라는 음을 나타낸 것이다. 한자의 8할 정도는 形声文字로 되어 있다.

〔例〕 河・江・洗・洋・清

(5) **転注**：어떤 문자의 뜻이 변화하여 새로운 뜻이 생길 때 원래의 글자를 빌려 그대로 사용하는 것을「転注」라 한다. 예를 들면「楽」(ガク)는 음악의 뜻을 나타냈지만 음악을 듣는 것은 즐겁기 때문에 〈たのしい〉의 뜻도 나타내게 되었다. 이 경우에는 음도「ラク」로 변화했다.

〔例〕 楽＝がく＝音楽 → らく＝楽しむこと
度＝ど＝ものさし → たく＝はかること

(6) **仮借**：의미상은 아무런 연관도 없는데 그 글자의 음만 借用하여 다른 말을 나타내는 것을「仮借」라고 한다. 예를 들면「而」(じ)는 본래「콧수염」을 나타내는 글자이지만 이것을「그리고」의 뜻의「じ」라는 말의 대용으로 하는 것 등이다.

〔例〕 亜米利加(アメリカ)・基督(キリスト)

## 9．国字(日本製漢字)

원래 中国語의 文字인 漢字를 사용하여 日本語를 나타내려고 할 때 日本語에 꼭 맞는 漢字가 없는 경우가 종종 있다. 그래서 日本製 漢字를 새로 만드는 경우도 생겼다. 이렇게 일본에서 만들어진 漢字를「国字」라고 한다. 주요한 国字는 常用漢字表에도 들어 있다.

〔例〕 人が動いて……働(はたらーく：일하다)
風と木で……凩(こがらし：늦가을부터 초겨울에 걸쳐 부는 찬 바람)
風が止まって……凪(なぎ：바람이 멎고 파도가 잔잔해짐)
山の上、山の下……峠(とうげ：고갯마루)
水田に対して水がないから……畑(はたけ：밭)
神さま・木……榊(さかき：비쭈기나무・神前에 바치는 나무)
十文字のみち(道)……辻(つじ：십자로)
堅い木……樫(かし：떡갈나무)
弱い魚……鰯(いわし：정어리)

日本人은 平安時代 初期부터 中国流의 造字法에 익숙해져 그것을 흉내내어 차차 새 글자를 만들어 오늘날 훌륭한 通用文字로 사용하고 있다. 또 근대에 들어와서 만들어진 글자로는

一メートル(米)の百分の一(厘)……糎(センチメートル)

一メートル(米)の千分の一(毛)……粍(ミリメートル)

등이 있다.

이러한 国字의 造字法을 보면 대부분이 六書의 会意의 原理에 따라 만들어졌고 訓만 있고 音이 없다. 단 필요시에는 「働」(ドウ)처럼 音을 사용하는 경우도 있다.

## 10. 当用漢字와 常用漢字

**(1) 当用漢字 :** 1946年에 公布된 「当用漢字表」에 실린 1850字의 漢字를 말한다. 그 各字의 音訓의 범위 및 字体의 표준에 대해서는 그 후에 따로 当用漢字 音訓表 및 当用漢字字体表가 公布되었다. 일반적으로 이들 音訓表 및 字体를 갖춘 것을 「当用漢字」라고 한다.

**(2) 常用漢字 :** 1981年에 公布된 「常用漢字表」에 실린 1945字의 漢字를 말한다. 常用漢字는 일반 사회생활에서 사용되는 효율적이고 공통성이 많은 한자를 골라 알기 쉽고 뜻이 잘 통하는 문장을 표현하기 위해 漢字사용의 기준으로 삼는 것이다.

## 11. 漢字의 部首

漢字를 字形에 따라 분류할 경우에 가장 전통적인 방법은 部首에 따라 배열하는 것이다.

「部首」는 문자의 구성을 보고 뜻을 생각하고, 字形을 분석하여 얻는 개념이다. 漢字는 보통 두 개 이상의 部首의 모임으로 되어 있다. 部首는 漢字의 구성상 「偏」·「旁」·「冠」·「脚」·「構」·「垂」·「繞」 등으로 나눈다.

주요한 部首와 그 명칭, 획수 등을 알아두는 것은 漢字의 구성·획수·필순 등을 아는데도 편리하고 필요하므로 여기서는 主要部首에 대하여 그 일반적인 명칭과 획수에 대해 알아본다.

◧ 偏(へん) : 漢字를 좌우 두 개로 나누었을 때 좌측에 있는 것.

◨ 旁(つくり) : 漢字를 좌우 두 개로 나누었을 때 우측에 있는 것.

⬒ 冠(かんむり) : 漢字를 상하 두 개로 나누었을 때 위에 있는 것.

⬓ 脚(あし) : 漢字를 상하 두 개로 나누었을 때 아래에 있는 것.

構(かまえ) : 漢字의 외부에 있는 부분으로 내부를 둘러싸거나 사이에 두는 것.

垂(たれ) : 漢字의 윗쪽에서 왼쪽에 걸쳐 있는 것.

繞(にょう) : 漢字의 왼쪽에서 아래에 걸쳐 있는 것.

| 画数 | 部首 | 名称 |
|---|---|---|
| **偏—67種** | | |
| 2 | 亻 | にんべん<br>사람인변 |
| 2 | 冫 | にすい<br>이수변 |
| 3 | 口 | くちへん<br>입구변 |
| 3 | 土 | つちへん<br>どへん<br>흙토변 |
| 3 | 女 | おんなへん<br>계집녀변 |
| 3 | 子 | こへん<br>아들자변 |
| 3 | 山 | やまへん<br>메산변 |
| 3 | 巾 | はばへん<br>きんべん<br>수건건변 |
| 3 | 弓 | ゆみへん<br>활궁변 |
| 3 | 彳 | ぎょうにんべん<br>두인변 |
| 3 | 忄 | りっしんべん<br>심방변 |
| 3 | 扌 | てへん<br>재방변 |
| 3 | 氵 | さんずい<br>삼수변 |
| 3 | 犭 | けものへん<br>개사슴록변 |
| 3 | 阝 | こざとへん<br>(邑)우부방<br>(阜)좌부방 |
| 3<br>4 | 丬<br>爿 | しょうへん<br>장수상변 |
| 4 | 方 | かたへん<br>모방변 |
| 4 | 日 | ひへん<br>にちへん<br>날일변 |
| 4 | 月 | つきへん<br>달월변 |
| 4 | 月 | にくづき<br>육달월변 |
| 4 | 木 | きへん<br>나무목변 |
| 4 | 止 | とめへん<br>그칠지변 |
| 4 | 歹 | がつへん<br>죽을사변 |
| 4 | 火 | ひへん<br>불화변 |
| 4 | 片 | かたへん<br>조각변 |
| 4 | 牙 | きばへん<br>어금니아변 |
| 4 | 牛 | うしへん<br>소우변 |
| 4 | 王 | たまへん<br>おうへん<br>구슬옥변 |
| 4 | 礻 | しめすへん<br>보일시변 |
| 5 | 田 | たへん<br>밭전변 |
| 5 | 目 | めへん<br>눈목변 |
| 5 | 矛 | ほこへん<br>창모변 |
| 5 | 矢 | やへん<br>화살시변 |
| 5 | 石 | いしへん<br>돌석변 |
| 5 | 禾 | のぎへん<br>벼화변 |
| 5 | 立 | たつへん<br>설립변 |
| 5 | 衤 | ころもへん<br>옷의변 |
| 6 | 米 | こめへん<br>쌀미변 |
| 6 | 糸 | いとへん<br>실사변 |
| 6 | 缶 | ほとぎへん<br>장군부변 |
| 6 | 羊<br>⺶ | ひつじへん<br>양양변 |
| 6 | 耒 | すきへん<br>らいすき<br>가래뢰변 |
| 6 | 耳 | みみへん<br>귀이변 |
| 6 | 舌 | したへん<br>혀설변 |
| 6 | 舟 | ふねへん<br>배주변 |
| 6 | 虫 | むしへん<br>벌레훼변 |
| 7 | 角 | つのへん<br>뿔각변 |
| 7 | 言 | ごんべん<br>말씀언변 |
| 7 | 豆 | まめへん<br>콩두변 |
| 7 | 豕 | いのこへん<br>돼지시변 |
| 7 | 豸 | むじなへん<br>발없는벌레치변 |
| 7 | 貝 | かいへん<br>こがい<br>조개패변 |
| 7 | 足 | あしへん<br>발족변 |
| 7 | 身 | みへん<br>몸신변 |
| 7 | 車 | くるまへん<br>수레거변 |
| 7 | 酉 | とりへん<br>ひよみのとり<br>닭유변 |
| 7 | 釆 | のごめへん<br>분별할채변 |
| 7 | 里 | さとへん<br>마을리변 |
| 8 | 金 | かねへん<br>쇠금변 |
| 8 | 食 | しょくへん<br>밥식변 |
| 9 | 革 | かわへん<br>つくりかわ<br>가죽혁변 |
| 10 | 馬 | うまへん<br>말마변 |
| 10 | 骨 | ほねへん<br>뼈골변 |
| 11 | 魚 | うおへん<br>고기어변 |
| 11 | 鳥 | とりへん<br>새조변 |
| 12<br>15 | 歯<br>齒 | はへん<br>이치변 |
| 14 | 鼻 | はなへん<br>코비변 |
| **旁—16種** | | |
| 2 | 刂<br>刀 | りっとう<br>칼도방 |
| 2 | 力 | ちから<br>힘력 |
| 2 | 卩<br>㔾 | ふしづくり<br>병부절 |
| 3 | 寸 | すんづくり<br>마디촌 |
| 3 | 彡 | さんづくり<br>터럭삼방 |

| 画数 | 部首 | 名称 |
|---|---|---|
| 3<br>7 | 阝<br>邑 | おおざと<br>고을읍 |
| 4 | 斗 | とます<br>말두 |
| 4 | 斤 | おのづくり<br>날근 |
| 4 | 欠 | あくび<br>하품흠방 |
| 4 | 殳 | ほこづくり<br>るまた<br>갖은등글월문 |
| 5 | 皮 | けがわ<br>가죽피 |
| 6 | 聿 | ふでづくり<br>오직율 |
| 8 | 隹 | ふるとり<br>새추 |
| 9 | 頁 | おおがい<br>머리혈 |
| 10 | 鬲 | かなえ<br>오지병격 |
| 10 | 韋 | なめしがわ<br>다룬가죽위 |

## 冠(頭)—20種

| 画数 | 部首 | 名称 |
|---|---|---|
| 2 | 亠 | けいさん<br>なべぶた<br>돼지해머리 |
| 2 | 八 | はちがしら<br>여덟팔 |
| 2 | 冖 | わかんむり<br>민갓머리 |
| 3 | 宀 | うかんむり<br>갓머리 |
| 3 | 尸 | しかばね<br>주검시엄 |
| 3 | 艹 | くさかんむり<br>초두 |
| 3 | 彐 | けいがしら<br>터진가로왈 |
| 4 | 彑 | けいがしら |
| 4 | 戸 | とかんむり<br>지게호 |
| 4 | 爫<br>爫 | つめかんむり<br>そうにょう<br>손톱조머리 |
| 4<br>6 | 罓<br>网 | あみがしら<br>그물망 |
| 4<br>6 | 耂<br>老 | おいかんむり<br>늙을로 |
| 5 | 癶 | はつがしら<br>필발머리 |
| 5 | 穴 | あなかんむり<br>구멍혈 |
| 6 | ⺮ | たけかんむり<br>대죽 |
| 6 | 虍 | とらかんむり<br>とらがしら<br>범호밑 |
| 8 | 雨 | あめかんむり<br>비우 |
| 10 | 髟 | かみかんむり<br>かみがしら<br>터럭발밑 |
| 11 | 麻 | あさかんむり<br>삼마 |
| 2 | ⺈ | |
| 3 | ⺍ | |

## 脚—5種

| 画数 | 部首 | 名称 |
|---|---|---|
| 4 | 心<br>⺗ | したごころ<br>마음심 |
| 4 | 曰 | ひらび<br>가로왈 |
| 5 | 灬 | れっか<br>れんが<br>불화 |
| 5 | 皿 | さら<br>그릇명밑 |
| 5<br>4 | 氺<br>水 | したみず<br>물수 |

## 構—9種

| 画数 | 部首 | 名称 |
|---|---|---|
| 2 | 冂 | まきがまえ<br>けいがまえ<br>멀경몸 |
| 2 | 勹 | つつみがまえ<br>쌀포몸 |
| 2 | 匚 | はこがまえ<br>터진입구몸 |
| 2 | 匸 | かくしがまえ<br>감출혜몸 |
| 3 | 囗 | くにがまえ<br>큰입구몸 |
| 4 | 气 | きがまえ<br>기운기엄 |
| 6 | 行 | ゆきがまえ<br>다닐행 |
| 8 | 門 | もんがまえ<br>かどがまえ<br>문문 |
| 10 | 鬥 | とうがまえ<br>たたかいがまえ<br>싸움투 |

## 垂—3種

| 画数 | 部首 | 名称 |
|---|---|---|
| 2 | 厂 | がんだれ<br>민음호 |
| 3 | 广 | まだれ<br>엄호밑 |
| 5 | 疒 | やまいだれ<br>병질엄 |

## 繞—10種

| 画数 | 部首 | 名称 |
|---|---|---|
| 1 | 乙 | おつにょう<br>새을 |
| 2 | 儿 | にんにょう<br>어진사람인발 |
| 3 | 夊 | すいにょう<br>뒤져올치 |
| 3 | 廴 | えんにょう<br>いんにょう<br>민책받침 |
| 3<br>7 | 辶<br>辵 | しんにょう<br>しんにゅう<br>책받침 |
| 4 | 支 | しにょう<br>지탱할지 |
| 4<br>4 | 攵<br>攴 | ぼくにょう<br>등글월문 |
| 7 | 走 | そうにょう<br>달아날주 |
| 7<br>11 | 麦<br>麥 | ばくにょう<br>보리맥 |
| 10 | 鬼 | きにょう<br>귀신귀 |

## 12. 新旧字体対照表

1981년 10월 1일에 고시된「常用漢字表」의 本表에서 1945字의 常用漢字中 355字에 대해서「明治時代 이후로 사용되어온 活字 字体의 변화관계를 보여주기 위해」旧字体를 표시해 두었다. 오늘날 日本에서 일반적으로 사용하고 있는 字体는 한국에서는「略字」라고 하는 新字体이다.

| 旧 | 新 | 旧 | 新 | 旧 | 新 | 旧 | 新 | 旧 | 新 | 旧 | 新 |
|---|---|---|---|---|---|---|---|---|---|---|---|
| 亞 | 亜 | 毆 | 殴 | 殼 | 殻 | 旣 | 既 | 驅 | 駆 | 劍 | 剣 |
| 惡 | 悪 | 櫻 | 桜 | 覺 | 覚 | 歸 | 帰 | 勳 | 勲 | 險 | 険 |
| 壓 | 圧 | 奧 | 奥 | 學 | 学 | 器 | 器 | 薰 | 薫 | 圈 | 圏 |
| 圍 | 囲 | 橫 | 横 | 嶽 | 岳 | 僞 | 偽 | 輕 | 軽 | 檢 | 検 |
| 醫 | 医 | 溫 | 温 | 樂 | 楽 | 戲 | 戯 | 莖 | 茎 | 獻 | 献 |
| 爲 | 為 | 穩 | 穏 | 渴 | 渇 | 犧 | 犠 | 惠 | 恵 | 權 | 権 |
| 壹 | 壱 | 假 | 仮 | 喝 | 喝 | 舊 | 旧 | 揭 | 掲 | 顯 | 顕 |
| 逸 | 逸 | 價 | 価 | 褐 | 褐 | 據 | 拠 | 溪 | 渓 | 驗 | 験 |
| 隱 | 隠 | 禍 | 禍 | 罐 | 缶 | 擧 | 挙 | 徑 | 径 | 嚴 | 厳 |
| 榮 | 栄 | 畫 | 画 | 卷 | 巻 | 虛 | 虚 | 螢 | 蛍 | 廣 | 広 |
| 營 | 営 | 會 | 会 | 陷 | 陥 | 峽 | 峡 | 經 | 経 | 效 | 効 |
| 衞 | 衛 | 海 | 海 | 勸 | 勧 | 挾 | 挟 | 繼 | 継 | 恆 | 恒 |
| 驛 | 駅 | 悔 | 悔 | 寬 | 寛 | 狹 | 狭 | 鷄 | 鶏 | 黃 | 黄 |
| 謁 | 謁 | 繪 | 絵 | 漢 | 漢 | 鄕 | 郷 | 藝 | 芸 | 鑛 | 鉱 |
| 圓 | 円 | 壞 | 壊 | 關 | 関 | 響 | 響 | 擊 | 撃 | 號 | 号 |
| 鹽 | 塩 | 懷 | 懐 | 歡 | 歓 | 曉 | 暁 | 缺 | 欠 | 國 | 国 |
| 緣 | 縁 | 慨 | 慨 | 觀 | 観 | 勤 | 勤 | 縣 | 県 | 黑 | 黒 |
| 應 | 応 | 槪 | 概 | 氣 | 気 | 謹 | 謹 | 硏 | 研 | 穀 | 穀 |
| 歐 | 欧 | 擴 | 拡 | 祈 | 祈 | 區 | 区 | 儉 | 倹 | 碎 | 砕 |

| 旧 | 新 | 旧 | 新 | 旧 | 新 | 旧 | 新 | 旧 | 新 | 旧 | 新 |
|---|---|---|---|---|---|---|---|---|---|---|---|
| 濟 | 済 | 壽 | 寿 | 乘 | 乗 | 瀨 | 瀬 | 僧 | 僧 | 嘆 | 嘆 |
| 齋 | 斎 | 收 | 収 | 淨 | 浄 | 聲 | 声 | 層 | 層 | 團 | 団 |
| 劑 | 剤 | 臭 | 臭 | 剩 | 剰 | 齊 | 斉 | 總 | 総 | 斷 | 断 |
| 殺 | 殺 | 從 | 従 | 疊 | 畳 | 靜 | 静 | 騷 | 騒 | 彈 | 弾 |
| 雜 | 雑 | 澁 | 渋 | 繩 | 縄 | 竊 | 窃 | 增 | 増 | 遲 | 遅 |
| 參 | 参 | 獸 | 獣 | 壤 | 壌 | 攝 | 摂 | 憎 | 憎 | 癡 | 痴 |
| 蠶 | 蚕 | 縱 | 縦 | 孃 | 嬢 | 節 | 節 | 藏 | 蔵 | 蟲 | 虫 |
| 棧 | 桟 | 祝 | 祝 | 讓 | 譲 | 專 | 専 | 贈 | 贈 | 晝 | 昼 |
| 慘 | 惨 | 肅 | 粛 | 釀 | 醸 | 淺 | 浅 | 臟 | 臓 | 鑄 | 鋳 |
| 贊 | 賛 | 處 | 処 | 觸 | 触 | 戰 | 戦 | 卽 | 即 | 著 | 著 |
| 殘 | 残 | 暑 | 暑 | 囑 | 嘱 | 踐 | 践 | 屬 | 属 | 廳 | 庁 |
| 絲 | 糸 | 署 | 署 | 神 | 神 | 錢 | 銭 | 續 | 続 | 徵 | 徴 |
| 祉 | 祉 | 緖 | 緒 | 眞 | 真 | 潛 | 潜 | 墮 | 堕 | 聽 | 聴 |
| 視 | 視 | 諸 | 諸 | 寢 | 寝 | 纖 | 繊 | 對 | 対 | 懲 | 懲 |
| 齒 | 歯 | 敍 | 叙 | 愼 | 慎 | 禪 | 禅 | 體 | 体 | 敕 | 勅 |
| 兒 | 児 | 將 | 将 | 盡 | 尽 | 祖 | 祖 | 帶 | 帯 | 鎭 | 鎮 |
| 辭 | 辞 | 祥 | 祥 | 圖 | 図 | 雙 | 双 | 滯 | 滞 | 塚 | 塚 |
| 濕 | 湿 | 稱 | 称 | 粹 | 粋 | 壯 | 壮 | 臺 | 台 | 遞 | 逓 |
| 實 | 実 | 涉 | 渉 | 醉 | 酔 | 爭 | 争 | 瀧 | 滝 | 鐵 | 鉄 |
| 寫 | 写 | 燒 | 焼 | 穗 | 穂 | 莊 | 荘 | 擇 | 択 | 點 | 点 |
| 社 | 社 | 證 | 証 | 隨 | 随 | 搜 | 捜 | 澤 | 沢 | 傳 | 伝 |
| 者 | 者 | 奬 | 奨 | 髓 | 髄 | 插 | 挿 | 擔 | 担 | 轉 | 転 |
| 煮 | 煮 | 條 | 条 | 數 | 数 | 巢 | 巣 | 單 | 単 | 都 | 都 |
| 釋 | 釈 | 狀 | 状 | 樞 | 枢 | 裝 | 装 | 膽 | 胆 | 燈 | 灯 |

| 旧 | 新 | 旧 | 新 | 旧 | 新 | 旧 | 新 | 旧 | 新 | 旧 | 新 |
|---|---|---|---|---|---|---|---|---|---|---|---|
| 當 | 当 | 賣 | 売 | 侮 | 侮 | 每 | 毎 | 覽 | 覧 | 歷 | 歴 |
| 黨 | 党 | 梅 | 梅 | 福 | 福 | 萬 | 万 | 欄 | 欄 | 戀 | 恋 |
| 盜 | 盗 | 麥 | 麦 | 拂 | 払 | 滿 | 満 | 龍 | 竜 | 練 | 練 |
| 稻 | 稲 | 發 | 発 | 佛 | 仏 | 免 | 免 | 隆 | 隆 | 鍊 | 錬 |
| 鬪 | 闘 | 髮 | 髪 | 倂 | 併 | 默 | 黙 | 虜 | 虜 | 爐 | 炉 |
| 德 | 徳 | 拔 | 抜 | 竝 | 並 | 譯 | 訳 | 兩 | 両 | 勞 | 労 |
| 獨 | 独 | 繁 | 繁 | 塀 | 塀 | 藥 | 薬 | 獵 | 猟 | 郞 | 郎 |
| 讀 | 読 | 晚 | 晩 | 邊 | 辺 | 與 | 与 | 綠 | 緑 | 朗 | 朗 |
| 突 | 突 | 蠻 | 蛮 | 變 | 変 | 豫 | 予 | 淚 | 涙 | 廊 | 廊 |
| 屆 | 届 | 卑 | 卑 | 辨瓣辯 | 弁 | 餘 | 余 | 壘 | 塁 | 樓 | 楼 |
| 難 | 難 | 祕 | 秘 | 勉 | 勉 | 譽 | 誉 | 類 | 類 | 錄 | 録 |
| 貳 | 弐 | 碑 | 碑 | 步 | 歩 | 搖 | 揺 | 禮 | 礼 | 灣 | 湾 |
| 惱 | 悩 | 濱 | 浜 | 寶 | 宝 | 樣 | 様 | 勵 | 励 | | |
| 腦 | 脳 | 賓 | 賓 | 豐 | 豊 | 謠 | 謡 | 戾 | 戻 | | |
| 霸 | 覇 | 頻 | 頻 | 襃 | 褒 | 來 | 来 | 靈 | 霊 | | |
| 拜 | 拝 | 敏 | 敏 | 墨 | 墨 | 賴 | 頼 | 齡 | 齢 | | |
| 癈 | 廃 | 甁 | 瓶 | 飜 | 翻 | 亂 | 乱 | 曆 | 暦 | | |

## 13. 同音漢字로 바꾸어 쓰기

「国語審議会」에서는 当用漢字의 적용을 원활하게 하기 위해서 当用漢字表에 없는 漢字를 포함하고 있는 漢字語를 처리하는 방법의 하나로서 表中同音의 다른 漢字로 바꾸어 쓰기를 심의한 결과, 아래와 같이 「同音漢字로 바꾸어쓰기(同音の漢字による書きかえ)」를 결정했다.

## あ

愛慾→愛欲
闇→暗
安佚→安逸
暗翳→暗影
暗誦→暗唱
按分→案分
闇夜→暗夜

## い

意嚮→意向
慰藉料→慰謝料
衣裳→衣装
遺蹟→遺跡
一挺→一丁
陰翳→陰影

## え

叡智→英知
穎才→英才
焰→炎
掩護→援護
苑地→園地

## お

臆説→憶説
臆測→憶測
恩誼→恩義

## か

誡→戒
廻→回
外廓→外郭
快濶→快活
皆既蝕→皆既食
誡告→戒告
開鑿→開削
廻送→回送
蛔虫→回虫
廻転→回転
恢復→回復
潰滅→壊滅
潰乱→壊乱
廻廊→回廊
火焰→火炎
劃→画
廓→郭
劃然→画然
廓大→郭大
挌鬪→格闘
劃期的→画期的
活潑→活発
旱害→干害
間歇→間欠
管絃楽→管弦楽
肝腎→肝心
旱天→干天
乾溜→乾留

## き

畸→奇
稀→希
氣焰→気炎
饑餓→飢餓
企劃→企画
畸形→奇形
稀元素→希元素
稀釈→希釈
稀少→希少
徽章→記章
奇蹟→奇跡
稀代→希代
綺談→奇談
機智→機知
吃水→喫水
稀薄→希薄
糺→糾
糺彈→糾彈
糺明→糾明
旧蹟→旧跡
驅→御
兇→凶
兇悪→凶悪
饗応→供応
教誨→教戒
兇漢→凶漢
兇器→凶器
鞏固→強固
兇行→凶行
兇刃→凶刃
兇変→凶変
兇暴→凶暴
馭者→御者
漁撈→漁労
稀硫酸→希硫酸
技倆→技量
吟誦→吟唱

## く

兇劃→凶画
掘鑿→掘削
訓誡→訓戒
燻製→薫製

## け

繋船→係船
繋争→係争
繋属→係属
繋留→係留
下剋上→下克上
決潰→決壊
蹶起→決起
月蝕→月食
訣別→決別
絃→弦
絃歌→弦歌
元兇→元凶
嶮岨→険阻
研磨→研摩
儼然→厳然

## こ

倖→幸
宏→広
礦→鉱
交驩→交歓
礦業→鉱業
鯁骨→硬骨
交叉→交差
扣除→控除
甦生→更生
礦石→鉱石
宏壮→広壮
宏大→広大
香奠→香典
昂騰→高騰
広汎→広範
昂(亢)奮→興奮
弘報→広報
曠野→広野
昂揚→高揚
強慾→強欲
媾和→講和
涸渇→枯渇
古稀→古希
古蹟→古跡
骨骼→骨格
雇傭→雇用
混淆→混交
根柢→根底
昏迷→混迷

## さ

坐→座
醋酸→酢酸
坐視→座視
坐礁→座礁
坐洲→座州
雑沓→雑踏
讃→賛
三絃→三弦
讃仰→賛仰
讃辞→賛辞
撒布→散水
讃嘆→賛嘆
讃美→賛美
撒布→散布

## し

色慾→色欲
刺戟→刺激
史蹟→史跡
屍体→死体
七顚八倒→七転八倒
死歿→死没
射倖心→射幸心
車輛→車両
洲→州
輯→集
蒐荷→集荷
蒐集→収集
終熄→終息
聚落→集落
手蹟→手跡
駿才→俊才
陞→昇
銷→消
銷夏→消夏
銷却→消却
障碍→障害
情誼→情義
称(賞)讃→称(賞)賛
陞叙→昇叙
焦躁→焦燥
銷沈→消沈
牆壁→障壁
蒸溜→蒸留
書翰→書簡
蝕甚→食尽
食慾→食欲
抒情→叙情
試煉→試練
鍼術→針術
侵蝕→侵食
浸蝕→浸食
真蹟→真跡
伸暢→伸長
滲透→浸透
侵掠→侵略
訊問→尋問

## す

衰 頽→衰 退

## せ

制馭(禦)→制御
棲(栖)息→生息
性 慾→性 欲
蹟 → 跡
絶 讃→絶 賛
尖 鋭→先 鋭
全 潰→全 壊
銓 衡→選 考
煽 情→扇 情
洗 滌→洗 浄
戦々競々→
戦々恐々
船 艙→船 倉
尖 端→先 端
擅 断→専 断
煽 動→扇 動
戦 歿→戦 没

## そ

沮 → 阻
惣 → 総
象 嵌→象 眼
蒼 惶→倉 皇

綜 合→総 合
相 剋→相 克
惣 菜→総 菜
装釘(幀)→装丁
勦 滅→掃 滅
簇 生→族 生
沮 止→阻 止
疏 水→疎 水
沮 喪→阻 喪
疏 通→疎 通
疏 明→疎 明

## た

褪 色→退 色
頽 勢→退 勢
頽 廃→退 廃
颱 風→台 風
大 慾→大 欲
奪 掠→奪 略
歎 → 嘆
歎 願→嘆 願
炭 礦→炭 鉱
端 坐→端 座
短 篇→短 編
煖 房→暖 房
煖 炉→暖 炉

## ち

智 → 知
智 慧→知 恵
智 能→知 能
智 謀→知 謀
註 → 注
註 解→注 解
註 釈→注 釈
註 文→注 文
長 篇→長 編
沈 澱→沈 殿

## て

低 徊→低 回
牴(觝)触→抵触
鄭 重→丁 重
叮 嚀→丁 寧
碇 泊→停 泊
手 帖→手 帳
顚 倒→転 倒
顚 覆→転 覆

## と

蹈 → 踏
倒 潰→倒 壊

蹈 襲→踏 襲
特 輯→特 集
杜 絶→途 絶

## に

日 蝕→日 食

## は

悖 徳→背 徳
破 毀→破 棄
曝 露→暴 露
破 摧→破 砕
醱 酵→発 酵
薄 倖→薄 行
抜 萃→抜 粋
叛 → 反
叛 旗→反 旗
叛 逆→反 逆
蕃 殖→繁 殖
蕃 族→蛮 族
反 撥→反 発
叛 乱→反 乱

## ひ

蜚 語→飛 語

筆蹟→筆跡
病歿→病没

### ふ

諷刺→風刺
腐蝕→腐食
符牒→符丁
物慾→物欲
腐爛→腐乱

### へ

篇→編
辺疆→辺境
編輯→編集

### ほ

輔→補
哺育→保育
崩潰→崩壊
妨碍→妨害
抛棄→放棄
防禦→防御
繃帯→包帯
厖大→膨大
庖丁→包丁
抛物線→放物線
輔佐→補佐
鋪装→舗装
歿→没
輔導→補導
保姆→保母

### ま

磨滅→摩滅

### む

無智→無知
無慾→無欲

### め

名誉慾→名誉欲
棉花→綿花

### も

摸→模
妄動→盲動
摸索→模索

### や

野鄙→野卑

### よ

熔・鎔→溶
鎔解→溶解
熔岩→溶岩
鎔鉱炉→溶鉱炉
熔接→溶接
慾→欲

### ら

落磐→落盤

### り

理窟→理屈
悧巧→利口
理智→理知
離叛→離反
掠→略
掠奪→略奪
俚謡→里謡
諒→了
輛→両
諒解→了解
諒承→了承
輪廓→輪郭

### れ

聯→連
連繫→連係
聯合→連合
連坐→連座
聯想→連想
聯珠→連珠
煉炭→練炭
煉乳→練乳
聯邦→連邦
聯盟→連盟
聯絡→連絡
聯立→連立

### わ

彎→湾
彎曲→湾曲
彎入→湾入

# 第2部　日本語漢字 읽기

## 1. 音으로 읽는 漢字

### (1) 音이 한 가지 뿐인 漢字

1. 人を愛する。　ひとをあいする。
〔　　〕　남을 사랑하다.

2. 刑に服する。　けいにふくする。
〔　　〕　복역하다.

3. 朱に交われば赤くなる。　しゅにまじわればあかくなる。
〔　　〕　주홍을 가까이 하면 붉어진다.

4. 人から恩を受ける。　ひとからおんをうける。
〔　　〕　남으로부터 은혜를 입다.

5. 立ち入りを禁ず。　たちいりをきんず。
〔　　〕　출입을 금함.

6. 微に入り細をうがつ。　びにいりさいをうがつ。
〔　　〕　아주 세밀하게 분석하다.

7. 病人の脈をとる。　びょうにんのみゃくをとる。
〔　　〕　환자의 맥을 짚다.

8. 目を宙にすえる。　めをちゅうにすえる。
〔　　〕　허공을 응시하다.

9. 賊が侵入する。　ぞくがしんにゅうする。
〔　　〕　도적이 침입하다.

10. 相手の考えを是とする。　あいてのかんがえをぜとする。
〔　　〕　상대의 생각을 옳다고 하다.

11. 国王から勅が下る。　こくおうからちょくがくだる。
〔　　〕　국왕이 명령을 내리다.

12. いろいろと策を講じる。　いろいろとさくをこうじる。
〔　　〕　여러가지로 대책을 강구하다.

13. 名人の域に達する。　めいじんのいきにたっする。
〔　　〕　명인의 경지에 이르다.

14. 祝賀の宴に出席する。
〔　　　〕
しゅくがのえんにしゅっせきする。
축하잔치에 참석하다.

15. 弟も塾に通ってくる。
〔　　　〕
おとうともじゅくにかよってくる。
남동생도 학원에 다녀온다.

16. 声高らかに詩を吟ずる。
〔　　　〕
こえたからかにしをぎんずる。
목소리를 드높여 시를 읊다.

17. いつまでも純な心でいる。
〔　　　〕
いつまでもじゅんなこころでいる。
언제까지나 순수한 마음으로 있다.

18. 師の言のままに行動する。
〔　　　〕
しのことのままにこうどうする。
스승의 말씀대로 행동한다.

19. 父は猟をするのが好きだ。
〔　　〕
ちちはりょうをするのがすきだ。
아버지는 사냥하는 것을 좋아하신다.

20. いくつかの班に分ける。
〔　　　〕
いくつかのはんにわける。
몇 개인가의 반으로 나누다.

21. 問題に適した答えを書く。
〔　　　〕
もんだいにてきしたこたえをかく。
문제에 맞는 답을 쓰다.

22. 同じ党にはいる。
〔　　　〕
おなじとうにはいる。
같은 당에 들어가다.

23. 豊かな才に恵まれた人。
〔　　　〕
ゆたかなさいにめぐまれたひと。
많은 재주를 가진 사람.

24. 数多くの賞を受ける。
〔　　　〕
かずおおくのしょうをうける。
수 많은 상을 받다.

25. よい案が出て来ない。
〔　　　〕
よいあんがでてこない。
좋은 안이 나오지 않다.

26. ひとりで悦に入っている。
〔　　　〕
ひとりでえつにいっている。
혼자서 기뻐하고 있다.

27. 映画の券をもらった。
〔　　　〕
えいがのけんをもらった。
영화표를 받았다.

28. 敵の陣へ攻めこむ。
〔　　　〕
てきのじんへせめこむ。
적진에 공격해 들어가다.

29. 高い塔にのぼる。
〔　　　〕
たかいとうにのぼる。
높은 탑에 오르다.

30. 徳の高い人物。
とくのたかいじんぶつ。

〔　　　〕
덕망이 높은 인물.

31. 棒を振り回しては困る。
〔　　　〕
ぼうをふりまわしてはこまる。
막대기를 휘둘러서는 곤란하다.

32. 父は駐アメリカ大使だ。
〔　　　〕
ちちはちゅうアメリカたいしだ。
아버지는 주미대사이다.

33. 銃をとって戦う。
〔　　　〕
じゅうをとってたたかう。
총을 들고 싸우다.

34. 軌を一にする。
〔　　　〕
きをいつにする。
행동노선을 같이 하다.

35. 有名な俳人の句を読む。
〔　　　〕
ゆうめいなはいじんのくをよむ。
유명한 시인의 하이꾸를 읽다.

36. 車の軸が折れた。
〔　　　〕
くるまのじくがおれた。
수레바퀴의 굴대가 부러졌다.

37. 背の高い順に並ぶ。
〔　　　〕
せのたかいじゅんにならぶ。
키가 큰 순서대로 늘어서다.

38. これはまだ序の口だ。
〔　　　〕
これはまだじょのくちだ。
이것은 아직 시작이다.

39. 同じクラブに属する友人。
〔　　　〕
おなじクラブにぞくするゆうじん。
같은 클럽에 속해 있는 친구.

40. 職を求めて歩く。
〔　　　〕
しょくをもとめてあるく。
일자리를 구하러 다니다.

41. 下級生に範を示す。
〔　　　〕
かきゅうせいにはんをしめす。
하급생에게 모범을 보이다.

42. 骨の髄までしみ通る。
〔　　　〕
ほねのずいまでしみとおる。
골수까지 스며들어 가다.

43. 寺で禅の修行をする。
〔　　　〕
てらでぜんのしゅぎょうをする。
절에서 선의 수행을 하다.

44. 太陽が西に没する。
〔　　　〕
たいようがにしにぼっする。
태양이 서쪽으로 지다.

45. 下の欄に記入しなさい。
〔　　　〕
したのらんにきにゅうしなさい。
아래의 난에 기입하세요.

46. 一度も塁に出られなかった。
〔　　　〕
いちどもるいにでられなかった。
한번도 출루하지 못했다.

47. 会社の寮に住んでいる。　かいしゃのりょうにすんでいる。
〔　　〕　회사 기숙사에서 살고 있다.

48. かれの論にも一理ある。　かれのろんにもいちりある。
〔　　〕　그의 의견도 일리 있다.

49. 友人に品物を託する。　ゆうじんにしなものをたくする。
〔　　〕　친구에게 물건을 맡기다.

50. 利己的な考えを排する。　りこてきなかんがえをはいする。
〔　　〕　이기적인 생각을 배제하다.

51. それはあんまり酷な話だ。　それはあんまりこくなはなしだ。
〔　　〕　그것은 너무 가혹한 이야기다.

52. 社員に準じた扱いをする。　しゃいんにじゅんじたあつかいをする。
〔　　〕　사원에 준한 대우를 하다.

53. 友人と碁を楽しむ。　ゆうじんとごをたのしむ。
〔　　〕　친구와 바둑을 즐기다.

54. 何事にも屈しない気力。　なにごとにもくっしないきりょく。
〔　　〕　어떤 일에도 좌절하지 않는 기력.

55. 韻を踏む。　いんをふむ。
〔　　〕　운율을 맞추다.

56. 相手の気持ちを察する。　あいてのきもちをさっする。
〔　　〕　상대의 기분을 살피다.

57. 入り口に錠をかける。　いりぐちにじょうをかける。
〔　　〕　입구에 자물쇠를 채우다.

58. すぐれた芸を見せる。　すぐれたげいをみせる。
〔　　〕　뛰어난 재주를 보이다.

59. 弧を描いて飛ぶ。　こをえがいてとぶ。
〔　　〕　활 모양을 그리며 날다.

60. 奇を好む性質。　きをこのむせいしつ。
〔　　〕　진기한 것을 좋아하는 성질.

61. 多くの票を集める。　おおくのひょうをあつめる。
〔　　〕　많은 표를 모으다.

62. お盆に故郷へ帰る。　おぼんにこきょうへかえる。
〔　　〕　백중에 고향에 돌아가다.

63. それは妙な話だ。　それはみょうなはなしだ。

〔　　　〕　그것은 묘한 이야기다.

64. 列をみださないように。　れつをみださないように。
〔　　　〕　열을 흐트리지 않도록.

65. 虎の威を借るきつね。　とらのいをかるきつね。
〔　　　〕　권세를 빌어 유세를 부림의 비유.

66. 無類の剛の者。　むるいのごうのもの。
〔　　　〕　비길데 없이 굳건한 사람.

67. ビールの栓を抜く。　ビールのせんをぬく。
〔　　　〕　맥주의 병마개를 따다.

68. くわしいことは略す。　くわしいことはりゃくす。
〔　　　〕　자세한 것은 생략하다.

69. 例の件で話し合いたい。　れいのけんではなしあいたい。
〔　　　〕　예의 사건에 대해 의논하고 싶다.

70. いなかの駅で降りる。　いなかのえきでおりる。
〔　　　〕　시골(고향) 역에서 내리다.

71. 家の紋を入れた箱。　うちのもんをいれたはこ。
〔　　　〕　가문을 새긴 상자.

72. こちらにも非がある。　こちらにもひがある。
〔　　　〕　이 쪽에도 잘못이 있다.

73. あわてて席を立つ。　あわててせきをたつ。
〔　　　〕　당황하여 자리를 일어서다.

74. 帰国の途につく。　きこくのとにつく。
〔　　　〕　귀국길에 오르다.

75. うすい膜をかぶせる。　うすいまくをかぶせる。
〔　　　〕　얇은 막을 덮다.

76. 理にかなった話だ。　りにかなった話だ。
〔　　　〕　이치에 맞는 이야기다.

77. 他人の評を気にするな。　たにんのひょうをきにするな。
〔　　　〕　타인의 평을 걱정하지 마라.

78. 細い線を描く。　ほそいせんをえがく。
〔　　　〕　가는 선을 긋다.

79. 鉄でできている箱。　てつでできているはこ。
〔　　　〕　쇠로 만든 상자.

80. 尿の検査をする。 にょうのけんさをする。
〔 〕 소변검사를 하다.

81. かれは非常に弁が立つ。 かれはひじょうにべんがたつ。
〔 〕 그는 대단히 언변이 좋다.

82. 医は仁術といわれる。 いはじんじゅつといわれる。
〔 〕 의술은 인술이라고 한다.

83. 惨敗を喫した。 さんぱいをきっした。
〔 〕 참패를 당했다.

84. 週に二回ずつ発行する。 しゅうににかいずつはっこうする。
〔 〕 일주에 두 번씩 발행한다.

85. 楽しく劇を見る。 たのしくげきをみる。
〔 〕 즐겁게 (연)극을 보다.

86. ペン書きでも可。 ペンがきでもか。
〔 〕 펜으로 써도 좋다.

87. 意にそまない仕事。 いにそまないしごと。
〔 〕 마음이 내키지 않는 일.

88. 棺を運ぶ人。 かんをはこぶひと。
〔 〕 관을 운반하는 사람.

89. めずらしい術を使う人。 めずらしいじゅつをつかうひと。
〔 〕 진귀한 요술을 부리는 사람.

90. 若者に活を入れる。 わかものにかつをいれる。
〔 〕 젊은이에게 활기를 불어 넣다.

91. 僧になる修行をする。 そうになるしゅぎょうをする。
〔 〕 중이 되는 수행을 하다.

92. 高空に達する。 たかぞらにたっする。
〔 〕 높은 하늘에 이르다.

93. 作文の題を決める。 さくぶんのだいをきめる。
〔 〕 작문 제목을 정하다.

94. 再会を約して別れる。 さいかいをやくしてわかれる。
〔 〕 재회를 약속하고 헤어지다.

95. 念を入れて仕事する。 ねんをいれてしごとする。
〔 〕 정성을 들여 일하다.

96. 譜も読めない歌手がいる。 ふもよめないかしゅがいる。

〔　　　〕　악보도 볼 줄 모르는 가수가 있다.

97. 美しい湾の見える土地。　うつくしいわんのみえるとち。
〔　　　〕　아름다운 만이 보이는 고장.

98. やっと番がまわってきた。　やっとばんがまわってきた。
〔　　　〕　겨우 차례가 돌아왔다.

99. ゲームをする盤がほしい。　ゲームをするばんがほしい。
〔　　　〕　게임을 하는 판을 갖고 싶다.

100. 相手の機先を制する。　あいてのきせんをせいする。
〔　　　〕　상대의 기선을 제압하다.

101. 選手の層の厚いチム。　せんしゅのそうのあついチーム。
〔　　　〕　선수층이 두터운 팀.

102. テストの点が悪かった。　テストのてんがわるかった。
〔　　　〕　시험 점수가 나빴다.

103. 百万の兵を擁する国。　ひゃくまんのへいをようするくに。
〔　　　〕　백만 병사를 가진 나라.

104. 記念のために碑をたてる。　きねんのためにひをたてる。
〔　　　〕　기념으로 비석을 세우다.

105. 聖なるキリストを迎える。　せいなるキリストをむかえる。
〔　　　〕　거룩한 예수를 맞이하다.

106. かれは科学の祖といわれる。　かれはかがくのそといわれる。
〔　　　〕　그는 과학의 원조라 불리운다.

107. 特に許してもらった。　とくにゆるしてもらった。
〔　　　〕　특별히 용서를 받았다.

108. 開会を宣することば。　かいかいをせんすることば。
〔　　　〕　개회를 선언하는 말.

109. 俗に言う迷信だ。　ぞくに言うめいしんだ。
〔　　　〕　흔히 말하는 미신이다.

110. 類は友を呼ぶ。　るいはともをよぶ。
〔　　　〕　유유상종(끼리끼리 모인다).

111. 多くの人の意見を徴する。　おおくのひとのいけんをちょうする。
〔　　　〕　많은 사람의 의견을 구하다.

112. おごそかに式は行われた。　おごそかにしきはおこなわれた。
〔　　　〕　엄숙히 식은 거행되었다.

113. 気力で相手を圧する。　きりょくであいてをあっする。
〔　　〕　기력으로 상대를 억누르다.

114. お粗末という感を与える。　おそまつというかんをあたえる。
〔　　〕　신통찮은 느낌을 준다.

115. 彼の報告を信じよう。　かれのほうこくをしんじよう。
〔　　〕　그의 보고를 믿자.

116. 作物に害を与える虫。　さくもつにがいをあたえるむし。
〔　　〕　작물에 피해를 주는 벌레.

117. 悪役ばかり演じる人。　あくやくばかりえんじるひと。
〔　　〕　악역만 맡아 하는 사람.

118. 勉強に徹している友人。　べんきょうにてっしているゆうじん。
〔　　〕　공부를 철저히 하는 친구.

119. 何も能のない人間はいない。　なにものうのないにんげんはいない。
〔　　〕　아무런 능력이 없는 인간은 없다

120. 物価が倍も上がっている。　ぶっかがばいもあがっている。
〔　　〕　물가가 배나 올랐다.

121. 健康状態がもとに復した。　けんこうじょうたいがもとにふくした。
〔　　〕　건강상태가 원상태로 회복되었다.

122. 社員の労をねぎらう。　しゃいんのろうをねぎらう。
〔　　〕　사원의 노고를 위로하다.

123. 命令に服する。　めいれいにふくする。
〔　　〕　명령에 따르다.

124. 結婚して籍を入れた。　けっこんしてせきをいれた。
〔　　〕　결혼하여 호적에 올렸다.

125. 科学の粋を集める。　かがくのすいをあつめる。
〔　　〕　과학의 정수를 모으다.

126. 多くの段をのぼる。　おおくのだんをのぼる。
〔　　〕　많은 계단을 오르다.

127. 黒い塀をめぐらす。　くろいへいをめぐらす。
〔　　〕　검은 울타리를 치다.

128. 肝に銘じて忘れない。　きもにめいじてわすれない。
〔　　〕　깊이 명심하여 잊지 않다.

129. 偉人の像を立てる。　いじんのぞうをたてる。

〔　　〕　위인의 동상을 세우다.

130. なかなか堂に入った演技だ。　なかなかどうにいったえんぎだ。
〔　　〕　대단히 원숙해진 연기이다.

131. 税を納めに行く。　ぜいをおさめにいく。
〔　　〕　세금을 납부하러 가다.

132. 無理は体に毒だ。　むりはからだにどくだ。
〔　　〕　무리하는 것은 몸에 해롭다.

133. 秒を争うレースになった。　びょうをあらそうレースになった。
〔　　〕　초를 다투는 경주가 되었다.

134. 現実に即した考え方。　げんじつにそくしたかんがえかた。
〔　　〕　현실에 입각한 사고방식.

135. チャンスを逸した。　チャンスをいっした。
〔　　〕　기회를 놓쳤다.

136. 要求に応じよう。　ようきゅうにおうじよう。
〔　　〕　요구에 응하자.

137. 菊を作る老人。　きくをつくるろうじん。
〔　　〕　국화를 재배하는 노인.

138. 銀でできている容器。　ぎんでできているようき。
〔　　〕　은으로 만든 용기.

139. 心行くまで歓をつくす。　こころゆくまでかんをつくす。
〔　　〕　마음껏 즐기다.

140. 秋色を呈してきた野原。　しゅうしょくをていしてきたのはら。
〔　　〕　가을 빛이 완연해진 들판.

141. 肉ばかり食べてはだめだ。　にくばかりたべてはだめだ。
〔　　〕　고기만 먹어서는 안된다.

142. 遠くに陸が見える。　とおくにりくがみえる。
〔　　〕　멀리 육지가 보인다.

143. あしたの晩にまた会おう。　あしたのばんにまたあおう。
〔　　〕　내일밤에 또 만나자.

144. 笑う門には福来たる。　わらうかどにはふくきたる。
〔　　〕　웃는 집에는 복이 온다. (소문만복래)

145. 胴の太い体つき。　どうのふといからだつき。
〔　　〕　몸통이 뚱뚱한 몸매.

146. 家族にまで累がおよぶ。　かぞくにまでるいがおよぶ。
〔　　〕　가족에게까지 누가 미치다.

147. 単なる思いつきにすぎぬ。　たんなるおもいつきにすぎぬ。
〔　　〕　단순한 발상에 지나지 않는다.

148. 私の好きな色は紺だ。　わたしのすきないろはこんだ。
〔　　〕　내가 좋아하는 색은 감색이다.

149. これは僕の好物だ。　これはぼくのこうぶつだ。
〔　　〕　이것은 내가 좋아하는 음식물이다.

150. 炉の回りに座る。　ろのまわりにすわる。
〔　　〕　화로 주위에 앉다.

151. 恐ろしい菌を発見した。　おそろしいきんをはっけんした。
〔　　〕　무서운 균을 발견했다.

152. 将となる才能がある。　しょうとなるさいのうがある。
〔　　〕　장수가 될 재능이 있다.

### (2) 音이 두 가지인 漢字

1. 役員に選出される。　やくいんにせんしゅつされる。
牛馬を使役する。　ぎゅうばをしえきする。
〔　　〕　임원으로 선출되다.
〔　　〕　마소를 부리다.

2. まれにみる大漁だ。　まれにみるたいりょうだ。
漁船に乗って働く人。　ぎょせんにのってはたらくひと。
〔　　〕　드물게 보는 풍어이다.
〔　　〕　고깃배를 타고 일하는 사람.

3. たくさんの財産がある。　たくさんのざいさんがある。
道で財布を拾った。　みちでさいふをひろった。
〔　　〕　많은 재산이 있다.
〔　　〕　길에서 지갑을 주웠다.

4. 激しい気性の人。　はげしいきしょうのひと。
人の性格はさまざまだ。　ひとのせいかくはさまざまだ。
〔　　〕　과격한 기질의 사람
〔　　〕　사람의 성격은 갖가지다.

5. 父の遺産を分ける。　ちちのいさんをわける。
遺言の通りに実行する。　ゆいごんのとおりにじっこうする。

〔　　　〕 아버지의 유산을 나누다.

〔　　　〕 유언대로 실행하다.

6. 悲しい最期を遂げた。 かなしいさいごをとげた。

期日までには完成します。 きじつまでにはかんせいします。

〔　　　〕 슬픈 최후를 마쳤다.

〔　　　〕 기일까지는 완성합니다.

7. 楽しい工作をする。 たのしいこうさくをする。

家を建てている大工。 いえをたてているだいく。

〔　　　〕 즐거운 공작을 하다.

〔　　　〕 집을 짓고 있는 목수.

8. 誠意が欠如している。 せいいがけつじょしている。

如実に示している。 にょじつにしめしている。

〔　　　〕 성의가 모자란다.

〔　　　〕 여실히 나타내고 있다.

9. たえず精進をしている人。 たえずしょうじんをしているひと。

美しい精神の持ち主。 うつくしいせいしんのもちぬし。

〔　　　〕 끊임없이 정진하는 사람

〔　　　〕 아름다운 정신의 소유주.

10. 目の前に存在する。 めのまえにそんざいする。

私は何も存じません。 わたしはなにもぞんじません。

〔　　　〕 눈 앞에 존재하다.

〔　　　〕 저는 아무것도 모르겠읍니다.

11. 妄想するなかれ。 もうそうするなかれ。

妄言多謝。 ぼうげんたしゃ。

〔　　　〕 망상하지 말라.

〔　　　〕 망언을 깊이 사과함.

12. 素足で歩く。 すあしであるく。

大切な要素が欠けている。 たいせつなようそがかけている。

〔　　　〕 맨발로 걷다.

〔　　　〕 중요한 요소가 결여되어 있다.

13. 礼儀正しい人。 れいぎただしいひと。

多くの人から礼賛された。 おおくのひとかららいさんされた。

〔　　　〕 예의바른 사람.

〔　　　〕 많은 사람으로부터 칭송받았다.

14. 失われていく自然を守る。 うしなわれていくしぜんをまもる。
天然の良港。 てんねんのりょうこう。
〔　　　〕 훼손되어 가는 자연을 지키다.
〔　　　〕 천연의 양항.

15. 愛想のよい人。 あいそのよいひと。
ありのままの感想を言う。 ありのままのかんそうをいう。
〔　　　〕 상냥한 사람.
〔　　　〕 있는 그대로 감상을 말하다.

16. 凡例を一通り読んでおく。 はんれいをひととおりよんでおく。
平凡な考え方をする人。 へいぼんなかんがえかたをするひと。
〔　　　〕 범례를 대충 읽어 두다.
〔　　　〕 평범한 생각을 가진 사람.

17. 強敵と対戦する。 きょうてきとたいせんする。
対句になっている表現。 ついくになっているひょうげん。
〔　　　〕 강적과 대전하다.
〔　　　〕 댓귀가 되어있는 표현.

18. 強い光を発する物体。 つよいひかりをはっするぶったい。
事件の発端を説明する。 じけんのほったんをせつめいする。
〔　　　〕 강한 빛을 내는 물체.
〔　　　〕 사건의 발단을 설명하다.

19. 国王に宝石を献ずる。 こくおうにほうせきをけんずる。
食事の献立を考える。 しょくじのこんだてをかんがえる。
〔　　　〕 국왕에게 보석을 바치다.
〔　　　〕 식사의 메뉴를 생각하다.

20. 強くたくましい武士。 つよくたくましいぶし。
五月には武者人形を飾る。 ごがつにはむしゃにんぎょうをかざる。
〔　　　〕 강하고 늠름한 무사.
〔　　　〕 5월에는 무사인형을 장식한다.

21. 巨万の富を手に入れる。 きょまんのとみをてにいれる。
たえず万全の注意をする。 たえずばんぜんのちゅういをする。
〔　　　〕 많은 재산을 손에 넣다.
〔　　　〕 끊임없이 만전의 주의를 하다.

22. 規律ある生活をする。 きりつあるせいかつをする。
かれはなかなか律儀な人だ。 かれはなかなかりちぎなひとだ。

〔　　　〕
〔　　　〕

규율바른 생활을 하다.
그는 아주 성실한 사람이다.

23 幼児を事故から守る。
小児科の医院へ行く。
〔　　　〕
〔　　　〕

ようじをじこからまもる。
しょうにかのいいんへいく。
유아를 사고로 부터 지키다.
소아과병원에 가다.

24. 虚偽の証言をする。
虚空をつかんで倒れる。
〔　　　〕
〔　　　〕

きょぎのしょうげんをする。
こくうをつかんでたおれる。
허위증언을 하다.
벌렁 나자빠지다.

25. こまかな計画をたてる。
テレビの画面をみつめる。
〔　　　〕
〔　　　〕

こまかなけいかくをたてる。
テレビのがめんをみつめる。
자세한 계획을 세우다.
TV화면을 응시하다.

26. 毎月読んでいる雑誌。
雑木林の中を歩く。
〔　　　〕
〔　　　〕

まいげつよんでいるざっし。
ぞうきばやしのなかをあるく。
매월 보고 있는 잡지.
잡목림 안을 걷다.

27. 有益な話を聞く。
神様の御利益があった。
〔　　　〕
〔　　　〕

ゆうえきなはなしをきく。
かみさまのごりやくがあった。
유익한 이야기를 듣다.
하느님의 영겁이 있었다.

28. 実験をしてたしかめる。
修験者が山に登っていく。
〔　　　〕
〔　　　〕

じっけんをしてたしかめる。
しゅげんじゃがやまにのぼっていく。
실험을 하여 확인하다.
수도자가 산에 올라가다.

29. 自分の姓名を告げる。
百姓の仕事を手伝う。
〔　　　〕
〔　　　〕

じぶんのせいめいをつげる。
ひゃくしょうのしごとをてつだう。
자기의 성명을 알리다.
농민의 일을 거들다.

30. 功をあせると失敗する。
よいことをした功徳だ。
〔　　　〕
〔　　　〕

こうをあせるとしっぱいする。
よいことをしたくどくだ。
공을 서두르면 실패한다.
좋은 일을 한 공덕이다.

31. 歳末助け合い運動。 さいまつたすけあいうんどう。
お歳暮をとどける。 おせいぼをとどける。
〔 〕 연말이웃돕기운동.
〔 〕 세찬을 보내다.

32. 人権は守らねばならない。 じんけんはまもらねばならない。
彼は欲望の権化だ。 かれはよくぼうのごんげだ。
〔 〕 인권은 지켜야 한다.
〔 〕 그는 욕망의 화신이다.

33. ゆっくりとお茶を飲む。 ゆっくりとおちゃをのむ。
喫茶店にはいる。 きっさてんにはいる。
〔 〕 천천히 차를 마시다.
〔 〕 다방에 들어가다.

34. 仕事を依頼する。 しごとをいらいする。
仏教に帰依する。 ぶっきょうにきえする。
〔 〕 일을 의뢰하다.
〔 〕 불교에 귀의하다.

35. なつかしい故郷に帰る。 なつかしいこきょうにかえる。
近郷から人が集まった。 きんごうからひとがあつまった。
〔 〕 그리운 고향에 돌아가다.
〔 〕 이웃마을에서 사람이 모였다.

36. 医は仁術といわれる。 いはじんじゅつといわれる。
仁王の像をつくる。 におうのぞうをつくる。
〔 〕 의술은 인술이라고 한다.
〔 〕 인왕의 동상을 세우다.

37. 対象をよく見つめる。 たいしょうをよくみつめる。
巨象の大群におそわれる。 きょぞうのたいぐんにおそわれる。
〔 〕 대상을 잘 살피다.
〔 〕 큰 코끼리 무리에게 습격받다.

38. 他人の模範となる。 たにんのもはんとなる。
もっと規模を大きくせよ。 もっときぼをおおきくせよ。
〔 〕 타인의 모범이 되다.
〔 〕 더 규모를 크게 해라.

39. 植木鉢を買う。 うえきばちをかう。
師の衣鉢を継ぐ。 しのいはつをつぐ。

〔　　　〕 화분을 사다.

〔　　　〕 스승의 대를 잇다.

40. 悪疫が流行する。 あくえきがりゅうこうする。

疫病神のように嫌われる。 やくびょうがみのようにきらわれる。

〔　　　〕 고약한 돌림병이 유행하다.

〔　　　〕 역귀(疫鬼)처럼 따돌림을 당하다.

41. 品物を倉庫にしまう。 しなものをそうこにしまう。

お寺の庫裏に住んでいる。 おてらのくりにすんでいる。

〔　　　〕 물건을 창고에 치우다.

〔　　　〕 절의 방에 살고 있다.

42. 宗教は人によって異なる。 しゅうきょうはひとによってことなる。

すぐれたお茶の宗匠。 すぐれたおちゃのそうしょう。

〔　　　〕 종교는 사람에 따라 다르다.

〔　　　〕 뛰어난 다도의 스승.

43. 解答は別冊になっている。 かいとうはべっさつになっている。

和歌を短冊に書く。 わかをたんざくにかく。

〔　　　〕 해답은 별책으로 되어 있다.

〔　　　〕 와까를 쪄지에 쓰다.

44. 製品を規格に合わせる。 せいひんをきかくにあわせる。

格子戸をあけて出る。 こうしどをあけてでる。

〔　　　〕 제품을 규격에 맞추다.

〔　　　〕 격자문을 열고 나가다.

45. 子供に絵本を買い与える。 こどもにえほんをかいあたえる。

すぐれた日本の絵画。 すぐれたにほんのかいが。

〔　　　〕 어린이에게 그림책을 사 주다.

〔　　　〕 뛰어난 일본회화.

46. 灯台で働いている人。 とうだいではたらいているひと。

秋には台風が多い。 あきにはたいふうがおおい。

〔　　　〕 등대에서 일하고 있는 사람.

〔　　　〕 가을에는 태풍이 많다.

47. 落丁のある本は交換する。 らくちょうのあるほんはこうかんする。

丁寧にあいさつする。 ていねいにあいさつする。

〔　　　〕 낙장이 있는 책은 교환하다.

〔　　　〕 공손하게 인사하다.

48. 団結を固める。 だんけつをかためる。
布団を敷く。 ふとんをしく。
〔 〕 단결을 다지다.
〔 〕 이불을 깔다.

49. 彼はなかなか博識だ。 かれはなかなかはくしきだ。
彼の仕事は博労だ。 かれのしごとはばくろうだ。
〔 〕 그는 아주 박식하다.
〔 〕 그의 일은 마소의 거간꾼이다.

50. 庭に花壇を作る。 にわにかだんをつくる。
土壇場になって失敗した。 どたんばになってしっぱいした。
〔 〕 정원에 화단을 만들다.
〔 〕 막판에 가서 실패했다.

51. どちらも甲乙付け難い。 どちらもこうおつつけがたい。
船の甲板で遊ぶ。 ふねのかんぱんであそぶ。
〔 〕 어느 쪽도 우열을 가리기 어렵다.
〔 〕 배의 갑판에서 놀다.

52. 乗客の安全を守る。 じょうきゃくのあんぜんをまもる。
異国で客死する。 いこくでかくしする。
〔 〕 승객의 안전을 지키다.
〔 〕 이국에서 객사하다.

53. 証拠をはっきりと示す。 しょうこをはっきりとしめす。
ここを根拠地にしよう。 ここをこんきょちにしよう。
〔 〕 증거를 확실히 내보이다.
〔 〕 여기를 근거지로 하자.

54. 観衆が大騒ぎをした。 かんしゅうがおおさわぎをした。
仏は衆生を救ってくれる。 ほとけはしゅじょうをすくってくれる。
〔 〕 관중이 큰 소란을 피웠다.
〔 〕 부처는 중생을 구제해 준다.

55. 久しぶりで上京する。 ひさしぶりでじょうきょうする。
京浜工業地帯で働く。 けいひんこうぎょうちたいではたらく。
〔 〕 오랫만에 상경하다.
〔 〕 케이힌 공업지대에서 일하다.

56. 暗幕を張りめぐらす。 あんまくをはりめぐらす。
江戸に幕府を開く。 えどにばくふをひらく。

〔　　　〕
〔　　　〕

57. 兵器を生産する。
兵糧が少なくなる。
〔　　　〕
〔　　　〕

58. 不安な気持ちになる。
あの人は不作法な人だ。
〔　　　〕
〔　　　〕

암막을 치다.
에도에 막부를 열다.

へいきをせいさんする。
ひょうろうがすくなくなる。
무기를 생산하다.
군량미가 적어지다.

ふあんなきもちになる。
あのひとはぶさほうなひとだ。
불안한 기분이 되다.
저 사람은 무례한 사람이다.

## 2. 音으로 읽는 熟語

1. いろいろな批判を受ける。　いろいろなひはんをうける。
〔　　　〕　여러가지로 비판을 받다.

2. 商品が展示されている。　しょうひんがてんじされている。
〔　　　〕　상품이 전시되어 있다.

3. 王位につく。　おういにつく。
〔　　　〕　왕위에 오르다.

4. 友人と協力してやりとげる。　ゆうじんときょうりょくしてやりとげる。
〔　　　〕　친구와 협력하여 완수하다.

5. 大声で号令をかける。　おおごえでごうれいをかける。
〔　　　〕　큰 소리로 구령을 붙이다.

6. 条件をつけて賛成する。　じょうけんをつけてさんせいする。
〔　　　〕　조건을 붙여 찬성하다.

7. 汽車に乗って旅行する。　きしゃにのってりょこうする。
〔　　　〕　기차를 타고 여행하다.

8. はっきりと肯定する。　はっきりとこうていする。
〔　　　〕　분명하게 긍정하다.

9. 厳しい警告を受ける。　きびしいけいこくをうける。
〔　　　〕　엄중한 경고를 받다.

10. 父の肖像を描く。　ちちのしょうぞうをえがく。
〔　　　〕　아버지의 초상을 그리다.

11. 普通の速さで歩く。　ふつうのはやさであるく。
〔　　　〕　보통 빠르기로 걷다.

12. 帽子をかぶる。　ぼうしをかぶる。
〔　　　〕　모자를 쓰다.

13. 激しい砲声が聞える。　はげしいほうせいがきこえる。
〔　　　〕　심한 포성이 들려오다.

14. 領土を広げる。　りょうどをひろげる。
〔　　　〕　영토를 넓히다.

15. 新しく開けた宅地。　あたらしくひらけたたくち。
〔　　　〕　새로 개발된 택지.

16. 赤信号で停止する。
〔　　　〕

あかしんごうでていしする。
적신호에 정지하다.

17. 早朝に到着した。
〔　　　〕

そうちょうにとうちゃくした。
이른 아침에 도착했다.

18. 窃盗の罪でつかまる。
〔　　　〕

せっとうのつみでつかまる。
절도죄로 잡히다.

19. 電車を運転する。
〔　　　〕

でんしゃをうんてんする。
전차를 운전하다.

20. 陳謝の意を表明する。
〔　　　〕

ちんしゃのいをひょうめいする。
사죄의 뜻을 표명하다.

21. 哲学の勉強をする。
〔　　　〕

てつがくのべんきょうをする。
철학공부를 하다.

22. 和やかに談笑する。
〔　　　〕

なごやかにだんしょうする。
정답게 담소하다.

23. 妥当な考えを述べる。
〔　　　〕

だとうなかんがえをのべる。
타당한 생각을 진술하다.

24. 賃金を支払う。
〔　　　〕

ちんきんをしはらう。
임금을 지불하다.

25. すみやかに訂正する。
〔　　　〕

すみやかにていせいする。
신속히 정정하다.

26. ガスが爆発する。
〔　　　〕

ガスがばくはつする。
가스가 폭발하다.

27. 天地を創造する。
〔　　　〕

てんちをそうぞうする。
천지를 창조하다.

28. 匿名の手紙がとどく。
〔　　　〕

とくめいのてがみがとどく。
익명의 편지가 오다.

29. 家を抵当に入れる。
〔　　　〕

いえをていとうに入れる。
집을 저당잡히다.

30. 犯人を逮捕する。
〔　　　〕

はんにんをたいほする。
범인을 체포하다.

31. じゅうぶん睡眠をとる。
〔　　　〕

じゅうぶんすいみんをとる。
충분히 수면을 취하다.

32. 酪農がさかんな国。

らくのうがさかんなくに。

〔　　　〕
낙농이 번성한 나라.

33. 漫然と時間をすごす。
〔　　　〕
まんぜんとじかんをすごす。
멍하니 시간을 보내다.

34. これは複雑な問題だ。
〔　　　〕
これはふくざつなもんだいだ。
이것은 복잡한 문제이다.

35. 物音に敏感な動物。
〔　　　〕
ものおとにびんかんなどうぶつ。
소리에 민감한 동물.

36. ひそひそと密談する。
〔　　　〕
ひそひそとみつだんする。
소곤소곤 밀담하다.

37. 商品を廉価で売る。
〔　　　〕
しょうひんをれんかでうる。
상품을 염가로 팔다.

38. 大臣に随行する。
〔　　　〕
だいじんにずいこうする。
장관을 수행하다.

39. 大きな邸宅に住んでいる。
〔　　　〕
おおきなていたくにすんでいる。
커다란 저택에 살고 있다.

40. 病気を媒介するねずみ。
〔　　　〕
びょうきをばいかいするねずみ。
병을 옮기는 쥐.

41. 落ち着いた態度の人。
〔　　　〕
おちついたたいどのひと。
침착한 태도의 사람.

42. 荷物を搬入する。
〔　　　〕
にもつをはんにゅうする。
짐을 반입하다.

43. 音楽の魅力に取り付かれる。
〔　　　〕
おんがくのみりょくにとりつかれる。
음악의 매력에 홀리다.

44. 部下に仕事を命じる。
〔　　　〕
ぶかにしごとをめいじる。
부하에게 일을 명하다.

45. 職権を濫用する。
〔　　　〕
しょっけんをらんようする。
직권을 남용하다.

46. 人口が漸増している。
〔　　　〕
じんこうがぜんぞうしている。
인구가 점증하고 있다.

47. 丁寧に塑像をつくる。
〔　　　〕
ていねいにそぞうをつくる。
정성껏 소상을 만들다.

48. 飛行機が旋回している。
〔　　　〕
ひこうきがせんかいしている。
비행기가 선회하고 있다.

49. 刑の執行を猶予される。
〔　　　〕
けいのしっこうをゆうよされる。
형이 집행유예되다.

50. 強盗に撲殺される。
〔　　　〕
ごうとうにぼくさつされる。
강도에게 박살나다.

50. 子供に扶養される。
〔　　　〕
こどもにふようされる。
자식에게 부양받다.

52. 廊下を走ってはいけない。
〔　　　〕
ろうかをはしってはいけない。
복도를 달려서는 안된다.

53. 過ちを犯して罷免された。
〔　　　〕
あやまちをおかしてひめんされた。
잘못을 범해 파면되었다.

54 隻腕ながら名大工だ。
〔　　　〕
せきわんながらめいだいくだ。
외팔이면서도 이름난 목수이다.

55. 社会の秩序を守る。
〔　　　〕
しゃかいのちつじょをまもる。
사회의 질서를 지키다.

56. 祖先を崇拝する。
〔　　　〕
そせんをすうはいする。
조상을 숭배하다.

57. 奈良から京都へ遷都した。
〔　　　〕
ならからきょうとへせんとした。
나라에서 경도로 천도했다.

58. いろいろと弊害が起こる。
〔　　　〕
いろいろとへいがいがおこる。
여러가지 폐해가 일어나다.

59. 新しく発見された繊維。
〔　　　〕
あたらしくはっけんされたせんい。
새로 발견된 섬유.

60. 栄養を十分に摂取する。
〔　　　〕
えいようをじゅうぶんにせっしゅする。
영양을 충분히 섭취하다.

61. 外国と盛んに貿易する。
〔　　　〕
がいこくとさかんにぼうえきする。
외국과 빈번하게 무역하다.

62. 新しい国家が誕生した。
〔　　　〕
あたらしいこっかがたんじょうした。
새로운 국가가 탄생했다.

63. 賞品を郵送する。
〔　　　〕
しょうひんをゆうそうする。
상품을 우송하다.

64. 人間としての倫理を学ぶ。
〔　　　〕
にんげんとしてのりんりをまなぶ。
인간으로서의 윤리를 배우다.

65. 烈風に吹きとばされた。
れっぷうにふきとばされた。

〔　　　〕 열풍에 날아갔다.

66. 資金を融通してもらった。 しきんをゆうずうしてもらった。
〔　　　〕 자금을 융통해 주었다.

67. 障害物を撤去する。 しょうがいぶつをてっきょする。
〔　　　〕 장애물을 철거하다.

68. 虜囚のはずかしめを受ける。 りょしゅうのはずかしめをうける。
〔　　　〕 포로의 치욕을 당하다.

69. 婚姻は両性の合意に基づく。 こんいんはりょうせいのごういにもとづく。
〔　　　〕 혼인은 남녀의 합의에 의한다.

70. 緊張して儀式にのぞむ。 きんちょうしてぎしきにのぞむ。
〔　　　〕 긴장하여 의식에 임하다.

71. 強い磁力を感ずる。 つよいじりょくをかんずる。
〔　　　〕 강한 자력을 느끼다.

72. 世の中を浄化する。 よのなかをじょうかする。
〔　　　〕 세상을 정화하다.

73. 友人を紹介する。 ゆうじんをしょうかいする。
〔　　　〕 친구를 소개하다.

74. 作品が佳作に入選する。 さくひんがかさくににゅうせんする。
〔　　　〕 작품이 가작에 입선되다.

75. 請求が棄却された。 せいきゅうがききゃくされた。
〔　　　〕 청구가 기각되었다.

76. 地方の豪族の出身だ。 ちほうのごうぞくのしゅっしんだ。
〔　　　〕 지방 호족 출신이다.

77. 血液は体内を循環する。 けつえきはたいないをじゅんかんする。
〔　　　〕 혈액은 체내를 순환한다.

78. すぐれた作品を鑑賞する。 すぐれたさくひんをかんしょうする。
〔　　　〕 우수한 작품을 감상하다.

79. 長い道程を往復する。 ながいみちのりをおうふくする。
〔　　　〕 긴 도정을 왕복하다.

80. こまかな点まで検討する。 こまかなてんまでけんとうする。
〔　　　〕 사소한 점까지 검토하다.

81. 出版社から稿料をもらう。 しゅっぱんしゃからこうりょうをもらう。
〔　　　〕 출판사에서 원고료를 받다.

82. できるかぎり倹約する。　　できるかぎりけんやくする。
〔　　　〕　　될수 있는 한 검약하다.

83. 人々の注意を喚起する。　　ひとびとのちゅういをかんきする。
〔　　　〕　　사람들의 주의를 환기시키다.

84. 自己の力を顕示する。　　じこのちからをけんじする。
〔　　　〕　　자기의 힘을 뽐내다.

85. 十年ぶりに赦免された。　　じゅうねんぶりにしゃめんされた。
〔　　　〕　　십년만에 사면되었다.

86. 多くの人々が餓死した。　　おおくのひとびとががしした。
〔　　　〕　　많은 사람들이 아사했다.

87. ひどい拷問を受ける。　　ひどいごうもんをうける。
〔　　　〕　　심한 고문을 당하다.

88. 法律を遵守しよう。　　ほうりつをじゅんしゅしよう。
〔　　　〕　　법률을 준수하자.

89. 文化の日に叙勲された。　　ぶんかのひにじょくんされた。
〔　　　〕　　문화의 날에 훈장을 수여 받았다.

90. 場内は閑散としていた。　　じょうないはかんさんとしていた。
〔　　　〕　　장내는 한산했다.

91. 索引を利用して調べる。　　さくいんをりようしてしらべる。
〔　　　〕　　색인을 이용하여 조사하다.

92. 一国の宰相にまで出世した。　　いっこくのさいしょうにまでしゅっせいした。
〔　　　〕　　일국의 재상에까지 출세했다.

93. 孔子は儒教の祖である。　　こうしはじゅきょうのそである。
〔　　　〕　　공자는 유교의 시조다.

94. 庶民の生活は苦しい。　　しょみんのせいかつはくるしい。
〔　　　〕　　서민의 생활은 어렵다.

95. 重要人物を護衛する。　　じゅうようじんぶつをごえいする。
〔　　　〕　　중요인물을 호위하다.

96. 敢然として敵に立ち向かう。　　かんぜんとしててきにたちむかう。
〔　　　〕　　과감하게 적에 맞서다.

97. 郊外へハイキングに行く。　　こうがいへハイキングにいく。
〔　　　〕　　교외에 하이킹을 가다.

98. 書物を刊行する。　　しょもつをかんこうする。

〔　　〕　책을 간행하다.

99. 台風の勢力の圏内にはいる。　たいふうのせいりょくのけんないにはいる。
〔　　〕　태풍 세력 권내에 들다.

100. 危険な症状を示す。　きけんなしょうじょうをしめす。
〔　　〕　위험한 증상을 나타내다.

101. 緊急の事態が発生した。　きんきゅうのじたいがはっせいした。
〔　　〕　긴급한 사태가 발생했다.

102. 国王から爵位を授けられる。　こくおうからしゃくいをさずけられる。
〔　　〕　국왕으로부터 작위를 하사받다.

103. 住民票の抄本を取り寄せる。　じゅうみんひょうのしょうほんをとりよせる。
〔　　〕　주민등록 초본을 떼다.

104. 彼は本当の紳士だ。　かれはほんとうのしんしだ。
〔　　〕　그는 진짜 신사이다.

105. 知人から品物を詐取する。　ちじんからしなものをさしゅする。
〔　　〕　아는 사람으로부터 물건을 사취하다.

106. 多くの人々が犠牲になった。　おおくのひとびとがぎせいになった。
〔　　〕　많은 사람들이 희생되었다.

107. 凶報がもたらされた。　きょうほうがもたらされた。
〔　　〕　흉보가 전해졌다.

108. 新しく憲法が制定された。　あたらしくけんぽうがせいていされた。
〔　　〕　새롭게 헌법이 제정되었다.

109. 世間の識者の声を聞く。　せけんのしきしゃのこえをきく。
〔　　〕　세상의 식자의 소리를 듣다.

110. 列車が衝突した。　れっしゃがしょうとつした。
〔　　〕　열차가 충돌했다.

111. 仕事を友人に委託する。　しごとをゆうじんにいたくする。
〔　　〕　일을 친구에게 위탁하다.

112. それは目の錯覚だ。　それはめのさっかくだ。
〔　　〕　그것은 눈의 착각이다.

113. 暖かい援助を受ける。　あたたかいえんじょをうける。
〔　　〕　따뜻한 원조를 받다.

114. 玄関にお客が来た。　げんかんにおきゃくがきた。
〔　　〕　현관에 손님이 왔다.

115. 自動車は徐行しなさい。
〔　　　〕
じどうしゃはじょこうしなさい。
자동차는 서행하세요.

116. 事件の核心にふれる。
〔　　　〕
じけんのかくしんにふれる。
사건의 핵심에 언급하다.

117. 利益を大衆に還元する。
〔　　　〕
りえきをたいしゅうにかんげんする。
이익을 대중에게 환원하다.

118. 物価が騰貴して困る。
〔　　　〕
ぶっかがとうきしてこまる。
물가가 등귀하여 곤란하다.

119. 仕事を早めるよう督励する。
〔　　　〕
しごとをはやめるようとくれいする。
일을 빨리 하도록 독려하다.

120. 摩擦によって熱が生じる。
〔　　　〕
まさつによってねつがしょうじる。
마찰에 의해 열이 발생하다.

121. 慢心する人は進歩しない。
〔　　　〕
まんしんするひとはしんぽしない。
자만하는 사람은 진보하지 않는다.

122. ゆっくりと療養する。
〔　　　〕
ゆっくりとりょうようする。
충분히 요양하다.

123. 自分で版画を作る。
〔　　　〕
じぶんではんがをつくる。
스스로 판화를 만들다.

124. 愉快な気持ちになる。
〔　　　〕
ゆかいなきもちになる。
유쾌한 기분이 되다.

125. 外国に隷属する。
〔　　　〕
がいこくにれいぞくする。
외국에 예속하다.

126. 与えた損害を賠償する。
〔　　　〕
あたえたそんがいをばいしょうする。
끼친 손해를 배상하다.

127. いつも泰然としている人物。
〔　　　〕
いつもたいぜんとしているじんぶつ。
언제나 태연한 인물.

128. 多くの中から抽出する。
〔　　　〕
おおくのなかからちゅうしゅつする。
많은 가운데에서 추출하다.

129. 彼はこの家の嫡男だ。
〔　　　〕
かれはこのうちのちゃくなんだ。
그는 이 집의 적자이다.

130. 状況は逐次発表される。
〔　　　〕
じょうきょうはちくじはっぴょうされる。
상황은 차례대로 발표되다.

131. 離れ島に幽閉される。
はなれじまにゆうへいされる。

〔　　　〕 외딴 섬에 유배되다.

132. これは万国共通の符号だ。 これはばんこくきょうつうのふごうだ。
〔　　　〕 이것은 만국 공통 부호이다.

133. 遠くの標的をねらって撃つ。 とおくのひょうてきをねらってうつ。
〔　　　〕 먼 표적을 겨냥하여 쏘다.

134. ここは先祖の墳墓の地だ。 ここはせんぞのふんぼのちだ。
〔　　　〕 여기는 선조의 고향이다.

135. 適当な措置を考える。 てきとうなそちをかんがえる。
〔　　　〕 적당한 조처를 생각하다.

136. 山で木を伐採する。 やまできをばっさいする。
〔　　　〕 산에서 나무를 벌채하다.

137. 学校で簿記の勉強をする。 がっこうでぼきのべんきょうをする。
〔　　　〕 학교에서 부기 공부를 하다.

138. 希望者だけに頒布する。 きぼうしゃだけにはんぷする。
〔　　　〕 희망자에게만 반포하다.

139. 裕福な生活をしている人。 ゆうふくなせいかつをしているひと。
〔　　　〕 유복한 생활을 하고 있는 사람.

140. 日本の歴史を調べる。 にほんのれきしをしらべる。
〔　　　〕 일본 역사를 조사하다.

141. 売り上げを帳面に記入する。 うりあげをちょうめんにきにゅうする。
〔　　　〕 매상을 장부에 기입하다.

142. 痴漢に気をつけよう。 ちかんにきをつけよう。
〔　　　〕 치한에 주의하자.

143. 人間が堕落するのを防ぐ。 にんげんがだらくするのをふせぐ。
〔　　　〕 인간이 타락하는 것을 막다.

144. 貴人に陪席する。 きじんにばいせきする。
〔　　　〕 귀인과 자리를 같이하다.

145. 実に拙劣な技法だ。 じつにせつれつなぎほうだ。
〔　　　〕 실로 졸렬한 기법이다.

146. 国家の枢要な地位にある。 こっかのすうようなちいにある。
〔　　　〕 국가의 주요한 지위에 있다.

147. 信書を逓送する。 しんしょをていそうする。
〔　　　〕 서신을 우송하다.

148. 蛮声を張り上げては困る。
〔　　　〕
ばんせいをはりあげてはこまる。
거칠고 사나운 소리를 질러서는 곤란하다.

149. 仕事に奔走する。
〔　　　〕
しごとにほんそうする。
일을 분주하게 하다.

150. 僚友の信頼を受ける。
〔　　　〕
りょうゆうのしんらいをうける。
동료의 신뢰를 받다.

151. 時間を浪費するな。
〔　　　〕
じかんをろうひするな。
시간을 낭비하지 말라.

152. 衷心よりおわびします。
〔　　　〕
ちゅうしんよりおわびします。
충심으로 사과합니다.

153. 徒歩で旅行をする。
〔　　　〕
とほでりょこうをする。
도보로 여행을 하다.

154. 実力が伯仲している。
〔　　　〕
じつりょくがはくちゅうしている。
실력이 백중하다. (팽팽하다)

155. 外国で邦人と会う。
〔　　　〕
がいこくでほうじんとあう。
외국에서 교포와 만나다.

156. 美しい容姿をした人。
〔　　　〕
うつくしいようしをしたひと。
아름다운 용모와 자태를 한 사람.

157. 人々に貯蓄をすすめる。
〔　　　〕
ひとびとにちょちくをすすめる。
사람들에게 저축을 장려하다.

158. 病人を必死で看護する。
〔　　　〕
びょうにんをひっしでかんごする。
환자를 필사적으로 간호하다.

159. 人間には娯楽も必要だ。
〔　　　〕
にんげんにはごらくもひつようだ。
인간에게는 오락도 필요하다.

160. 妊娠している女性。
〔　　　〕
にんしんしているじょせい。
임신한 여성.

161. こまかく観察する。
〔　　　〕
こまかくかんさつする。
세심하게 관찰하다.

162. 放送劇で擬音を使う。
〔　　　〕
ほうそうげきでぎおんをつかう。
방송극에서 효과음을 사용하다.

163. いつも抗争が絶えない。
〔　　　〕
いつもこうそうがたえない。
언제나 항쟁이 끊어지지 않다.

64. 謙虚な性格の人。
けんきょなせいかくのひと。

〔　　〕

165. 誌面のトップを飾る論文。

〔　　〕

166. 常に迅速に行動せよ。

〔　　〕

167. 品質を均一にする。

〔　　〕

168. 事件の概略を説明する。

〔　　〕

169. これは偶然の出来事だ。

〔　　〕

170. 世間の需要を満たす。

〔　　〕

171. これは近来まれな傑作だ。

〔　　〕

172. すぐに解決すべき課題。

〔　　〕

173. 友人の意見に賛成する。

〔　　〕

174. 殉職した人を弔う。

〔　　〕

175. 重要問題を審議する。

〔　　〕

176. 冗談ばかり言っては困る。

〔　　〕

177. 将来を嘱望されている人物。

〔　　〕

178. 人生の岐路に立つ。

〔　　〕

179. 世界から孤立した国。

〔　　〕

180. 庭に草花を栽培する。

〔　　〕

겸허한 성격의 사람.

しめんのトップをかざるろんぶん。
지면의 톱을 장식한 논문.

つねにじんそくにこうどうせよ。
항상 신속하게 행동하세요.

ひんしつをきんいつにする。
품질을 균일하게 하다.

じけんのがいりゃくをせつめいする。
사건의 개략을 설명하다.

これはぐうぜんのできごとだ。
이것은 우연한 사건이다.

せけんのじゅようをみたす。
세상의 수요를 채우다.

これはきんらいまれなけっさくだ。
이것은 근래 보기 드문 걸작이다.

すぐにかいけつすべきかだい。
곧 해결해야 할 과제.

ゆうじんのいけんにさんせいする。
친구의 의견에 찬성하다.

じゅんしょくしたひとをとむらう。
순직한 사람을 애도하다.

じゅうようもんだいをしんぎする。
중요문제를 심의하다.

じょうだんばかりいってはこまる。
농담만 해서는 곤란하다.

しょうらいをしょくぼうされているじんぶつ。
장래가 촉망되는 인물.

じんせいのきろにたつ。
인생의 기로에 서다.

せかいからこりつしたくに。
세계에서 고립된 나라.

にわにくさばなをさいばいする。
정원에 화초를 재배하다.

181. 警察に拘置される。　けいさつにこうちされる。
〔　　　〕　경찰에 구치되다.

182. 地底の奥へつづく坑道。　ちていのおくへつづくこうどう。
〔　　　〕　땅속 깊은 곳으로 이어진 갱도.

183. 自分の立場を釈明する。　じぶんのたちばをしゃくめいする。
〔　　　〕　자신의 입장을 해명하다.

184. 百年にひとりと言える俊才。　ひゃくねんにひとりといえるしゅんさい。
〔　　　〕　백년만에 한 사람이 나올 정도의 준재.

185. 空中から査察する。　くうちゅうからささつする。
〔　　　〕　공중에서 사찰하다.

186. 最近の時世を慨嘆する。　さいきんのじせいをがいたんする。
〔　　　〕　최근의 세상을 개탄하다.

187. 視力をはかる。　しりょくをはかる。
〔　　　〕　시력을 재다.

188. 貴族の称号を授けられる。　きぞくのしょうごうをさずけられる。
〔　　　〕　귀족의 칭호를 하사받다.

189. 滋養のある食物を食べる。　じようのあるしょくもつをたべる。
〔　　　〕　영양분이 있는 음식을 먹다.

190. 会場は粛然としていた。　かいじょうはしゅくぜんとしていた。
〔　　　〕　회의장은 숙연해졌다.

191. 多くの人々の署名を集める。　おおくのひとびとのしょめいをあつめる。
〔　　　〕　많은 사람들의 서명을 모으다.

192. 裁判所で証言を求められる。　さいばんしょでしょうげんをもとめられる。
〔　　　〕　재판소에서 증언을 요구받다.

193. なるべく簡単に話しなさい。　なるべくかんたんにはなしなさい。
〔　　　〕　되도록 간단하게 말하시오.

194. 中世ヨーロッパの騎士。　ちゅうせいヨーロッパのきし。
〔　　　〕　중세 유럽의 기사.

195. どうしても勘定が合わない。　どうしてもかんじょうがあわない。
〔　　　〕　아무래도 계산이 맞지 않다.

196. 珠玉の名作と言われる小説。　しゅぎょくのめいさくといわれるしょうせつ。
〔　　　〕　주옥의 명작이라 불리는 소설.

197. あやまちを糾弾する。　あやまちをきゅうだんする。

〔　　　〕　잘못을 규탄하다.

198. よくない箇所を知らせよ。　よくないかしょをしらせよ。
〔　　　〕　잘못된 곳을 알리자.

199. 長編小説が完結した。　ちょうへんしょうせつがかんけつした。
〔　　　〕　장편소설이 완결되었다.

200. 厳しい父に訓育される。　きびしいちちにくんいくされる。
〔　　　〕　엄한 아버지에게 훈육받다.

201. 品物を安く購入する。　しなものをやすくこうにゅうする。
〔　　　〕　물건을 싸게 구입하다.

202. いつも寡黙な人。　いつもかもくなひと。
〔　　　〕　언제나 과묵한 사람.

203. 東京の緯度を調べる。　とうきょうのいどをしらべる。
〔　　　〕　동경의 위도를 조사하다.

204. 他人には寛大にふるまう。　たにんにはかんだいにふるまう。
〔　　　〕　타인에게는 관대하게 대하다.

205. 寒い季節になってきた。　さむいきせつになってきた。
〔　　　〕　추운 계절이 왔다.

206. 国が売り出した債券を買う。　くにがうりだしたさいけんをかう。
〔　　　〕　나라가 판 채권을 사다.

207. 疾病の有無を調べる。　しっぺいのうむをしらべる。
〔　　　〕　질병의 유무를 조사하다.

208. みんなが幸福を享受する。　みんながこうふくをきょうじゅする。
〔　　　〕　모두가 행복을 누리다.

209. 天から啓示を受ける。　てんからけいじをうける。
〔　　　〕　하늘로부터 계시를 받다.

210. 深い樹林をさまよう。　ふかいじゅりんをさまよう。
〔　　　〕　깊은 숲 속을 헤매다.

211. 困難を克服して成功する。　こんなんをこくふくしてせいこうする。
〔　　　〕　곤란을 극복하여 성공하다.

212. 硝煙がたちこめている戦場。　しょうえんがたちこめているせんじょう。
〔　　　〕　포연이 자욱한 전쟁터.

213. 日本に古来からある雅楽。　にほんにこらいからあるががく。
〔　　　〕　일본에 옛날부터 있는 아악.

| | |
|---|---|
| 214. 条件に該当する人は来い。 | じょうけんにがいとうするひとはこい。 |
| 〔　　　〕 | 조건에 해당되는 사람은 오너라. |
| 215. 酒は酵素の働きでできる。 | さけはこうそのはたらきでできる。 |
| 〔　　　〕 | 술은 효소작용으로 만든다. |
| 216. 多くの淑女が集まった。 | おおくのしゅくじょがあつまった。 |
| 〔　　　〕 | 많은 숙녀가 모였다. |
| 217 事業を拡大する。 | じぎょうをかくだいする。 |
| 〔　　　〕 | 사업을 확대하다. |
| 218. 暫時お待ちください。 | ざんじおまちください。 |
| 〔　　　〕 | 잠시 기다려 주십시오. |
| 219. 邪悪な心を持たない人。 | じゃあくなこころをもたないひと。 |
| 〔　　　〕 | 사악한 마음을 갖지 않은 사람. |
| 220. 閣議は一時間で終わった。 | かくぎはいちじかんでおわった。 |
| 〔　　　〕 | 각의는 한시간에 끝났다. |
| 221. 良質の貨幣を発行する。 | りょうしつのかへいをはっこうする。 |
| 〔　　　〕 | 양질의 화폐를 발행하다. |
| 222. 彼は重量挙げがお得意だ。 | かれはじゅうりょうあげがおとくいだ。 |
| 〔　　　〕 | 그는 역도가 장기이다. |
| 223. あまりのことに卒倒した。 | あまりのことにそっとうした。 |
| 〔　　　〕 | 너무 심한 짓에 졸도했다. |
| 224. 数多く典籍を読む。 | かずおおくてんせきをよむ。 |
| 〔　　　〕 | 많은 전적을 읽다. |
| 225. すぐれた人物が輩出した。 | すぐれたじんぶつがはいしゅつした。 |
| 〔　　　〕 | 우수한 인물이 배출되었다. |
| 226. 外国の産物を輸入する。 | がいこくのさんぶつをゆにゅうする。 |
| 〔　　　〕 | 외국산물을 수입하다. |
| 227. 商品の販路を拡張する。 | しょうひんのはんろをかくちょうする。 |
| 〔　　　〕 | 상품의 판로를 확장하다. |
| 228. 国家の繁栄を願う。 | こっかのはんえいをねがう。 |
| 〔　　　〕 | 국가의 번영을 빈다. |
| 229. 川へ稚魚を放流する。 | かわへちぎょをほうりゅうする。 |
| 〔　　　〕 | 강물에 치어를 놓아주다. |
| 230. 糖分の少ない食物をとる。 | とうぶんのすくないしょくもつをとる。 |

〔　　〕 당분이 적은 음식을 섭취하다.

231. 篤志を寄せてくれた人々。 とくしをよせてくれたひとびと。
〔　　〕 독지를 보내 준 사람들.

232. 実例は枚挙にいとまがない。 じつれいはまいきょにいとまがない。
〔　　〕 실례는 너무 많아 일일이 들 수가 없다.

233. 高い楼閣に登る。 たかいろうかくにのぼる。
〔　　〕 높은 누각에 오르다.

234. 彼は私の無二の盟友だ。 かれはわたしのむにのめいゆうだ。
〔　　〕 그는 나의 둘도 없는 동지이다.

235. 江戸時代に発行された藩札。 えどじだいにはっこうされたはんさつ。
〔　　〕 에도시대에 발행된 지폐.

236. 遠い国からの賓客を迎える。 とおいくにからのひんきゃくをむかえる。
〔　　〕 먼 지방에서 온 귀빈을 맞이하다.

237. 胆力のある人は頼もしい。 たんりょくのあるひとはたのもしい。
〔　　〕 담력이 있는 사람은 믿음직하다.

238. 市内の某所で会見する。 しないのぼうしょでかいけんする。
〔　　〕 시내 모처에서 회견하다.

239. 絶壁から墜死する。 ぜっぺきからついしする。
〔　　〕 절벽에서 추락사하다.

240. 陶然とした気分になる。 とうぜんとしたきぶんになる。
〔　　〕 거나한 기분이 들다.

241. 皇居で陛下におめにかかる。 こうきょでへいかにおめにかかる。
〔　　〕 궁궐에서 폐하를 뵙다.

242. 母親の胎内で育つ。 ははおやのたいないでそだつ。
〔　　〕 어머니의 태내에서 자라다.

243. ボートを艇庫へ入れる。 ボートをていこへいれる。
〔　　〕 보우트를 정고에 넣다.

244. 世界各地を遍歴する。 せかいかくちをへんれきする。
〔　　〕 세계 각지를 편력하다.

245. 貞節を守っている人。 ていせつをまもっているひと。
〔　　〕 정절을 지키고 있는 사람.

246. 一つのものから派生する。 ひとつのものからはせいする。
〔　　〕 하나에서 파생되다.

| | |
|---|---|
| 247. 全軍隊を統師する。 | ぜんぐんたいをとうすいする。 |
| 〔　　　〕 | 전 군대를 통수하다. |
| 248. 海外へ遠征して試合をする。 | かいがいへえんせいしてしあいをする。 |
| 〔　　　〕 | 해외에 원정을 가서 시합하다. |
| 249. 言ったことは実践しよう。 | いったことはじっせんしよう。 |
| 〔　　　〕 | 말한 것은 실천하자. |
| 250. 空気が非常に乾燥している。 | くうきがひじょうにかんそうしている。 |
| 〔　　　〕 | 공기가 대단히 건조하다. |
| 251. 国民の納める租税。 | こくみんのおさめるそぜい。 |
| 〔　　　〕 | 국민이 납부하는 조세. |
| 252 多くの中から選択する。 | おおくのなかからせんたくする。 |
| 〔　　　〕 | 많은 것 중에서 선택하다. |
| 253. 人口が膨脹する。 | じんこうがぼうちょうする。 |
| 〔　　　〕 | 인구가 팽창하다. |
| 254. 外相を更迭する。 | がいしょうをこうてつする。 |
| 〔　　　〕 | 외무부장관을 경질하다. |
| 255. 法廷に呼び出される。 | ほうていによびだされる。 |
| 〔　　　〕 | 법정에 호출되다. |
| 256. 社会の安寧を守る。 | しゃかいのあんねいをまもる。 |
| 〔　　　〕 | 사회의 안녕을 지키다. |
| 257. 学閥の弊を除く。 | がくばつのへいをのぞく。 |
| 〔　　　〕 | 학벌의 폐해를 없애다. |
| 258. ものごとは中庸が大切だ。 | ものごとはちゅうようがたいせつだ。 |
| 〔　　　〕 | 일은 중용이 중요하다. |
| 259. 新しい店舗を建築する。 | あたらしいてんぽをけんちくする。 |
| 〔　　　〕 | 새로운 점포를 건축하다. |
| 260. 国家の官吏となる。 | こっかのかんりとなる。 |
| 〔　　　〕 | 국가의 관리가 되다. |
| 261. かれと和解する。 | かれとわかいする。 |
| 〔　　　〕 | 그와 화해하다. |
| 262. 言下に快諾する。 | げんかにかいだくする。 |
| 〔　　　〕 | 일언지하에 쾌히 승락하다. |
| 263. 図書館で本を閲覧する。 | としょかんでほんをえつらんする。 |

〔　　〕 도서관에서 책을 열람하다.

264. 武器をもって威嚇する。 ぶきをもっていかくする。

〔　　〕 무기를 가지고 위협하다.

265. 精神の平衡を保つ。 せいしんのへいこうをたもつ。

〔　　〕 정신의 평형을 유지하다.

266. 労働の報酬を受ける。 ろうどうのほうしゅうをうける。

〔　　〕 노동의 보수를 받다.

267. 事件を訴訟に持ちこむ。 じけんをそしょうにもちこむ。

〔　　〕 사건을 소송하다.

268. 仕事の分掌を決める。 しごとのぶんしょうをきめる。

〔　　〕 일의 분장을 정하다.

269. 会社の定款を読む。 かいしゃのていかんをよむ。

〔　　〕 회사의 정관을 읽다.

270. 記憶をたどりながら話す。 きおくをたどりながらはなす。

〔　　〕 기억을 더듬으며 이야기하다.

271. 余剰農産物を輸出する。 よじょうのうさんぶつをゆしゅつする。

〔　　〕 잉여 농산물을 수출하다.

272. 調査は暗礁に乗り上げた。 ちょうさはあんしょうにのりあげた。

〔　　〕 조사는 암초에 부딪쳤다.

273. 実力を発揮して合格した。 じつりょくをはっきしてごうかくした。

〔　　〕 실력을 발휘하여 합격했다.

274. 実に遺感なことだと思う。 じつにいかんなことだとおもう。

〔　　〕 실로 유감스런 일이라 생각한다.

275. 恩師へ近況を報告する。 おんしへきんきょうをほうこくする。

〔　　〕 은사에게 근황을 보고하다.

276. 獄中で手記をまとめる。 ごくちゅうでしゅきをまとめる。

〔　　〕 옥중에서 수기를 완성하다.

277. 善行によって表彰された。 ぜんこうによってひょうしょうされた。

〔　　〕 선행을 하여 표창받았다.

278. 思ったよりもよい成績だった。 おもったよりもよいせいせきだった。

〔　　〕 생각한 것보다도 좋은 성적이었다.

279. すぐれた頭脳の持ち主。 すぐれたずのうのもちぬし。

〔　　〕 우수한 두뇌의 소유자.

280. 種痘の予防注射をする。　　しゅとうのよぼうちゅうしゃをする。
〔　　〕　　종두 예방주사를 놓다.

281. まずしい老婆に出会った。　　まずしいろうばにであった。
〔　　〕　　가난한 노파를 (우연히) 만났다.

282. すばらしい俳句を読んだ。　　すばらしいはいくをよんだ。
〔　　〕　　멋진 하이꾸를 읽었다.

283. 断腸の思いがした。　　だんちょうのおもいがした。
〔　　〕　　애끊는 느낌이 들었다.

284. 船舶の数が足りない。　　せんぱくのかずがたりない。
〔　　〕　　선박 숫자가 모자란다.

285. 巨大な帝国を築いた。　　きょだいなていこくをきずいた。
〔　　〕　　거대한 제국을 구축했다.

286. 新しい土地を開拓する。　　あたらしいとちをかいたくする。
〔　　〕　　새로운 땅을 개척하다.

287. こまかく分析してみる。　　こまかくぶんせきしてみる。
〔　　〕　　자세하게 분석해 보다.

288. 堂々と隊列を組んで歩く。　　どうどうとたいれつをくんであるく。
〔　　〕　　당당하게 대열을 이루어 걷다.

289. みごと試験に及第する。　　みごとしけんにきゅうだいする。
〔　　〕　　멋지게 시험에 합격하다.

290. 悲壮な決意で出発する。　　ひそうなけついでしゅっぱつする。
〔　　〕　　비장한 결의로 출발하다.

291. 遠慮しないでください。　　えんりょしないでください。
〔　　〕　　사양말아 주십시오.

292. 猛烈な勢いで進んでくる。　　もうれつないきおいですすんでくる。
〔　　〕　　맹렬한 기세로 전진해 오다.

293. 事業は隆盛の一途をたどる。　　じぎょうはりゅうせいのいっとをたどる。
〔　　〕　　사업은 융성의 일로를 걷다.

294. ラジオから録音する。　　ラジオからろくおんする。
〔　　〕　　라디오에서 녹음하다.

295. 天賦の才能を持っている。　　てんぷのさいのうをもっている。
〔　　〕　　천부적인 재능을 갖고 있다.

296. 硫安をつくりだす。　　りゅうあんをつくりだす。

〔　　〕 유안을 만들어내다.

297. 動物を解剖する。 どうぶつをかいぼうする。
〔　　〕 동물을 해부하다.

298. 一般の国民は困っている。 いっぱんのこくみんはこまっている。
〔　　〕 일반 국민은 어려움을 겪고 있다.

299. 多くの婦人が集まった。 おおくのふじんがあつまった。
〔　　〕 많은 부인이 모였다.

300. 静かな湖畔の宿。 しずかなこはんのやど。
〔　　〕 조용한 호반의 여관.

301. 彼は勤勉な人だ。 かれはきんべんなひとだ。
〔　　〕 그는 근면한 사람이다.

302. 強敵に零敗した。 きょうてきにれいはいした。
〔　　〕 강적에게 완패 당했다.

303. しぶしぶながら了承した。 しぶしぶながらりょうしょうした。
〔　　〕 마지못해 승낙했다.

304. 賛成と反対の両論がある。 さんせいとはんたいのりょうろんがある。
〔　　〕 찬성과 반대의 양론이 있다.

305. 細胞がおかされている。 さいぼうがおかされている。
〔　　〕 세포가 손상되어 있다.

306. 北洋に進出する漁船。 ほくようにしんしゅつするぎょせん。
〔　　〕 북양에 진출하는 어선.

307. 年齢はわからない。 ねんれいはわからない。
〔　　〕 연령은 모른다.

308. 他人を排斥してはいけない。 たにんをはいせきしてはいけない。
〔　　〕 타인을 배척해서는 안된다.

309. 斗酒なお辞せずと言う人。 としゅなおじせずというひと。
〔　　〕 말술도 불사한다는 사람.

310. 塩酸を水で希釈する。 えんさんをみずできしゃくする。
〔　　〕 염산을 물로 희석하다.

311. すばらしい別荘がある。 すばらしいべっそうがある。
〔　　〕 멋진 별장이 있다.

312. 腕白でもいい。 わんぱくでもいい。
〔　　〕 개구장이라도 좋다.

313. 家族と楽しく暮らす。　かぞくとたのしくくらす。
〔　　　〕　가족과 즐겁게 살다.

314. しばらくは惰性で進む。　しばらくはだせいですすむ。
〔　　　〕　얼마간은 타성으로 나아가다.

315. 戸籍の謄本をとる。　こせきのとうほんをとる。
〔　　　〕　호적등본을 떼다.

316. 寸時も惜しんで勉強する。　すんじもおしんでべんきょうする。
〔　　　〕　촌각도 아껴 공부하다.

317. 内臓が悪くて困っている。　ないぞうがわるくてこまっている。
〔　　　〕　속이 나빠 고생하고 있다.

318. 時宜に適した考え方だ。　じぎにてきしたかんがえかただ。
〔　　　〕　시의적절한 생각이다.

319. 皇后が出席された。　こうごうがしゅっせきされた。
〔　　　〕　황후가 참가하셨다.

320. 慶事が続くのはよいものだ。　けいじがつづくのはよいものだ。
〔　　　〕　경사가 계속되는 것은 좋은 일이다.

321. 員数を調べて報告する。　いんずうをしらべてほうこくする。
〔　　　〕　인원수를 조사해서 보고하다.

322. 正しい航路を通行する。　ただしいこうろをつうこうする。
〔　　　〕　바른 항로를 통행하다.

323. 旅行のことを紀行に書く。　りょこうのことをきこうにかく。
〔　　　〕　여행에 대한 것을 기행문으로 쓰다.

324. 一括して届け出る。　いっかつしてとどけでる。
〔　　　〕　일괄하여 제출하다.

325. 裁判官を弾劾する。　さいばんかんをだんがいする。
〔　　　〕　재판관을 탄핵하다.

326. すばらしい峡谷を見る。　すばらしいきょうこくをみる。
〔　　　〕　멋진 협곡을 보다.

327. 意見を具申する。　いけんをぐしんする。
〔　　　〕　의견을 아뢰다.

328. 心暖まる待遇を受ける。　こころあたたまるたいぐうをうける。
〔　　　〕　마음이 훈훈하도록 대우를 받다.

329. 紫水晶を発見する。　むらさきすいしょうをはっけんする。

〔 〕 자수정을 발견하다.

330. 書斎で読書する。 しょさいでどくしょする。
〔 〕 서재에서 독서하다.

331. 国民の福祉を向上させる。 こくみんのふくしをこうじょうさせる。
〔 〕 국민의 복지를 향상시키다.

332. 条約を国会で批准する。 じょうやくをこっかいでひじゅんする。
〔 〕 조약을 국회에서 비준하다.

333. みんなが推奨する品物。 みんながすいしょうするしなもの。
〔 〕 모두가 권유하는 물건.

334. 友人に結婚の通知を出す。 ゆうじんにけっこんのつうちをだす。
〔 〕 친구에게 결혼 청첩장을 보내다.

335. むずかしい交渉をまとめる。 むずかしいこうしょうをまとめる。
〔 〕 어려운 협상을 매듭짓다.

336. 念を入れて化粧をする。 ねんをいれてけしょうをする。
〔 〕 신경을 써서 화장하다.

337. 体力を消耗してしまった。 たいりょくをしょうもうしてしまった。
〔 〕 체력을 소모해 버렸다.

338. 穀物を倉庫にしまう。 こくもつをそうこにしまう。
〔 〕 곡물을 창고에 넣다.

339. 宿舎の割り当てを決める。 しゅくしゃのわりあてをきめる。
〔 〕 숙사의 할당을 정하다.

340. 課長の仕事を補佐する。 かちょうのしごとをほさする。
〔 〕 과장.일을 보좌하다.

341. 洗練された文章を書く。 せんれんされたぶんしょうをかく。
〔 〕 세련된 문장을 쓰다.

342. 重要な事項を説明する。 じゅうようなじこうをせつめいする。
〔 〕 중요한 사항을 설명하다.

343. 不要品を処分する。 ふようひんをしょぶんする。
〔 〕 불필요한 물건을 처분하다.

344. 漢詩の勉強をする。 かんしのべんきょうをする。
〔 〕 한시 공부를 하다.

345. これは昨年からの問題だ。 これはさくねんからのもんだいだ。
〔 〕 이것은 작년부터의 문제이다.

346. 未開地を開墾する。　　みかいちをかいこんする。
〔　　　〕　　미개척지를 개간하다.

347. ついに司直の手が伸びた。　　ついにしちょくのてがのびた。
〔　　　〕　　마침내 사직당국의 손길이 뻗쳤다.

348. 大体の費用を算出する。　　だいたいのひようをさんしゅつする。
〔　　　〕　　대강 비용을 산출하다.

349. 文法で品詞の勉強をする。　　ぶんぽうでひんしのべんきょうをする。
〔　　　〕　　문법에서 품사공부를 하다.

350. 修業して高名な棋士となる。　　しゅうぎょうしてこうめいなきしとなる。
〔　　　〕　　수업하여 유명한 기사가 되다.

351. はっきりとした区分をする。　　はっきりとしたくぶんをする。
〔　　　〕　　분명한 구분을 하다.

352. 外国が内政に介入する。　　がいこくがないせいにかいにゅうする。
〔　　　〕　　외국이 내정에 개입하다.

353. 鉛筆でざっと輪郭を取る。　　えんぴつでざっとりんかくをとる。
〔　　　〕　　연필로 대강의 윤각을 그리다.

354. 原稿を校閲する。　　げんこうをこうえつする。
〔　　　〕　　원고를 교열하다.

355. 事故現場がやっと復旧した。　　じこげんばがやっとふっきゅうした。
〔　　　〕　　사고현장이 겨우 복구되었다.

356. だんだん景気が悪くなる。　　だんだんけいきがわるくなる。
〔　　　〕　　점점 경기가 나빠지다.

357. ようやく退院できた。　　ようやくたいいんできた。
〔　　　〕　　겨우 퇴원할 수 있었다.

358. 生涯を教育にささげた。　　しょうがいをきょういくにささげた。
〔　　　〕　　평생을 교육에 바치다.

359. 褐色に染める。　　かっしょくにそめる。
〔　　　〕　　갈색으로 물들이다.

360. 頑強に抵抗する。　　がんきょうにていこうする。
〔　　　〕　　완강하게 저항하다.

361. 眺めのすばらしい渓谷だ。　　ながめのすばらしいけいこくだ。
〔　　　〕　　전망이 좋은 계곡이다.

362. 洪水で家が流された。　　こうずいでいえがながされた。

〔　　　〕
홍수로 집이 떠내려 갔다.

363. 昆虫を採集する。
〔　　　〕
こんちゅうをさいしゅうする。
곤충을 채집하다.

364. 肢体が不自由だ。
〔　　　〕
したいがふじゅうだ。
수족(지체)이 부자유하다.

365. 時期は尚早である。
〔　　　〕
じきはしょうそうである。
시기상조이다.

366. 校歌を斉唱する。
〔　　　〕
こうかをせいしょうする。
교가를 제창하다.

367. 山に仙人がいる。
〔　　　〕
やまにせんにんがいる。
산에 신선이 있다.

368. 水槽をきれいにする。
〔　　　〕
すいそうをきれいにする。
수조(물통)을 깨끗이 하다.

369. 無駄をはぶく。
〔　　　〕
むだをはぶく。
쓸데없는 것을 없애다.

370. 下着を洗濯する。
〔　　　〕
したぎをせんたくする。
속옷을 세탁하다.

371. 料亭で食事をする。
〔　　　〕
りょうていでしょくじをする。
요정에서 식사를 하다.

372. 情報を把握する。
〔　　　〕
じょうほうをはあくする。
정보를 파악하다.

373. 漠然とした答がかえる。
〔　　　〕
ばくぜんとしたこたえがかえる。
막연한 대답이 되돌아오다.

374. 柔道界を制覇する。
〔　　　〕
じゅうどうかいをせいはする。
유도계를 제패하다.

375. 結婚の披露をする。
〔　　　〕
けっこんのひろうをする。
결혼 피로연을 하다.

376. 犯罪が頻繁におこる。
〔　　　〕
はんざいがひんぱんにおこる。
범죄가 빈번히 일어난다.

377. 花瓶に花を生ける。
〔　　　〕
かびんにはなをいける。
꽃병에 꽃꽂이 하다.

378. 家庭的な雰囲気を醸し出す。
〔　　　〕
かていてきなふんいきをかもしだす。
가정적인 분위기를 자아내다.

379. 俸給を決める。 ほうきゅうをきめる。
〔　　　〕 봉급을 정하다.

380. 褒美をもらう。 ほうびをもらう。
〔　　　〕 상을 받다.

381. 素朴な美を愛する。 そぼくなびをあいする。
〔　　　〕 소박한 미를 사랑하다.

382. 人に厄介をかける。 ひとにやっかいをかける。
〔　　　〕 남에게 폐를 끼치다.

383. 病気の平癒を祈る。 びょうきのへいゆをいのる。
〔　　　〕 병이 낫기를 빌다.

384. 習った単語を羅列する。 ならったたんごをられつする。
〔　　　〕 배운 단어를 나열하다.

385. 悠然として富士山を見る。 ゆうぜんとしてふじさんをみる。
〔　　　〕 느긋하게 후지산을 보다.

386. 新聞に誘拐の記事が載る。 しんぶんにゆうかいのきじがのる。
〔　　　〕 신문에 유괴기사가 실리다.

387. 先生の一喝で静かになる。 せんせいのいっかつでしずかになる。
〔　　　〕 선생님의 일갈로 조용해지다.

388. 頭痛がする。 ずつうがする。
〔　　　〕 두통이 나다.

389. 音楽家が生まれる土壌。 おんがくかがうまれるどじょう。
〔　　　〕 음악가가 태어나는 토양.

390. A氏は法曹界の有名人だ。 Aしはほうそうかいのゆうめいじんだ。
〔　　　〕 A씨는 법조계의 유명인사다.

391. 探偵ものが好きだ。 たんていものがすきだ。
〔　　　〕 탐정물을 좋아하다.

392. 搭乗券を買いなさい。 とうじょうけんをかいなさい。
〔　　　〕 탑승권을 사세요.

393. 自衛隊が駐屯する。 じえいたいがちゅうとんする。
〔　　　〕 자위대가 주둔하다.

394. 一行抹消する。 いちぎょうまっしょうする。
〔　　　〕 한 줄 말소하다.

395. 富士山に野猿がいる。 ふじさんにやえんがいる。

〔　　　〕　후지산에 야생원숭이가 있다.

396. 事件の渦中に巻きこまれる。　じけんのかちゅうにまきこまれる。
〔　　　〕　사건의 와중에 말려들다.

397. 製靴工場がある。　せいかこうじょうがある。
〔　　　〕　제화 공장이 있다.

398. 稼業に精を出す。　かぎょうにせいをだす。
〔　　　〕　생업에 전력하다.

399. 地殻が変動する。　ちかくがへんどうする。
〔　　　〕　지각이 변동하다.

400. 胸襟を開いて話をする。　きょうきんをひらいてはなしをする。
〔　　　〕　흉금을 터놓고 이야기하다.

401. 一隅を照らす。　いちぐうをてらす。
〔　　　〕　한 구석을 비추다.

402. 蛍光灯をつける。　けいこうとうをつける。
〔　　　〕　형광등을 켜다.

403. 排水溝をつくる。　はいすいこうをつくる。
〔　　　〕　배수구를 만들다.

404. チェーン店の傘下。　チェーンてんのさんか。
〔　　　〕　체인점 산하.

405. 交通を遮断する。　こうつうをしゃだんする。
〔　　　〕　교통을 차단하다.

406. 晩酌に一杯やる。　ばんしゃくにいっぱいやる。
〔　　　〕　저녁 반주로 한잔하다.

407. 墨汁で字を書く。　ぼくじゅうでじをかく。
〔　　　〕　먹물로 글을 쓰다.

408. 徹夜で座禅をする。　てつやでざぜんをする。
〔　　　〕　밤새워 좌선하다.

409. 縄文式の土器。　じょうもんしきのどき。
〔　　　〕　승문식 토기.

410. 口唇に紅をさす。　こうしんにべにをさす。
〔　　　〕　입술에 연지를 바르다.

411. ご逝去を悼む。　ごせいきょをいたむ。
〔　　　〕　서거를 애도하다.

412. 奥深く挿入する。　　おくふかくそうにゅうする。
〔　　〕　깊숙하게 삽입하다.

413. 海藻を食べる。　　かいそうをたべる。
〔　　〕　해조를 먹다.

414. 勝者に挑戦する。　　しょうしゃにちょうせんする。
〔　　〕　승자에게 도전하다.

415. 眺望の利く高台。　　ちょうぼうのきくこうだい。
〔　　〕　전망이 좋은 높은 건물.

416. 釣魚大全という本。　　ちょうぎょたいぜんというほん。
〔　　〕　낚시대전이라는 책.

417. 雲泥の差がある。　　うんでいのさがある。
〔　　〕　천양지차가 있다.

418. 肺に空洞ができる。　　はいにくうどうができる。
〔　　〕　폐에 공동이 생기다.

419. お仏壇の開扉をする。　　おぶつだんのかいひをする。
〔　　〕　불단의 문짝을 열다.

420. 愛猫が行方不明になった。　　あいびょうがゆくえふめいになった。
〔　　〕　아끼는 고양이가 행방불명 되었다.

421. 実験で気泡ができる。　　じっけんできほうができる。
〔　　〕　실험으로 기포가 생기다.

422. 石碑を研磨して仕上げる。　　せきひをけんましてしあげる。
〔　　〕　비석을 연마하여 완성시키다.

423. 竜頭蛇尾にならぬように。　　りゅうとうだびにならぬように。
〔　　〕　용두사미가 되지 않도록.

424. 借り物を返戻する。　　かりものをへんれいする。
〔　　〕　빌린 물건을 반려하다.

425. 歯並びを矯正する。　　はならびをきょうせいする。
〔　　〕　치열을 교정하다.

426. 両面からの挟撃に遭う。　　りょうめんからのきょうげきにあう。
〔　　〕　양쪽에서 협공을 당하다.

427. 被害は甚大である。　　ひがいはじんだいである。
〔　　〕　피해는 심대하다.

428. 凹面鏡を使う。　　おうめんきょうをつかう。

〔　　〕　오목거울을 사용하다.

429. 凸版を使った印刷。　とっぱんをつかったいんさつ。
〔　　〕　철판을 사용한 인쇄.

430. 上役の機嫌を取る。　うわやくのきげんをとる。
〔　　〕　상사의 비위를 맞추다.

431. 実力が伯仲する。　じつりょくがはくちゅうする。
〔　　〕　실력이 백중하다.

432. 水滴がついている。　すいてきがついている。
〔　　〕　물방울이 맺혀 있다.

433. 事件を報道する。　じけんをほうどうする。
〔　　〕　사건을 보도하다.

434. 選手を派遣する。　せんしゅをはけんする。
〔　　〕　선수를 파견하다.

435. 人権を擁護する。　じんけんをようごする。
〔　　〕　인권을 옹호하다.

436. 新しい病棟だ。　あたらしいびょうとうだ。
〔　　〕　새로운 병동이다.

437. 弔辞を読む。　ちょうじをよむ。
〔　　〕　조사를 읽다.

438. 縁談がこわれる。　えんだんがこわれる
〔　　〕　혼담이 깨어지다.

## 3. 訓으로 읽는 漢字 및 熟語

| | |
|---|---|
| 1. 紙で作った箱。 | かみでつくったはこ。 |
| 〔　　　〕 | 종이로 만든 상자. |
| 2. 豊かに実った稲を刈る。 | ゆたかにみのったいねをかる。 |
| 〔　　　〕 | 잘 영근 벼를 베다. |
| 3. 夏は蚊が多くて困る。 | なつはかがおおくてこまる。 |
| 〔　　　〕 | 여름은 모기가 많아서 곤란하다. |
| 4. 山の中のきれいな滝。 | やまのなかのきれいなたき。 |
| 〔　　　〕 | 산 속의 아름다운 폭포. |
| 5. 事故を起こす虞がある。 | じこをおこすおそれがある。 |
| 〔　　　〕 | 사고를 일으킬 우려가 있다. |
| 6. 娘をつれて外出する。 | むすめをつれてがいしゅつする。 |
| 〔　　　〕 | 딸을 데리고 외출하다. |
| 7. 畑で芋をつくる。 | はたけでいもをつくる。 |
| 〔　　　〕 | 밭에서 감자(고구마)를 재배하다. |
| 8. 品物を丁寧に扱う。 | しなものをていねいにあつかう。 |
| 〔　　　〕 | 물건을 소중히 다루다. |
| 9. 書物のページを繰る。 | しょもつのページをくる。 |
| 〔　　　〕 | 책의 책장을 넘기다. |
| 10. 春になると花が咲く。 | はるになるとはながさく。 |
| 〔　　　〕 | 봄이 되면 꽃이 핀다. |
| 11. 海岸に出て貝を拾う。 | かいがんにでてかいをひろう。 |
| 〔　　　〕 | 해안으로 나가서 조개를 줍다. |
| 12. 商品を小売商に卸す。 | しょうひんをこうりしょうにおろす。 |
| 〔　　　〕 | 상품을 소매상에 도매가격으로 팔다. |
| 13. 国王の姫と結婚する。 | こくおうのひめとけっこんする。 |
| 〔　　　〕 | 국왕의 딸과 결혼하다. |
| 14 写真を壁に掛ける。 | しゃしんをかべにかける。 |
| 〔　　　〕 | 사진을 벽에 걸다. |
| 15. 庭に芝を植える。 | にわにしばをうえる。 |
| 〔　　　〕 | 정원에 잔디를 심다. |

16. この家の坪数はどれだけか。
〔　　　〕
このいえのつぼすうはどれだけか。
이 집의 평수는 얼마쯤인가?

17. 新しい会社の株を買う。
〔　　　〕
あたらしいかいしゃのかぶをかう。
새로운 회사의 주식을 사다.

18. 相手をひどくやり込める。
〔　　　〕
あいてをひどくやりこめる。
상대를 심하게 골려주다.

19. 大胆かつ慎重に行動する。
〔　　　〕
だいたんかつしんちょうにこうどうする。
대담하고도 신중하게 행동하다.

20. 牛肉を百匁だけ買う。
〔　　　〕
ぎゅうにくをひゃくもんめだけかう。
쇠고기를 한 근만 사다.

21. 又とないチャンス。
〔　　　〕
またとないチャンス。
두 번 다시 없는 찬스.

22. 胸板の広い男。
〔　　　〕
むないたのひろいおとこ。
앞 가슴이 넓은 남자.

23. 隣家との境目をきめる。
〔　　　〕
りんかとのさかいめをきめる。
이웃과의 경계선을 정하다.

24. これはまっかな偽物だ。
〔　　　〕
これはまっかなにせものだ。
이것은 터무니 없는 위조품이다.

25. どうも味方の旗色が悪い。
〔　　　〕
どうもみかたのはたいろが悪い。
아무래도 아군의 전황이 나쁘다.

26. 犯人を血眼になってさがす。
〔　　　〕
はんにんをちまなこになってさがす。
범인을 혈안이 되어 찾다.

27. 大きな獲物を手に入れた。
〔　　　〕
おおきなえものをてにいれた。
커다란 사냥감을 손에 넣었다.

28. 街角で友人に出会う。
〔　　　〕
まちかどでゆうじんにであう。
길 모퉁이에서 친구를 우연히 만나다.

29. 足下から鳥が飛び立つ。
〔　　　〕
あしもとからとりがとびたつ。
가까운 곳에서 의외의 일이 일어나다.

30. 横顔の美しい人。
〔　　　〕
よこがおのうつくしいひと。
옆 모습이 아름다운 사람.

31. 日陰では花は咲かない。
〔　　　〕
ひかげでははなはさかない。
응달에서는 꽃은 피지 않는다.

32. たくさんの子供がいる。
たくさんのこどもがいる。

〔　　〕 많은 아이들이 있다.

33. かれはよく寝言を言う。 かれはよくねごとをいう。
〔　　〕 그는 자주 잠꼬대를 한다.

34. 薄絹の着物は美しい。 うすぎぬのきものはうつくしい。
〔　　〕 얇은 명주옷은 아름답다.

35. 横綱の土俵入りを見る。 よこづなのどひょういりをみる。
〔　　〕 요꼬즈나가 씨름판에 들어가는 것을 보다.

36. 屋根にのぼってはあぶない。 やねにのぼってはあぶない。
〔　　〕 지붕에 오르는 것은 위험하다.

37. 女の細腕で一家を養う。 おんなのほそうでいっかをやしなう。
〔　　〕 여자의 연약한 몸으로 일가를 부양하다.

38. 小舟に乗って川を渡る。 こぶねにのってかわをわたる。
〔　　〕 작은 배를 타고 강을 건너다.

39. かれは殊更大げさに言う。 かれはことさらおおげさにいう。
〔　　〕 그는 일부러 과장해서 말한다.

40. 身内に不幸があった。 みうちにふこうがあった。
〔　　〕 집안에 불행이 있었다.

41. 美しい青畳を敷いた部屋。 うつくしいあおだたみをしいたへや。
〔　　〕 아름다운 새 다다미를 깐 방.

42. 船が浅瀬に乗り上げる。 ふねがあさせにのりあげる。
〔　　〕 배가 얕은 여울에 좌초되다.

43. 夕方から雨になった。 ゆうがたからあめになった。
〔　　〕 저녁무렵부터 비가 왔다.

44. 犬の足跡が続いている。 いぬのあしあとがつづいている。
〔　　〕 개 발자욱이 계속 나 있다.

45. 美しい舞扇を買う。 うつくしいまいおうぎをかう。
〔　　〕 아름다운 무용부채를 사다.

46. 山の木に巣箱をかける。 やまのきにすばこをかける。
〔　　〕 산의 나무에 새집을 달다.

47. 桑畑の中の道を歩く。 くわばたけのなかのみちをあるく。
〔　　〕 뽕밭 속의 길을 걷다.

48. 村里を離れて山に入る。 むらざとをはなれてやまにはいる。
〔　　〕 마을을 떠나 산에 들어가다.

49. スターに花束をおくる。　　スターにはなたばをおくる。
〔　　　〕　　스타에게 꽃다발을 보내다.

50. 潮風に鍛えた体。　　しおかぜにきたえたからだ。
〔　　　〕　　갯바람에 단련시킨 몸.

51. 彼の心は奥底が知れない。　　かれのこころはおくそこがしれない。
〔　　　〕　　그의 마음은 본심을 알 수 없다.

52. 稲穂が風に揺れている。　　いなほがかぜにゆれている。
〔　　　〕　　벼 이삭이 바람에 흔들리고 있다.

53. どこからか童歌が聞こえる。　　どこからかわらべうたがきこえる。
〔　　　〕　　어딘가에서 동요가 들린다.

54. 遠くまで梅見に出かけた。　　とおくまでうめみにでかけた。
〔　　　〕　　멀리까지 매화꽃을 구경하러 갔다.

55. なるべく薄着をしよう。　　なるべくうすぎをしよう。
〔　　　〕　　될 수 있는 대로 얇게 입자.

56. 箱庭を作って遊ぶ。　　はこにわをつくってあそぶ。
〔　　　〕　　모형 정원을 만들어 놀다.

57. 食卓に飯粒がこぼれている。　　しょくたくにめしつぶがこぼれている。
〔　　　〕　　식탁에 밥알이 떨어져 있다.

58. 船の帆柱が折れた。　　ふねのほばしらがおれた。
〔　　　〕　　배의 돛대가 부러졌다.

59. 坂道を歩いたので疲れた。　　さかみちをあるいたのでつかれた。
〔　　　〕　　비탈길을 걸었기 때문에 지쳤다.

60. よく鼻血が出るので困る。　　よくはなぢがでるのでこまる。
〔　　　〕　　자주 코피가 나기 때문에 곤란하다.

61. 苗代から稲の苗を取る。　　なわしろからいねのなえをとる。
〔　　　〕　　못자리에서 모를 찌다.

62. 道路の横幅を計る。　　どうろのよこはばをはかる。
〔　　　〕　　도로 폭을 재다.

63. 美しい並木の続く道。　　うつくしいなみきのつづくみち。
〔　　　〕　　아름다운 가로수가 이어진 길.

64. 子宝に恵まれる。　　こだからにめぐまれる。
〔　　　〕　　자식복이 많다.

65. 料理の味見をする。　　りょうりのあじみをする。

〔　　　〕　요리의 맛(간)을 보다.

66. 彼は不敵な面魂をしている。　かれはふてきなつらだましいをしている。
〔　　　〕　그는 용감무쌍한 표정을 하고 있다.

67. 窓に網戸をつける。　まどにあみどをつける。
〔　　　〕　창문에 방충망을 치다.

68. おだやかな物腰の人。　おだやかなものごしのひと。
〔　　　〕　온화한 태도의 사람.

69. 家の裏口から出る。　いえのうらぐちからでる。
〔　　　〕　집 뒷문에서 나오다.

70. 底力を発揮して勝った。　そこぢからをはっきしてかった。
〔　　　〕　저력을 발휘해서 이겼다.

71. 犬には首輪をはめよう。　いぬにはくびわをはめよう。
〔　　　〕　개에게는 목고리를 채우자.

72. 長い旅路がやっとおわった。　ながいたびじがやっとおわった。
〔　　　〕　긴 여로를 겨우 마쳤다.

73. 夜露は体に悪い。　よつゆはからだにわるい。
〔　　　〕　밤 이슬은 몸에 해롭다.

74. おじいさんから昔話を聞く。　おじいさんからむかしばなしをきく。
〔　　　〕　할아버지께 옛날 이야기를 듣다.

75. 私のサラリーでは高嶺の花です。　わたしのサラリーではたかねのはなです。
〔　　　〕　내 월급으로는 그림의 떡입니다.

76. 冷蔵庫を大型にかえる。　れいぞうこをおおがたにかえる。
〔　　　〕　냉장고를 큰 것으로 바꾸다.

77. 相手の話はよく聞こう。　あいてのはなしはよくきこう。
〔　　　〕　상대의 이야기는 잘 듣자.

78. ほっと一息ついた。　ほっとひといきついた。
〔　　　〕　후유하고 한숨을 지었다.

79. 矢印の方向に進みなさい。　やじるしのほうこうにすすみなさい。
〔　　　〕　화살표 방향으로 나아가 주세요.

80. まっ黒な雨雲が出てきた。　まっくろなあまぐもがでてきた。
〔　　　〕　새까만 비구름이 나왔다.

81. 春の日永をのんびり過す。　はるのひながをのんびりすごす。
〔　　　〕　봄의 긴 낮을 느긋하게 보내다.

82. 久しぶりに遠出をした。　ひさしぶりにとおでをした。
〔　　　〕　오랫만에 원행을 했다.

83. 花も散って葉桜の季節だ。　はなもちってはざくらのきせつだ。
〔　　　〕　벚꽃도 지고 벚나무에 잎이 나는 계절이다.

84. あやしい物音がした。　あやしいものおとがした。
〔　　　〕　이상한 소리가 났다.

85. 川下の方は水がきたない。　かわしものほうはみずがきたない。
〔　　　〕　하류 쪽은 물이 더럽다.

86. 火花が飛び散っている。　ひばながとびちっている。
〔　　　〕　불꽃(불똥)이 사방으로 튀고 있다.

87. 何事が起こったのだ。　なにごとがおこったのだ。
〔　　　〕　무슨 일이 일어난 것이다.

88. いよいよ真夏がやってきた。　いよいよまなつがやってきた。
〔　　　〕　드디어 한여름이 찾아왔다.

89. 彼の家は古い家柄だ。　かれのいえはふるいいえがらだ。
〔　　　〕　그의 집안은 오래된 가문이다.

90. 美しい花嫁がやってきた。　うつくしいはなよめがやってきた。
〔　　　〕　아름다운 새 색시가 왔다.

91. 内懐に手を入れて歩く。　うちぶところにてをいれてあるく。
〔　　　〕　품에 손을 넣고 걷다.

92. 角笛の音が聞こえる。　つのぶえのおとがきこえる。
〔　　　〕　뿔피리 소리가 들리다.

93. 魚の干物を食べる。　さかなのひものをたべる。
〔　　　〕　생선포를 먹다.

94. 寒空に着物一枚では寒い。　さむぞらにきものいちまいではさむい。
〔　　　〕　추운 날씨에 옷 한겹으로는 춥다.

95. ふたりは親密な間柄だ。　ふたりはしんみつなあいだがらだ。
〔　　　〕　두 사람은 가까운 사이다.

96. 岩場に登る訓練をする。　いわばにのぼるくんれんをする。
〔　　　〕　바위가 많은 곳을 오르는 훈련을 하다.

97. 赤鬼の面をかぶる。　あかおにのめんをかぶる。
〔　　　〕　빨간 도깨비 가면을 쓰다.

98. きょうのおかずは煮魚だ。　きょうのおかずはにざかなだ。

〔　　　〕　오늘의 반찬은 생선조림이다.

99. 目にも止らぬ早業だ。　めにもとまらぬはやわざだ。
〔　　　〕　눈에도 보이지 않는 재빠르고 능숙한 솜씨다.

100. 近道をして家に帰る。　ちかみちをしてうちにかえる。
〔　　　〕　지름길로 해서 집에 돌아오다.

101. 木を針金で束ねる。　きをはりがねでたばねる。
〔　　　〕　나무를 철사로 묶다.

102. 親の形見を大切にする。　おやのかたみをたいせつにする。
〔　　　〕　부모님의 유품을 소중히 하다.

103. 歯茎が弱くなった。　はぐきがよわくなった。
〔　　　〕　잇몸이 약해졌다.

104. 大きな建物が並んでいる。　おおきなたてものがならんでいる。
〔　　　〕　커다란 건물이 늘어서 있다.

105. 軒先にちょうちんをかける。　のきさきにちょうちんをかける。
〔　　　〕　처마끝에 등불을 달다.

106. 野原へ出て元気に遊ぶ。　のはらへでてげんきにあそぶ。
〔　　　〕　들판으로 나가서 활발히 놀다.

107. きれいな水が流れる谷川。　きれいなみずがながれるたにがわ。
〔　　　〕　깨끗한 물이 흐르는 골짜기.

108. 青菜に塩をかけたようだ。　あおなにしおをかけたようだ。
〔　　　〕　풀이 죽다. 맥이 빠지다.

109. 窓際に座って本を読む。　まどぎわにすわってほんをよむ。
〔　　　〕　창가에 앉아서 책을 읽다.

110. 赤ちゃんに産湯を使わせる。　あかちゃんにうぶゆをつかわせる。
〔　　　〕　갓난아기를 목욕시키다.

111. しなやかな指先をしている。　しなやかなゆびさきをしている。
〔　　　〕　나긋나긋한 손 끝을 하고 있다.

112. 厚紙を使って工作する。　あつがみをつかってこうさくする。
〔　　　〕　두꺼운 종이를 사용해서 공작하다.

113. 牛乳は雌牛からしぼる。　ぎゅうにゅうはめうしからしぼる。
〔　　　〕　우유는 암소에서 짠다.

114. 歯車がうまくかみ合わない。　はぐるまがうまくかみあわない。
〔　　　〕　톱니바퀴가 서로 잘 맞지않다.

115. いなかには若者が少ない。
〔　　　〕
いなかにはわかものがすくない。
시골에는 젊은이가 적다.

116. 弱虫は人に嫌われる。
〔　　　〕
よわむしはひとにきらわれる。
겁장이는 사람들이 싫어한다.

117. げたの鼻緒が切れた。
〔　　　〕
げたのはなおがきれた。
게다의 코 끈이 끊어졌다.

118. 女心と秋の空
〔　　　〕
おんなごころとあきのそら。
변하기 쉬운 여자의 마음과 가을하늘의 비유.

119. 小川のせせらぎが聞こえる。
〔　　　〕
おがわのせせらぎがきこえる。
졸졸 흐르는 시냇물 소리가 들리다.

120. 座敷に寝床を敷く。
〔　　　〕
ざしきにねどこをしく。
손님방에 잠자리를 펴다.

121. 幸福の女神に出会う。
〔　　　〕
こうふくのめがみにであう。
행복의 여신을 만나다.

122. 床下から宝物を掘り出す。
〔　　　〕
ゆかしたからほうもつをほりだす。
마루 밑에서 보물을 파내다.

123. 正月には門松を立てる。
〔　　　〕
しょうがつにはかどまつをたてる。
정월에는 카도마쯔를 세우다.

124. どうも勝手が違うので困る。
〔　　　〕
どうもかってがちがうのでこまる。
아무래도 예상이 빗나가 곤란하다.

125. 昔の古傷が痛む。
〔　　　〕
むかしのふるきずがいたむ。
옛날의 오래된 상처가 아프다.

126. 暑くなったので上着を脱ぐ。
〔　　　〕
あつくなったのでうわぎをぬぐ。
더워졌기 때문에 웃도리를 벗다.

127. 洋服屋が背丈をはかる。
〔　　　〕
ようふくやがせたけをはかる。
양복점 주인이 옷 기장을 재다.

128. ハワイは常夏の国だ。
〔　　　〕
ハワイはとこなつのくにだ。
하와이는 상하의 나라다.

129. みんな広場に集まれ。
〔　　　〕
みんなひろばにあつまれ。
모두 광장에 모여라.

130. 畳表を新しいのにかえる。
〔　　　〕
たたみおもてをあたらしいのにかえる。
겉 돗자리를 새 것으로 바꾸다.

131. 絹でできた織物。
きぬでできたおりもの。

〔　　　〕　비단으로 짠 천.

132. 親心はありがたいものだ。　おやごころはありがたいものだ。
〔　　　〕　어버이의 마음은 고마운 것이다.

133. 津波が押し寄せてきた。　つなみがおしよせてきた。
〔　　　〕　해일이 밀려 왔다.

134. 神主にお祈りをしてもらう。　かんぬしにおいのりをしてもらう。
〔　　　〕　신관이 기도를 해 주다.

135. ゆっくりと昼寝をする。　ゆっくりとひるねをする。
〔　　　〕　푹 낮잠을 자다.

136. 新妻を知人に紹介する。　にいづまをちじんにしょうかいする。
〔　　　〕　새댁을 아는 사람에게 소개하다.

137. 旅人を暖たかくもてなす。　たびびとをあたたかくもてなす。
〔　　　〕　나그네를 따뜻하게 대접하다.

138. 刃物を振りまわす。　はものをふりまわす。
〔　　　〕　칼을 휘두르다.

139. 生糸をつくる工場。　きいとをつくるこうじょう。
〔　　　〕　생사를 만드는 공장

140. 井戸から水をくみ上げる。　いどからみずをくみあげる。
〔　　　〕　우물에서 물을 퍼올리다.

141. 元気な歌声が聞こえる。　げんきなうたごえがきこえる。
〔　　　〕　힘찬 노랫소리가 들린다.

142. 花婿が入場してきた。　はなむこがにゅうじょうしてきた。
〔　　　〕　신랑이 입장했다.

143. 建築の請負をしている。　けんちくのうけおいをしている。
〔　　　〕　건축의 청부를 하고 있다.

144. 初雪が降った。　はつゆきがふった。
〔　　　〕　첫눈이 내렸다.

145. お前の目は節穴か。　おまえのめはふしあなか。
〔　　　〕　네 눈은 청맹과니냐.

146. 遠浅の海岸で泳ぐ。　とおあさのかいがんでおよぐ。
〔　　　〕　얕은 해안에서 헤엄치다.

147. 船旅はのどかでいいものだ。　ふなたびはのどかでいいものだ。
〔　　　〕　배 여행은 한가로와서 좋다.

148. 小銭の持ち合わせがない。
〔　　　〕
こぜにのもちあわせがない。
잔돈을 가지고 있지 않다.

149. 実によく似た双子の兄弟だ。
〔　　　〕
じつによくにたふたごのきょうだいだ。
정말 너무 닮은 쌍동이 형제다.

150. 霜柱を踏んで歩く。
〔　　　〕
しもばしらをふんであるく。
서릿발을 밟고 걷다.

151. 酒蔵を見学に行く。
〔　　　〕
さかぐらをけんがくにいく。
술창고를 견학하러 가다.

152. 山の裏側へまわる。
〔　　　〕
やまのうらがわへまわる。
산 속으로 들어가다.

153. パンを紙袋に入れる。
〔　　　〕
パンをかみぶくろにいれる。
빵을 종이봉지에 넣다.

154. 家の軒端で雨宿りをする。
〔　　　〕
いえののきばであまやどりをする。
집의 처마 끝에서 비를 피하다.

155. 毛虫のように嫌われる。
〔　　　〕
けむしのようにきらわれる。
송충이처럼 남들이 싫어하다.

156. 鋳物でできたなべ。
〔　　　〕
いものでできたなべ。
주물로 만든 남비.

157. いつも敵役にまわる。
〔　　　〕
いつもかたきやくにまわる。
언제나 미움을 사는 처지로만 돌다.

158. 夜店で買い物をする。
〔　　　〕
よみせでかいものをする。
야시장에서 쇼핑을 하다.

159. 豆粒のように小さく見える。
〔　　　〕
まめつぶのようにちいさくみえる。
콩알 같이 작게 보이다.

160. お金を湯水のように使う。
〔　　　〕
お金をゆみずのようにつかう。
돈을 물쓰듯 쓰다.

161. たいへん内気な性格だ。
〔　　　〕
たいへんうちきなせいかくだ。
매우 내성적인 성격이다.

162. 尼寺で修行をする。
〔　　　〕
あまでらでしゅぎょうをする。
비구니가 사는 절에서 수행하다.

163. 世間の荒波にもまれる。
〔　　　〕
せけんのあらなみにもまれる。
세상 풍파에 시달리다.

164. がっしりした上背のある体。
がっしりしたうわぜいのあるからだ。

| | |
|---|---|
| 〔　　〕 | 탄탄하고 키가 큰 신체. |
| 165. 白壁のある家。 | しらかべのあるいえ。 |
| 〔　　〕 | 흰 벽이 있는 집. |
| 166. 値上がりは品薄が原因だ。 | ねあがりはしなうすがげんいんだ。 |
| 〔　　〕 | 가격이 오르는 것은 품귀가 원인이다. |
| 167. すし屋の板前になる。 | すしやのいたまえになる。 |
| 〔　　〕 | 초밥집의 요리사가 되다. |
| 168. 野菜に下肥をやる。 | やさいにしもごえをやる。 |
| 〔　　〕 | 채소에 인분을 주다. |
| 169. 山の尾根づたいに歩く。 | やまのおねづたいにあるく。 |
| 〔　　〕 | 산등성이를 따라서 걷다. |
| 170. 筆先を整えて書く。 | ふでさきをととのえてかく。 |
| 〔　　〕 | 붓 끝을 가지런히 해서 쓰다. |
| 171. 冷たい氷雨が降ってきた。 | つめたいひさめがふってきた。 |
| 〔　　〕 | 차가운 우박이 내렸다. |
| 172. 米俵をかついで行く。 | こめだわらをかついでいく。 |
| 〔　　〕 | 쌀가마니를 짊어지고 가다. |
| 173. 上手な手品を見て驚く。 | じょうずなてじなをみておどろく。 |
| 〔　　〕 | 능숙한 요술을 보고 놀라다. |
| 174. 砂浜に貝が落ちている。 | すなはまにかいがおちている。 |
| 〔　　〕 | 모래사장에 조개가 떨어져 있다. |
| 175. とかく浮世は住みにくい。 | とかくうきよはすみにくい。 |
| 〔　　〕 | 아뭏든 이 세상은 살기 어렵다. |
| 176. 風上に立つ。 | かざかみにたつ。 |
| 〔　　〕 | 바람이 불어오는 쪽에 서다. |
| 177. 日本の古代の物語を読む。 | にほんのこだいのものがたりをよむ。 |
| 〔　　〕 | 일본고대의 이야기를 읽다. |
| 178. 粉雪が舞っている。 | こなゆきがまっている。 |
| 〔　　〕 | 싸락눈이 흩날리고 있다. |
| 179. 恋文を届ける。 | こいぶみをとどける。 |
| 〔　　〕 | 연애편지를 보내다. |
| 180. 犯人の身柄を預かる。 | はんにんのみがらをあずかる。 |
| 〔　　〕 | 범인의 신병을 맡다. |

181. それは彼の口癖だ。
〔　　　〕
それはかれのくちぐせだ。
그것은 그의 입버릇이다.

182. 片手を上げて合図をする。
〔　　　〕
かたてをあげてあいずをする。
한 손을 들어 신호를 하다.

183. 川の岸辺に立つ。
〔　　　〕
かわのきしべにたつ。
강가에 서다.

184. 乳房に吸いつく赤ん坊。
〔　　　〕
ちぶさにすいつくあかんぼう。
젖에 달라붙어 떨어지지 않는 아기.

185. 深い木立に囲まれた家。
〔　　　〕
ふかいこだちにかこまれたいえ。
울창한 숲에 에워싸인 집.

186. 徳川家の旗本。
〔　　　〕
とくがわけのはたもと。
덕천가의 무사.

187. 細面の美しい女性。
〔　　　〕
ほそおもてのうつくしいじょせい。
갸름한 얼굴을 한 아름다운 여성.

188. 費用の内訳を説明する。
〔　　　〕
ひようのうちわけをせつめいする。
비용의 내역을 설명하다.

189. 火事で丸裸になってしまう。
〔　　　〕
かじでまるはだかになってしまう。
화재로 빈 털터리가 되어 버리다.

190. 履物はきちんとそろえよう。
〔　　　〕
はきものはきちんとそろえよう。
신발은 가지런히 정돈하자.

191. 途中で夕立に出会う。
〔　　　〕
とちゅうでゆうだちにであう。
도중에 소나기를 만나다.

192. 夕方になって家路につく。
〔　　　〕
ゆうがたになっていえじにつく。
저녁무렵이 되어 귀로에 오르다.

193. 釣りの腕前は大したものだ。
〔　　　〕
つりのうでまえはたいしたものだ。
낚시 솜씨는 대단하다.

194. 仏様にお参りをする。
〔　　　〕
ほとけさまにおまいりをする。
부처님께 참배하다.

195. 子豚が逃げ出した。
〔　　　〕
こぶたがにげだした。
돼지새끼가 도망쳤다.

196. 峠の茶屋で休憩する。
〔　　　〕
とうげのちゃやできゅうけいする。
산마루의 찻집에서 휴식하다.

197. 竹馬に乗って遊ぶ子供。
たけうまにのってあそぶこども。

〔　　　〕　　죽마를 타고 노는 아이.

198. 垣根に花が咲く。　　かきねにはながさく。
〔　　　〕　　울타리에 꽃이 피다.

199. 干潟に小鳥が遊ぶ。　　ひがたにことりがあそぶ。
〔　　　〕　　갯벌에 작은 새가 노닌다.

200. 缶詰を見舞にもらう。　　かんづめをみまいにもらう。
〔　　　〕　　통조림을 문안선물로 받다.

201. 灰皿を用意する。　　はいざらをよういする。
〔　　　〕　　재떨이를 준비하다.

202. あの州崎に行く。　　あのすさきにいく。
〔　　　〕　　저 삼각주에 가다.

203. 問題を据え置く。　　もんだいをすえおく。
〔　　　〕　　문제를 그대로 두다.

204. 杉並木が続く。　　すぎなみきがつづく。
〔　　　〕　　삼목 가로수가 계속되다.

205. 貝塚を見学する。　　かいづかをけんがくする。
〔　　　〕　　조개무지를 견학하다.

206. 土産に漬物を買う。　　みやげにつけものをかう。
〔　　　〕　　선물로 채소절임을 사다.

207. 山の地肌があらわれる。　　やまのじはだがあらわれる。
〔　　　〕　　산 표면이 드러나다.

208. 外堀を埋める。　　そとぼりをうめる。
〔　　　〕　　바깥 해자를 메우다.

209. 岬の灯台が見える。　　みさきのとうだいがみえる。
〔　　　〕　　곶의 등대가 보인다.

210. 戸棚を整理する。　　とだなをせいりする。
〔　　　〕　　찬장을 정리하다.

211. 窓枠を木製にする。　　まどわくをもくせいにする。
〔　　　〕　　창틀을 목재로 하다.

212. 猿も木から落ちる。　　さるもきからおちる。
〔　　　〕　　원숭이도 나무에서 떨어진다.

213. 渦潮で有名な鳴門。　　うずしおでゆうめいななると。
〔　　　〕　　소용돌이치는 조수로 유명한 해협.

214. 革靴をはく。 かわぐつをはく。
〔　　〕 가죽신을 신다.

215. 出稼ぎにいく。 でかせぎにいく。
〔　　〕 타관에 벌이하러 가다.

216. 貝殼を拾う。 かいがらをひろう。
〔　　〕 조가비를 줍다.

217. 襟足がきれいな人。 えりあしがきれいなひと。
〔　　〕 목덜미가 아름다운 사람.

218. 嫌気がさす。 いやけがさす。
〔　　〕 싫증이 나다.

219. 日傘をさす。 ひがさをさす。
〔　　〕 양산을 쓰다.

220. 別れに酒を酌み交わす。 わかれにさけをくみかわす。
〔　　〕 이별의 술을 서로 나누다.

221. 挿絵を描く。 さしえをえがく。
〔　　〕 삽화를 그리다.

222. 釣糸を垂れる。 つりいとをたれる。
〔　　〕 낚시줄을 드리우다.

223. 泥棒をつかまえる。 どろぼうをつかまえる。
〔　　〕 도둑을 붙잡다.

224. 洞穴を探検する。 ほらあなをたんけんする。
〔　　〕 동굴을 탐험하다.

225. 泡立ちのよい石けん。 あわだちのよい石けん。
〔　　〕 거품이 잘 이는 비누.

226. 歯磨き粉。 はみがきこ。
〔　　〕 치약.

227. 竜の落し子。 たつのおとしご。
〔　　〕 해마(海馬)

228. 裁判で差し戻しとなる。 さいばんでさしもどしとなる。
〔　　〕 재판에서 환송이 되다.

229. 縄飛びと懸垂をする。 なわとびとけんすいをする。
〔　　〕 줄넘기와 턱걸이를 하다.

230. 唇をかむ。 くちびるをかむ。

〔　　　〕　입술을 깨물다. 분하게 여기다.

231. 景色を眺める。　けしきをながめる。
〔　　　〕　경치를 바라보다.

232. 繭は生糸の原料だ。　まゆはきいとのげんりょうだ。
〔　　　〕　고치는 생사의 원료다.

233. 扉を開く。　とびらをひらく。
〔　　　〕　문짝을 열다.

234. 猫をかわいがる。　ねこをかわいがる。
〔　　　〕　고양이를 귀여워하다.

235. 宵の明星をみる。　よいのみょうじょうをみる。
〔　　　〕　초저녁의 샛별을 보다.

236. 蛍の光、窓の雪。　ほたるのひかり、まどのゆき。
〔　　　〕　반딧불, 창가의 눈. (형설지공)

237. 片隅に本箱を置く。　かたすみにほんばこをおく。
〔　　　〕　한쪽 구석에 책장을 두다.

## 4. 音으로도 訓으로도 읽는 漢字

### (1) 두 가지 이상의 音이 있는 漢字

| | |
|---|---|
| 1. 悪事が世間に知れる。 | あくじがせけんにしれる。 |
| 〔　　　〕 | 못된짓이 세상에 알려지다. |
| 熱のせいで悪寒がする。 | ねつのせいでおかんがする。 |
| 〔　　　〕 | 열 때문에 오한이 나다. |
| 悪い病気がはやっている。 | わるいびょうきがはやっている。 |
| 〔　　　〕 | 나쁜 병이 유행하고 있다. |
| 2. 四つ角で右折する。 | よっつかどでうせつする。 |
| 〔　　　〕 | 네거리에서 우회전하다. |
| 左右をよく確かめる。 | さゆうをよくたしかめる。 |
| 〔　　　〕 | 좌우를 잘 확인하다. |
| 道路は右側を歩く。 | どうろはみぎがわをあるく。 |
| 〔　　　〕 | 도로는 우측통행을 한다. |
| 3. 外国と貿易する。 | がいこくとぼうえきする。 |
| 〔　　　〕 | 외국과 무역하다. |
| 問題を安易に考える。 | もんだいをあんいにかんがえる。 |
| 〔　　　〕 | 문제를 안이하게 생각하다. |
| 易しい仕事で助かった。 | やさしいしごとでたすかった。 |
| 〔　　　〕 | 쉬운 일이어서 편했다. |
| 4. 遠近問わず参上します。 | えんきんとわずさんじょうします。 |
| 〔　　　〕 | 원근을 불문하고 찾아 뵙겠읍니다. |
| 久遠にとどろく名声。 | くおんにとどろくめいせい。 |
| 〔　　　〕 | 영원히 떨칠 명성. |
| 船はしだいに遠ざかった。 | ふねはしだいにとおざかった。 |
| 〔　　　〕 | 배는 점차로 멀어졌다. |
| 5. 文化が発達した国。 | ぶんかがはったつしたくに。 |
| 〔　　　〕 | 문화가 발달한 나라. |
| 念入りに化粧をする。 | ねんいりにけしょうをする。 |
| 〔　　　〕 | 정성들여 화장을 하다. |
| きつねは人を化かすという。 | きつねはひとをばかすという。 |
| 〔　　　〕 | 여우는 사람을 홀린다고 한다. |

| | |
|---|---|
| 6. 仮装してパーティーに出る。 | かそうしてパーティーにでる。 |
| 〔　　　〕 | 가장하고 파티에 참가하다. |
| 仮病を使って休む。 | けびょうをつかってやすむ。 |
| 〔　　　〕 | 꾀병을 부려 쉬다. |
| ここは一時の仮住まいだ。 | ここはいちじのかりずまいだ。 |
| 〔　　　〕 | 여기는 임시 거처다. |
| 7. 早くも初夏の気候だ。 | はやくもしょかのきこうだ。 |
| 〔　　　〕 | 벌써 초여름 날씨다. |
| あしたが夏至だ。 | あしたがげしだ。 |
| 〔　　　〕 | 내일이 하지다. |
| 暑くなったので夏服を着る。 | あつくなったのでなつふくをきる。 |
| 〔　　　〕 | 더워져서 하복을 입다. |
| 8. 華美な服装はつつしもう。 | かびなふくそうはつつしもう。 |
| 〔　　　〕 | 화려한 복장은 삼가하자. |
| 墓前に香華をたむける。 | はかまえにこうげをたむける。 |
| 〔　　　〕 | 묘 앞에 향과 꽃을 바치다. |
| 若い女性の華やいだ声。 | わかいじょせいのはなやいだこえ。 |
| 〔　　　〕 | 젊은 여성의 고운 목소리. |
| 9. さっそく回答が届いた。 | さっそくかいとうがとどいた。 |
| 〔　　　〕 | 즉시 회답이 닿았다. |
| なくなった人の回向をする。 | なくなったひとのえこうをする。 |
| 〔　　　〕 | 돌아가신 사람의 명복을 빌다. |
| 家へ回り道をして帰る。 | うちへまわりみちをしてかえる。 |
| 〔　　　〕 | 집으로 길을 우회하여 돌아오다. |
| 10. 豊かな社会を建設する。 | ゆたかなしゃかいをけんせつする。 |
| 〔　　　〕 | 풍요로운 사회를 건설하다. |
| 知人とすれ違い会釈をする。 | ちじんとすれちがいえしゃくをする。 |
| 〔　　　〕 | 아는 사람과 스쳐지나며 가볍게 인사하다. |
| 久しぶりで友人に会う。 | ひさしぶりでゆうじんにあう。 |
| 〔　　　〕 | 오랫만에 친구를 만나다. |
| 11. やっと事件が解決した。 | やっとじけんがかいけつした。 |
| 〔　　　〕 | 겨우 사건이 해결되었다. |
| 解熱剤を飲む。 | げねつざいをのむ。 |
| 〔　　　〕 | 해열제를 먹다. |
| 難しい問題を解く。 | むずかしいもんだいをとく。 |

〔　　〕
12. 街頭で演説をしている人。
〔　　〕
昔の古い街道を歩く。
〔　　〕
にぎやかな街を通る。
〔　　〕
13. 私は音楽が好きだ。
〔　　〕
ここは地上の楽園だ。
〔　　〕
クラス会で楽しく遊ぶ。
〔　　〕
14. 彼の眼力には恐れ入った。
〔　　〕
大仏開眼の供養をする。
〔　　〕
血眼になって捜す。
〔　　〕
15. 劇の脚本を読む。
〔　　〕
脚立の上に乗る。
〔　　〕
机の脚が折れた。
〔　　〕
16. 耐久力のある体を作る。
〔　　〕
久遠にとどろく命名。
〔　　〕
親友に久しく会っていない。
〔　　〕
17. りっぱな宮殿がたっている。
〔　　〕
神宮へお参りをする。

어려운 문제를 풀다.
がいとうでえんぜつをしているひと。
길거리에서 연설을 하고 있는 사람.
むかしのふるいかいどうをあるく。
옛날 오래된 길을 걷다.
にぎやかなまちをとおる。
번화한 거리를 지나다.
わたしはおんがくがすきだ。
나는 음악을 좋아한다.
ここはちじょうのらくえんだ。
여기는 지상낙원이다.
クラスかいでたのしくあそぶ。
반창회에서 즐겁게 놀다.
かれのがんりょくにはおそれいった。
그의 사물을 보는 눈에는 놀랐다.
だいぶつかいげんのくようをする。
대불개안의 공양을 드리다.
ちまなこになってさがす。
혈안이 되어 찾다.
げきのきゃくほんをよむ。
극의 각본을 읽다.
きゃたつのうえにのる。
접사다리 위에 올라가다.
つくえのあしがおれた。
책상다리가 부러졌다.
たいきゅうりょくのあるからだをつくる。
내구력이 있는 몸을 만들다.
くおんにとどろくれいめい。
영원히 떨칠 명성.
しんゆうにひさしくあっていない。
친우를 오랫동안 못만났다.
りっぱなきゅうでんがたっている。
훌륭한 궁전이 세워져 있다.
じんぐうへおまいりをする。

〔　　　〕

宮内庁から通知が来た。

〔　　　〕

地元のお宮を大切にする。

〔　　　〕

18. 不要なものは除去しよう。

〔　　　〕

過去のことは水に流そう。

〔　　　〕

祖国を去って外国へ行く。

〔　　　〕

19. 逆境に遭ってもがんばろう。

〔　　　〕

神社の境内で遊ぶ。

〔　　　〕

空と海の境がわからない。

〔　　　〕

20. 機械の動きを制御する。

〔　　　〕

御飯をおいしく食べる。

〔　　　〕

山田株式会社御中。

〔　　　〕

21. 早くも卒業式を迎える。

〔　　　〕

それこそ自業自得だ。

〔　　　〕

これはだれの仕業だ。

〔　　　〕

22. 出勤時刻に遅れぬように。

〔　　　〕

僧は朝早くから勤行にはいる。

〔　　　〕

証券会社に勤める。

〔　　　〕

신궁에 참배를 하다.

くないちょうからつうちがきた。

궁내청으로부터 통지가 왔다.

じもとのおみやをたいせつにする。

자기 고장의 신사를 소중히 하다.

ふようなものはじょきょしよう。

불필요한 것은 제거하자.

かこのことはみずにながそう。

과거의 일은 물에 흘려버리자.

そこくをさってがいこくへいく。

조국을 떠나 외국으로 가다.

ぎゃっきょうにあってもがんばろう。

역경에 부딪쳐도 힘내자.

じんじゃのけいだいであそぶ。

신사의 경내에서 놀다.

そらとうみのさかいがわからない。

하늘과 바다의 경계를 모르다.

きかいのうごきをせいぎょする。

기계의 작동을 제어시키다.

ごはんをおいしくたべる。

밥을 맛있게 먹다.

やまだかぶしきがいしゃおんちゅう。

야마다주식회사 귀중.

はやくもそつぎょうしきをむかえる。

벌써 졸업식을 맞이하다.

それこそじごうじとくだ。

그것이야말로 자업자득이다.

これはだれのしわざだ。

이것은 누구의 소행이냐?

しゅっきんじこくにおくれぬように。

출근시간에 늦지 않도록.

そうはあさはやくからごんぎょうにはいる。

스님은 아침 일찍부터 근행에 들어가다.

しょうけんがいしゃにつとめる。

증권회사에 근무하다.

23. 体力の極限までがんばる。
〔　　　〕
これは極秘の情報だ。
〔　　　〕
極めて重要な問題だ。
〔　　　〕

たいりょくのきょくげんまでがんばる。
체력의 극한까지 버티다.
これはごくひのじょうほうだ。
이것은 극비의 정보다.
きわめてじゅうようなもんだいだ。
아주 중요한 문제다.

24. いろいろな恩恵を受ける。
〔　　　〕
人類の知恵の結晶。
〔　　　〕
貧しい人に品物を恵む。
〔　　　〕

いろいろなおんけいをうける。
여러 가지로 은혜를 입다.
じんるいのちえのけっしょう。
인류 지혜의 결정.
まずしいひとにしなものをめぐむ。
가난한 사람에게 물품을 주다.

25. 父兄に案内状を配る。
〔　　　〕
三人兄弟の末っ子だ。
〔　　　〕
兄に勉強を教えてもらう。
〔　　　〕

ふけいにあんないじょうをくばる。
학부형에게 안내장을 배부하다.
さんにんきょうだいのすえっこだ。
삼형제의 막내다.
あににべんきょうをおしえてもらう。
형에게 공부를 배우다.

26. 日本の経済が混乱している。
〔　　　〕
仏の前で経文を読む。
〔　　　〕
長い年月を経て完成した。
〔　　　〕

にほんのけいざいがこんらんしている。
일본 경제가 혼란하다.
ほとけのまえできょうもんをよむ。
부처 앞에서 경문을 읽다.
ながいねんげつをへてかんせいした。
오랜 세월을 거쳐 완성했다.

27. 建築家になるための勉強。
〔　　　〕
りっぱなお寺が建立された。
〔　　　〕
やっと自分の家を建てた。
〔　　　〕

けんちくかになるためのべんきょう。
건축가가 되기 위한 공부.
りっぱなおてらがこんりゅうされた。
훌륭한 절이 건립되었다.
やっとじぶんのいえをたてた。
겨우 자기의 집을 지었다.

28. 歳月人を待たず。
〔　　　〕
お正月にお年玉をいただいた。
〔　　　〕
秋には月見に出かけよう。

さいげつひとをまたず。
세월은 사람을 기다리지 않는다.
おしょうがつにおとしだまをいただいた。
설날에 세뱃돈을 받았다.
あきにはつきみにでかけよう。

〔　　　〕

29. みなさんはお元気ですか。

〔　　　〕

それは元来、私のものだ。

〔　　　〕

売り上げを元帳に記入する。

〔　　　〕

30. 利己的な考えは捨てよう。

〔　　　〕

多くの知己を持っている人。

〔　　　〕

己の勝手ばかり言うな。

〔　　　〕

31. この都市の人口を調べよう。

〔　　　〕

激しい口調で話す。

〔　　　〕

口はわざわいのもと。

〔　　　〕

32. 人類の福祉に貢献する。

〔　　　〕

地主に年貢を納める。

〔　　　〕

国王に貢ぎ物を差し出す。

〔　　　〕

33. スポーツ振興に力をつくす。

〔　　　〕

何事にも興味を示す。

〔　　　〕

新しく事業を興す。

〔　　　〕

34. 砂丘を歩くのは疲れる。

〔　　　〕

土砂崩れのために死んだ。

가을에는 달구경하러 가자.

みなさんはおげんきですか。

여러분은 안녕하십니까?

それはがんらい、わたしのものだ。

그것은 원래, 내 것이다.

うりあげをもとちょうにきにゅうする。

매상을 원장에 기입하다.

りこてきなかんがえはすてよう。

이기적인 생각은 버리자.

おおくのちきをもっているひと。

많은 지기를 가지고 있는 사람.

おのれのかってばかりいうな。

자기 멋대로만 말하지 마.

このとしのじんこうをしらべよう。

이 도시 인구를 조사해 보자.

はげしいくちょうではなす。

격한 어조로 이야기하다.

くちはわざわいのもと。

입은 화근의 근원이다.

じんるいのふくしにこうけんする。

인류 복지에 공헌하다.

じぬしにねんぐをおさめる。

지주에게 연공을 바치다.

こくおうにみつぎものをさしだす。

국왕에게 공물을 보내다.

スポーツしんこうにちからをつくす。

스포츠 진흥에 힘을 바치다.

なにごとにもきょうみをしめす。

무슨 일에나 흥미를 나타내다.

あたらしくじぎょうをおこす。

새롭게 사업을 일으키다.

さきゅうをあるくのはつかれる。

사구를 걷는 것은 지친다.

どしゃくずれのためにしんだ。

〔　　　〕　산사태 때문에 죽었다.
砂でままごとをする子供。　すなでままごとをするこども。
〔　　　〕　모래로 소꿉장난을 하는 아이.

35. 合計はいくらになりますか。　ごうけいはいくらになりますか。
〔　　　〕　합계는 얼마가 됩니까?
二つの会社が合併した。　ふたつのかいしゃががっぺいした。
〔　　　〕　두개의 회사가 합병했다.
源氏と平家の合戦を描く。　げんじとへいけのかっせんをえがく。
〔　　　〕　겐지와 헤이께의 전쟁을 그리다.
相手のつごうに合わせる。　あいてのつごうにあわせる。
〔　　　〕　상대의 사정에 맞추다.

36. 今後はよく注意しなさい。　こんごはよくちゅういしなさい。
〔　　　〕　금후는 단단히 주의하세요.
古今和歌集を読む。　こきんわかしゅうをよむ。
〔　　　〕　고금화가집을 읽다.
今から会議を始めます。　いまからかいぎをはじめます。
〔　　　〕　지금부터 회의를 시작하겠읍니다.

37. 日本の名作文学を読む。　にほんのめいさくぶんがくをよむ。
〔　　　〕　일본 명작문학을 읽다.
はやく作業を完了しなさい。　はやくさぎょうをかんりょうしなさい。
〔　　　〕　빨리 작업을 끝내세요.
自分でおもちゃを作る。　じぶんでおもちゃをつくる。
〔　　　〕　스스로 장난감을 만들다.

38. 相手に再考を促す。　あいてにさいこうをうながす。
〔　　　〕　상대에게 재고를 재촉하다.
再来年にまた会いましょう。　さらいねんにまたあいましょう。
〔　　　〕　내후년에 다시 만납시다.
再びあやまちを犯すな。　ふたたびあやまちをおかすな。
〔　　　〕　재차 잘못을 범하지 마라.

39. 室内では帽子をとりなさい。　しつないではぼうしをとりなさい。
〔　　　〕　실내에서는 모자를 벗으세요.
大変苦しそうな様子だった。　たいへんくるしそうなようすだった。
〔　　　〕　대단히 고통스러운 모습이었다.
親は子のことを心配する。　おやはこのことをしんぱいする。

| | |
|---|---|
| 〔　　　〕 | 부모는 자식의 일을 걱정한다. |
| 40. 多くのファンが殺到した。 | おおくのファンがさっとうした。 |
| 〔　　　〕 | 많은 팬이 쇄도했다. |
| 両者を相殺し、帳消しにする。 | りょうしゃをそうさいし、ちょうけしにする。 |
| 〔　　　〕 | 양자를 상쇄하고 장부를 말소하다. |
| 無益な殺生はやめよう。 | むえきなせっしょうはやめよう。 |
| 〔　　　〕 | 무익한 살생은 그만두자. |
| 友人を見殺しにする。 | ゆうじんをみごろしにする。 |
| 〔　　　〕 | 친구를 죽게 내버려 두다. |
| 41. 全く悲惨な状況だった。 | まったくひさんなじょうきょうだった。 |
| 〔　　　〕 | 아주 비참한 상황이었다. |
| 強盗に惨殺された。 | ごうとうにざんさつされた。 |
| 〔　　　〕 | 강도에게 참살 당했다. |
| 大変惨めな気持ちになった。 | たいへんみじめなきもちになった。 |
| 〔　　　〕 | 매우 비참한 기분이 되었다. |
| 42. 肌を露出する。 | はだをろしゅつする。 |
| 〔　　　〕 | 살갗을 노출하다. |
| 結婚を披露する。 | けっこんをひろうする。 |
| 〔　　　〕 | 결혼을 알리다. |
| 夜露にぬれる。 | よつゆにぬれる。 |
| 〔　　　〕 | 밤이슬에 젖다. |
| 43. 一日もはやく実施したい。 | いちにちもはやくじっししたい。 |
| 〔　　　〕 | 하루라도 빨리 실시하고 싶다. |
| 施主の要望を聞く。 | せしゅのようぼうをきく。 |
| 〔　　　〕 | 시주의 요망을 듣다. |
| 人に施し物をする。 | ひとにほどこしものをする。 |
| 〔　　　〕 | 남에게 자선을 베풀다. |
| 44. 社長の指示を受ける。 | しゃちょうのしじをうける。 |
| 〔　　　〕 | 사장의 지시를 받다. |
| それとなく示唆してもらう。 | それとなくしさしてもらう。 |
| 〔　　　〕 | 넌지시 시사해 주다. |
| はっきりと考えを示す。 | はっきりとかんがえをしめす。 |
| 〔　　　〕 | 확실히 생각을 나타내다. |
| 45. 山に大蛇が住んでいる。 | やまにだいじゃがすんでいる。 |

〔　　　〕 산에 구렁이가 살고 있다.

河川が蛇行している。 かせんがだこうしている。

〔　　　〕 하천이 사행하고 있다.

蛇は冬眠する。 へびはとうみんする。

〔　　　〕 뱀은 겨울잠을 잔다.

46. 個人の自由を守ろう。 こじんのじゆうをまもろう。

〔　　　〕 개인의 자유를 지키자.

自然を大切にしよう。 しぜんをたいせつにしよう。

〔　　　〕 자연을 소중히 하자.

自ら墓穴を掘る。 みずからぼけつをほる。

〔　　　〕 스스로 무덤을 파다.

47. 長編小説を執筆している。 ちょうへんしょうせつをしっぴつしている。

〔　　　〕 장편소설을 집필하고 있다.

彼は執念深い人間だ。 かれはしゅうねんぶかいにんげんだ。

〔　　　〕 그는 집념이 강한 인간이다.

久しぶりでペンを執った。 ひさしぶりでペンをとった。

〔　　　〕 오랫만에 펜을 잡았다.

48. 静寂な環境にある家。 せいじゃくなかんきょうにあるうち。

〔　　　〕 조용한 환경의 집.

満場寂として声がなかった。 まんじょうせきとしてこえがなかった。

〔　　　〕 만장이 적연하여 소리가 없었다.

昔に比べて大変寂れている。 むかしにくらべてたいへんさびれている。

〔　　　〕 옛날에 비해 매우 쇠퇴했다.

49. 事態はようやく収拾された。 じたいはようやくしゅうしゅうされた。

〔　　　〕 사태는 간신히 수습되었다.

宝くじで拾万円があたった。 たからくじでじゅうまんえんがあたった。

〔　　　〕 복권에서 십만엔에 당첨되었다.

帰道でお金を拾った。 かえりみちでおかねをひろった。

〔　　　〕 돌아오는 길에 돈을 주었다.

50. 校長先生の就任のあいさつ。 こうちょうせんせいのしゅうにんのあいさつ。

〔　　　〕 교장선생님의 취임인사.

大事業がやっと成就した。 だいじぎょうがやっとじょうじゅした。

〔　　　〕 대사업이 겨우 성취되었다.

よい職業に就きたいものだ。 よいしょくぎょうにつきたいものだ。

〔　　　〕 좋은 직업을 가지고 싶은 것이다.

| | |
|---|---|
| 51. 柔軟体操をする。 | じゅうなんたいそうをする。 |
| 〔　　　〕 | 유연체조를 하다. |
| 彼は柔和な人物だ。 | かれはにゅうわなじんぶつだ。 |
| 〔　　　〕 | 그는 온화한 인물이다. |
| スポーツマンは体が柔らかい。 | スポーツマンはからだがやわらかい。 |
| 〔　　　〕 | 스포츠맨은 몸이 유연하다. |
| 52. 絶対服従を誓う。 | ぜったいふくじゅうをちかう。 |
| 〔　　　〕 | 절대 복종을 맹세하다. |
| 従容として死の席についた。 | しょうようとしてしのせきについた。 |
| 〔　　　〕 | 침착한 태도로 죽음에 임했다. |
| 従二位の位をもらう。 | じゅにいのくらいをもらう。 |
| 〔　　　〕 | 종이품의 위계를 받다. |
| 親の教えに従う。 | おやのおしえにしたがう。 |
| 〔　　　〕 | 부모님의 가르침에 따르다. |
| 53. 祝賀の宴を開く。 | しゅくがのえんをひらく。 |
| 〔　　　〕 | 축하연을 열다. |
| めでたく祝言をあげる。 | めでたくしゅうげんをあげる。 |
| 〔　　　〕 | 경사스럽게 혼례식을 올리다. |
| 誕生日のお祝いをする。 | たんじょうびのおいわいをする。 |
| 〔　　　〕 | 생일을 축하하다. |
| 54. 制限が解除された。 | せいげんがかいじょされた。 |
| 〔　　　〕 | 제한이 해제되었다. |
| 年末の大掃除をする。 | ねんまつのおおそうじをする。 |
| 〔　　　〕 | 연말의 대청소를 하다. |
| 条件に合わないものは除く。 | じょうけんにあわないものはのぞく。 |
| 〔　　　〕 | 조건에 맞지않는 것은 버린다. |
| 55. 五万分の一の地図。 | ごまんぶんのいちのちず。 |
| 〔　　　〕 | 오만분의 일 지도. |
| 相手の意図がわからない。 | あいてのいとがわからない。 |
| 〔　　　〕 | 상대의 의도를 모르겠다. |
| 友人に図って決める。 | ゆうじんにはかってきめる。 |
| 〔　　　〕 | 친구와 상의해서 결정짓다. |
| 56. みんなが賛成してくれた。 | みんながさんせいしてくれた。 |
| 〔　　　〕 | 모두가 찬성해 주었다. |
| 迷わず成仏してください。 | まよわずじょうぶつしてください。 |

| | |
|---|---|
| 〔　　　〕 | 방황하지 말고 성불해 주십시오. |
| 会議がようやく成り立った。 | かいぎがようやくなりたった。 |
| 〔　　　〕 | 회의가 겨우 이루어졌다. |
| 57. 政治に興味を持つ。 | せいじにきょうみをもつ。 |
| 〔　　　〕 | 정치에 흥미를 가지다. |
| 摂政という大役につく。 | せっしょうというたいやくにつく。 |
| 〔　　　〕 | 섭정이라는 중책을 맡다. |
| 国家の政を担当する。 | こっかのまつりごとをたんとうする。 |
| 〔　　　〕 | 국가의 정치를 담당하다. |
| 58. 病人は安静が第一だ。 | びょうにんはあんせいがだいいちだ。 |
| 〔　　　〕 | 환자는 안정이 가장 중요하다. |
| 静脈に注射を打つ。 | じょうみゃくにちゅうしゃをうつ。 |
| 〔　　　〕 | 정맥에 주사를 놓다. |
| 静かな部屋で読書する。 | しずかなへやでどくしょする。 |
| 〔　　　〕 | 조용한 방에서 독서하다. |
| 59. 赤道を通過する。 | せきどうをつうかする。 |
| 〔　　　〕 | 적도를 통과하다. |
| 赤銅色に焼けた体。 | しゃくどういろにやけたからだ。 |
| 〔　　　〕 | 적동색으로 탄 몸. |
| 恥ずかしくて顔を赤らめる。 | はずかしくてかおをあからめる。 |
| 〔　　　〕 | 부끄러워서 얼굴을 붉히다. |
| 60. くわしく説明しなさい。 | くわしくせつめいしなさい。 |
| 〔　　　〕 | 상세하게 설명해 주세요. |
| 各地を遊説して歩く。 | かくちをゆうぜいしてあるく。 |
| 〔　　　〕 | 각지를 유세하며 돌아다니다. |
| 仏の教えを説く。 | ほとけのおしえをとく。 |
| 〔　　　〕 | 부처님의 교훈을 설파하다. |
| 61. 早朝から働いている人。 | そうちょうからはたらいているひと。 |
| 〔　　　〕 | 이른 아침부터 일하고 있는 사람. |
| 早速返事を書こう。 | さっそくへんじをかこう。 |
| 〔　　　〕 | 즉시 답장을 쓰자. |
| かれは大変早口でしゃべる。 | かれはたいへんはやくちでしゃべる。 |
| 〔　　　〕 | 그는 빠른 말투로 말한다. |
| 62. 真相はどうなのか知りたい。 | しんそうはどうなのかしりたい。 |
| 〔　　　〕 | 진상은 어떤지 알고 싶다. |

首相の演説が始まった。　しゅしょうのえんぜつがはじまった。
〔　　　〕　수상의 연설이 시작되었다.
相手はなかなか強敵だ。　あいてはなかなかきょうてきだ。
〔　　　〕　상대는 상당한 강적이다.

63. 軽率な行動はいけない。　けいそつなこうどうはいけない。
〔　　　〕　경솔한 행동은 안된다.
もっと能率をあげよう。　もっとのうりつをあげよう。
〔　　　〕　좀 더 능률을 올리자.
多くの人数を率いていく。　おおくのにんずうをひきいていく。
〔　　　〕　많은 인원수를 통솔해 가다.

64. なかなかりっぱな体格だ。　なかなかりっぱなたいかくだ。
〔　　　〕　아주 멋진 체격이다.
体裁の悪い服。　ていさいのわるいふく。
〔　　　〕　볼품이 없는 옷.
常に体を鍛える必要がある。　つねにからだをきたえるひつようがある。
〔　　　〕　항상 몸을 단련할 필요가 있다.

65. 師弟間の交際が絶える。　していかんのこうさいがたえる。
〔　　　〕　사제간의 교제가 끊어지다.
仲のよい兄弟。　なかのよいきょうだい。
〔　　　〕　사이가 좋은 형제.
多くの弟子を持っている人。　おおくのでしをもっているひと。
〔　　　〕　많은 제자를 둔 사람.
弟と遊園地で遊ぶ。　おとうととゆうえんちであそぶ。
〔　　　〕　남동생과 유원지에서 놀다.

66. 日本の首都は東京だ。　にほんのしゅとはとうきょうだ。
〔　　　〕　일본의 수도는 동경이다.
都合が悪いので欠席する。　つごうがわるいのでけっせきする。
〔　　　〕　사정이 나쁘기 때문에 불참하다.
花の都パリ。　はなのみやこパリ。
〔　　　〕　꽃의 도시 파리.

67. 何事にも限度がある。　なにごとにもげんどがある。
〔　　　〕　어떤 일에나 한도가 있다.
その方法はご法度だ。　そのほうほうはごはっとだ。
〔　　　〕　그 방법은 금지되어 있다.
はやく支度をしよう。　はやくしたくをしよう。

〔　　　〕 빨리 준비를 하자.

度重なる失敗に腹が立つ。 たびかさなるしっぱいにはらがたつ。

〔　　　〕 거듭되는 실패로 화가 난다.

68. 声に出して音読する。 こえにだしておんどくする。

〔　　　〕 소리를 내어 음독하다.

句読点をはっきり打つ。 くとうてんをはっきりうつ。

〔　　　〕 구두점을 확실히 찍다.

読本に出てくる漢字の練習。 とくほんにでてくるかんじのれんしゅう。

〔　　　〕 독본에 나오는 한자연습.

相手の心を読みとる。 あいてのこころをよみとる。

〔　　　〕 상대의 마음을 읽다.

69. 製品を納入する。 せいひんをのうにゅうする。

〔　　　〕 제품을 납품하다.

彼もどうやら納得した。 かれもどうやらなっとくした。

〔　　　〕 그는 겨우 납득했다.

農家の納家が火事だ。 のうかのなやがかじだ。

〔　　　〕 농가의 헛간에 불이나다.

衣服を納戸へしまう。 いふくをなんどへしまう。

〔　　　〕 의복을 골방에 간수하다.

お金の出納をまかされる。 おかねのすいとうをまかされる。

〔　　　〕 돈의 출납을 맡게 되다.

十二月二十八日に御用納めだ。 じゅうにがつにじゅうはちにちにごようおさめだ。

〔　　　〕 12월28일에 종무식을 한다.

70. 内容のある文章を書こう。 ないようのあるぶんしょうをかこう。

〔　　　〕 내용있는 문장을 쓰자.

宮中へ参内する。 きゅうちゅうへさんだいする。

〔　　　〕 궁중에 들어가다.

箱の内側に紙をはる。 はこのうちがわにかみをはる。

〔　　　〕 상자 안쪽에 종이를 바르다.

71. 交通違反を取り締まる。 こうつういはんをとりしまる。

〔　　　〕 교통위반을 단속하다.

家来が謀反を起こす。 けらいがむほんをおこす。

〔　　　〕 부하가 모반을 일으키다.

呉服屋で反物を買う。 ごふくやでたんものをかう。

〔　　　〕 포목집에서 옷감을 사다.

板が日に当たって反る。 いたがひにあたってそる。
〔 〕 판자가 햇볕을 받아서 휘다.

72. 煩雑な仕事はいやだ。 はんざつなしごとはいやだ。
〔 〕 번잡한 일은 싫다.
人間には多くの煩悩がある。 にんげんにはおおくのぼんのうがある。
〔 〕 인간에게는 많은 번뇌가 있다.
煩わしいことの多い世の中。 わずらわしいことのおおいよのなか。
〔 〕 괴로운 일이 많은 세상.

73. 農夫が田で働いている。 のうふがたではたらいている。
〔 〕 농부가 논에서 일하고 있다.
いろいろと工夫してみる。 いろいろとくふうしてみる。
〔 〕 여러가지로 연구해 보다.
夫の仕事を手伝う。 おっとのしごとをてつだう。
〔 〕 남편의 일을 거들다.

74. 大阪経由で帰る。 おおさかけいゆでかえる。
〔 〕 오오사카를 경유해서 돌아오다.
理由をよく説明しよう。 りゆうをよくせつめいしよう。
〔 〕 연유를 잘 설명하자.
ここは由緒のある寺院だ。 ここはゆいしょのあるじいんだ。
〔 〕 여기는 유서깊은 사원이다.
父にその由を話しました。 ちちにそのよしをはなしました。
〔 〕 아버지에게 그 이유를 말씀드렸읍니다.

75. 流行ばかり追っている。 りゅうこうばかりおっている。
〔 〕 유행만 따르고 있다.
世間に流布しているうわさ。 せけんにるふしているうわさ。
〔 〕 세상에 유포되어 있는 소문
涙を流して喜んだ。 なみだをながしてよろこんだ。
〔 〕 눈물을 흘리며 기뻐했다.

### (2) 두 가지 이상의 訓이 있는 漢字

| | | |
|---|---|---|
| 1. | 鳥の羽毛が飛び散っている。 | とりのうもうがとびちっている。 |
| | 〔　　　〕 | 새털이 흩날리고 있다. |
| | 白羽の矢が立つ。 | しらはのやがたつ。 |
| | 〔　　　〕 | 여럿 중에서 점이 찍혀 뽑히다. |
| | 美しい羽飾り。 | うつくしいはねかざり。 |
| | 〔　　　〕 | 아름다운 깃 장식. |
| | 野兎一羽がぴょんぴょんはねて逃げて行きました。 | のうさぎいちわがぴょんぴょんはねてにげていきました。 |
| | 〔　　　〕 | 산토끼 한 마리가 깡총깡총 뛰면서 도망갔읍니다. |
| 2. | 外国の映画を見る。 | がいこくのえいがをみる。 |
| | 〔　　　〕 | 외국영화를 보다. |
| | 池の水に空が映っている。 | いけのみずにそらがうつっている。 |
| | 〔　　　〕 | 연못물에 하늘이 비치고 있다. |
| | 夕映えの美しい風景。 | ゆうばえのうつくしいふうけい。 |
| | 〔　　　〕 | 저녁놀이 아름다운 풍경. |
| 3. | 今年の雨量は大変少ない。 | ことしのうりょうはたいへんすくない。 |
| | 〔　　　〕 | 올해 강우량은 매우 적다. |
| | 大雨で橋が流された。 | おおあめではしがながされた。 |
| | 〔　　　〕 | 큰 비로 다리가 떠내려 갔다. |
| | いつも雨具を持ち歩く。 | いつもあまぐをもちあるく。 |
| | 〔　　　〕 | 항상 우비를 갖고 다니다. |
| 4. | 栄枯盛衰は世の習い。 | えいこせいすいはよのならい。 |
| | 〔　　　〕 | 영고성쇠는 세상에 흔히 있는 일. |
| | いつまでも栄える国。 | いつまでもさかえるくに。 |
| | 〔　　　〕 | 영원히 번영할 나라. |
| | 栄えある優勝を祝う。 | はえあるゆうしょうをいわう。 |
| | 〔　　　〕 | 영광스러운 우승을 축하하다. |
| 5. | 病院の東に病棟がある。 | びょういんのひがしにびょうとうがある。 |
| | 〔　　　〕 | 병원 동쪽에 병동이 있다. |
| | 新しい家の棟上げをする。 | あたらしいいえのむねあげをする。 |
| | 〔　　　〕 | 새로운 집의 상량식을 하다. |

| | | |
|---|---|---|
| | 古い棟札をみつけた。 | ふるいむなふだをみつけた。 |
| | 〔　　　〕 | 옛날 상량패를 찾았다. |
| 6. | 後世に汚名を残す。 | こうせいにおめいをのこす。 |
| | 〔　　　〕 | 후세에 오명을 남기다. |
| | 人の名誉を汚すな。 | ひとのめいよをけがすな。 |
| | 〔　　　〕 | 남의 명예를 더럽히지 마라. |
| | 汗で汚れた着物。 | あせでよごれたきもの。 |
| | 〔　　　〕 | 땀에 찌든 옷. |
| | 汚い言葉使いをする人。 | きたないことばづかいをするひと。 |
| | 〔　　　〕 | 천박한 말씨를 쓰는 사람. |
| 7. | 人の過失を許す。 | ひとのかしつをゆるす。 |
| | 〔　　　〕 | 남의 과실을 용서하다. |
| | 夏休みを外国で過ごす。 | なつやすみをがいこくですごす。 |
| | 〔　　　〕 | 여름방학을 외국에서 보내다. |
| | 過って人を殺した。 | あやまってひとをころした。 |
| | 〔　　　〕 | 실수로 사람을 죽였다. |
| 8. | 責任を人に転嫁する。 | せきにんをひとにてんかする。 |
| | 〔　　　〕 | 책임을 남에게 전가하다. |
| | 嫁入りの行列が来た。 | よめいりのぎょうれつがきた。 |
| | 〔　　　〕 | 시집가는 행렬이 왔다. |
| | 都会から農村へ嫁ぐ。 | とかいからのうそんへとつぐ。 |
| | 〔　　　〕 | 도시에서 농촌에 시집가다. |
| 9. | しみじみと述懐する。 | しみじみとじゅっかいする。 |
| | 〔　　　〕 | 차근차근 술회하다. |
| | 懐へ手を入れて歩く。 | ふところへてをいれてあるく。 |
| | 〔　　　〕 | 주머니에 손을 넣고 걷다. |
| | 懐かしい友人と会う。 | なつかしいゆうじんとあう。 |
| | 〔　　　〕 | 그리운 친구와 만나다. |
| 10. | 頭角を現して来た。 | とうかくをあらわしてきた。 |
| | 〔　　　〕 | 두각을 나타내다. |
| | 四つ角をまがる。 | よっつかどをまがる。 |
| | 〔　　　〕 | 네 거리를 돌다. |
| | 鹿の角で作ったパイプ。 | しかのつのでつくったパイプ。 |
| | 〔　　　〕 | 사슴뿔로 만든 파이프. |
| 11. | 事件の発覚を恐れる。 | じけんのはっかくをおそれる。 |

〔　　　〕 사건의 발각을 두려워하다.

英語の単語を覚える。 えいごのたんごをおぼえる。

〔　　　〕 영어단어를 외우다.

朝早くから目が覚めた。 あさはやくからめがさめた。

〔　　　〕 아침 일찍부터 잠이 깨었다.

12. 均等に分割する。 きんとうにぶんかつする。

〔　　　〕 균등하게 분할하다.

ガラスを割ってしまった。 ガラスをわってしまった。

〔　　　〕 유리를 깨뜨려 버렸다.

少ない紙面を割いて載せる。 すくないしめんをさいてのせる。

〔　　　〕 적은 지면을 할애해서 싣다.

13. 話し合いは円滑に進んだ。 はなしあいはえんかつにすすんだ。

〔　　　〕 이야기는 원활하게 진행되었다.

道路が凍って滑りやすい。 どうろがこおってすべりやすい。

〔　　　〕 도로가 얼어서 미끄러지기 쉽다.

滑らかな発音をする。 なめらかなはつおんをする。

〔　　　〕 유창한 발음을 하다.

14. 外国の政治に干渉する。 がいこくのせいじにかんしょうする。

〔　　　〕 외국정치에 간섭하다.

ぬれた着物を干す。 ぬれたきものをほす。

〔　　　〕 젖은 옷을 말리다.

池の水が干上がった。 いけのみずがひあがった。

〔　　　〕 연못 물이 바싹 말랐다.

15. 欠陥だらけの商品。 けっかんだらけのしょうひん。

〔　　　〕 결함투성이인 상품.

意識不明に陥る。 いしきふめいにおちいる。

〔　　　〕 의식불명에 빠지다.

敵の陣地を陥れる。 てきのじんちをおとしいれる。

〔　　　〕 적의 진지를 함락시키다.

16. 危険な場所には注意する。 きけんなばしょにはちゅういする。

〔　　　〕 위험한 장소에는 주의하다.

道路で遊んでは危ない。 どうろであそんではあぶない。

〔　　　〕 도로에서 놀아서는 위험하다.

危うく間に合った。 あやうくまにあった。

〔　　　〕 간신히 시간에 대었다.

17. 虚偽の報告をする。 きょぎのほうこくをする。
〔 〕 허위보고를 하다.
身分を偽って入国する。 みぶんをいつわってにゅうこくする。
〔 〕 신분을 속여 입국하다.
国内で偽札が発見された。 こくないでにせさつがはっけんされた。
〔 〕 국내에서 위조지폐가 발견되었다.

18. 金魚を飼う。 きんぎょをかう。
〔 〕 금붕어를 기르다.
水清ければ魚住まず。 みずきよければうおすまず。
〔 〕 물이 맑으면 물고기가 안 논다.
近所の魚屋で買う。 きんじょのさかなやでかう。
〔 〕 가까운 생선가게에서 사다.

19. 相手を脅迫する。 あいてをきょうはくする。
〔 〕 상대를 협박하다.
脅しがきかない。 おどしがきかない。
〔 〕 협박이 먹혀들지 않다.
生命を脅かされる。 せいめいをおびやかされる。
〔 〕 생명을 위협 받다.

20. 教育熱心な親。 きょういくねっしんなおや。
〔 〕 교육에 열심인 부모.
先人の教えを学ぶ。 せんじんのおしえをまなぶ。
〔 〕 선인의 가르침을 배우다.
先生から英語を教わる。 せんせいからえいごをおそわる。
〔 〕 선생님으로부터 영어를 배우다.

21. これまでの苦労が報われた。 これまでのくろうがむくわれた。
〔 〕 지금까지의 고생을 보답 받았다.
気の毒なくらい苦しんでいる。 きのどくなくらいくるしんでいる。
〔 〕 불쌍할 정도로 고생하고 있다.
苦虫をかみつぶしたような顔。 にがむしをかみつぶしたようなかお。
〔 〕 오만상을 한 얼굴.

22. あれやこれやと空想する。 あれやこれやとくうそうする。
〔 〕 이것저것 공상하다.
青空がよみがえってきた。 あおぞらがよみがえってきた。
〔 〕 푸른 하늘이 되돌아왔다.
空き巣にはいられた。 あきすにはいられた。

| | |
|---|---|
| 〔　　　〕 | 빈집털이에게 털렸다. |
| 中は空っぽだった。 | なかはからっぽだった。 |
| 〔　　　〕 | 속은 텅 비었다. |
| 23. 早く結論を出したい。 | はやくけつろんをだしたい。 |
| 〔　　　〕 | 빨리 결론을 내고 싶다. |
| 結び目が固くてほどけない。 | むすびめがかたくてほどけない。 |
| 〔　　　〕 | 매듭이 단단해서 풀리지 않는다. |
| 外出するために髪を結う。 | がいしゅつするためにかみをゆう。 |
| 〔　　　〕 | 외출하기 위해 머리를 땋다. |
| 24. 交通の便利な場所。 | こうつうのべんりなばしょ。 |
| 〔　　　〕 | 교통이 편리한 장소. |
| 膝を交えて話す。 | ひざをまじえてはなす。 |
| 〔　　　〕 | 이마를 맞대고 이야기 하다. |
| トンボが飛び交っている。 | トンボがとびかっている。 |
| 〔　　　〕 | 잠자리가 어지러히 날고 있다. |
| 25. 調子は良好だ。 | ちょうしはりょうこうだ。 |
| 〔　　　〕 | 상태는 양호하다. |
| 人の好みはさまざまだ。 | ひとのこのみはさまざまだ。 |
| 〔　　　〕 | 사람의 취미는 다양하다. |
| 好き嫌いの激しい人。 | すききらいのはげしいひと。 |
| 〔　　　〕 | 기호가 까다로운 사람. |
| 26. 内閣の更迭を行う。 | ないかくのこうてつをおこなう。 |
| 〔　　　〕 | 내각의 경질을 하다. |
| 今更どうしようもない。 | いまさらどうしようもない。 |
| 〔　　　〕 | 이제와서 어떻게 할 수 없다. |
| 夜もすっかり更けてきた。 | よもすっかりふけてきた。 |
| 〔　　　〕 | 밤도 완전히 깊어졌다. |
| 27. 幸福な一生を送る。 | こうふくないっしょうをおくる。 |
| 〔　　　〕 | 행복한 일생을 보내다. |
| 幸あれかしと祈る。 | さちあれかしといのる。 |
| 〔　　　〕 | 행복이 있으라고 빌다. |
| 幸いな事に無事だった。 | さいわいなことにぶじだった。 |
| 〔　　　〕 | 천만다행으로 무사했다. |
| いつも幸せそうにしている。 | いつもしあわせそうにしている。 |
| 〔　　　〕 | 항상 행복한듯이 하고 있다. |

| | |
|---|---|
| 28. 成績は下降気味だ。 | せいせきはかこうきみだ。 |
| 〔　　　〕 | 성적은 떨어질 조짐이다. |
| 乗り降りは敏速にしよう。 | のりおりはびんそくにしよう。 |
| 〔　　　〕 | 승하차는 신속하게 하자. |
| 雨が降ってきた。 | あめがふってきた。 |
| 〔　　　〕 | 비가 내렸다. |
| 29. 絞首刑の判決が出た。 | こうしゅけいのはんけつがでた。 |
| 〔　　　〕 | 교수형의 판결이 내려졌다. |
| 農民から絞り上げる。 | のうみんからしぼりあげる。 |
| 〔　　　〕 | 농민으로부터 우려내다. |
| 首を絞められて苦しい。 | くびをしめられてくるしい。 |
| 〔　　　〕 | 목이 졸려져서 괴롭다. |
| 30. 詳細を書面で報告する。 | しょうさいをしょめんでほうこくする。 |
| 〔　　　〕 | 상세한 것을 서면으로 보고하다. |
| やせ細った体。 | やせほそったからだ。 |
| 〔　　　〕 | 바싹 마른 몸. |
| 細かなところまで注意する。 | こまかなところまでちゅういする。 |
| 〔　　　〕 | 세세한 것까지 주의하다. |
| 31. 裁縫の練習をする。 | さいほうのれんしゅうをする。 |
| 〔　　　〕 | 재봉 연습을 하다. |
| 布地を裁って服を作る。 | ぬのじをたってふくをつくる。 |
| 〔　　　〕 | 천을 재단해서 옷을 만들다. |
| 人が人を裁くのは難しい。 | ひとがひとをさばくのはむずかしい。 |
| 〔　　　〕 | 사람이 사람을 심판하는 것은 어렵다. |
| 32. 産業を盛んにする。 | さんぎょうをさかんにする。 |
| 〔　　　〕 | 산업을 번창하게 하다. |
| 子供を産む。 | こどもをうむ。 |
| 〔　　　〕 | 아이를 낳다. |
| 背中に産毛が生えている。 | せなかにうぶげがはえている。 |
| 〔　　　〕 | 등에 솜털이 나 있다. |
| 33. いろいろと指導を受ける。 | いろいろとしどうをうける。 |
| 〔　　　〕 | 여러가지 지도를 받다. |
| 指をナイフで切った。 | ゆびをナイフできった。 |
| 〔　　　〕 | 손가락을 칼로 베었다. |
| 名指しで呼ぶ。 | なざしでよぶ。 |

〔　　　〕 | 지명해서 부르다.

34. 入学試験を受ける。 | にゅうがくしけんをうける。
〔　　　〕 | 입학 시험을 치다.
試みにやってみる。 | こころみにやってみる。
〔　　　〕 | 시험삼아 해보다.
実際に試してみる。 | じっさいにためしてみる。
〔　　　〕 | 실제로 시험해 보다.

35. 充実した生活を送る。 | じゅうじつしたせいかつをおくる。
〔　　　〕 | 충실한 생활을 보내다.
木の実を拾いにゆく。 | このみをひろいにゆく。
〔　　　〕 | 나무열매를 주우러 가다.
これまでの努力が実った。 | これまでのどりょくがみのった。
〔　　　〕 | 지금까지의 노력이 열매를 맺었다.

36. 文学全集を買う。 | ぶんがくぜんしゅうをかう。
〔　　　〕 | 문학전집을 사다.
多くの人々が集まった。 | おおくのひとびとがあつまった。
〔　　　〕 | 많은 사람들이 모였다.
同好者の集いに出席する。 | どうこうしゃのつどいにしゅっせきする。
〔　　　〕 | 동호인의 모임에 참석하다.

37. 無事に救助された。 | ぶじにきゅうじょされた。
〔　　　〕 | 무사히 구조되었다.
君が来てくれて助かった。 | きみがきてくれてたすかった。
〔　　　〕 | 자네가 와 주어서 살았다.
助太刀をする。 | すけだちをする。
〔　　　〕 | 조력하다.

38. 起床時刻は六時だ。 | きしょうじこくはろくじだ。
〔　　　〕 | 기상시간은 6시다.
床の間に花を飾る。 | とこのまにはなをかざる。
〔　　　〕 | 도꼬노마에 꽃을 장식하다.
床下にもぐってみる。 | ゆかしたにもぐってみる。
〔　　　〕 | 마루 밑에 숨어서 보다.

39. 顔に微笑をうかべる。 | かおにびしょうをうかべる。
〔　　　〕 | 얼굴에 미소를 띄우다.
いつもにこにこ笑っている。 | いつもにこにこわらっている。
〔　　　〕 | 늘 벙글벙글 웃고 있다.

| | |
|---|---|
| 心の中でほくそ笑む。 | こころのなかでほくそえむ。 |
| 〔　　　〕 | 마음 속으로 회심의 미소를 짓다. |
| 40. 勝敗の行方はわからない。 | しょうはいのゆくえはわからない。 |
| 〔　　　〕 | 승패의 행방은 알 수 없다. |
| 努力をした者が勝つのだ。 | どりょくをしたものがかつのだ。 |
| 〔　　　〕 | 노력을 한 사람이 승리하는 것이다. |
| 男勝りの女性。 | おとこまさりのじょせい。 |
| 〔　　　〕 | 남자 못지않는 여자. |
| 41. 話の焦点がぼけてきた。 | はなしのしょうてんがぼけてきた。 |
| 〔　　　〕 | 이야기 촛점이 흐려졌다. |
| 紙の焦げるにおいがする。 | かみのこげるにおいがする。 |
| 〔　　　〕 | 종이 타는 냄새가 나다. |
| 焦っては失敗する。 | あせってはしっぱいする。 |
| 〔　　　〕 | 초조하게 굴면 실패한다. |
| 42. 試合の途中で負傷した。 | しあいのとちゅうでふしょうした。 |
| 〔　　　〕 | 시합 도중에 다쳤다. |
| 傷ついた人を看護する。 | きずついたひとをかんごする。 |
| 〔　　　〕 | 다친 사람을 간호하다. |
| よく使われて傷んだ本。 | よくつかわれていたんだほん。 |
| 〔　　　〕 | 많이 이용되어 파손된 책. |
| 43. 平常通りに運転する。 | へいじょうとおりにうんてんする。 |
| 〔　　　〕 | 평상시대로 운전하다. |
| 常に心を引き締めている。 | つねにこころをひきしめている。 |
| 〔　　　〕 | 항상 마음을 긴장시키고 있다. |
| 身辺たちまち常闇となる。 | しんぺんたちまちとこやみとなる。 |
| 〔　　　〕 | 주위가 금방 암흑이 되다. |
| 44. 車の接触事故があった。 | くるまのせっしょくじこがあった。 |
| 〔　　　〕 | 자동차 접촉사고가 있었다. |
| 新鮮な空気に触れる。 | しんせんなくうきにふれる。 |
| 〔　　　〕 | 신선한 공기를 쏘이다. |
| 無断で人の物に触るな。 | むだんでひとのものにさわるな。 |
| 〔　　　〕 | 무단으로 남의 물건에 손대지 마라. |
| 45. 革新的な考えの持ち主。 | かくしんてきなかんがえのもちぬし。 |
| 〔　　　〕 | 혁신적인 생각의 소유자. |
| よそおいも新たに。 | よそおいもあらたに。 |

〔　　　〕
新妻を迎える。
〔　　　〕

46. 最初からやり直す。
〔　　　〕
物事は初めが大切だ。
〔　　　〕
そんなことは初耳だ。
〔　　　〕
初陣に出て手柄を立てた。
〔　　　〕
書き初め展で入賞した。
〔　　　〕

47. 親類が全部集まった。
〔　　　〕
親と子の話し合い。
〔　　　〕
小さい時から自然に親しむ。
〔　　　〕

48. 座席を独占する。
〔　　　〕
買い占めはやめよう。
〔　　　〕
吉か凶かを占う。
〔　　　〕

49. 論戦に勝った。
〔　　　〕
勝ち戦との報告が来た。
〔　　　〕
最後まで戦う。
〔　　　〕

50. 潜水艦に乗ってみたい。
〔　　　〕
夜になるまで潜んでいた。
〔　　　〕

단장도 새로이.
にいづまをむかえる。
새 색시를 맞아들이다.

さいしょからやりなおす。
처음부터 다시하다.
ものごとははじめがたいせつだ。
일은 처음이 중요하다.
そんなことははつみみだ。
그런 일은 금시초문이다.
ういじんにでててがらをたてた。
첫 전투에서 공적을 세웠다.
かきぞめてんでにゅうしょうした。
신춘휘호전에서 입상했다.

しんるいがぜんぶあつまった。
친척이 전부 모였다.
おやとこのはなしあい。
부모와 자식의 대화.
ちいさいときからしぜんにしたしむ。
어렸을 때부터 자연을 가까이 하다.

ざせきをどくせんする。
좌석을 독점하다.
かいしめはやめよう。
매점은 그만두자.
きちかきょうかをうらなう。
길흉을 점치다.

ろんせんにかった。
논전에 이겼다.
かちいくさとのほうこくがきた。
싸움에 이겼다는 보고가 왔다.
さいごまでたたかう。
최후까지 싸우다.

せんすいかんにのってみたい。
잠수함을 타보고 싶다.
よるになるまでひそんでいた。
밤이 될 때까지 숨어 있었다.

すっぽり布団に潜り込む。　すっぽりふとんにもぐりこむ。
〔　　　〕　푹 이불 속에 들어가다.

51. 機械を操作する。　きかいをそうさする。
〔　　　〕　기계를 조작하다.
あくまで操を守る。　あくまでみさおをまもる。
〔　　　〕　끝까지 절개를 지키다.
操り人形を作る。　あやつりにんぎょうをつくる。
〔　　　〕　꼭두각시를 만들다.

52. 人口が次第に増加してきた。　じんこうがしだいにぞうかしてきた。
〔　　　〕　인구가 점점 증가해 왔다.
水増しして請求する。　みずまししてせいきゅうする。
〔　　　〕　실제보다 불려서 청구하다.
費用が増えて困っている。　ひようがふえてこまっている。
〔　　　〕　비용이 증가해 어려움에 처해 있다.

53. 遠足に行く。　えんそくにいく。
〔　　　〕　소풍을 가다.
これだけあれば足りる。　これだけあればたりる。
〔　　　〕　이것만 있으면 족하다.
麻薬から足を洗う。　まやくからあしをあらう。
〔　　　〕　마약에서 손을 떼다.

54. 怠惰な生活を送る。　たいだなせいかつをおくる。
〔　　　〕　나태한 생활을 하다.
注意を怠ってはいけない。　ちゅういをおこたってはいけない。
〔　　　〕　주의를 소홀히 해서는 안된다.
彼はひどい怠け者だ。　かれはひどいなまけものだ。
〔　　　〕　그는 지독한 게으름뱅이다.

55. 担当者と話をする。　たんとうしゃとはなしをする。
〔　　　〕　담당자와 이야기하다.
重い荷物を担ぐ。　おもいにもつをかつぐ。
〔　　　〕　무거운 짐을 지다.
重責を担っている人物。　じゅうせきをになっているじんぶつ。
〔　　　〕　중책을 떠맡고 있는 사람.

56. 簡単には断定できない。　かんたんにはだんていできない。
〔　　　〕　간단하게 단정할 수 없다.
交わりを断つ。　まじわりをたつ。

〔　　　〕　교제를 끊다.
断りの手紙を書く。　ことわりのてがみをかく。
〔　　　〕　거절 편지를 쓰다.

57. 爆弾が落ちる。　ばくだんがおちる。
〔　　　〕　폭탄이 떨어지다.
ピアノを弾く。　ピアノをひく。
〔　　　〕　피아노를 치다.
弾みをつけて転がす。　はずみをつけてころがす。
〔　　　〕　탄력을 붙여서 굴리다.
鉄砲の弾を拾った。　てっぽうのたまをひろった。
〔　　　〕　총알을 주웠다.

58. 物の価値を知らない。　もののかちをしらない。
〔　　　〕　물건의 가치를 모르다.
値があがる。　ねがあがる。
〔　　　〕　값이 오르다.
一見に値する。　いっけんにあたいする。
〔　　　〕　한번 볼 만하다.

59. 著名な作家の講演。　ちょめいなさっかのこうえん。
〔　　　〕　저명한 작가의 강연.
すぐれた作品を著す。　すぐれたさくひんをあらわす。
〔　　　〕　훌륭한 작품을 펴 내다.
著しい進歩をとげた。　いちじるしいしんぽをとげた。
〔　　　〕　현저한 진보를 이루었다.

60. 詳しく調査する。　くわしくちょうさする。
〔　　　〕　상세하게 조사하다.
調べた結果を報告する。　しらべたけっかをほうこくする。
〔　　　〕　조사한 결과를 보고하다.
結婚の仕度を調える。　けっこんのしたくをととのえる。
〔　　　〕　결혼준비를 갖추다.

61. あわてて逃走する。　あわててとうそうする。
〔　　　〕　당황해서 도망치다.
借金が払えないで夜逃げをする。　しゃっきんがはらえないでよにげをする
〔　　　〕　빚을 갚지못해 야반도주를 하다.
今度だけは見逃してやろう。　こんどだけはみのがしてやろう。
〔　　　〕　이번만은 눈감아 주자.

| | |
|---|---|
| 62. 多くの人から非難される。 | おおくのひとからひなんされる。 |
| 〔　　　〕 | 많은 사람으로부터 비난 받다. |
| 許し難い暴挙だ。 | ゆるしがたいぼうきょだ。 |
| 〔　　　〕 | 용서할 수 없는 난폭한 행동이다. |
| 難しい問題を考える。 | むずかしいもんだいをかんがえる。 |
| 〔　　　〕 | 어려운 문제를 생각하다. |
| 63. 病人を介抱する。 | びょうにんをかいほうする。 |
| 〔　　　〕 | 환자를 간호하다. |
| 赤ん坊を抱きしめる。 | あかんぼうをだきしめる。 |
| 〔　　　〕 | 갓난아기를 부둥켜 안다. |
| 疑問を抱く。 | ぎもんをいだく。 |
| 〔　　　〕 | 의문을 품다. |
| 大きな荷物を抱えていく。 | おおきなにもつをかかえていく。 |
| 〔　　　〕 | 큰 짐을 안고 가다. |
| 64. 正しい発音の練習。 | ただしいはつおんのれんしゅう。 |
| 〔　　　〕 | 올바른 발음 연습. |
| キリスト教の福音書。 | キリストきょうのふくいんしょ。 |
| 〔　　　〕 | 기독교 복음서. |
| 大きな音に驚く。 | おおきなおとにおどろく。 |
| 〔　　　〕 | 큰 소리에 놀라다. |
| 草原で虫の音が聞こえる。 | そうげんでむしのねがきこえる。 |
| 〔　　　〕 | 초원에서 벌레소리가 들리다. |
| 65. 石が落下する。 | いしがらっかする。 |
| 〔　　　〕 | 돌이 떨어지다. |
| 下品なふるまいをつつしむ。 | げひんなふるまいをつつしむ。 |
| 〔　　　〕 | 천한 행동을 삼가다. |
| 灯台下暗し。 | とうだいもとくらし。 |
| 〔　　　〕 | 등잔 밑이 어둡다. |
| 下りの列車に乗る。 | くだりのれっしゃにのる。 |
| 〔　　　〕 | 하행 열차를 타다. |
| 書き下ろしの長編小説。 | かきおろしのちょうへんしょうせつ。 |
| 〔　　　〕 | 새로 쓴 장편소설. |
| 風下にいる。 | かざしもにいる。 |
| 〔　　　〕 | 남의 흉내를 내다. (남의 영향 밑에 있다) |
| 66. 自己嫌悪におちいる。 | じこけんおにおちいる。 |

〔　　　〕　자기혐오에 빠지다.

父の機嫌をそこねる。　ちちのきげんをそこねる。

〔　　　〕　아버지의 기분을 상하게 하다.

嫌気がさす。　いやけがさす。

〔　　　〕　싫증이 나다.

人に会うのを嫌う。　ひとにあうのをきらう。

〔　　　〕　사람 만나는 것을 싫어하다.

67. 海外旅行に出かける。　かいがいりょこうにでかける。

〔　　　〕　해외여행을 떠나다.

外科の医者になる。　げかのいしゃになる。

〔　　　〕　외과의사가 되다.

外へ出て運動する。　そとへでてうんどうする。

〔　　　〕　밖에 나가 운동하다.

外に質問はありませんか。　ほかにしつもんはありませんか。

〔　　　〕　그 밖에 질문은 없읍니까?

問題の中心から外れている。　もんだいのちゅうしんからはずれている。

〔　　　〕　문제의 중심으로부터 빗나가 있다.

68. 適当な間隔をあける。　てきとうなかんかくをあける。

〔　　　〕　적당한 간격을 벌리다.

世間から笑われる。　せけんからわらわれる。

〔　　　〕　세상 사람들로부터 웃음을 사다.

山と山の間にある道。　やまとやまのあいだにあるみち。

〔　　　〕　산과 산 사이에 있는 길.

69. テレビに番組を提供する。　テレビにばんぐみをていきょうする。

〔　　　〕　텔레비전에 프로그램을 제공하다.

仏前に供物をささげる。　ぶつぜんにくもつをささげる。

〔　　　〕　불전에 공양물을 바치다.

神前に供えた酒。　しんぜんにそなえたさけ。

〔　　　〕　신전에 바친 술.

大勢のお供をつれている。　おおぜいのおともをつれている。

〔　　　〕　많은 수행원을 데리고 있다.

70. 勉強を熱心にする。　べんきょうをねっしんにする。

〔　　　〕　공부를 열심히 하다.

強情を張る。　ごうじょうをはる。

〔　　　〕　고집을 피우다.

| | | |
|---|---|---|
| | 意志の強い人。 | いしのつよいひと。 |
| | 〔　　　〕 | 의지가 강한 사람. |
| | 寄付を強いるのはよくない。 | きふをしいるのはよくない。 |
| | 〔　　　〕 | 기부를 강요하는 것은 좋지않다. |
| 71. | オリンピックの競技。 | オリンピックのきょうぎ。 |
| | 〔　　　〕 | 올림픽 경기. |
| | 競馬の好きな人。 | けいばのすきなひと。 |
| | 〔　　　〕 | 경마를 좋아하는 사람. |
| | スピードを競い合う。 | スピードをきそいあう。 |
| | 〔　　　〕 | 스피드를 서로 겨루다. |
| | 競り合った末に勝った。 | せりあったすえにかった。 |
| | 〔　　　〕 | 각축전 끝에 이겼다. |
| 72. | びっくり仰天する。 | びっくりぎょうてんする。 |
| | 〔　　　〕 | 깜짝 놀라다. |
| | 信仰はその人の自由だ。 | しんこうはそのひとのじゆうだ。 |
| | 〔　　　〕 | 신앙은 그 사람의 자유다. |
| | 空を仰ぐ。 | そらをあおぐ。 |
| | 〔　　　〕 | 하늘을 우러러 보다. |
| | あなたの仰せの通りです。 | あなたのおおせのとおりです。 |
| | 〔　　　〕 | 당신 분부대로입니다. |
| 73. | 人間形成に役立つ。 | にんげんけいせいにやくだつ。 |
| | 〔　　　〕 | 인간형성에 도움이 되다. |
| | 恐ろしい形相をしている。 | おそろしいぎょうそうをしている。 |
| | 〔　　　〕 | 무서운 얼굴 생김새를 하고 있다. |
| | 不渡り手形を持っている。 | ふわたりてがたをもっている。 |
| | 〔　　　〕 | 부도어음을 가지고 있다. |
| | 丸い形をした入れもの。 | まるいかたちをしたいれもの。 |
| | 〔　　　〕 | 둥근 모양을 한 용기. |
| 74. | 厳重に取り締まる。 | げんじゅうにとりしまる。 |
| | 〔　　　〕 | 엄중히 단속하다. |
| | 荘厳な気分になる落日風景。 | そうごんなきぶんになるらくじつふうけい。 |
| | 〔　　　〕 | 엄숙한 기분이 드는 석양풍경. |
| | 厳かに説教する。 | おごそかにせっきょうする。 |
| | 〔　　　〕 | 엄숙하게 설교하다. |
| | 冬の寒さは厳しい。 | ふゆのさむさはきびしい。 |

〔　　　〕　겨울 추위는 혹심하다.

75. 前後不覚に眠ってしまった。　ぜんごふかくにねむってしまった。

〔　　　〕　정신없이 자 버렸다.

よく後輩の世話をする。　よくこうはいのせわをする。

〔　　　〕　후배를 잘 돌보아 주다.

後の世まで名が残る。　のちのよまでながのこる。

〔　　　〕　후세까지 이름이 남다.

もう少し後ろへさがろう。　もうすこしうしろへさがろう。

〔　　　〕　좀 더 뒤로 물러나자.

どうも後味が悪い。　どうもあとあじがわるい。

〔　　　〕　어쩐지 뒷맛이 개운하지 않다.

時計が五分後れる。　とけいがごふんおくれる。

〔　　　〕　시계가 5분 늦다.

76. 堂々と行進する。　どうどうとこうしんする。

〔　　　〕　당당히 행진하다.

行政の最高責任者は首相だ。　ぎょうせいのさいこうせきにんしゃはしゅしょうだ。

〔　　　〕　행정의 최고 책임자는 수상이다.

各地を行脚して歩く。　かくちをあんぎゃしてあるく。

〔　　　〕　각지를 두루 돌아다니다.

はやく行きなさい。　はやくいきなさい。

〔　　　〕　빨리 가세요.

自分の行いを反省する。　じぶんのおこないをはんせいする。

〔　　　〕　자신의 행실을 반성하다.

77. 紅茶を飲む。　こうちゃをのむ。

〔　　　〕　홍차를 마시다.

真紅の優勝旗を持つ。　しんくのゆうしょうきをもつ。

〔　　　〕　진홍색 우승기를 가지다.

口紅をつける。　くちべにをつける。

〔　　　〕　입술연지를 바르다.

紅に染まった夕空の雲。　くれないにそまったゆうぞらのくも。

〔　　　〕　다홍으로 물든 저녁하늘의 구름.

78. 日本の政治を考える。　にほんのせいじをかんがえる。

〔　　　〕　일본 정치를 생각하다.

治水は大切な仕事だ。　ちすいはたいせつなしごとだ。

〔　　　〕　치수는 중요한 일이다.

国内を平和に治める。　こくないをへいわにおさめる。
〔　　　〕　나라 안을 평화롭게 다스리다.
病気がやっと治った。　びょうきがやっとなおった。
〔　　　〕　병이 겨우 나았다.

79. 守備を固める。　しゅびをかためる。
〔　　　〕　수비를 단단히 하다.
ひとりで留守番をする。　ひとりでるすばんをする。
〔　　　〕　혼자서 집을 보다.
生命を守る。　せいめいをまもる。
〔　　　〕　생명을 보호하다.
赤ん坊のお守りをする。　あかんぼうのおもりをする。
〔　　　〕　아기를 보다.

80. これは重大な事件だ。　これはじゅうだいなじけんだ。
〔　　　〕　이것은 중대한 사건이다.
慎重に考える。　しんちょうにかんがえる。
〔　　　〕　신중하게 생각하다.
二重まぶたのごく愛らしい目もと。　ふたえまぶたのごくあいらしいめもと。
〔　　　〕　쌍꺼풀의 아주 사랑스러운 눈매.
重い荷物を持つ。　おもいにもつをもつ。
〔　　　〕　무거운 짐을 들다.
何枚か紙を重ねて作る。　なんまいかかみをかさねてつくる。
〔　　　〕　몇장인가 종이를 겹쳐서 만들다.

81. 役所へ提出する。　やくしょへていしゅつする。
〔　　　〕　관공서에 제출하다.
金銭の出納帳。　きんせんのすいとうちょう。
〔　　　〕　금전출납부.
あわてて外へ出る。　あわててそとへでる。
〔　　　〕　당황해서 밖으로 나가다.
人の話に口出しをする。　ひとのはなしにくちだしをする。
〔　　　〕　남의 이야기에 말 참견하다.

82. 女流作家になる。　じょりゅうさっかになる。
〔　　　〕　여류작가가 되다.
天女が舞い降りて来た。　てんにょがまいおりてきた。
〔　　　〕　선녀가 춤추며 내려왔다.
女房をもらう。　にょうぼうをもらう。

〔　　　〕　アナ를 맞아들이다.

女らしい態度。　おんならしいたいど。

〔　　　〕　여자다운 태도.

いかにも女々しい考え方だ。　いかにもめめしいかんがえかただ。

〔　　　〕　자못 사내답지 못한 사고방식이다.

83. 食堂にはいる。　しょくどうにはいる。

〔　　　〕　식당에 들어가다.

二十一日間も断食をした。　にじゅういちにちかんもだんじきをした。

〔　　　〕　21일간이나 단식했다.

道草を食ってはいけない。　みちくさをくってはいけない。

〔　　　〕　딴전을 부려서는 안된다.

食べ物を大切にする。　たべものをたいせつにする。

〔　　　〕　음식물을 소중히 하다.

84. 台風が発生した。　たいふうがはっせいした。

〔　　　〕　태풍이 발생했다.

このことは一生忘れない。　このことはいっしょうわすれない。

〔　　　〕　이 일은 평생 잊을 수 없다.

どうか長生きして下さい。　どうかながいきして下さい。

〔　　　〕　아무쪼록 장수하세요.

珍しい動物が生まれた。　めずらしいどうぶつがうまれた。

〔　　　〕　진기한 동물이 태어났다.

彼の生い立ちを話そう。　かれのおいたちをはなそう。

〔　　　〕　그의 자라난 내력을 이야기하자.

春になって若草が生える。　はるになってわかくさがはえる。

〔　　　〕　봄이 되어 새풀이 나다.

生一本な性格の人。　きいっぽんなせいかくのひと。

〔　　　〕　외곬 성격을 가진 사람.

生水は体によくない。　なまみずはからだによくない。

〔　　　〕　냉수는 몸에 좋지 않다.

85. 夏休みに帰省する。　なつやすみにきせいする。

〔　　　〕　여름휴가에 귀성하다.

省略しないで書く。　しょうりゃくしないでかく。

〔　　　〕　생략하지 않고 쓰다.

自らの行いを省みる。　みずからのおこないをかえりみる。

〔　　　〕　자기 자신의 행실을 돌아보다.

不要な箇所は省いてよろしい。　ふようなかしょははぶいてよろしい。
〔　　　〕　필요없는 곳은 없애도 좋다.

86. 父親の代理で出席する。　ちちおやのだいりでしゅっせきする。
〔　　　〕　부친 대리로 참석하다.
ピッチャーが交代した。　ピッチャーがこうたいした。
〔　　　〕　투수를 교체했다.
総理大臣が代わった。　そうりだいじんがかわった。
〔　　　〕　수상이 교체되었다.
神代から伝わる話。　かみよからつたわるはなし。
〔　　　〕　신화시대로부터 전해지는 이야기.
これはつまらぬ代物だ。　これはつまらぬしろものだ。
〔　　　〕　이것은 하찮은 물품이다.

87. 直接相手と交渉する。　ちょくせつあいてとこうしょうする。
〔　　　〕　직접 상대와 교섭하다.
幕府へ直訴をする。　ばくふへじきそをする。
〔　　　〕　막부에 직소를 하다.
直ちに出発しよう。　ただちにしゅっぱつしよう。
〔　　　〕　곧 출발하자.
もう少し手直しをしよう。　もうすこしてなおしをしよう。
〔　　　〕　좀 더 불비한 곳을 고치자.

88. 年頭のあいさつをする。　ねんとうのあいさつをする。
〔　　　〕　새해인사를 하다.
頭脳は絶えず使うこと。　ずのうはたえずつかうこと。
〔　　　〕　머리는 끊임없이 쓸 것.
売り上げが頭打ちになった。　うりあげがあたまうちになった。
〔　　　〕　매상이 한계점에 도달했다.
頭文字は大きく書く。　かしらもじはおおきくかく。
〔　　　〕　머리글자는 크게 쓰다.

89. 徒歩で出かける。　とほででかける。
〔　　　〕　도보로 나가다.
一割の歩合をもらう。　いちわりのぶあいをもらう。
〔　　　〕　１할의 수수료를 받다.
いそいで歩く。　いそいであるく。
〔　　　〕　서둘러 걷다.
牛の歩みのように遅い。　うしのあゆみのようにおそい。
〔　　　〕　소걸음처럼 느리다.

## 5. 뜻을 알기 어려운 二字熟語 및 三字熟語

〈あ　行〉

1. 相合傘で行く。　〔　　　〕
あいあいがさでいく。
한 우산을 받고 가다.

2. 彼とは合口がいい。　〔　　　〕
かれとはあいくちがいい。
그와는 장단이 잘 맞는다.

3. 山といえば川と答える合言葉。　〔　　　〕
やまといえばかわとこたえるあいことば。
산이라고 하면 강이라고 대답하는 암호말.

4. サービス第一がかれらの合言葉だ。　〔　　　〕
サービスだいいちがかれらのあいことばだ。
서비스제일이 그들의 모토다.

5. 初対面の挨拶。　〔　　　〕
しょたいめんのあいさつ。
초면인사.

6. 相性(合性)がいい。　〔　　　〕
あいしょうがいい。
성격이 잘 맞다.

7. 目で合図する。　〔　　　〕
めであいずする。
눈으로 신호하다.

8. 彼は愛想がいい。　〔　　　〕
かれはあいそがいい。
그는 붙임성이 있다(상냥하다).

9. あいつの強情にはまったく愛想がつきる。　〔　　　〕
あいつのごうじょうにはまったくあいそがつきる。
저녀석의 옹고집에는 정말 정이 떨어진다.

10. 相槌を打つ。　〔　　　〕
あいづちをうつ。
맞장구치다.

11. ダンスの相手をする。　〔　　　〕
ダンスのあいてをする。
댄스의 상대가 되다.

12. 生憎もちあわせがない。　〔　　　〕
あいにくもちあわせがない。
마침(공교롭게) 가진 것이 없다.

13. あのふたりはいい相棒だ。　〔　　　〕
あのふたりはいいあいぼうだ。
저 두 사람은 잘 어울리는 짝이다.

14. 勉強の合間に家事を手伝う。　〔　　　〕
べんきょうのあいまにかじをてつだう。
공부하는 짬짬이 가사를 거들다.

15. あの青二才に何ができるか。　あのあおにさいになにができるか。
〔　　　〕　저 풋나기가 무엇을 할 수 있겠는가.

16. 赤子(赤児)の手をねじるよう。　あかごのてをねじるよう。
〔　　　〕　누워 떡먹기 같음.

17. 十円玉さえあれば赤電話は便利だ。　じゅうえんだまさえあればあかでんわはべんりだ。
〔　　　〕　십엔짜리 동전만 있으면 공중전화는 편리하다.

18. 火事で赤裸になる。　かじであかはだかになる。
〔　　　〕　화재로 빈털터리가 되다.

19. 運動会にはもってこいの秋日和だ。　うんどうかいにはもってこいのあきびよりだ。
〔　　　〕　운동회에는 더없이 좋은 맑게 갠 가을날씨다.

20. 悪事をはたらく。　あくじをはたらく。
〔　　　〕　나쁜 짓을 저지르다.

21. 知らないうちに悪玉にされる。　しらないうちにあくだまにされる。
〔　　　〕　모르는 사이에 악인(악당)으로 취급되다.

22. 欠伸をかみころす。　あくびをかみころす。
〔　　　〕　하품을 참다.

23. 胡座をかく。　あぐらをかく。
〔　　　〕　책상다리를 하고 앉다.

24. 歩いて浅瀬を渡る。　あるいてあさせをわたる。
〔　　　〕　걸어서 얕은 여울을 건너다.

25. それは女の浅知恵にすぎない。　それはおんなのあさぢえにすぎない。
〔　　　〕　그것은 여자의 잔 꾀에 지나지 않는다.

26. いつもより朝寝する。　いつもよりあさねする。
〔　　　〕　여느 때보다 늦잠을 자다.

27. 生活の足場がくずれる。　せいかつのあしばがくずれる。
〔　　　〕　생활기반이 무너지다.

28. 足早にたち去る。　あしばやにたちさる。
〔　　　〕　빠른 걸음으로 떠나가다.

29. 料理の味見をする。　りょうりのあじみをする。
〔　　　〕　요리의 맛(간)을 보다.

30. 畦道を行く。　あぜみちをいく。
〔　　　〕　논두렁길을 가다.

31. 対米輸出は頭打の状態だ。　たいべいゆしゅつはあたまうちのじょうたいだ。

〔　　〕
대미수출은 한계점에 이른 상태다.

32. 頭金を払う。
〔　　〕
あたまきんをはらう。
계약금을 지불하다.

33. 厚着をする。
〔　　〕
あつぎをする。
(옷을) 두껍게 껴입다.

34. 敵ながら天晴だ。
〔　　〕
てきながらあっぱれだ。
적이지만 장하다.

35. いやな後味をあたえた競技。
〔　　〕
いやなあとあじをあたえたきょうぎ。
씁쓸한 뒷맛을 남긴 경기

36. 後金を払う。
〔　　〕
あときんをはらう。
잔금을 치르다.

37. この本は後金で買えるようにしてほしい。
〔　　〕
このほんはあときんでかえるようにしてほしい。
이 책은 후불로 살 수 있게 해주었으면 좋겠다.

38. 後先が転倒している。
〔　　〕
あとさきがてんとうしている。
앞뒤(순서)가 뒤바뀌어 있다.

39. 焚火の後始末をきちんとしなさい。
〔　　〕
たきびのあとしまつをきちんとしなさい。
모닥불의 뒷처리를 깨끗이 하시오.

40. よく釣れる穴場をさがす。
〔　　〕
よくつれるあなばをさがす。
잘 낚이는 명당 자리를 찾다.

41. 脂汗をうかべる。
〔　　〕
あぶらあせをうかべる。
진땀이 나다.

42. 油絵で肖像画をかく。
〔　　〕
あぶらえでしょうぞうがをかく。
유화로 초상화를 그리다.

43. ぶた肉の脂身。
〔　　〕
ぶたにくのあぶらみ。
돼지고기의 비계.

44. ここには数多の先例がある。
〔　　〕
ここにはあまたのせんれいがある。
여기에는 많은 선례가 있다.

45. なれない荒仕事で体がいたむ。
〔　　〕
なれないあらしごとでからだがいたむ。
익숙치 못한 막일로 삭신이 쑤시다.

46. 安価な同情は受けたくない。
〔　　〕
あんかなどうじょうはうけたくない。
값싼 동정은 받고 싶지않다.

47. 案外な売れゆきに気をよくしている。
あんがいなうれゆきにきをよくしている。

〔　　　〕　의외의 매상에 기분 좋아하고 있다.

48. 詩を暗唱する。　しをあんしょうする。
〔　　　〕　시를 암송하다.

49. みそしるの塩梅。　みそしるのあんばい。
〔　　　〕　된장국의 간(맛).

50. きょうは塩梅がいい。　きょうはあんばいがいい。
〔　　　〕　오늘은 상태가 좋다.

51. 威嚇して承諾させる。　いかくしてしょうだくさせる。
〔　　　〕　위협을 하여 승낙 받다.

52. 年をとると意気地がなくなる。　としをとるといくじがなくなる。
〔　　　〕　나이를 먹으면 기개가 없어진다.

53. 幾多の苦労が実をむすんだ。　いくたのくろうがみをむすんだ。
〔　　　〕　수많은 노고가 열매를 맺었다.

54. 遺産の幾分かを寄付する。　いさんのいくぶんかをきふする。
〔　　　〕　유산의 일부를 기부하다.

55. 囲碁に凝る。　いごにこる。
〔　　　〕　바둑에 미치다.

56. このホテルは居心地がよい。　このホテルはいごこちがよい。
〔　　　〕　이 호텔은 지내기가 좋다.

57. 意地の悪い質問。　いじのわるいしつもん。
〔　　　〕　심술궂은 질문.

58. つまらないことで意地を張る。　つまらないことでいじをはる。
〔　　　〕　하찮은 일로 오기를(고집을) 부리다.

59. 痛手を負う。　いたでをおう。
〔　　　〕　상처를 입다.

60. 板前が腕を振るう。　いたまえがうでをふるう。
〔　　　〕　요리사가 솜씨를 발휘하다.

61. これで、一応見とおしがついた。　これで、いちおうみとおしがついた。
〔　　　〕　이것으로 일단 전망이 섰다.

62. 三十歳を一期として世を去る。　さんじっさいをいちごとしてよをさる。
〔　　　〕　30세를 일기로 세상을 떠나다.

63. 一番鶏が鳴く。　いちばんどりがなく。
〔　　　〕　첫닭이 울다.

64. どろぼうの一味をつかまえる。　　どろぼうのいちみをつかまえる。
〔　　　〕　　도둑의 일당을 붙잡다.

65. 胸に一物ある。　　むねにいちもつある。
〔　　　〕　　꿍꿍이 속이 있다.

66. 一文にもならない代物。　　いちもんにもならないしろもの。
〔　　　〕　　한 푼어치도 안되는 물건.

67. 一両日中にうかがいます。　　いちりょうじつちゅうにうかがいます。
〔　　　〕　　금명간에 찾아뵙겠읍니다.

68. 目に一丁字も無い。　　めにいっていじもない。
〔　　　〕　　한자도 모른다(일자무식이다).

69. 水を一杯ください。　　みずをいっぱいください。
〔　　　〕　　물 한그릇 주시오.

70. 実が一杯なる。　　みがいっぱいなる。
〔　　　〕　　열매가 가득 열다.

71. ひどくまじめな、一本気な顔。　　ひどくまじめな、いっぽんぎなかお。
〔　　　〕　　매우 진지한, 외곬으로 보이는 얼굴.

72. 井戸の水をくむ。　　いどのみずをくむ。
〔　　　〕　　우물물을 긷다.

73. 田舎の人は正直だ。　　いなかのひとはしょうじきだ。
〔　　　〕　　시골 사람은 정직하다.

74. 稲妻が走る。　　いなずまがはしる。
〔　　　〕　　번개가 치다.

75. 居場所をしらない。　　いばしょをしらない。
〔　　　〕　　거처를 모르다.

76. 春の息吹に触れる。　　はるのいぶきにふれる。
〔　　　〕　　봄의 숨결(기운)을 느끼다.

77. 広い居間に通される。　　ひろいいまにとおされる。
〔　　　〕　　넓은 거실에 안내받다.

78. 今更あわてても手遅れだ。　　いまさらあわててもておくれだ。
〔　　　〕　　이제와서 허둥거려도 때는 늦었다.

79. 今の職場に嫌気がさす。　　いまのしょくばにいやきがさす。
〔　　　〕　　지금 직장에 싫증이 나다.

80. 嫌味を言う。　　いやみをいう。

〔　　　〕
싫은 소리를 하다.

81. 異様な気配がする。
〔　　　〕
いようなけはいがする。
이상한 기미가 있다.

82. 居留守を使う。
〔　　　〕
いるすをつかう。
집에 있으면서 없다고 속이다.

83. 色目を使う。
〔　　　〕
いろめをつかう。
추파를 던지다.

84. チャンピオンが引退する。
〔　　　〕
チャンピオンがいんたいする。
챔피언이 은퇴하다.

85. 有掛に入る。
〔　　　〕
うけにいる。
운이 트이다.

86. 嘘八百をならべる。
〔　　　〕
うそはっぴゃくをならべる。
온통 거짓말만 늘어 놓다.

87. 彼女は内気で人前で話ができない。
〔　　　〕
かのじょはうちきでひとまえではなしができない。
그녀는 내성적이어서 남 앞에서 말을 못한다.

88. 内面のきつい人。
〔　　　〕
うちづらのきついひと。
집안 사람에게는 엄한 사람.

89. 敵の内懐ふかく入りこむ。
〔　　　〕
てきのうちぶところふかくはいりこむ。
적의 내막을 속속들이 살피다.

90. 家の子供は内弁慶で困ります。
〔　　　〕
うちのこどもはうちべんけいでこまります。
우리 아이는 집안에서만 큰 소리쳐서 걱정입니다.

91. ほめられて有頂天になる。
〔　　　〕
ほめられてうちょうてんになる。
칭찬받고 어쩔 줄 모른다.

92. 内輪のものだけの祝い。
〔　　　〕
うちわのものだけのいわい。
집안 사람끼리의 축하.

93. 腕自慢をする。
〔　　　〕
うでじまんをする。
힘자랑(솜씨자랑)을 하다.

94. 産湯をつかう。
〔　　　〕
うぶゆをつかう。
갓난아이를 첫목욕시키다.

95. 芸能人が裏芸をきそう公開番組。
〔　　　〕
げいのうじんがうらげいをきそうこうかいばんぐみ。
연예인이 숨은 재주를 겨루는 공개프로그램.

96. 裏目に出る。　　うらめにでる。
〔　　〕　　엉뚱한 결과를 낳다.

97. 言うこととすることが裏腹だ。　　いうこととすることがうらはらだ。
〔　　〕　　말하는 것과 행동하는 것이 정반대이다.

98. 浮気をする。　　うわきをする。
〔　　〕　　바람을 피우다.

99. 上背のある人。　　うわぜいのあるひと。
〔　　〕　　신장이 큰 사람.

100. することがなんでも上調子だ。　　することがなんでもうわちょうしだ。
〔　　〕　　하는 일마다 모두 덤벙거린다.

101. 上目を使う。　　うわめをつかう。
〔　　〕　　눈을 치뜨다.

102. 英知をあつめる。　　えいちをあつめる。
〔　　〕　　예지를 모으다.

103. 依怙地になる。　　えこじになる。
〔　　〕　　고집을 부리다.

104. 軽く会釈をする。　　かるくえしゃくをする。
〔　　〕　　가볍게 인사를 하다.

105. 遠慮会釈もない。　　えんりょえしゃくもない。
〔　　〕　　인정 사정 없다.

106. 得体が知れない。　　えたいがしれない。
〔　　〕　　정체를 알 수 없다.

107. ダイビングはぼくの得手ではない。　　ダイビングはぼくのえてではない。
〔　　〕　　다이빙은 내 특기가 아니다.

108. 新しいわざを会得する。　　あたらしいわざをえとくする。
〔　　〕　　새로운 기술을 터득하다.

109. 日あたりのよい縁側。　　ひあたりのよいえんがわ。
〔　　〕　　볕이 잘 드는 툇마루.

110. 縁起がいい。　　えんぎがいい。
〔　　〕　　조짐(재수)이 좋다.

111. 遠足につれていく。　　えんそくにつれていく。
〔　　〕　　소풍에 데리고 가다.

112. 縁談がもちあがる。　　えんだんがもちあがる。

〔　　　〕　혼담이 나오다.

113. 彼は遠慮ぶかい。　かれはえんりょぶかい。
〔　　　〕　그는 조심성이 있다.

114. 自動車が横転する。　じどうしゃがおうてんする。
〔　　　〕　자동차가 옆으로 구르다.

115. 大雨注意報。　おおあめちゅういほう。
〔　　　〕　호우주의보.

116. 大柄な女。　おおがらなおんな。
〔　　　〕　몸집이 큰 여자.

117. 大目に見る。　おおめにみる。
〔　　　〕　너그럽게 보다.

118. 砂糖を多目に入れる。　さとうをおおめにいれる。
〔　　　〕　설탕을 약간 많이 넣다.

119. 大目玉を食う。　おおめだまをくう。
〔　　　〕　심한 꾸중을 듣다.

120. 五種類の御数がついている。　ごしゅるいのおかずがついている。
〔　　　〕　다섯 가지 반찬이 올라 있다.

121. 岡目八目。　おかめはちもく。
〔　　　〕　곁에서 보는 사람이 더 잘 안다.

122. 奥歯に物が挟まる。　おくばにものがはさまる。
〔　　　〕　(탁 털어 놓지않고) 무언지 숨기는 듯함.

123. むすめは臆病で暗がりをこわがる。　むすめはおくびょうでくらがりをこわがる。
〔　　　〕　딸애는 겁이 많아서 어둠을 무서워한다.

124. それは憶断(臆断)にすぎない。　それはおくだんにすぎない。
〔　　　〕　그것은 억측에 지나지 않는다.

125. 御先棒をかつぐ。　おさきぼうをかつぐ。
〔　　　〕　(경솔히) 남의 앞잡이 노릇을 하다.

126. 幼心にもよく覚えている。　おさなごころにもよくおぼえている。
〔　　　〕　어린 마음(동심)에도 잘 기억하고 있다.

127. 駅で偶然幼友達に会った。　えきでぐうぜんおさなともだちにあった。
〔　　　〕　역에서 우연히 소꿉친구를 만났다.

128. 係員と押問答する。　かかりいんとおしもんどうする。
〔　　　〕　계원과 입씨름 하다.

129. 自分の落度を認める。 じぶんのおちどをみとめる。
〔　　〕 자신의 과오(잘못)를 인정하다.

130. 落穂を拾う。 おちぼをひろう。
〔　　〕 이삭을 줍다.

131. 口をきくのも億劫だ。 くちをきくのもおっくうだ。
〔　　〕 말하는 것조차 귀찮다.

132. なんの音沙汰もない。 なんのおとさたもない。
〔　　〕 아무 소식도 없다.

133. 尾根をつたって行く。 おねをつたっていく。
〔　　〕 산등성이(능선)를 따라서 가다.

134. 十八番の踊りを見せる。 おはこのおどりをみせる。
〔　　〕 십팔번(특기)인 춤을 보이다.

135. 汚名をすすぐ。 おめいをすすぐ。
〔　　〕 누명을 벗다.

136. 父に似た面影。 ちちににたおもかげ。
〔　　〕 아버지를 닮은 모습.

137. 重石でおさえる。 おもしでおさえる。
〔　　〕 누름돌로 누르다.

138. 重荷をせおう。 おもにをせおう。
〔　　〕 무거운 짐을 짊어지다.

139. ぼくの思惑どおりになる。 ぼくのおもわくどおりになる。
〔　　〕 내 생각대로 되다.

140. よく親孝行する。 よくおやこうこうする。
〔　　〕 효도를 잘 하다.

141. 親不孝なむすこ。 おやふこうなむすこ。
〔　　〕 불효한 아들.

142. 某財閥の御曹司。 ぼうざいばつのおんぞうし。
〔　　〕 모재벌의 아들.

143. 水産庁御中。 すいさんちょうおんちゅう。
〔　　〕 수산청 귀중.

144. A氏の音頭で乾杯をする。 Aしのおんどでかんぱいをする。
〔　　〕 A씨의 선창으로 건배를 하다.

145. 穏当な見方。 おんとうなみかた。

〔　　　〕　온당한 견해.

146. 怨念をはらす。
〔　　　〕
おんねんをはらす。
원한을 풀다.

147. 穏便にすます。
〔　　　〕
おんびんにすます。
원만하게 마치다.

〈か行〉

1. 努力した甲斐がない。
〔　　　〕
どりょくしたかいがない。
노력한 보람이 없다.

2. 年をとって甲斐性が無くなる。
〔　　　〕
としをとってかいしょうがなくなる。
나이를 먹어 기력이 없어지다.

3. 街灯がともる。
〔　　　〕
がいとうがともる。
가로등이 켜지다.

4. 外聞をはばかる。
〔　　　〕
がいぶんをはばかる。
바깥소문을 꺼리다.

5. 外聞にかかわる。
〔　　　〕
がいぶんにかかわる。
체면에 관계되다.

6. けが人を介抱する。
〔　　　〕
けがにんをかいほうする。
부상자를 간호하다.

7. 失敗のおそれは皆無だ。
〔　　　〕
しっぱいのおそれはかいむだ。
실패할 염려는 전혀 없다.

8. 皆目けんとうもつかない。
〔　　　〕
かいもくけんとうもつかない。
도무지 짐작도 할 수 없다.

9. 会長といっても案山子同然だ。
〔　　　〕
かいちょうといってもかかしどうぜんだ。
회장이라고는 하지만 허수아비나 다름없다.

10. 小包を書留で送る。
〔　　　〕
こづつみをかきとめでおくる。
소포를 등기로 보내다.

11. 垣根からのぞく。
〔　　　〕
かきねからのぞく。
울타리 너머로 엿보다.

12. 実力に格段の相違がある。
〔　　　〕
じつりょくにかくだんのそういがある。
실력에 현격한 차이가 있다.

13. 油絵を額縁に入れてかざる。
〔　　　〕
あぶらえをがくぶちにいれてかざる。
유화를 액자에 끼워 장식하다.

14. お値段は格安になっています。
〔　　　〕
おねだんはかくやすになっています。
값은 아주 쌉니다

15. 陰口をきく。
〔　　　〕
かげぐちをきく。
(본인이 없는데서) 험담을 하다.

16. 火事を出す。
〔　　　〕
かじをだす。
화재를(불을) 내다.

17. 鍛治屋に年季奉公する。
〔　　　〕
かじやにねんきぼうこうする。
대장간에서 계약을 맺고 일하다.

18. 貸間あり。
〔　　　〕
かしまあり。
셋방 있음.

19. 風邪をひく。
〔　　　〕
かぜをひく。
감기에 걸리다.

20. 片意地を張る。
〔　　　〕
かたいじをはる。
옹고집을 부리다.

21. 彼は片田舎から上がって来た。
〔　　　〕
かれはかたいなかからあがってきた。
그는 벽촌(외딴 시골)에서 올라왔다.

22. 彼は片親が日本人だ。
〔　　　〕
かれはかたおやがにほんじんだ。
그는 한쪽 부모가 일본사람이다.

23. 新聞記者の肩書。
〔　　　〕
しんぶんきしゃのかたがき。
신문기자의 직함.

24. 略称を好む記者気質。
〔　　　〕
りゃくしょうをこのむきしゃかたぎ。
약칭을 좋아하는 기자기질.

25. むかしふうの堅気な老人。
〔　　　〕
むかしふうのかたぎなろうじん。
옛스러운 고지식한 노인.

26. 心を入れかえて堅気になる。
〔　　　〕
こころをいれかえてかたぎになる。
마음을 고쳐먹고 건실해지다.

27. この小説は女に仮託して書いてある。
〔　　　〕
このしょうせつはおんなにかたくしてかいてある。
이 소설은 여자가 쓴 것처럼 되어 있다.

28. 肩車に乗せる。
〔　　　〕
かたぐるまにのせる。
목말을 태우다.

29. 固唾を呑む。
〔　　　〕
かたずをのむ。
마른 침을 삼키다.

30. これが父のただ一つの形見です。　　　これがちちのただひとつのかたみです。
〔　　　〕　　　이것이 아버지의 유일한 유물(유품)입니다.

31. 肩身が狭い。　　　かたみがせまい。
〔　　　〕　　　떳떳하지 못하다(부끄럽다)

32. こんな格好では人前に出られない。　　　こんなかっこうではひとまえにでられない。
〔　　　〕　　　이런 모양(차림)으로는 남의 앞에 나설 수 없다.

33. 格好のいい品物。　　　かっこうのいいしなもの。
〔　　　〕　　　볼품이 있는 물건.

34. 勝手道具。　　　かってどうぐ。
〔　　　〕　　　주방기구.

35. 物価高で勝手がくるしい。　　　ぶっかだかでかってがくるしい。
〔　　　〕　　　물가고 때문에 살림이 어렵다.

36. どろぼうはその家の勝手をよく知っていたらしい。　　　どろぼうはそのいえのかってをよくしっていたらしい。
〔　　　〕　　　도둑은 그 집의 사정을 잘 알고 있었던 것 같다.

37. なぜそうなるのか合点がゆかない。　　　なぜそうなるのかがってんがゆかない。
〔　　　〕　　　왜 그렇게 되는지 납득이 안간다.

38. 人生の門出。　　　じんせいのかどで。
〔　　　〕　　　인생의 새출발.

39. 川の上手。　　　かわのかみて。
〔　　　〕　　　강의 상류.

40. 上手から登場する。　　　かみてからとうじょうする。
〔　　　〕　　　무대를 향하여 오른쪽에서 등장하다.

41. 蚊帳をつる。　　　かやをつる。
〔　　　〕　　　모기장을 치다.

42. 空元気を出す。　　　からげんきをだす。
〔　　　〕　　　허세(객기)를 부리다.

43. 空世辞を言う。　　　からせじをいう。
〔　　　〕　　　겉치레말 (빈 말)을 하다.

44. 借家をさがす。　　　かりやをさがす。
〔　　　〕　　　셋집을 찾다.

45. 取らぬたぬきの皮算用。　　　とらぬたぬきのかわざんよう。

〔　　　〕　너구리 굴보고 피물 돈 내어 쓴다.

46. 為替相場。　かわせそうば。
〔　　　〕　환시세(외(국)환시세・환율).

47. 間一髪のところで間にあった。　かんいっぱつのところでまにあった。
〔　　　〕　아슬아슬하게(간신히) 시간에 대었다.

48. 閑古鳥が鳴く。　かんこどりがなく。
〔　　　〕　(불경기로) 한산하다.

49. 勘定があわない。　かんじょうがあわない。
〔　　　〕　계산이 안 맞다.

50. 金を勘定する。　かねをかんじょうする。
〔　　　〕　돈을 지불하다(치르다).

51. 彼のりっぱな態度に感心する。　かれのりっぱなたいどにかんしんする。
〔　　　〕　그의 훌륭한 태도에 감탄하다.

52. あの人のまぬけさかげんには感心する。　あのひとのまぬけさかげんにはかんしんする。
저 사람의 멍청함에는 기가 막힌다.
〔　　　〕

53. おさないのに感心な子だ。　おさないのにかんしんなこだ。
〔　　　〕　어린데도 기특한 아이다.

54. 無理をしないことが肝心だ。　むりをしないことがかんじんだ。
〔　　　〕　무리를 하지 않는 일이 중요하다.

55. わたしの関知するところではない。　わたしのかんちするところではない。
〔　　　〕　내가 관여할 바 아니다.

56. 魚の缶詰。　さかなのかんづめ。
〔　　　〕　생선통조림.

57. 家出むすこを勘当する。　いえでむすこをかんどうする。
〔　　　〕　가출한 아들과 의절하다.

58. ならぬ堪忍するが堪忍。　ならぬかんにんするがかんにん。
〔　　　〕　참을 수 없는 것을 참는 것이 인내.

59. もう堪忍できない。　もうかんにんできない。
〔　　　〕　이젠 용서할 수 없다.

60. もはや逃げられないと観念した。　もはやにげられないとかんねんした。
〔　　　〕　이젠 달아날 수 없다고 체념했다.

61. 手厚い看病。　てあついかんびょう。

〔　　　〕　극진한 간호.

62. ご勘弁ください。　ごかんべんください。
〔　　　〕　용서해 주십시오.

63. いやな人に会って気重になる。　いやなひとにあってきおもになる。
〔　　　〕　싫은 사람을 만나서 침울해지다.

64. 気苦労が絶えない。　きぐろうがたえない。
〔　　　〕　근심이 떠나지 않다.

65. 機嫌をそこなう。　きげんをそこなう。
〔　　　〕　기분을 상하게 하다.

66. この服は着心地がよい。　このふくはきごこちがよい。
〔　　　〕　이 옷은 입었을 때 기분이 좋다.

67. 気心の知れたあいだがら。　きごころのしれたあいだがら。
〔　　　〕　서로 속마음을 알고 있는 사이.

68. このネクタイは気障だね。　このネクタイはきざだね。
〔　　　〕　이 넥타이는 거슬리는군.

69. 生地の見本。　きじのみほん。
〔　　　〕　옷감(천)의 견본.

70. 机上の空論。　きじょうのくうろん。
〔　　　〕　탁상공론.

71. 気丈に振る舞う。　きじょうにふるまう。
〔　　　〕　다부지게 행동하다.

72. 君といっしょなら気丈夫だ。　きみといっしょならきじょうぶだ。
〔　　　〕　자네와 함께라면 마음 든든하다.

73. 傷口が痛む。　きずぐちがいたむ。
〔　　　〕　상처가 아프다.

74. 既製服。　きせいふく。
〔　　　〕　기성복.

75. 深夜に帰宅する。　しんやにきたくする。
〔　　　〕　밤중에 귀가하다.

76. 彼女は何をするにも几帳面だ。　かのじょはなにをするにもきちょうめんだ。
〔　　　〕　그녀는 무엇을 해도 차근차근하다.

77. 往復切符。　おうふくきっぷ。
〔　　　〕　왕복차표.

78. なんとも奇妙奇天烈な事件。
〔　　　〕
なんともきみょうきてれつなじけん。
참으로 희한한 사건.

79. 帰途につく。
〔　　　〕
きとにつく。
귀로에 오르다.

80. 気早な連中。
〔　　　〕
きばやなれんちゅう。
성급한(조급한) 사람들.

81. 人生の機微にふれる。
〔　　　〕
じんせいのきびにふれる。
인생의 미묘한 이치를 느끼다.

82. 気骨が折れる。
〔　　　〕
きぼねがおれる。
성가시다. 심로하다.

83. さっぱりした気前の人。
〔　　　〕
さっぱりしたきまえのひと。
담백하고 시원한 기질을 지닌 사람.

84. 気味がわるい。
〔　　　〕
きみがわるい。
기분이 언짢다.

85. かぜの気味である。
〔　　　〕
かぜのきみである。
감기 기운이 있다.

86. 卵の黄身は栄養が高い。
〔　　　〕
たまごのきみはえいようがたかい。
계란의 노른자위는 영양가가 많다.

87. 着物を着る。
〔　　　〕
きものをきる。
옷을 입다.

88. 客間にとおす。
〔　　　〕
きゃくまにとおす。
응접실(객실)로 안내하다.

89. 窮屈な服。
〔　　　〕
きゅうくつなふく。
갑갑한 옷.

90. 急場の役に立つ。
〔　　　〕
きゅうばのやくにたつ。
위급한 경우에 소용되다.

91. 公害をなくすことが急務だ。
〔　　　〕
こうがいをなくすことがきゅうむだ。
공해를 없애는 일이 급선무다.

92. 急用があったら電話で知らせてください。
〔　　　〕
きゅうようがあったらでんわでしらせてください。
급한 용무가 있으면 전화로 알려 주십시오.

93. 手先が器用な人。
〔　　　〕
てさきがきようなひと。
손재주가 있는 사람.

94. 世の中を器用にわたる。
〔　　　〕
よのなかをきようにわたる。
세상을 요령있게 살아가다.

95. 行儀が悪い。
〔　　　〕
ぎょうぎがわるい。
예절이 바르지않다.

96. 意志が強固な人。
〔　　　〕
いしがきょうこなひと。
의지가 공고한(굳센) 사람.

97. 仰山なことを言う。
〔　　　〕
ぎょうさんなことをいう。
과장된 말을 하다.

98. 拱手傍観するわけにはいかない。
〔　　　〕
きょうしゅぼうかんするわけにはいかない。
수수방관할 수 만은 없다.

99. たいへん恐縮したように頭をかく。
〔　　　〕
たいへんきょうしゅくしたようにあたまをかく。
무척 송구한 듯이 머리를 긁적이다.

100. たいへんお世話になり恐縮に思います。
〔　　　〕
たいへんおせわになりきょうしゅくにおもいます。
무척 신세를 져서 죄송하게 생각합니다.

101. すさまじい形相。
〔　　　〕
すさまじいぎょうそう。
무시무시한 얼굴 생김새.

102. びっくり仰天。
〔　　　〕
びっくりぎょうてん。
몹시 놀람.

103. 狭量な男だ。
〔　　　〕
きょうりょうなおとこだ。
속이 좁은 남자다.

104. 気弱な性質。
〔　　　〕
きよわなせいしつ。
심약한 성질.

105. 気楽に暮らす。
〔　　　〕
きらくにくらす。
마음 편하게 살다.

106. いまさらたのめた義理ではない。
〔　　　〕
いまさらたのめたぎりではない。
새삼스레 부탁할 처지가 아니다.

107. 切口上であいさつされて、返事に困る。
〔　　　〕
きりこうじょうであいさつされて、へんじにこまる。
깍듯이 인사를 받고 어리둥절하다.

108. 霧雨が降っている。
〔　　　〕
きりさめがふっている。
안개비가 내리고 있다.

109. 器量のいい娘。
きりょうのいいむすめ。

〔　　　〕 잘 생긴 처녀.

110. テレビをちかくで見すぎると近眼になる。 テレビをちかくでみすぎるときんがんになる。
〔　　　〕 텔레비젼을 가까이서 너무 보면 근시가 된다.

111. 襟度の広い人。 きんどのひろいひと。
〔　　　〕 도량이 넓은 사람.

112. 金縁めがね。 きんぶちめがね。
〔　　　〕 금테안경.

113. 苦情をいう。 くじょうをいう。
〔　　　〕 불평하다.

114. 口舌が多すぎる。 くぜつがおおすぎる。
〔　　　〕 말이 너무 많다.

115. 冗談一つ言わない糞真面目な人。 じょうだんひとついわないくそまじめなひと。
〔　　　〕 농담 한 마디 않는 고지식한 사람.

116. 名作も駄作も糞味噌にして論じる。 めいさくもださくもくそみそにしてろんじる。
〔　　　〕 명작도 졸작도 가리지 않고 논하다.

117. 果物をたくさん食べる。 くだものをたくさんたべる。
〔　　　〕 과일을 많이 먹다.

118. 愚痴をこぼす。 ぐちをこぼす。
〔　　　〕 푸념하다.

119. 口裏を合わせる。 くちうらをあわせる。
〔　　　〕 말을 맞추다.

120. 彼は口軽で困る。 かれはくちがるでこまる。
〔　　　〕 그는 입이 가벼워서 곤란하다.

121. 口癖のように言う。 くちぐせのようにいう。
〔　　　〕 입버릇처럼 말하다.

122. 口車に乗せる。 くちぐるまにのせる。
〔　　　〕 감언이설로 꾀다(속이다).

123. 口喧嘩の種。 くちげんかのたね。
〔　　　〕 언쟁의 불씨.

124. 口先だけの約束。 くちさきだけのやくそく。
〔　　　〕 말 뿐인 약속.

125. 口上手な人。 くちじょうずなひと。

〔　　　〕　입담이 좋은 사람.

126. 口八丁手八丁。　くちはっちょうてはっちょう。

〔　　　〕。　입담도 좋고 수단도 좋음.

127. 口火を切る。　くちびをきる。

〔　　　〕　시작하다.

128. 口笛を吹く。　くちぶえをふく。

〔　　　〕　휘파람을 불다.

129. 彼は口下手だ。　かれはくちべただ。

〔　　　〕　그는 말솜씨가(말주변이) 없다.

130. 口約束だけでは、あてにならない。　くちやくそくだけでは、あてにならない。

〔　　　〕　구두 약속만으로는 믿을 수가 없다.

131. 先生の口真似をする。　せんせいのくちまねをする。

〔　　　〕　선생님 말을 흉내내다.

132. 重々しい口調。　おもおもしいくちょう。

〔　　　〕　엄숙한 어조.

133. 靴下をはく。　くつしたをはく。

〔　　　〕　양말을 신다.

134. 南国のお国柄。　なんごくのおくにがら。

〔　　　〕　남국 특유의 특성(사정).

135. 何とか工夫してみよう。　なんとかくふうしてみよう。

〔　　　〕　뭔가 궁리(연구) 해보자.

136. やっと工面がつく。　やっとくめんがつく。

〔　　　〕　겨우 변통하다.

137. 夜の暗闇の中に消えてゆく。　よるのくらやみのなかにきえてゆく。

〔　　　〕　밤의 어둠 속으로 사라져가다.

138. 苦労をかける。　くろうをかける。

〔　　　〕　고생을 시키다(걱정을 끼치다).

139. あなたの料理は玄人だ。　あなたのりょうりはくろうとだ。

〔　　　〕　당신 요리 솜씨는 전문가다.

140. 黒星続きの捜査陣。　くろぼしつづきのそうさじん。

〔　　　〕　실패 연속의 수사진.

141. 我がチームに軍配があがった。　わがチームにぐんばいがあがった。

〔　　　〕　우리 팀이 이겼다.

142. おどりの稽古にかよう。 おどりのけいこにかよう。
〔　　〕 무용을 배우러 다니다.

143. 芸者を揚げて騒ぐ。 げいしゃをあげてさわぐ。
〔　　〕 게이샤 전부가 떠들다.

144. 系図買い。 けいずかい。
〔　　〕 상놈이 양반의 족보를 삼.

145. この犬はいろんな芸当ができる。 このいぬはいろんなげいとうができる。
〔　　〕 이 개는 여러가지 재주를 피울 줄 안다.

146. 警棒を振り回す。 けいぼうをふりまわす。
〔　　〕 경찰봉을 휘두르다.

147. 怪我人が出る。 けがにんがでる。
〔　　〕 부상자가 생기다.

148. 批評家達の激賞をあびる。 ひひょうかたちのげきしょうをあびる。
〔　　〕 비평가들의 격찬을 받다.

149. 物は化現のしるし。 ものはけげんのしるし。
〔　　〕 만물은 신불이 모습을 바꾼 것.

150. 彼は生まれつき下戸だ。 かれはうまれつきげこだ。
〔　　〕 그는 선천적으로 술을 못먹는다.

151. 下衆の勘繰り。 げすのかんぐり。
〔　　〕 미천한 자의 지레짐작.

152. 貧すれば鈍すると下世話にもいうが。 ひんすればどんするとげせわにもいうが。
〔　　〕 가난하면 둔해진다고 흔히들 말하지만.

153. 下駄を預ける。 げたをあずける。
〔　　〕 (남에게) 일임하다.

154. 労働者たちが決起する。 ろうどうしゃたちがけっきする。
〔　　〕 노동자들이 궐기하다.

155. 結構なできばえだ。 けっこうなできばえだ。
〔　　〕 훌륭한 성과다.

156. 食事はもう結構です。 しょくじはもうけっこうです。
〔　　〕 식사는 이제 충분합니다.

157. 年に似あわず健気なふるまいだ。 としににあわずけなげなふるまいだ。
〔　　〕 나이답지 않게 다기찬 행동이다.

158. 健気な心がけ。 けなげなこころがけ。

〔　　　〕　갸륵한(기특한) 마음씨.

159. 入学試験の結果を懸念する。　にゅうがくしけんのけっかをけねんする。
〔　　　〕　입학시험 결과를 걱정하다.

160. 悲しんでいる気配はない。　かなしんでいるけはいはない。
〔　　　〕　슬퍼하고 있는 기색은 없다.

161. 仮病をつかう。　けびょうをつかう。
〔　　　〕　꾀병을 부리다.

162. 下品な笑い声。　げひんなわらいごえ。
〔　　　〕　천한 웃음소리.

163. 喧嘩を売る。　けんかをうる。
〔　　　〕　싸움을 걸다.

164. 見当がはずれる。　けんとうがはずれる。
〔　　　〕　예상이 빗나가다.

165. 見物に行く。　けんぶつにいく。
〔　　　〕　구경하러 가다.

166. すごい剣幕で食ってかかる。　すごいけんまくでくってかかる。
〔　　　〕　몹시 험악한 얼굴로(노기등등한 태도로) 대들다.

167. 懸命の努力。　けんめいのどりょく。
〔　　　〕　필사적 노력.

168. 小意気なかっこう。　こいきなかっこう。
〔　　　〕　맵시 있는 모양.

169. 決して口外しません。　けっしてこうがいしません。
〔　　　〕　결코 누설하지 않겠읍니다.

170. 好個な見本だ。　こうこなみほんだ。
〔　　　〕　적당한 견본이다.

171. 孝行のしたい時分に親はなし。　こうこうのしたいじぶんにおやはなし。
〔　　　〕　효도하고 싶을 때 어버이는 이미 돌아가셔서 안계시다.

172. 白旗をかかげて降参する。　しらはたをかかげてこうさんする。
〔　　　〕　백기를 들고 항복하다.

173. お祝いの口上を述べる。　おいわいのこうじょうをのべる。
〔　　　〕　축하인사를 하다.

174. 強情を張る。　　　　ごうじょうをはる。
〔　　　〕　　　　고집을 부리다.

175. 公然と口にする。　　　　こうぜんとくちにする。
〔　　　〕　　　　공공연히 입에 담다.

176. 万事好都合に行った。　　　　ばんじこうつごうにいった。
〔　　　〕　　　　만사가 순조롭게 진행되었다.

177. 香典返し。　　　　こうでんがえし。
〔　　　〕　　　　부의에 대한 답례.

178. 家賃が高騰した。　　　　やちんがこうとうした。
〔　　　〕　　　　집세가 앙등했다.

179. この坂は勾配が急だ。　　　　このさかはこうばいがきゅうだ。
〔　　　〕　　　　이 언덕은 경사가 심하다.

180. 勾配ですべる。　　　　こうばいですべる。
〔　　　〕　　　　비탈에서 미끄러지다.

181. 落し物を交番に届ける。　　　　おとしものをこうばんにとどける。
〔　　　〕　　　　분실물을 파출소에 신고하다.

182. 高慢の鼻を高くする。　　　　こうまんのはなをたかくする。
〔　　　〕　　　　콧대높게 굴다.

183. 紺屋の白袴。　　　　こうやのしろばかま。
〔　　　〕　　　　대장장이 집에 식칼이 논다.

184. 口論を始めた。　　　　こうろんをはじめた。
〔　　　〕　　　　언쟁을 시작했다.

185. 小金をためる。　　　　こがねをためる。
〔　　　〕　　　　약간의 목돈을 모으다.

186. 小切手を割り引く。　　　　こぎってをわりびく。
〔　　　〕　　　　수표를 할인하다.

187. 小気味よい。　　　　こきみよい。
〔　　　〕　　　　속이 시원하다.

188. 二人の人相が酷似している。　　　　ふたりのにんそうがこくじしている。
〔　　　〕　　　　두 사람 인상이 꼭 닮았다.

189. 人を虚仮にする。　　　　ひとをこけにする。
〔　　　〕　　　　남을 바보 취급하다.

190. 沽券にかかわる。　　　　こけんにかかわる。

〔　　〕　　체면(체통)에 관계되다.

191. 天にものぼる心地。　　てんにものぼるここち。
〔　　〕　　하늘에라도 올라갈 듯한 기분.

192. 小言を言う。　　こごとをいう。
〔　　〕　　잔소리를 늘어놓다.

193. 武術に心得がある。　　ぶじゅつにこころえがある。
〔　　〕　　무술에 소양이 있다.

194. 小細工を弄する。　　こざいくをろうする。
〔　　〕　　잔꾀를 부리다.

195. 小銭に換える。　　こぜににかえる。
〔　　〕　　잔돈으로 바꾸다.

196. 子宝に恵まれない。　　こだからにめぐまれない。
〔　　〕　　자식복이 없다.

197. 御託を並べる。　　ごたくをならべる。
〔　　〕　　장황한 말을 늘어놓다.

198. 銃声が山に木霊する。　　じゅうせいがやまにこだまする。
〔　　〕　　총소리가 산에 메아리치다.

199. 情勢を誤断する。　　じょうせいをごだんする。
〔　　〕　　정세를 오판하다.

200. 御馳走を並べる。　　ごちそうをならべる。
〔　　〕　　맛있는 음식(진수성찬)을 차려놓다.

201. 小手先がきく。　　こてさきがきく。
〔　　〕　　잔재주가 있다.

202. 個展を開く。　　こてんをひらく。
〔　　〕　　개인전을 열다.

203. 子供ができる。　　こどもができる。
〔　　〕　　아이가 태어나다.

204. 呉服屋で着物をあつらえる。　　ごふくやできものをあつらえる。
〔　　〕　　포목점에서 기모노를 맞추다.

205. 子分が多い。　　こぶんがおおい。
〔　　〕　　부하가 많다.

206. あの人は子煩悩だ。　　あのひとはこぼんのうだ。
〔　　〕　　저 사람은 자식을 끔찍이 사랑한다.

207. 胡麻をする。
〔 〕
ごまをする。
(자기 잇속을 노려) 남에게 아첨하다.

208. 子役に大人が食われる。
〔 〕
こやくにおとながくわれる。
아역(어린이역)에 어른들이 압도되다.

209. 小利口に立ち回る。
〔 〕
こりこうにたちまわる。
약삭빠르게 굴다(처신하다).

210. 私は根気よく待ってそのチャンスをとらえた。
〔 〕
わたしはこんきよくまってそのチャンスをとらえた。
나는 끈기있게 기다려 그 찬스를 잡았다.

〈さ 行〉

1. 陰で細工をする。
〔 〕
かげでさいくをする。
뒤에서 잔꾀를(농간을) 부리다.

2. 細君は元気かね。
〔 〕
さいくんはげんきかね。
부인은 안녕하신가.

3. 壮烈な最期をとげる。
〔 〕
そうれつなさいごをとげる。
장렬한 최후를 마치다.

4. 左官の見習い。
〔 〕
さかんのみならい。
미장이 견습공.

5. ことしの作柄。
〔 〕
ことしのさくがら。
올해의 작황.

6. 先生の指図で作業する。
〔 〕
せんせいのさしずでさぎょうする。
선생님의 지시로 작업하다.

7. 左折禁止。
〔 〕
させつきんし。
좌회전금지.

8. 紅茶に砂糖を入れる。
〔 〕
こうちゃにさとうをいれる。
홍차에 설탕을 넣다.

9. 里心がつく。
〔 〕
さとごころがつく。
고향(집・친정) 생각이 나다.

10. 戦争の最中。
〔 〕
せんそうのさなか。
전쟁이 한창인 때.

11. うまい算段。
〔 〕
うまいさんだん。
좋은 궁리.

12. もうお別れとは残念だ。　もうおわかれとはざんねんだ。
〔　　　〕　벌써 작별이라니 유감이다(섭섭하다).

13. 葬儀に参列する。　そうぎにさんれつする。
〔　　　〕　장례식에 참석하다.

14. 思案に暮れる。　しあんにくれる。
〔　　　〕　생각에 잠기다.

15. 干天の慈雨。　かんてんのじう。
〔　　　〕　가뭄에 오는 단비.

16. 塩加減を見る。　しおかげんをみる。
〔　　　〕　간을 보다.

17. 地顔の方がきれいだ。　じがおのほうがきれいだ。
〔　　　〕　화장하지 않은 맨얼굴이 더 예쁘다.

18. 処理の仕方がない。　しょりのしかたがない。
〔　　　〕　처리 방법이 없다.

19. 仕種がかわいい。　しぐさがかわいい。
〔　　　〕　하는 짓이 귀엽다.

20. こえが大きいのは地声だ。　こえがおおきいのはじごえだ。
〔　　　〕　목청이 큰 것은 타고난 음성이다.

21. てきぱき仕事を片付ける。　てきぱきしごとをかたづける。
〔　　　〕　척척 일을 처리하다.

22. 事の始終を明らかにする。　ことのしじゅうをあきらかにする。
〔　　　〕　일의 전부를(자초지종을) 밝히다.

23. 田舎の地所を売る。　いなかのじしょをうる。
〔　　　〕　시골에 있는 땅을 팔다.

24. 式次第。　しきしだい。
〔　　　〕　식의 순서.

25. そういう次第で。　そういうしだいで。
〔　　　〕　그와 같은 이유로.

26. よごれた下着。　よごれたしたぎ。
〔　　　〕　더러워진 속옷.

27. 結婚式の支度。　けっこんしきのしたく。
〔　　　〕　결혼식 준비.

28. 発表会の下稽古。　はっぴょうかいのしたげいこ。

〔　　　〕 | 발표회의 사전 연습.

29. その問題について彼と下相談をした。 | そのもんだいについてかれとしたそうだんをした。
〔　　　〕 | 그 문제에 관해서 그와 사전의논을 하였다.

30. 舌鼓を打つ。 | したつづみをうつ。
〔　　　〕 | 입맛을 다시다.

31. 修学旅行の下見。 | しゅうがくりょこうのしたみ。
〔　　　〕 | 수학여행의 사전답사.

32. 地団太を踏んで悔しがる。 | じだんだをふんでくやしがる。
〔　　　〕 | 발을 동동 구르며 분해하다.

33. 質草にもならない品。 | しちぐさにもならないしな。
〔　　　〕 | 전당포에서 잡혀 주지도 않는 물건.

34. 質屋通いをする。 | しちやがよいをする。
〔　　　〕 | 전당포에 자주 드나들다.

35. まったく失敬なやつだ。 | まったくしっけいなやつだ。
〔　　　〕 | 아주 무례한 녀석이다.

36. 字面がきたない。 | じづらがきたない。
〔　　　〕 | 글자 모양이 사납다.

37. 必要な品物をそなえる。 | ひつようなしなものをそなえる。
〔　　　〕 | 필요한 물품을 갖추다.

38. 五代続いた老舗。 | ごだいつづいたしにせ。
〔　　　〕 | 5대째 내려오는 노포.

39. 小説を芝居に組む。 | しょうせつをしばいにくむ。
〔　　　〕 | 소설을 연극화하다.

40. 研究旅行は自腹だった。 | けんきゅうりょこうはじばらだった。
〔　　　〕 | 연구여행은 개인부담이었다.

41. 去年の今時分。 | きょねんのいまじぶん。
〔　　　〕 | 작년 이맘 때.

42. 交通費は自前だ。 | こうつうひはじまえだ。
〔　　　〕 | 교통비는 각자 부담이다.

43. 始末をつける。 | しまつをつける。
〔　　　〕 | 매듭을 짓다.

44. 家柄を自慢する。 | いえがらをじまんする。

〔　　　〕

가문을 자랑하다.

45. 彼の生活はきわめて地味であった。

〔　　　〕

かれのせいかつはきわめてじみであった。

그의 생활은 극히 검소했다.

46. 彼は地道に勉強する。

〔　　　〕

かれはじみちにべんきょうする。

그는 착실히 공부한다.

47. 霜柱が立つ。

〔　　　〕

しもばしらがたつ。

서릿발이 서다.

48. 蛇口をひねる。

〔　　　〕

じゃぐちをひねる。

수도꼭지를 틀다.

49. 釈明の余地がない。

〔　　　〕

しゃくめいのよちがない。

변명할 여지가 없다.

50. 一万円借金している。

〔　　　〕

いちまんえんしゃっきんしている。

돈을 만엔 꾸었다.

51. 勉強を邪魔する。

〔　　　〕

べんきょうをじゃまする。

공부를 방해하다.

52. 酒落をとばす。

〔　　　〕

しゃれをとばす。

익살을 부리다.

53. 沈黙に終始する。

〔　　　〕

ちんもくにしゅうしする。

침묵으로 시종하다.

54. この寺の住職となる。

〔　　　〕

このてらのじゅうしょくとなる。

이 절의 주지가 되다.

55. 肺炎で重体である。

〔　　　〕

はいえんでじゅうたいである。

폐렴으로 중태다.

56. この通りは年中車が渋帯している。

〔　　　〕

このとおりはねんじゅうくるまがじゅうたいしている。

이 길은 일년 내내 차가 밀린다.

57. 数珠をつまぐる。

〔　　　〕

じゅずをつまぐる。

염주를 손가락 끝으로 굴리다.

58. アメリカへ出立する。

〔　　　〕

アメリカへしゅったつする。

미국으로 (여행을) 떠나다.

59. 物価が上がって出費がかさむ。

〔　　　〕

ぶっかがあがってしゅっぴがかさむ。

물가가 올라서 지출이 늘어나다.

60. 春秋に富む。

しゅんじゅうにとむ。

〔　　　〕　　앞길이 창창하다.

61. 順当な結果。　　じゅんとうなけっか。

〔　　　〕　　당연한 결과.

62. 列車の乗員。　　れっしゃのじょういん。

〔　　　〕　　열차 승무원.

63. ご恩は生涯わすれません。　　ごおんはしょうがいわすれません。

〔　　　〕　　은혜는 평생 잊지 않겠읍니다.

64. 正気でそんなことを言うのか。　　しょうきでそんなことをいうのか。

〔　　　〕　　본심으로 그런 소리하는 거냐.

65. 緊張でいくぶん上気している。　　きんちょうでいくぶんじょうきしている。

〔　　　〕　　긴장 탓으로 얼마쯤 상기되었다.

66. 空は上機嫌に晴れている。　　そらはじょうきげんにはれている。

〔　　　〕　　하늘은 기분 좋게 개어 있다.

67. 笑い上戸。　　わらいじょうご。

〔　　　〕　　술을 마시면 잘 웃는 사람.

68. 正真の品物。　　しょうしんのしなもの。

〔　　　〕　　진짜 물건.

69. 焼身自殺。　　しょうしんじさつ。

〔　　　〕　　분신자살.

70. 話し上手。　　はなしじょうず。

〔　　　〕　　이야기를 잘 함.

71. ピアノが上達した。　　ピアノがじょうたつした。

〔　　　〕　　피아노를 잘 치게 되었다.

72. 説明が冗長すぎる。　　せつめいがじょうちょうすぎる。

〔　　　〕　　설명이 지나치게 장황하다.

73. 英語は上出来だったが数学は不出来でした。　　えいごはじょうできだったがすうがくはふできでした。

〔　　　〕　　영어는 썩 잘했지만 수학은 잘하지 못했읍니다.

74. あの方は私どもの常得意です。　　あのかたはわたしどものじょうとくいです。

〔　　　〕　　저분은 저희들의 단골손님입니다.

75. 性根をたたき直す。　　しょうねをたたきなおす。

〔　　　〕　　마음씨를 고치다.

76. 最近は商売もあがったりです。　　さいきんはしょうばいもあがったりです。

〔　　　〕　　요즈음은 장사도 통 안됩니다.

77. 景色を賞美する。　　けしきをしょうびする。
〔　　　〕　　경치를 찬미하다.

78. 上品な婦人。　　じょうひんなふじん。
〔　　　〕　　고상한 부인.

79. 丈夫に育つ。　　じょうぶにそだつ。
〔　　　〕　　건강하게 자라다.

80. 勤務時間は正味七時間だ。　　きんむじかんはしょうみしちじかんだ。
〔　　　〕　　근무시간은 실제 7시간이다.

81. 生来のなまけもの。　　しょうらいのなまけもの。
〔　　　〕　　타고난 게으름뱅이.

82. 芝居の常連。　　しばいのじょうれん。
〔　　　〕　　연극의 단골.

83. 同じ所作を操り返す。　　おなじしょさをくりかえす。
〔　　　〕　　똑같은 소행을 되풀이 하다.

84. 如才の無い人。　　じょさいのないひと。
〔　　　〕　　빈틈이 없는 사람.

85. 所詮、かなわぬ夢とあきらめる。　　しょせん、かなわぬゆめとあきらめる。
〔　　　〕　　어차피 이루지 못할 꿈이라고 체념하다.

86. 所帯を持つ。　　しょたいをもつ。
〔　　　〕　　가정을 가지다.

87. 女中奉行。　　じょちゅうぼうこう。
〔　　　〕　　식모살이.

88. 書物にしたしむ。　　しょもつにしたしむ。
〔　　　〕　　책을 가까이 하다.

89. ずいぶん尻重の人。　　ずいぶんしりおものひと。
〔　　　〕　　무척 궁둥이가 무거운 사람.

90. 演劇に関しては素人です。　　えんげきにかんしてはしろうとです。
〔　　　〕　　연극에 대해서는 생무지입니다.

91. このカメラには白黒フィルムが入っている。　　このカメラにはしろくろフィルムがはいっている。
〔　　　〕　　이 카메라에는 흑백 필름이 들어있다.

92. 白星をあげる。　　しろぼしをあげる。

〔　　　〕 승리하다.

93. 白目を出す。 しろめをだす。
〔　　　〕 눈을 흘겨 보다.

94. これはたいした代物だ。 これはたいしたしろものだ。
〔　　　〕 이것은 대단한 물건이다.

95. 猫の仕業に相違ない。 ねこのしわざにそういない。
〔　　　〕 고양이가 한 짓이 틀림없다.

96. 真剣に考える。 しんけんにかんがえる。
〔　　　〕 진지하게 생각하다.

97. 辛酸を嘗める。 しんさんをなめる。
〔　　　〕 신고를 맛보다.

98. 親の作った身代を子がぜんぶ使いはたす。 おやのつくったしんだいをこがぜんぶつかいはたす。
〔　　　〕 부모가 이룩한 재산을 자식이 모두 탕진하다.

99. 親に心配をかける。 おやにしんぱいをかける。
〔　　　〕 어버이에게 근심을 끼치다.

100. 辛抱のいる仕事。 しんぼうのいるしごと。
〔　　　〕 참을성이 필요한 일.

101. 私は新前ではない。 わたしはしんまえではない。
〔　　　〕 나는 신참이 아니다.

102. 親身のものにも劣らぬ心遣い。 しんみのものにもおとらぬこころづかい。
〔　　　〕 육친 못지 않은 배려.

103. 辛労にたえる。 しんろうにたえる。
〔　　　〕 고생을 참다.

104. 素足で歩く。 すあしであるく。
〔　　　〕 맨발로 걷다.

105. プロ野球界随一の強打者。 プロやきゅうかいずいいちのきょうだしゃ。
〔　　　〕 프로 야구계의 제일의 강타자.

106. 首相の随員として渡米する。 しゅしょうのずいいんとしてとべいする。
〔　　　〕 수상의 수행원으로 도미하다.

107. 垂涎の的。 すいぜんのまと。
〔　　　〕 몹시 탐내는 대상.

108. 今日は魚が随分とれた。 きょうはさかながずいぶんとれた。

〔　　　〕

오늘은 고기가 꽤 잡혔다.

109. 彼女の運命は本当に数奇なものだった。

〔　　　〕

かのじょのうんめいはほんとうにすうきなものだった。

그녀의 운명은 참으로 기구한 것이었다.

110. 河口が末広になっている。

〔　　　〕

かこうがすえひろになっている。

하구가 점점 넓어지고 있다.

111. 店の将来は末広だ。

〔　　　〕

みせのしょうらいはすえひろだ。

가게의 전망은 밝다.

112. あの女の人は素顔の方が魅力的だ。

〔　　　〕

あのおんなのひとはすがおのほうがみりょくてきだ。

저 여자는 화장하지 않은 얼굴이 더 매력적이다.

113. 図柄がいい。

〔　　　〕

ずがらがいい。

도안이 좋다.

114. 凄味をきかす。

〔　　　〕

すごみをきかす。

위협하다.

115. 筋道を立てて話す。

〔　　　〕

すじみちをたててはなす。

조리를 세워서 이야기하다.

116. 素性は争えない。

〔　　　〕

すじょうはあらそえない。

핏줄은 속일 수 없다.

117. 素手で戦う。

〔　　　〕

すででたたかう。

맨손으로 싸우다.

118. 素敵な洋服。

〔　　　〕

すてきなようふく。

멋진 양복.

119. 彼は素直な性質だ。

〔　　　〕

かれはすなおなせいしつだ。

그는 순진한 성질이다.

120. 巣箱を木に付ける。

〔　　　〕

すばこをきにつける。

새집을 나무에 달다.

121. 素肌のきれいな女。

〔　　　〕

すはだのきれいなおんな。

살갗이 고운 여자.

122. 図星をさす。

〔　　　〕

ずぼしをさす。

핵심을 찌르다.

123. 問題の解決は寸時を争う。

〔　　　〕

もんだいのかいけつはすんじをあらそう。

문제 해결은 촌각을 다투다.

124. 飛行機が離陸寸前に爆発した。 〔 〕
ひこうきがりりくすんぜんにばくはつした。
비행기가 이륙 직전에 폭발했다.

125. 洋服の寸法をとる。 〔 〕
ようふくのすんぽうをとる。
양복 치수를 재다.

126. 自分ひとりで食べて行くのが精一杯だ。 〔 〕
じぶんひとりでたべていくのがせいいっぱいだ。
자기 혼자 먹고 사는게 고작이다.

127. この問題はたくさんの人が正解だった。 〔 〕
このもんだいはたくさんのひとがせいかいだった。
이 문제는 많은 사람이 바로 풀었다.

128. 背格好が似ている。 〔 〕
せいかっこうがにている。
몸매가 닮다.

129. 贅言を要しない。 〔 〕
ぜいげんをようしない。
군말이 필요없다.

130. 精精勉強いたします。 〔 〕
せいぜいべんきょういたします。
가능한 한 싸게 해드리겠읍니다.

131. この品は高くても精精千円ぐらいだろう。 〔 〕
このしなはたかくてもせいぜいせんえんぐらいだろう。
이 물건은 비싸도 기껏해야 천엔 쯤일게다.

132. 贅沢な暮らし。 〔 〕
ぜいたくなくらし。
사치스러운 생활.

133. 千分の一ミリの精度。 〔 〕
せんぶんのいちミリのせいど。
천분의 일 밀리미터의 정밀도.

134. 運動不足で贅肉がつく。 〔 〕
うんどうぶそくでぜいにくがつく。
운동부족으로 군살이 붙다.

135. 彼の言葉に赤面してしまった。 〔 〕
かれのことばにせきめんしてしまった。
그의 말에 얼굴을 붉히고 말았다.

136. それは世間に知れ渡っている。 〔 〕
それはせけんにしれわたっている。
그것은 세상에 알려져 있다.

137. 世間の口がうるさいから、これは内緒だ。 〔 〕
せけんのくちがうるさいから、これはないしょだ。
세상 사람들의 말이 많으니까 이것은 비밀이다.

138. 世故にたける。　　せこにたける。
〔　　〕　　세상 물정에 밝다.

139. 世事にうとい。　　せじにうとい。
〔　　〕　　세상 일에 어둡다.

140. 人にお世辞を言う。　　ひとにおせじをいう。
〔　　〕　　남에게 발림말을 하다.

141. 背筋が寒くなる。　　せすじがさむくなる。
〔　　〕　　등골이 오싹해지다.

142. 背丈が伸びる。　　せたけがのびる。
〔　　〕　　키가 자라다.

143. 彼の失敗で折角の苦心も水の泡だ。　　かれのしっぱいでせっかくのくしんもみずのあわだ。
〔　　〕　　그의 실패로 모처럼의 고심도 수포로 돌아갔다.

144. 絶大なご支援をお願いいたします。　　ぜつだいなごしえんをおねがいいたします。
〔　　〕　　많은 지원을 부탁합니다.

145. みごと合格されることを切望いたします。　　みごとごうかくされることをせつぼういたします。
〔　　〕　　멋지게 합격하기를 간절히 바랍니다.

146. そんな話は絶無である。　　そんなはなしはぜつむである。
〔　　〕　　그런 이야기는 전무하다.

147. 人生にとって切要なこと。　　じんせいにとってせつようなこと。
〔　　〕　　인생에 있어서 긴요한 것.

148. 運命の瀬戸際に立つ。　　うんめいのせとぎわにたつ。
〔　　〕　　운명의 갈림길에 서다.

149. 瀬戸物の大売り出し。　　せとものおおうりだし。
〔　　〕　　도자기 대매출.

150. 彼女は怒って背中を向けた。　　かのじょはいかってせなかをむけた。
〔　　〕　　그녀는 화를 내어 등을 돌렸다.

151. この本は是非読みたいと思っています。　　このほんはぜひよみたいとおもっています。
〔　　〕　　이 책은 꼭 읽고 싶다고 생각하고 있읍니다.

152. 世論の動向をさぐる。　　せろんのどうこうをさぐる。
〔　　〕　　여론의 동향을 살피다.

153. 人の世話になる。 ひとのせわになる。
〔　　〕 남의 도움을 받다.

154. 世話をかける。 せわをかける。
〔　　〕 수고를 끼치다.

155. 友人を会社に世話する。 ゆうじんをかいしゃにせわする。
〔　　〕 친구를 회사에 추천하다.

156. 全快まであと2週間を要する。 ぜんかいまであとにしゅうかんをようする。
〔　　〕 완쾌까지는 앞으로 2주간 필요하다.

157. 善後策を講じる。 ぜんごさくをこうじる。
〔　　〕 사후대책을 강구하다.

158. 流行の先端を行く。 りゅうこうのせんたんをいく。
〔　　〕 유행의 첨단을 가다.

159. 銭湯に行く。 せんとうにいく。
〔　　〕 목욕탕에 가다.

160. 新技術導入の先鞭をつける。 しんぎじゅつどうにゅうのせんべんをつける。
〔　　〕 신기술 도입의 선수를 치다.

161. 事件の全容を解明する。 じけんのぜんようをかいめいする。
〔　　〕 사건의 전모를 해명하다.

162. 大勢の人が葬儀に参列した。 おおぜいのひとがそうぎにさんれつした。
〔　　〕 많은 사람이 장례식에 참석했다.

163. 床に雑巾をかける。 ゆかにぞうきんをかける。
〔　　〕 마루에 걸레질을 하다.

164. 早計に結論を出す。 そうけいにけつろんをだす。
〔　　〕 조급하게 결론을 내리다.

165. 意見を総合する。 いけんをそうごうする。
〔　　〕 의견을 종합하다.

166. 何の造作もなくできた。 なんのぞうさもなくできた。
〔　　〕 아무런 수고도 하지 않고 이루어졌다.

167. 葬式を出す。 そうしきをだす。
〔　　〕 장례를 치르다.

168. 敵の部隊は掃討された。 てきのぶたいはそうとうされた。
〔　　〕 적의 부대는 소탕되었다.

169. 小麦の相場は今のところ安定して こむぎのそうばはいまのところあんていして

いる。 いる。
〔　　〕 밀 시세는 현재 안정되어 있다.

170. 即座に立ちのく。 そくざにたちのく。
〔　　〕 당장 물러나다.

171. 物価は目下底値だ。 ぶっかはもっかそこねだ。
〔　　〕 물가는 현재 바닥시세다.

172. ほんの粗品ですがお受け取りください。 ほんのそしなですがおうけとりください。
변변치 못한 물건입니다만 받아 주십시오.
〔　　〕

173. お粗末でした。 おそまつでした。
〔　　〕 변변치 못했읍니다.

174. 人を粗末に扱う。 ひとをそまつにあつかう。
〔　　〕 사람을 함부로 다루다.

175. 粗野なことばづかい。 そやなことばづかい。
〔　　〕 거칠고 촌스러운 말씨.

176. ひま人の空言。 ひまじんのそらごと。
〔　　〕 한가한 사람이 하는 헛소리.

177. いまの音は空耳か。 いまのおとはそらみみか。
〔　　〕 지금 난 소리는 잘못 들은 것인가.

178. 彼はみんなの非難も空耳で聞いた。 かれはみんなのひなんもそらみみできいた。
〔　　〕 그는 여러사람이 비난하는 소리를 못들은 체 하였다.

179. 短気は損気。 たんきはそんき。
〔　　〕 성질이 급하면 손해 본다.

180. 損得を計算する。 そんとくをけいさんする。
〔　　〕 이해타산을 하다.

〈た 行〉

1. 大工仕事。 だいくしごと。
〔　　〕 목수일.

2. 待たされて退屈する。 またされてたいくつする。
〔　　〕 기다리기가 지루하다.

3. 川べりに並んだ太公望。 かわべりにならんだたいこうぼう。

〔　　　〕　강가에 줄지은 강태공(낚시꾼).

4. 大層なことを言うな。
〔　　　〕
たいそうなことをいうな。
허풍을 떨지 말라.

5. 試合にそなえて体調を整える。
〔　　　〕
しあいにそなえてたいちょうをととのえる。
경기에 대비하여 몸의 상태를 조절하다.

6. 彼のことなら大抵知っている。
〔　　　〕
かれのことならたいていしっている。
그에 관한 일이라면 거의 알고 있다.

7. 仕事のこつを体得する。
〔　　　〕
しごとのこつをたいとくする。
일하는 요령을 터득하다.

8. 台所仕事。
〔　　　〕
だいどころしごと。
부엌일.

9. 一家の台所をあずかる。
〔　　　〕
いっかのだいどころをあずかる。
한 집안의 살림을 맡다.

10. 病気も大分よくなった。
〔　　　〕
びょうきもだいぶよくなった。
병도 상당히 좋아졌다.

11. 大変だ、とらが檻から逃げ出した。
〔　　　〕
たいへんだ、とらがおりからにげだした。
큰일이다. 호랑이가 우리에서 도망쳤다.

12. 彼の援助の申し出は大変喜ばれた。
〔　　　〕
かれのえんじょのもうしではたいへんよろこばれた。
그의 원조제의는 매우 환영받았다.

13. さんまが大漁だ。
〔　　　〕
さんまがたいりょうだ。
꽁치가 풍어다.

14. 武士は食わねど高楊枝。
〔　　　〕
ぶしはくわねどたかようじ。
무사는 굶어도 배고픈 체를 안한다.(양반은 얼어 죽어도 짚불을 안 쬔다)

15. 議題は沢山ある。
〔　　　〕
ぎだいはたくさんある。
의제는 많이 있다.

16. 沢山の本を読みたい。
〔　　　〕
たくさんのほんをよみたい。
많은 책을 읽고 싶다.

17. もう沢山だ。
〔　　　〕
もうたくさんだ。
이제 이것으로 충분하다.

18. これは宅配にしてください。
〔　　　〕
これはたくはいにしてください。
이것은 가정배달로 해 주십시오.

19. 他言をはばかる。　たごんをはばかる。
〔　　　〕　남에게 말하는 것을 꺼리다.

20. 駄駄をこねる。　だだをこねる。
〔　　　〕　떼를 쓰다.

21. 子供にお駄賃をあげる。　こどもにおだちんをあげる。
〔　　　〕　아이에게 심부름 값을 주다.

22. 英語が達者だ。　えいごがたっしゃだ。
〔　　　〕　영어가 능숙하다.

23. いくらやっても駄目だ。　いくらやってもだめだ。
〔　　　〕　아무리 해봐야 소용없다.

24. 他面からも考える必要がある。　ためんからもかんがえるひつようがある。
〔　　　〕　다른 면에서도 생각할 필요가 있다.

25. どうか短気を起さないでください。　どうかたんきをおこさないでください。
〔　　　〕　제발 성급하게 굴지 말아줘요.

26. 花より団子。　はなよりだんご。
〔　　　〕　금강산도 식후경.

27. 気の弱いのが彼の短所だ。　きのよわいのがかれのたんしょだ。
〔　　　〕　마음이 약한 것이 그의 단점이다.

28. 近道をする。　ちかみちをする。
〔　　　〕　지름길을 가다.

29. 逐次説明する。　ちくじせつめいする。
〔　　　〕　차례차례 설명하다.

30. 短気なのは父の血筋だ。　たんきなのはちちのちすじだ。
〔　　　〕　성질이 급한 것은 아버지의 혈통이다.

31. 千千に破ける。　ちぢにくだける。
〔　　　〕　산산이 깨지다.

32. 未知の分野に着目する。　みちのぶんやにちゃくもくする。
〔　　　〕　미지의 분야에 착안하다.

33. 小さいころはお茶目さんだった。　ちいさいころはおちゃめさんだった。
〔　　　〕　어릴 때는 장난꾸러기였다.

34. 中腰になって作業をする。　ちゅうごしになってさぎょうをする。
〔　　　〕　엉거주춤한 자세로 작업을 하다.

35. 外国の軍隊が駐留する。　がいこくのぐんたいがちゅうりゅうする。

〔　　　〕 외국 군대가 주둔하다.

36. 処方通りに調合する。 しょほうどおりにちょうごうする。
〔　　　〕 처방대로 조제하다.

37. からだの調子がよい。 からだのちょうしがよい。
〔　　　〕 몸 컨디션이 좋다.

38. 帳面を合わせる。 ちょうづらをあわせる。
〔　　　〕 장부를 맞추다.

38. 古い調度を愛用する。 ふるいちょうどをあいようする。
〔　　　〕 옛날의 생활도구를 애용하다.

40. この辞典は重宝だ。 このじてんはちょうほうだ。
〔　　　〕 이 사전은 편리하다.

41. 帳面をつける。 ちょうめんをつける。
〔　　　〕 장부를 적다.

42. 責任を追及する。 せきにんをついきゅうする。
〔　　　〕 책임을 추궁하다.

43. 彼は飛行機事故で墜死した。 かれはひこうきじこでついしした。
〔　　　〕 그는 비행기 사고로 추락사했다.

44. お追従を言う。 おついしょうをいう。
〔　　　〕 아첨하다.

45. 他の追随を許さない。 たのついずいをゆるさない。
〔　　　〕 타의 추종을 불허하다.

46. その時の都合で。 そのときのつごうで。
〔　　　〕 그 때의 형편으로.

47. お金を都合する。 おかねをつごうする。
〔　　　〕 돈을 마련하다.

48. 教育行政に強気を示す。 きょういくぎょうせいにつよきをしめす。
〔　　　〕 교육행정에 강경한 태도를 보이다.

49. 強腰で談判する。 つよごしでだんぱんする。
〔　　　〕 강경한 태도로 담판하다.

50. 手荒なまねはやめろ。 てあらなまねはやめろ。
〔　　　〕 난폭한 짓은 하지 마라.

51. この店は水曜日が定休だ。 このみせはすいようびがていきゅうだ。
〔　　　〕 이 가게는 수요일이 정기휴일이다.

52. 本の体裁。　ほんのていさい。
〔　　〕　책의 외양.

53. 体裁がわるい。　ていさいがわるい。
〔　　〕　볼품 사납다.

54. 丁寧な人。　ていねいなひと。
〔　　〕　예의 바른 사람.

55. 字を丁寧にかく。　じをていねいにかく。
〔　　〕　글씨를 정성스럽게 쓰다.

56. ストックが手薄になる。　ストックがてうすになる。
〔　　〕　재고품이 적어지다.

57. 二人が退職して手薄です。　ふたりがたいしょくしててうすです。
〔　　〕　두 사람이 퇴직하여 일손이 모자랍니다.

58. 塩の入れ方を手加減する。　しおのいれかたをてかげんする。
〔　　〕　소금을 손대중으로 넣다.

59. 手形を落とす。　てがたをおとす。
〔　　〕　어음을 지불 날짜에 현금으로 바꾸다.

60. 手紙がとどく。　てがみがとどく。
〔　　〕　편지가 닿다.

61. それはお手柄だ。　それはおてがらだ。
〔　　〕　그것은 큰 공이다.

62. 手軽な方法。　てがるなほうほう。
〔　　〕　손쉬운 방법.

63. これはすばらしい出来だ。　これはすばらしいできだ。
〔　　〕　이것은 훌륭한 솜씨이다.

64. 数学の出来がよい。　すうがくのできがよい。
〔　　〕　수학성적이 좋다.

65. 今年は生糸の出来がよい。　ことしはきいとのできがよい。
〔　　〕　금년은 생사의 수확이 좋다.

66. 適確に予想する。　てっかくによそうする。
〔　　〕　정확하게 예상하다.

67. 瞬間の出来事。　しゅんかんのできごと。
〔　　〕　순간적으로 일어난 일.

68. すばらしい手際。　すばらしいてぎわ。

〔　　　〕 훌륭한 성과.

69. 手際がいい。 てぎわがいい。
〔　　　〕 솜씨가 좋다.

70. 手金を打つ。 てきんをうつ。
〔　　　〕 계약금을 걸다.

71. 手管を弄する。 てくだをろうする。
〔　　　〕 농간을 부리다.

72. 手品を使う。 てじなをつかう。
〔　　　〕 요술을 부리다.

73. 悪徳業者の手品にひっかかった。 あくとくぎょうしゃのてじなにひっかかった。
〔　　　〕 악덕업자의 속임수에 걸렸다.

74. 手順が狂う。 てじゅんがくるう。
〔　　　〕 순서가 잘못되다.

75. 手数のかかる仕事。 てすうのかかるしごと。
〔　　　〕 품이 드는 일.

76. お手数をかけてすみません。 おてすうをかけてすみません。
〔　　　〕 성가시게 하여 미안합니다.

77. 手近な辞書で調べる。 てぢかなじしょでしらべる。
〔　　　〕 바로 곁의 사전으로 찾아보다.

78. 手近な例をあげる。 てぢかなれいをあげる。
〔　　　〕 비근한 예를 들다.

79. 手帳に書き留める。 てちょうにかきとめる。
〔　　　〕 수첩에 적어 두다.

80. 鉄砲を撃つ。 てっぽうをうつ。
〔　　　〕 총을 쏘다.

81. 出端に客とばったり会った。 ではなにきゃくとばったりあった。
〔　　　〕 나가는 순간에 손님과 딱 마주쳤다.

82. みながあまりに達者なのでこちらの出番がない。 みながあまりにたっしゃなのでこちらのでばんがない。
〔　　　〕 모두가 너무 잘하기 때문에 내가 나설 차례가 돌아오지 않는다.

83. ゴム手袋をはめる。 ゴムてぶくろをはめる。
〔　　　〕 고무장갑을 끼다.

84. 手不足な状態が続く。
〔　　　〕
てぶそくなじょうたいがつづく。
일손이 모자라는 상태가 계속되다.

85. 手弁当で応援する。
〔　　　〕
てべんとうでおうえんする。
무보수로 응원하다.

86. 手本をしめす。
〔　　　〕
てほんをしめす。
모범을 보이다.

87. 手間がかかる仕事。
〔　　　〕
てまがかかるしごと。
노력이 드는 일.

88. ポストの手前の道。
〔　　　〕
ポストのてまえのみち。
우체통 앞길.

89. 夕飯はすしの出前を頼んだ。
〔　　　〕
ゆうめしはすしのでまえをたのんだ。
저녁밥은 초밥의 배달을 부탁했다.

90. 彼女は薬をいつも手元に置いている。
〔　　　〕
かのじょはくすりをいつもてもとにおいている。
그녀는 항상 약을 곁에 두고 있다.

91. おくさんの手料理を自慢する。
〔　　　〕
おくさんのてりょうりをじまんする。
부인이 손수 만든 요리를 자랑하다.

92. 彼は女を口説く手練を心得ている。
〔　　　〕
かれはおんなをくどくてれんをこころえている。
그는 여자를 설득하는 방법을 잘 알고 있다.

93. 手業にすぐれる。
〔　　　〕
てわざにすぐれる。
손재주가 있다.

94. 私立中学に転校する。
〔　　　〕
しりつちゅうがくにてんこうする。
사립중학으로 전학하다.

95. 吐息をつく。
〔　　　〕
といきをつく。
한숨을 쉬다.

96. 彼の道化は堂に入っている。
〔　　　〕
かれのどうけはどうにいっている。
그의 익살은 완숙한 경지에 이르고 있다.

97. 同工の手品。
〔　　　〕
どうこうのてじな。
솜씨가 같은 요술.

98. 当今の世界情勢。
〔　　　〕
とうこんのせかいじょうせい。
요즈음의 세계 정세.

99. 新品同然だ。
〔　　　〕
しんぴんどうぜんだ。
신품과 다름 없다.

100. 遠目にもよく見える。
〔　　　〕
とおめにもよくみえる。
멀리서 보아도 잘 보인다.

101. 度肝を抜く。
〔　　　〕
どぎもをぬく。
깜짝 놀라게 하다.

102. 男は度胸、女は愛嬌。
〔　　　〕
おとこはどきょう、おんなはあいきょう。
남자는 배짱, 여자는 애교.

103. 彼は算数が得意だ。
〔　　　〕
かれはさんすうがとくいだ。
그는 산수를 잘 한다.

104. 長年のお得意。
〔　　　〕
ながねんのおとくい。
오랜(긴 세월의) 단골 손님.

105. だまっているのが得策だと思う。
〔　　　〕
だまっているのがとくさくだとおもう。
잠자코 있는 것이 상책이라고 생각한다.

106. 空が暗くなった途端、雨が降り出す。
〔　　　〕
そらがくらくなったとたん、あめがふりだす。
하늘이 어두워진 순간, 비가 오기 시작하다.

107. 土壇場になって計画を変える。
〔　　　〕
どたんばになってけいかくをかえる。
막판에 가서 계획을 바꾸다.

108. 突如爆音が聞こえた。
〔　　　〕
とつじょばくおんがきこえた。
갑자기 폭음이 들렸다.

109. あの子はいつも突飛なことをする。
〔　　　〕
あのこはいつもとっぴなことをする。
저 아이는 항상 엉뚱한 짓을 한다.

110. 途方に暮れる。
〔　　　〕
とほうにくれる。
어찌할 바를 모르다.

111. すべての努力が徒労に帰した。
〔　　　〕
すべてのどりょくがとろうにきした。
모든 노력이 헛수고로 돌아갔다.

112. 人の金を泥棒する。
〔　　　〕
ひとのかねをどろぼうする。
남의 돈을 도둑질하다.

113. 問屋を経営する。
〔　　　〕
とんやをけいえいする。
도매상을 경영하다.

〈な 行〉

1. 妻には内緒にしてください。
〔　　　〕
つまにはないしょにしてください。
아내에게는 비밀로 해 주십시오.

2. 内職にタバコ屋をしている。
ないしょくにタバコやをしている。

〔 〕
부업으로 담배가게를 하고 있다.

3. 思わぬ長居をした。
〔 〕
おもわぬながいをした。
뜻밖에 오래 머물러(앉아) 있었다.

4. へたの長談義。
〔 〕
へたのながだんぎ。
서투른 장황한 이야기.

5. 長年住みなれた家。
〔 〕
ながねんすみなれたいえ。
여러해 살아 정든 집.

6. 悪い仲間と付き合う。
〔 〕
わるいなかまとつきあう。
나쁜 패와 사귀다.

7. 瓶の中身をからにする。
〔 〕
びんのなかみをからにする。
병을 비우다.

8. 田中夫妻の仲人で結婚した。
〔 〕
たなかふさいのなこうどでけっこんした。
田中씨 부부의 중매로 결혼했다.

9. 昔の名残をとどめている。
〔 〕
むかしのなごりをとどめている。
옛날의 흔적을 남기고 있다.

10. 新入りのくせに生意気だ。
〔 〕
しんいりのくせになまいきだ。
신참인 주제에 건방지다.

11. 犬に名前をつける。
〔 〕
いぬになまえをつける。
개에게 이름을 붙이다.

12. 生兵法は大怪我のもと。
〔 〕
なまびょうほうはおおけがのもと。
선무당이 사람 죽인다.

13. 並大抵のことではない。
〔 〕
なみたいていのことではない。
이만 저만한 일이 아니다.

14. 苗代を作る。
〔 〕
なわしろをつくる。
못자리를 만들다.

15. 病気で難儀する。
〔 〕
びょうきでなんぎする。
병으로 고생하다.

16. 難癖を付ける。
〔 〕
なんくせをつける。
결점을 잡다.

17. 難病を克服する。
〔 〕
なんびょうをこくふくする。
난치병을 극복하다.

18. 苦手のピッチャー。
〔 〕
にがてのピッチャー。
대하기 거북스러운 투수.

19. 日中はもう暖かい。 　にっちゅうはもうあたたかい。
〔　　　〕 　낮에는 이제 따뜻하다.

20. 彼の二枚舌にだまされるな。 　かれのにまいじたにだまされるな。
〔　　　〕 　그의 거짓말에 속지 말라.

21. 荷物を預ける。 　にもつをあずける。
〔　　　〕 　짐을 맡기다.

22. 原因を入念に調べる。 　げんいんをにゅうねんにしらべる。
〔　　　〕 　원인을 꼼꼼하게 조사하다.

23. 女房の尻にしかれている。 　にょうぼうのしりにしかれている。
〔　　　〕 　공처가이다.

24. 庭木の手入れをする。 　にわきのていれをする。
〔　　　〕 　정원수를 손질하다.

25. 盗人猛々しい。 　ぬすびとたけだけしい。
〔　　　〕 　적반하장이다.

26. 一晩中寝言を言う。 　ひとばんじゅうねごとをいう。
〔　　　〕 　밤새 잠꼬대를 하다.

27. 米の値段が上がる。 　こめのねだんがあがる。
〔　　　〕 　쌀값이 오르다.

28. 寝坊してまた遅刻した。 　ねぼうしてまたちこくした。
〔　　　〕 　늦잠을 자서 또 지각했다.

29. 眠気がさす。 　ねむけがさす。
〔　　　〕 　졸음이 오다.

30. 燃費をのばす。 　ねんぴをのばす。
〔　　　〕 　연료 소비율을 낮추다.

31. 軒先に洗濯物が干してある。 　のきさきにせんたくものがほしてある。
〔　　　〕 　처마 끝에 세탁물이 널려 있다.

32. 軒下で雨宿りする。 　のきしたであまやどりする。
〔　　　〕 　처마 밑에서 비를 긋다.

33. 野宿して旅を続ける。 　のじゅくしてたびをつづける。
〔　　　〕 　노숙하며 여행을 계속하다.

34. 野放図に広がる公害。 　のほうずにひろがるこうがい。
〔　　　〕 　한없이 번지는 공해.

35. 野放図なやつ。 　のほうずなやつ。

〔　　　〕　방자한 녀석.

36. 野良仕事。　のらしごと。
〔　　　〕　들일.

〈は 行〉

1. 雨天の場合は運動会を中止する。　うてんのばあいはうんどうかいをちゅうしする。
〔　　　〕　우천인 경우는 운동회를 중지한다.

2. お手紙は拝見しました。　おてがみははいけんしました。
〔　　　〕　편지는 잘 받아 보았읍니다.

3. 歯医者。　はいしゃ。
〔　　　〕　치과의사.

4. 罪を白状する。　つみをはくじょうする。
〔　　　〕　죄를 자백하다.

5. 機械の歯車がかみ合っている。　きかいのはぐるまがかみあっている。
〔　　　〕　기계의 톱니바퀴가 맞물려 있다.

6. 梯子をかける。　はしごをかける。
〔　　　〕　사닥다리를 놓다.

7. 初恋に破れる。　はつこいにやぶれる。
〔　　　〕　첫사랑에 실패하다.

8. それは初耳だ。　それははつみみだ。
〔　　　〕　그것은 초문이다.

9. 初物が出回る。　はつものがでまわる。
〔　　　〕　맏물이 나돌다.

10. 船が波止場に横付けになった。　ふねがはとばによこづけになった。
〔　　　〕　배가 부두에 정박했다.

11. 花嫁の衣裳。　はなよめのいしょう。
〔　　　〕　신부의상.

12. 早合点して失敗する。　はやがてんしてしっぱいする。
〔　　　〕　지레짐작하여 실패하다.

13. 端役に割り当てられた。　はやくにわりあてられた。
〔　　　〕　단역을 배역 받았다.

14. 早口で聞き取れない。　はやくちでききとれない。
〔　　　〕　말이 빨라서 알아들을 수가 없다.

15. 駅へ行く早道。
〔　　　〕
えきへいくはやみち。
역으로 가는 지름길.

16. いつもより早目に起きる。
〔　　　〕
いつもよりはやめにおきる。
여느 때보다 일찌감치 일어나다.

17. ニュース解説の番組。
〔　　　〕
ニュースかいせつのばんぐみ。
뉴스 해설의 프로그램.

18. 判子をはっきり押して下さい。
〔　　　〕
はんこをはっきりおしてください。
도장을 잘 찍어 주십시오.

19. お菓子を半分にする。
〔　　　〕
おかしをはんぶんにする。
과자를 반으로 나누다.

20. 日足がのびる。
〔　　　〕
ひあしがのびる。
해가 길어지다.

21. 今日はお日柄がよい。
〔　　　〕
きょうはおひがらがよい。
오늘은 일진이 좋다.

22. ピストルの引き金を引く。
〔　　　〕
ピストルのひきがねをひく。
권총의 방아쇠를 당기다.

23. 引潮になり始めた。
〔　　　〕
ひきしおになりはじめた。
썰물이 시작되었다.

24. 日頃の勉強が大切だ。
〔　　　〕
ひごろのべんきょうがたいせつだ。
평소의 공부가 중요하다.

25. 通りに人足が絶える。
〔　　　〕
とおりにひとあしがたえる。
거리에 인적이 끊기다.

26. 人一倍努力する。
〔　　　〕
ひといちばいどりょくする。
남보다 갑절 노력하다.

27. 夜景は一際美しい。
〔　　　〕
やけいはひときわうつくしい。
야경은 한결 아름답다.

28. 一筋縄ではいかない。
〔　　　〕
ひとすじなわではいかない。
보통수단으로는 안된다.

29. このままでは人前に出られません。
〔　　　〕
このままではひとまえにでられません。
이대로는 남 앞에 나설 수 없읍니다.

30. 人前をつくろう。
〔　　　〕
ひとまえをつくろう。
체면을 차리다.

31. 人目をさける。
ひとめをさける。

〔　　　〕　남의 눈을 피하다.

32. 皮肉を言う。　ひにくをいう。
〔　　　〕　빈정거리다.

33. 美味を好む人。　びみをこのむひと。
〔　　　〕　미식가(美食家).

34. 病気にかかる。　びょうきにかかる。
〔　　　〕　병에 걸리다.

35. 病身の母。　びょうしんのはは。
〔　　　〕　병든 어머니.

36. 病人を看護する。　びょうにんをかんごする。
〔　　　〕　병자를 간호하다.

37. 敵軍は兵糧が尽きた。　てきぐんはひょうろうがつきた。
〔　　　〕　적군은 군량이 떨어졌다.

38. 昼寝をする。　ひるねをする。
〔　　　〕　낮잠을 자다.

39. 部外者。　ぶがいしゃ。
〔　　　〕　국외자.

40. 不気味な笑い声。　ぶきみなわらいごえ。
〔　　　〕　기분나쁜 웃음소리.

41. 不器用な手つき。　ぶきようなてつき。
〔　　　〕　서투른 솜씨.

42. 袋小路になっている。　ふくろこうじになっている。
〔　　　〕　막다른 골목으로 되어있다.

43. 人間がその分限を忘れると。　にんげんがそのぶげんをわすれると。
〔　　　〕　사람이 그 분수를 잊으면.

44. 不作の年。　ふさくのとし。
〔　　　〕　흉년.

45. 節穴からのぞく。　ふしあなからのぞく。
〔　　　〕　옹이구멍으로 들여다보다.

46. 不思議な現象。　ふしぎなげんしょう。
〔　　　〕　불가사의한 현상.

47. むすこの不精をしかる。　むすこのぶしょうをしかる。
〔　　　〕　자식의 게으름을 나무란다.

48. なかなか風情のある庭だ。

〔　　〕

なかなかふぜいのあるにわだ。

꽤 운치가 있는 정원이다.

49. 悲しげな風情。

〔　　〕

かなしげなふぜい。

슬픈듯한 기색.

50. 何の風情もなくてすみません。

〔　　〕

なんのふぜいもなくてすみません。

아무 대접도 못해드려서 미안합니다.

51. 栴檀は二葉より芳し。

〔　　〕

せんだんはふたばよりかんばし。

될성부른 나무는 떡잎부터 알아 본다.

52. 人は不断が大事だ。

〔　　〕

ひとはふだんがだいじだ。

사람은 평소가 중요하다.

53. 物騒な世の中だ。

〔　　〕

ぶっそうなよのなかだ。

어수선한 세상이다.

54. 彼は勇敢で不敵な男だ。

〔　　〕

かれはゆうかんでふてきなおとこだ。

그는 용감하고 대담무쌍한 사나이다.

55. 不敵な面構えで私を見た。

〔　　〕

ふてきなつらがまえでわたしをみた。

뻔뻔스러운 상판으로 나를 보았다.

56. 布団を敷く。

〔　　〕

ふとんをしく。

이부자리를 깔다.

57. 風呂に入る。

〔　　〕

ふろにはいる。

목욕을 하다.

58. 分限をわきまえる。

〔　　〕

ぶんげんをわきまえる。

분수를 알다.

59. 彼とまだ文通していますか。

〔　　〕

かれとまだぶんつうしていますか。

그와 아직 편지 왕래를 하고 있읍니까.

60. 彼は平気な顔をしている。

〔　　〕

かれはへいきなかおをしている。

그는 태연한 얼굴을 하고 있다.

61. 鋭い質問に閉口する。

〔　　〕

するどいしつもんにへいこうする。

날카로운 질문에 질리다.

62. 平生の心がけ。

〔　　〕

へいぜいのこころがけ。

평소의 마음가짐.

63. 兵隊に入る。

〔　　〕

へいたいにはいる。

군대에 들어가다.

64. 相手の剣幕に辟易する。

あいてのけんまくにへきえきする。

| | |
|---|---|
| 〔　　　〕 | 상대방의 기세에 물러서다. |
| 65. 字が下手だ。 | じがへただ。 |
| 〔　　　〕 | 글씨가 서투르다. |
| 66. 別段のあつかいをする。 | べつだんのあつかいをする。 |
| 〔　　　〕 | 특별한 취급을 하다. |
| 67. 反吐をはく。 | へどをはく。 |
| 〔　　　〕 | 게우다. |
| 68. 部屋を借りる。 | へやをかりる。 |
| 〔　　　〕 | 방을 빌다. |
| 69. 弁解の余地がない。 | べんかいのよちがない。 |
| 〔　　　〕 | 변명의 여지가 없다. |
| 70. まだ勉強が足りない。 | まだべんきょうがたりない。 |
| 〔　　　〕 | 아직 공부가 부족하다. |
| 71. 色よい返事。 | いろよいへんじ。 |
| 〔　　　〕 | 듣기좋은 대답. |
| 72. 弁当を食べる。 | べんとうをたべる。 |
| 〔　　　〕 | 도시락을 먹다. |
| 73. 法外な要求をする。 | ほうがいなようきゅうをする。 |
| 〔　　　〕 | 터무니없는 요구를 하다. |
| 74. 彼は望外に成功した。 | かれはぼうがいにせいこうした。 |
| 〔　　　〕 | 그는 기대 이상으로 성공했다. |
| 75. 方角がわるい。 | ほうがくがわるい。 |
| 〔　　　〕 | 방위가 나쁘다. |
| 76. 権利を放棄する。 | けんりをほうきする。 |
| 〔　　　〕 | 권리를 포기하다. |
| 77. かれの望みには方図がない。 | かれののぞみにはほうずがない。 |
| 〔　　　〕 | 그의 소망은 끝이 없다. |
| 78. 包帯をする。 | ほうたいをする。 |
| 〔　　　〕 | 붕대를 감다. |
| 79. 褒美をもらう。 | ほうびをもらう。 |
| 〔　　　〕 | 상을 받다. |
| 80. 黒子を取る。 | ほくろをとる。 |
| 〔　　　〕 | 검은 점을 빼다. |

81. 墓参をする。 ぼさんをする。
〔 〕 성묘하다.

82. 病後の保養をする。 びょうごのほようをする。
〔 〕 병후의 휴양을 하다.

83. その話は本当か。 そのはなしはほんとうか。
〔 〕 그 이야기가 사실이냐.

84. 本音をはく。 ほんねをはく。
〔 〕 본심을 토로하다.

85. どれが本物か見分けがつかない。 どれがほんものかみわけがつかない。
〔 〕 어느것이 진짜인지 분간 할 수가 없다.

〈ま 行〉

1. 迷子を捜す。 まいごをさがす。
〔 〕 미아를 찾다.

2. 真面目に働く。 まじめにはたらく。
〔 〕 착실하게 일하다.

3. 頂上が間近だ。 ちょうじょうがまぢかだ。
〔 〕 정상이 아주 가깝다(바로 앞이다).

4. 彼は海賊の末裔だ。 かれはかいぞくのまつえいだ。
〔 〕 그는 해적의 후예다.

5. 人の真似ばかりするな。 ひとのまねばかりするな。
〔 〕 남의 흉내만 내지 말라.

6. 真昼の強盗。 まひるのごうとう。
〔 〕 대낮(백주)의 강도.

7. 丸太小屋。 まるたごや。
〔 〕 통나무집.

8. 身内に頼る。 みうちにたよる。
〔 〕 친척(일가)에게 의지하다.

9. いつも君の味方だ。 いつもきみのみかただ。
〔 〕 언제나 자네 편이다.

10. 身勝手にふるまう。 みがってにふるまう。
〔 〕 제 멋대로 행동하다.

11. 身柄が分かる。 みがらがわかる。

〔　　〕

신분을 알다(신분이 밝혀지다).

12. 任期が終わって身軽になる。

〔　　〕

にんきがおわってみがるになる。

임기가 끝나 홀가분해지다.

13. 水着姿。

〔　　〕

みずぎすがた。

수영복 차림.

14. 豆腐の水気を切る。

〔　　〕

とうふのみずけをきる。

두부의 물기를 빼 내다.

15. 世間の見世物になる。

〔　　〕

せけんのみせものになる。

세상의 구경거리가 되다.

16. どの道順がいちばん早いですか。

〔　　〕

どのみちじゅんがいちばんはやいですか。

어느 길이(코스가) 가장 빠릅니까?

17. 見目よい。

〔　　〕

みめよい。

얼굴이 예쁘다.

18. 彼は無口だが要領は得ている。

〔　　〕

かれはむくちだがようりょうはえている。

그는 말이 없지만 요점은 이해하고 있다.

19. 少女のような無邪気な顔。

〔　　〕

しょうじょのようなむじゃきなかお。

소녀처럼 순진한 얼굴.

20. 無駄についやす。

〔　　〕

むだについやす。

쓸데없이 소비하다.

21. 金もうけに夢中になる。

〔　　〕

かねもうけにむちゅうになる。

돈벌이에 정신없다.

22. 胸算用では来月は借金を金部払えそうだ。

〔　　〕

むなざんようではらいげつはしゃっきんをぜんぶはらえそうだ。

속셈으로는 내달에는 빚을 모두 갚을 수 있을 것 같다.

23. あの時しくじったのが無念だ。

〔　　〕

あのときしくじったのがむねんだ。

그 때 실패한 것이 분하다.

24. 人に迷惑をかける。

〔　　〕

ひとにめいわくをかける。

남에게 폐를 끼치다.

25. 目頭を拭う。

〔　　〕

めがしらをぬぐう。

눈시울을 닦다.

26. 目方がふえる。

〔　　〕

めかたがふえる。

몸무게가 늘다.

27. 目先の利害にとらわれる。 めさきのりがいにとらわれる。
〔 〕 눈앞의 이해에 사로잡히다.

28. 目白押しに並ぶ。 めじろおしにならぶ。
〔 〕 앞 다투어 늘어서다.

29. 目星を付ける。 めぼしをつける。
〔 〕 짐작하다.

30. だいたいの目安をつける。 だいたいのめやすをつける。
〔 〕 대체적인 목표를(기준을) 정하다.

31. 目脂がたまる。 めやにがたまる。
〔 〕 눈곱이 끼다.

32. 面子がたたない。 メンツがたたない。
〔 〕 체면이 안 서다.

33. いちいち書くのが面倒になる。 いちいちかくのがめんどうになる。
〔 〕 일일이 쓰는 것이 귀찮아지다.

34. 老人の面倒を見る。 ろうじんのめんどうをみる。
〔 〕 노인을 돌봐주다.

35. 物心つくころに両親と死別した。 ものごころつくころにりょうしんとしべつした。
〔 〕 철이 들 무렵에 부모와 사별하였다.

36. 物事をいいかげんにやる。 ものごとをいいかげんにやる。
〔 〕 일을 아무렇게나 처리하다.

37. 物陰に隠れる。 ものかげにかくれる。
〔 〕 그늘에 숨다.

38. 命有っての物種だ。 いのちあってのものたねだ。
〔 〕 목숨이 제일이다.

39. 食事のことで妻に文句を言った。 しょくじのことでつまにもんくをいった。
〔 〕 식사에 대해 아내에게 불평(잔소리)을 했다.

40. 門限が早い。 もんげんがはやい。
〔 〕 문 닫는 시각이 빠르다.

〈や 行〉

1. 自治会の役員。 じちかいのやくいん。
〔 〕 자치회의 임원.

2. 役人風を吹かす。 やくにんかぜをふかす。

〔　　　〕

배우라고 뽐내다.

3. 楽味をきかせる。
〔　　　〕

やくみをきかせる。
양념하다.

4. 親の役目。
〔　　　〕

おやのやくめ。
부모의 임무(역할).

5. 遊びに出かけようとした矢先に雨が降った。
〔　　　〕

あそびにでかけようとしたやさきにあめがふった。
놀러 나가려고 하던 바로 그 때에 비가 왔다.

6. 野次を飛ばす。
〔　　　〕

やじをとばす。
야유하다(놀리다).

7. 法外な安値で売る。
〔　　　〕

ほうがいなやすねでうる。
터없는 싼값(헐값)으로 팔다.

8. 屋台で飲む。
〔　　　〕

やたいでのむ。
포장마차에서 마시다.

9. 月十万円の家賃。
〔　　　〕

つきじゅうまんえんのやちん。
월 10만엔의 집세.

10. 子供五人の世話は本当に厄介だ。
〔　　　〕

こどもごにんのせわはほんとうにやっかいだ。
어린이 5명의 시중은 정말로 성가시다.

11. 屋根をふく。
〔　　　〕

やねをふく。
지붕을 이다.

12. 夜半ふと目を覚ます。
〔　　　〕

やはんふとめをさます。
한밤중에 언뜻 잠을 깨다.

13. 分かっていることを聞くなんて野暮の骨頂だ。
〔　　　〕

わかっていることをきくなんてやぼのこっちょうだ。
알고 있는 것을 물어보다니 우둔하기 짝이없다.

14. 明日の夕方に電話します。
〔　　　〕

あすのゆうがたにでんわします。
내일 저녁 때 전화하겠읍니다.

15. 経験者を優遇する。
〔　　　〕

けいけんしゃをゆうぐうする。
경험자를 우대하다.

16. 夕立にあう。
〔　　　〕

ゆうだちにあう。
소나기를 만나다.

17. 雪達磨式に利子が増える。
〔　　　〕

ゆきだるましきにりしがふえる。
눈사람처럼 이자가 불어나다.

18. 浴室に湯気がくもる。 よくしつにゆげがくもる。
〔　　　〕 욕실에 김이 서리다.

19. 油断大敵。 ゆだんたいてき。
〔　　　〕 방심은 금물.

20. 夢路をたどる。 ゆめじをたどる。
〔　　　〕 꿈길을 더듬다(꿈을 꾸다).

21. 食事の用意をする。 しょくじのよういをする。
〔　　　〕 식사준비를 하다.

22. 陽気な人。 ようきなひと。
〔　　　〕 쾌활한(명랑한) 사람.

23. 急な用事が出来る。 きゅうなようじができる。
〔　　　〕 급한 볼일이 생기다.

24. 楊枝で重箱の隅をほじくる。 ようじでじゅうばこのすみをほじくる。
〔　　　〕 사소한 일에까지 간섭하거나 문제시하다.

25. 空巣にご用心。 あきすにごようじん。
〔　　　〕 빈집 털이에게 조심할 것.

26. 土地の様子を知った人。 とちのようすをしったひと。
〔　　　〕 그 고장의 형편(사정)을 잘 아는 사람.

27. 余計なお世話だ。 よけいなおせわだ。
〔　　　〕 쓸데없는 참견이다.

28. 二つ目の横町を左へ曲がりなさい。 ふたつめのよこちょうをひだりへまがりなさい。
〔　　　〕 둘째 골목에서 왼쪽으로 도십시오.

29. 横目でにらむ。 よこめでにらむ。
〔　　　〕 곁눈으로 노려보다.

30. 余剰物資。 よじょうぶっし。
〔　　　〕 잉여물자.

31. 予断を許さない。 よだんをゆるさない。
〔　　　〕 예측을 불허하다.

32. 投書が呼水となった。 とうしょがよびみずとなった。
〔　　　〕 투서가 계기가 되었다.

33. 弱気を出す。 よわきをだす。
〔　　　〕 무기력한 소리를 하다.

34. 弱音を吐く。 よわねをはく。

〔　　　〕　　무기력한 소리를 하다.

〈ら 行〉

1. 楽隠居の身である。　　らくいんきょのみである。
〔　　　〕　　안락한 은거생활을 하는 처지다.

2. 利口な子ども。　　りこうなこども。
〔　　　〕　　영리(똑똑)한 아이.

3. 昔の約束を律義に守る。　　むかしのやくそくをりちぎにまもる。
〔　　　〕　　옛날 약속을 성실하게 지킨다.

4. 理不尽な要求。　　りふじんなようきゅう。
〔　　　〕　　부당한 요구.

5. 大学で二年留年した。　　だいがくでにねんりゅうねんした。
〔　　　〕　　대학에서 2년 유급하였다.

6. 私には了解できない。　　わたしにはりょうかいできない。
〔　　　〕　　나에게는 이해되지 않는다.

7. 彼の了見次第だ。　　かれのりょうけんしだいだ。
〔　　　〕　　그의 생각 나름이다.

8. 鹿を逐う猟師は山を見ず。　　しかをおうりょうしはやまをみず。
〔　　　〕　　눈앞의 이익을 쫓는 자는 다른 것을 돌볼 겨를이 없다.

9. 申し出を了承する。　　もうしでをりょうしょうする。
〔　　　〕　　제의를 승낙하다.

10. 彼の意見は理路整然としている。　　かれのいけんはりろせいぜんとしている。
〔　　　〕　　그의 의견은 논리정연하다.

11. 留守に空巣が入る。　　るすにあきすがはいる。
〔　　　〕　　집을 비운 사이 도둑이 들다.

12. 母が留守番をすることになっている。　　ははがるすばんをすることになっている。
〔　　　〕　　어머니가 빈집을 지키게 되어 있다.

13. 冷遇を受ける。　　れいぐうをうける。
〔　　　〕　　냉대를(푸대접을) 받다.

14. 大学浪人。　　だいがくろうにん。
〔　　　〕　　대학 재수생.

15. 大通りから横へ入った路地。　　おおどおりからよこへはいったろじ。

〔　　〕　큰 길에서 옆으로 들어간 골목길.

〈わ 行〉

1. 村の若者。　むらのわかもの。
〔　　〕　마을의 청년.

2. 一月五千円の割合で貯金する。　ひとつきごせんえんのわりあいでちょきんする。
〔　　〕　한달에 5,000엔 꼴로 저금하다.

3. パーティーの費用を割勘にする。　パーティーのひようをわりかんにする。
〔　　〕　파티 비용을 추렴하다.

4. 腕白時代。　わんぱくじだい。
〔　　〕　개구장이 시절.

## 6. 四字로 된 熟語

1. 夫婦になって五十年、これも愛縁機縁というのでしょうか。
〔　　　　　　〕

ふうふになってごじゅうねん、これもアイエンキエンというのでしょうか。
부부가 되고 나서 50년, 이것도 보통이 넘는 인연이 아니겠읍니까.

2. 話の内容がどうも曖昧模糊としている。
〔　　　　　　〕

はなしのないようがどうもアイマイモコとしている。
이야기 내용이 어쩐지 애매모호하다.

3. 例の件で彼は周囲からいやというほど悪口雑言を浴びた。
〔　　　　　　〕

れいのけんでかれはしゅういからいやというほどアッコウゾウゴンをあびた。
예의 건으로 그는 주위 사람들로 부터 지겨울 정도로 갖은 욕을 다 먹었다.

4. 突然の爆発音とともに、楽しい空の旅が一変して阿鼻叫喚の巷と化した。
〔　　　　　　〕

とつぜんのばくはつおんとともに、たのしいそらのたびがいっぺんしてアビキョウカンのちまたとかした。
갑작스런 폭발음과 함께 즐거운 항공여행이 일변하여 아비규환의 수라장으로 변했다.

5. ぼくは阿諛追従してまでも上司に取り入りたいとは思わない。
〔　　　　　　〕

ぼくはアユツイショウしてまでもじょうしにとりいりたいとはおもわない。
나는 아첨을 떨어 가면서까지 상사에게 빌붙고 싶지는 않다.

6. 初めて手がける研究が暗中模索の末やっと完成に漕ぎ着けた。
〔　　　　　　〕

はじめててがけるけんきゅうがアンチュウモサクのすえやっとかんせいにこぎつけた。
처음으로 직접 손댄 연구가 암중모색 끝에 겨우 완성을 보게 되었다.

7. 遺感千万ながら、このような結末になった。
〔　　　　　　〕

イカンセンバンながら、このようなけつまつになった。
유감천만이지만 이런 결말이 되었다.

8. 高校野球で優勝して、球児たちは意気軒昂として故郷へ帰っていった。
〔　　　　　　〕

こうこうやきゅうでゆうしょうして、きゅうじたちはイキケンコウとしてこきょうへかえっていった。
고교야구에서 우승하여 선수들은 의기양양하게 고향으로 돌아갔다.

9. 勝利まであと一歩というところ、対戦チームの逆転ホームランで皆、意気消沈となってしまった。
〔　　　　　〕

しょうりまであといっぽというところ、たいせんチームのぎゃくてんホームランでみんな、イキショウチンとなってしまった。
거의 승리가 결정될 무렵, 상대팀의 역전 홈런으로 모두 의기소침해져 버렸다.

10. 社内の人は異口同音に「彼は出世する」といった。
〔　　　　　〕

しゃないのひとはイクドウオンに「かれはしゅっせする」といった。
사내 직원들은 이구동성으로 「그는 출세한다」고 했다.

11. 一衣帯水の地にいながら故郷に帰れない人が大勢いる。
〔　　　　　〕

イチイタイスイのちにいながら、こきょうにかえれないひとがおおぜいいる。
일의대수인 처지에 있으면서 고향에 돌아 갈 수 없는 사람이 많이 있다.

12. あの人は、一言居士だから、応待には気をつけよう。
〔　　　　　〕

あのひとは、イチゲンコジだから、応待には気をつけよう。
저 사람은 말이 많으니까, 접대에는 신경을 쓰자.

13. 何事も一期一会の精神で取り組むーこれが彼のモットーである。
〔　　　　　〕

なにごともイチゴイチエのせいしんでとりくむーこれがかれのモットーである。
어떤 일이든 최선을 다하는 정신으로 임하는 것ー이것이 그의 모토이다.

14. 彼は、取り引きの一部始終を上司に報告しなければ気がすまないようだ。
〔　　　　　〕

かれは、とりひきのイチブシジュウをじょうしにほうこくしなければきがすまないようだ。
그는 거래의 자초지종을 상사에게 보고 하지 않고서는 마음이 찜찜한 것 같다.

15. 誰がこの絵を描いたのかは、一目瞭然である。
〔　　　　　〕

だれがこのえをえがいたのかは、イチモクリョウゼンである。
누가 이 그림을 그렸는가는 일목요연하다.

16. ことここに至れば、あいつと俺は一連託生、最後まで付き合うつもりだ。
〔　　　　　〕

ことここにいたれば、あいつとおれはイチレンタクショウ、さいごまでつきあうつもりだ。
일이 이쯤되면 그녀석과 나는 일련탁생, 끝까지 행동을 같이 할 예정이다.

17. 宝くじに、一攫千金の夢を託す人も多い。

たからくじにイッカクセンキンのゆめをたくすひともおおい。

〔　　　　　　〕

복권에 일확천금의 꿈을 싣는 사람도 많다.

18. 弟が帰省し、久しぶりに一家団欒の時を過した。

〔　　　　　　〕

おとうとがきせいし、ひさしぶりにイッカダンランのときをすごした。

동생이 귀향하여 오랫만에 일가 단란한 시간을 보냈다.

19. 刻々と伝えられる点数の動きに、球場控え室にいる者は一喜一憂した。

〔　　　　　　〕

こくこくとつたえられるてんすうのうごきにきゅうじょうひかえしつにいるものはイッキイチユウした。

시시각각 전해오는 점수의 동향에 구장 대기실에 있는 사람들은 일희일비했다.

20. 一騎当千の強者ぞろいだから、我がチームの勝利は間違いない。

〔　　　　　　〕

イッキトウセンのきょうしゃぞろいだからわがチームのしょうりはまちがいない。

일당천의 강자들의 모임이니까, 우리 팀의 승리는 틀림없다.

21. 愛情と金、一挙両得の妙案が浮かんだ。

〔　　　　　　〕

あいじょうとかね、イッキョリョウトクのみょうあんがうかんだ。

애정과 돈 일거양득의 묘안이 떠올랐다.

22. 今年の桜は一刻千金の気持ちになるほど見事だ。

ことしのさくらはイッコクセンキンのきもちになるほどみごとだ。

올해의 벚꽃은 너무나도 멋지다.

23. 火の不始末から火事を出し、一切合切を失ってしまった。

〔　　　　　　〕

ひのふしまつからかじをだしイッサイガッサイをうしなってしまった。

불단속을 잘못하여 불을 내어 몽땅 잃어버렸다.

24. 世の中には一所懸命働いても、報われないことがままある。

〔　　　　　　〕

よのなかにはイッショケンメイはたらいてもむくわれないことがままある。

이 세상에는 열심히 일해도 보답받지 못하는 일이 간혹 있다.

25. 同窓会で講演すれば、みんなに会えるしお金にもなる。まさに一石二鳥だ。

〔　　　　　　〕

どうそうかいでこうえんすれば、みんなにあえるし、おかねにもなる。まさにイッセキニチョウだ。

동창회에서 강연하면 모두 만날 수 있고 돈도 번다. 바로 일석이조이다.

26. これだけの書物を、自分の一知半

これだけのしょもつを、じぶんのイッチハン解の知識で読み通すことはむずかしい。
〔　　　　　〕

カイのちしきでよみとおすことはむずかしい。
이 정도의 책을 자기의 어슬픈 지식으로 끝까지 읽어 내려간다는 것은 어렵다.

27. この問題については、一朝一夕には論じられない。
〔　　　　　〕

このもんだいについては、イッチョウイッセキにはろんじられない。
이 문제에 대해서는 일조일석에 논할 수 없다.

28. そんな泥仕合をしていたら、一刀両断の和解などできるわけがない。
〔　　　　　〕

そんなどろじあいをしていたら、イットウリョウダンのわかいなどできるわけがない。
그러한 이전투구를 하고 있으면 일도양단 하듯 화해를 할 수 없다.

29. 不幸な目に会うのも因果応報だ。
〔　　　　　〕

ふこうなめにあうのもインガオウホウだ。
불행한 일을 당하는 것도 인과응보이다.

30. 私たちは有為天変の世の中に生きている。
〔　　　　　〕

わたしたちはウイテンペンのよのなかにいきている。
우리들은 만물이 유전하는 세상에 살고 있다.

31. 海水浴場で突如地震による津波警報が出され、人々は右往左往した。
〔　　　　　〕

かいすいよくじょうでとつじょ、じしんによるつなみけいほうがだされ、ひとびとはウオウサオウした。
해수욕장에서 갑자기, 지진으로 인한 해일경보가 발령되어, 사람들은 우왕좌왕했다.

32. 彼はいたずらに右顧左眄して、せっかくの昇進のチャンスを逃がしてしまった。
〔　　　　　〕

かれは、いたずらにウコサベンして、せっかくのしょうしんのチャンスをのがしてしまった。
그는 쓸 데 없이 망설이다, 모처럼의 승진기회를 놓쳐버렸다.

33. 手軽で儲けの多い商売という噂が立つと、雨後春筍のように同類の店ができる。
〔　　　　　〕

てがるでもうけのおおいしょうばいといううわさがたつとウゴシュンジュンのようにどうるいのみせができる。
손쉽게 돈벌이가 좋다는 소문이 나자, 우후죽순처럼 같은 가게가 생긴다.

34. おもしろそうな会合だと思って出かけてみたが、有象無象の集まりだった。

おもしろそうなかいごうだとおもってでかけけてみたが、ウゾウムゾウのあつまりだった。
재미있을 듯한 회합이라고 생각하여 나가 봤

〔　　　　　〕

더니, 어중이 떠중이의 모임이었다.

35. あの飲み屋のママは、海千山千のしたたかものだ。

〔　　　　　〕

あののみやのママは、ウミセンヤマセンのしたたかものだ。
저 술집의 마담은, 산전수전을 다 겪은 보통내기가 아니다.

36. 二人は紆余曲折を経て、ようやく結ばれた。

〔　　　　　〕

ふたりはウヨキョクセツを経て、ようやくむすばれた。
두 사람은 우여곡절을 거쳐, 간신히 결혼 했다.

37. 就職試験に合格したことで、将来への不安が雲散霧消した。

〔　　　　　〕

しゅうしょくしけんにごうかくしたことで、しょうらいへのふあんがウンサンムショウした。
취직시험에 합격해서, 장래의 불안이 깨끗이 사라졌다.

38. 京都の寺をまわっていると、歴史を動かした人々の栄枯盛衰を見る思いがする。

〔　　　　　〕

きょうとのてらをまわっていると、れきしをうごかしたひとびとのエイコセイスイをみるおもいがする。
경도의 절을 돌아다니다 보면, 역사를 움직인 사람들의 영고성쇠를 보는 느낌이 든다.

39. 会者定離ということばもある。生きている間にふたたび会えなくても嘆くまい。

〔　　　　　〕

エシャジョウリということばもある。いきているあいだにふたたびあえなくてもなげくまい。
회자정리라는 말도 있다. 살아 생전에 다시 못만나도 슬퍼하지 않을 것이다.

40. 一流の料理屋へ連れて行き、大盤振舞をする。

〔　　　　　〕

いちりゅうのりょうりやへつれていき、オオバンブルマイをする。
일류 요리집에 데리고 가, 진수성찬을 베풀다.

41. 目先のことにとらわれてばかりいて、温故知新の精神を忘れてはいけない。

〔　　　　　〕

めさきのことにとらわれてばかりいてオンコチシンのせいしんをわすれてはいけない。
눈앞의 일에만 얽매여서 온고지신의 정신을 잊어서는 안된다.

42. おふたりが偕老同穴であられんことを、この披露宴席上からお祈り

おふたりがカイロウドウケツであられんことを、このひろうえんせきじょうからおいのり

申し上げます。
〔　　　　　〕

もうしあげます。
두 분께서 백년해로 하시기를, 이 피로연석상에서 빌어마지 않습니다.

43. 外柔内剛の人柄が、仕事にも表われている。
〔　　　　　〕

ガイジュウナイゴウのひとがらが、しごとにもあらわれている。
외유내강의 인품이, 일에도 나타나 있다.

44. 部下のアイデアを我田引水して自分のものとして発表するなど卑怯だ。
〔　　　　　〕

ぶかのアイデアをガデンインスイしてじぶんのものとしてはっぴょうするなどひきょうだ。
부하의 아이디어를 아전인수격으로 자기 것인양 발표하다니 비겁하다.

45. この小説のいわんとするもの、すべてが空即是色の思想で貫かれている。
〔　　　　　〕

このしょうせつのいわんとするもの、すべてがクウソクゼシキのしそうでつらぬかれている。
이 소설에서 말하려는것, 모두가 공즉시색의 사상으로 일관되어 있다.

46. 会議は難行し、結局、甲論乙駁に終止した。
〔　　　　　〕

かいぎはなんこうし、けっきょく、コウロンオツバクにしゅうしした。
회의는 난관에 부딪쳐 결국은 갑론을박으로 끝났다.

47. こんな寒風のなかに乳飲み子を置き捨てにするなんて言語道断の行いである。
〔　　　　　〕

こんなかんぷうのなかにちのみごをおきずてにするなんてゴンゴドウダンのおこないである。
이런 한풍 속에 젖먹이를 버려두다니 언어도단의 짓이다.

48. 神官は斎戒沐浴をし、身心ともに祭事に備える。
〔　　　　　〕

しんかんはサイカイモクヨクをし、しんしんともにさいじにそなえる。
신관은 목욕재계를 하고 몸과 마음을 모두 제사에 대비한다.

49. 弁論大会では、先端技術に対する彼の才気換発な発言が、圧巻であった。
〔　　　　　〕

べんろんたいかいでは、せんたんぎじゅつにたいするかれのサイキカンパツなはつげんがあっかんであった。
웅변대회에서는 첨단기술에 대한 그의 재기발랄한 발언이 압권이었다.

50. 死に際に会えなかったことを思う

しにぎわにあえなかったことをおもうとほん

と、ほんとうに残念無念である。
〔　　　　　〕

とうにザンネンムネンである。
임종을 지켜보지 못한 것을 생각하면 정말로 유감스럽고 분하다.

51. 三拝九拝して、やっとお金を借りられた。
〔　　　　　〕

サンパイキュウハイして、やっとお金を借りられた。
몇번이고 부탁하여, 겨우 돈을 빌릴 수 있었다.

52. 武道における三位一体は、神・技・体である。
〔　　　　　〕

ぶどうにおけるサンミイッタイは、しん・ぎ・たいである。
무예에 있어서 삼위일체는 정신・기술・체력이다.

53. 経営のやりくりに四苦八苦する。
〔　　　　　〕

けいえいのやりくりにシクハックする。
경영을 꾸려가는 데 온갖 고생을 한다.

54. 徹夜作業になるのも自業自得だと諦める。
〔　　　　　〕

てつやさぎょうになるのもジゴウジトクだとあきらめる。
철야작업을 하는 것도 자업자득이라고 체념하다.

55. 生牡蠣にあたって、七顚八倒の苦しみを味わった。
〔　　　　　〕

なまがきにあたってシチテンハットウのくるしみをあじわった。
생굴을 먹고 탈이나서 죽을 고생을 했다.

56. 噂が四方八方に広がる。
〔　　　　　〕

うわさがシホウハッポウにひろがる。
소문이 온 사방으로 퍼지다.

57. 彼は、杓子定規な考えを他人に押しつける。
〔　　　　　〕

かれは、シャクシジョウギなかんがえをたにんにおしつける。
그는 융통성 없는 생각을 다른 사람에게 강요한다.

58. 目標に向かって悉二無二突進する。
〔　　　　　〕

もくひょうにむかってシャニムニとっしんする。
목표를 향하여 오로지 매진하다.

59. 彼の主張は終止一貫している。
〔　　　　　〕

かれのしゅちょうはシュウシイッカンしている。
그의 주장은 시종 일관되어 있다.

60. この作品が優れているということは衆目一致するところである。
〔　　　　　〕

このさくひんがすぐれているということはシュウモクイッチするところである。
이 작품이 뛰어나다는 것은 뭇사람의 관찰이

일치하는 바이다.

61. 無口な彼が、いつになく饒舌多弁であった。
〔　　　　　〕

むくちなかれが、いつになくジョウゼツタベンであった。
말수가 적던 그가 여느때와 달리 말이 많았다.

62. 枝葉末節にこだわり、なかなか本題まで話し合いが進まない。
〔　　　　　〕

ショウマッセツにこだわり、なかなかほんだいまではなしあいがすすまない。
하찮은 일에 구애되어, 좀처럼 본제까지는 의논이 진척되지 못하다.

63. 誰しも一生に一度か二度は、諸行無常の感を抱くことがある。
〔　　　　　〕

だれしもいっしょうにいちどかにどは、ショギョウムジョウのかんをいだくことがある。
누구나 일생에 한 두번은 제행무상의 기분을 가지는 경우가 있다.

64. これは森羅万象に共通していえることだ。
〔　　　　　〕

これはシンラバンショウにきょうつうしていえることだ。
이것은 삼라만상에 공통적으로 말할 수 있는 것이다.

65. 贅沢三昧の暮らしぶりだ。
〔　　　　　〕

ゼイタクサンマイのくらしぶりだ。
마음껏 호화롭게 지내는 생활 모습이다.

66. 彼がしでかしたことを是是非非で対処する。
〔　　　　　〕

かれがしでかしたことを、ゼゼヒヒでたいしょする。
그가 저지른 일을 공평무사하게 대처하다.

67. 約束がはたされず切歯扼腕する。
〔　　　　　〕

やくそくがはたされず、セッシヤクワンする。
약속이 이행되지 않아 몹시 분해한다.

68. 絶体絶命の窮地に追い込まれる。
〔　　　　　〕

ゼッタイゼツメイのきゅうちにおいこまれる。
도저히 피할 수 없는 궁지에 빠지다.

69. もっとも創意工夫に富んでいる作品を優勝とする。
〔　　　　　〕

もっともソウイクフウにとんでいるさくひんをゆうしょうとする。
가장 창의와 궁리가 풍부한 작품을 우승으로 하다.

70. 何もあれほど大言壮語してみえを張ることはないのに。
〔　　　　　〕

なにもあれほどタイゲンソウゴしてみえをはることはないのに。
특별히 그렇게 호언장담하며 허세를 부릴 일은 아닌데.

71. 彼の大胆不敵な挑戦は周囲の人

かれのダイタンフテキなちょうせんはしゅうい

々を驚かせた。

〔　　　　　〕

のひとびとをおどろかせた。

그의 대담무쌍한 도전은 주위 사람들을 놀라게 했다.

72. 他力本願な考えを捨てなければ一人前とはいえない。

〔　　　　　〕

タリキホンガンなかんがえをすてなければいちにんまえとはいえない。

의타적인 생각을 버리지 않으면 제구실을 다한다고는 할 수 없다.

73. テレビのニュースにより、名前が津津浦浦に知れわたる。

〔　　　　　〕

テレビのニュースにより、なまえがツツウラウラにしれわたる。

텔레비젼의 뉴스에 의해 이름이 방방곡곡으로 알려지다.

74. 九十九折の山道が散歩コースになっている。

〔　　　　　〕

ツヅラオリのやまみちがさんぽコースになっている。

구절양장 산길이 산책코스로 되어 있다.

75. 手練手管で人をまるめこむ。

〔　　　　　〕

テレンテクダでひとをまるめこむ。

그럴듯한 농간으로 사람을 어루어 꾀다.

76. いかなる技術をもってしても、天変地異には勝てない。

〔　　　　　〕

いかなるぎじゅつをもってしても、テンペンチイにはかてない。

어떤 기술을 갖고 있어도 천변지이에는 당할 수 없다.

77. 面接試験では、当意即妙に答える心構えが必要である。

〔　　　　　〕

めんせつしけんでは、トウイソクミョウにこたえるこころがまえがひつようである。

면접시험에서는, 재치있게 임기응변으로 대답할 마음가짐이 필요하다.

78. 同床異夢、夫婦もしょせん他人同士ですよ。

〔　　　　　〕

ドウショウイム、ふうふもしょせんたにんどうしですよ。

동상이몽, 부부도 결국 남남이에요.

79. 徒手空拳からここまでの会社にした。

〔　　　　　〕

トシュクウケンから、ここまでのかいしゃにした。

맨주먹에서 이 정도의 회사가 되었다.

80. 骨董屋にだまされ、値打ちのある陶器を二束三文で売ってしまった。

〔　　　　　〕

こっとうやにだまされ、ねうちのあるとうきをニソクサンモンでうってしまった。

골동품 장사에게 속아, 가치가 있는 도자기를 헐값으로 팔아 버렸다.

81. 彼は作家、俳優、画家として八面六臂の大活躍をしている。

〔　　　　　〕

かれはさっか、はいゆう、がかとしてハチメンロッピのだいかつやくをしている。

그는 작가, 배우, 화가로서 다방면에 걸쳐 대활약을 하고 있다.

82. 彼は八方美人で調子がよすぎるため、上司の信用は薄い。

〔　　　　　〕

かれはハッポウビジンでちょうしがよすぎるため、じょうしのしんようはうすい。

그는 줏대없이 남의 장단에 잘 맞추므로, 상사의 신용은 약하다.

83. 連日の徹夜仕事で彼は疲労困憊した。

〔　　　　　〕

れんじつのてつやしごとでかれはヒロウコンパイした。

연일 계속되는 철야작업으로 그는 아주 지쳐버렸다.

84. このあたりは風光明媚な地として有名です。

〔　　　　　〕

このあたりはフウコウメイビなちとしてゆうめいです。

이 근처는 경치가 아름다운 곳으로 유명합니다.

85. ぼくたちは不即不離でいたからこそ、長い友情が保てたのかもしれない。

〔　　　　　〕

ぼくたちはフソクフリでいたからこそ、ながいゆうじょうがたもてたのかもしれない。

우리들은 부즉불리로 있었으니 망정 오랜 우정이 지켜졌을지 모른다.

86. あの人は二股膏薬なので信用がおけない。

〔　　　　　〕

あのひとはフタマタゴウヤクなのでしんようがおけない。

저 사람은 기회주의자이므로 신용할 수 없다.

87. お得意さまとの会話には片言隻語にも注意しない。

〔　　　　　〕

おとくいさまとのかいわにはヘンゲンセキゴにもちゅういしない。

단골손님과의 대화에서는 한 마디 말도 주의하지 않는다.

88. 無我夢中で仕事に取り組む。

〔　　　　　〕

ムガムチュウでしごとにとりくむ。

정신없이 일에 몰두하다.

89. プロジェクトが融通無碍に進行する。

〔　　　　　〕

プロジェクトがユウズウムゲにしんこうする。

프로젝트가 막힘없이 진행되다.

90. 慣れた仕事とはいえ、油断大敵である。

〔　　　　　〕

なれたしごととはいえ、ユダンタイテキである。

익숙한 일이라고 해도 방심은 금물이다.

## 7. 읽기 어려운 熟語

### 〈一 画〉

1. 寂しさが一入身にしみる。
〔　　　〕
さびしさがひとしおみにしみる。
쓸쓸함이 더 한층 몸에 스민다.

2. 一寸お寄りしました。
〔　　　〕
ちょっとおよりしました。
(온 김에) 잠깐 들렀읍니다.

3. 一向あやまるのみ。
〔　　　〕
ひたすらあやまるのみ。
다만 사과할 뿐.

4. 一対の夫婦茶碗。
〔　　　〕
いっついのめおとぢゃわん。
대소 한 벌의 부부용 공기.

5. 一昨日来い。
〔　　　〕
おとといこい。
('그저께 오너라'의 뜻으로) 다시는 오지말라고 사람을 내쫓으며 하는 말.

6. 一途に思い込む。
〔　　　〕
いちずにおもいこむ。
외곬으로 생각하다.

### 〈二 画〉

1. 丁稚上がりの支配人。
〔　　　〕
でっちあがりのしはいにん。
점원에서 올라간 지배인.

2. 九十九折の山路を登る。
〔　　　〕
つづらおりのやまじをのぼる。
구절양장 산길을 오르다.

3. 了解がつく。
〔　　　〕
りょうかいがつく。
양해가 되다.

4. 悪い了簡を起こす。
〔　　　〕
わるいりょうけんをおこす。
나쁜 마음을 먹다.

5. 二進も三進も行かない。
〔　　　〕
にっちもさっちもいかない。
꼼짝달싹 못하다.

6. 八百万の神々。
〔　　　〕
やおよろずのかみがみ
수많은 신들.

7. 刀背打ちをくれる。
〔　　　〕
むね(みね)うちをくれる。
칼등으로 치다.

8. 十六夜。
〔 〕
いざよい。
음력 16일 밤, 또는 그날 밤의 달.

9. 七夕。
〔 〕
たなばた。
칠석.

〈三 画〉

1. 下戸だから酒席は苦手だ。
〔 〕
げこだからしゅせきはにがてだ。
술을 잘 못하므로 술자리는 질색이다.

2. 笑い上戸に泣き上戸。
〔 〕
わらいじょうごになきじょうご。
술을 마시면 잘 웃는 사람과 잘 우는 사람.

3. 下枝に鳥が止まっている。
〔 〕
こずえにとりがとまっている。
밑가지에 새가 앉아 있다.

4. 下衆の知恵はあとから。
〔 〕
げすのちえはあとから。
미천한 사람은 나중에야 명안을 낸다.

5. 干支を調べる。
〔 〕
えとを調べる。
간지를 조사하다.

6. 千々に砕ける。
〔 〕
ちぢにくだける。
산산이 부서지다.

7. 大晦日の紅白歌合戦。
〔 〕
おおみそかのこうはくうたがっせん。
섣달 그믐날의 청백 노래자랑.

8. 女女しいふるまい。
〔 〕
めめしいふるまい。
사내답지 못한 행동.

9. 八百屋の女将。
〔 〕
やおやのおかみ。
채소가게 안주인

10. 大袈裟な身振り。
〔 〕
おおげさなみぶり。
과장된 몸짓.

〈四 画〉

1. 不埒を働く。
〔 〕
ふらちをはたらく。
괘씸한 짓을 하다.

2. 五月雨。
〔 〕
さみだれ。
음력 5월경에 내리는 장마비.

3. 屋根の勾配が急だ。
やねのこうばいがきゅうだ。

〔　　　〕

지붕의 물매가 가파르다.

4. 勿忘草。

〔　　　〕

わすれなぐさ。

물망초.

5. まだ使えるのに捨てるのは勿体ない。

〔　　　〕

まだつかえるのにすてるのはもったいない。

아직 쓸 수 있는데 버리기는 아깝다.

6. 神の化身。

〔　　　〕

かみのけしん。

신의 화신.

7. デパートの反物売場。

〔　　　〕

デパートのたんものうりば。

백화점의 포목점.

8. 反吐が出る。

〔　　　〕

へどがでる。

구역질이 나다.

9. 反故にする。

〔　　　〕

ほごにする。

(약속 등을) 휴지화하다.

10. 卒業生一同に手向けの言葉を送る。

〔　　　〕

そつぎょうせいいちどうにたむけのことばをおくる。

졸업생 일동에게 전별의 말을 보내다.

11. ちょっと手綱をゆるめるとすぐこれだ。

〔　　　〕

ちょっとたづなをゆるめるとすぐこれだ。

조금 고삐를 늦추면 곧 이꼴이다.

12. 背中の文身。

〔　　　〕

せなかのいれずみ。

등의 문신.

13. 縁側で日向ぼっこをする。

〔　　　〕

えんがわでひなたぼっこをする。

툇마루에서 볕을 쬐다.

14. ノアの方舟。

〔　　　〕

ノアのはこぶね。

노아의 방주.

15. 日和を見て動く。

〔　　　〕

ひよりをみてうごく。

형세를 보고 움직이다.

16. 木乃伊取りが木乃伊になる。

〔　　　〕

ミイラとりがミイラになる。

미이라잡이가 미이라가 되다.

17. 木偶の坊。

〔　　　〕

でくのぼう。

목석(미련하고 쓸모없는 사람).

18. 木綿のスカート。
〔 〕
もめんのスカート。
목면으로 만든 스커트.

19. 歌声が木霊する。
〔 〕
うたごえがこだまする。
노래소리가 메아리치다.

20. 木槿の枝はしなやかで強い。
〔 〕
むくげのえだはしなやかでつよい。
무궁화 가지는 유연하면서도 강하다.

21. 新聞は社会の木鐸。
〔 〕
しんぶんはしゃかいのぼくたく。
신문은 사회의 목탁.

22. 欠伸をかみ殺す。
〔 〕
あくびをかみころす。
하품을 억지로 참다.

23. 水母が刺す。
〔 〕
くらげがさす。
해파리가 물다.

24. 水団入りの味噌汁。
〔 〕
すいとんいりのみそしる。
수제비 된장국.

25. 牛車。
〔 〕
ぎっしゃ。
옛날에 귀인이 타던 우차.

26. とても太刀打ちできない。
〔 〕
とてもたちうちできない。
도저히 맞설 수가 없다.

〈五 画〉

1. 世故に長ける。
〔 〕
せこにたける。
세상물정에 밝다.

2. だれの仕業だ。
〔 〕
だれのしわざだ。
누구의 소행이냐?

3. 凧揚げをする。
〔 〕
たこあげをする。
연날리기를 하다.

4. 出家得度する。
〔 〕
しゅっけとくどする。
출가득도하다.

5. 出納係。
〔 〕
すいとうがかり。
출납계.

6. 功徳を施す。
〔 〕
くどくをほどこす。
공덕을 베풀다.

7. 可笑しい身なりで町を歩く。
おかしいみなりでまちをあるく。

〔　　〕　우스꽝스런 차림새로 거리를 걷다.

8. あいつの台詞が気にくわない。　あいつのせりふがきにくわない。

〔　　〕　저 녀석의 말투가 비위에 거슬린다.

9. 四方山話。　よもやまばなし。

〔　　〕　여러가지 이야기.

10. 未曾有の大事件。　みぞうのだいじけん。

〔　　〕　미증유의 대사건.

11. 未来永劫。　みらいえいごう。

〔　　〕　미래영겁.

12. 玄人もはだしだ。　くろうともはだしだ。

〔　　〕　전문가도 못 따라간다.

13. 生粋の江戸っ子だ。　きっすいのえどっこだ。

〔　　〕　토오쿄오 토박이다.

14. 生憎病気で行かれない。　あいにくびょうきでいかれない。

〔　　〕　공교롭게도 병 때문에 갈 수 없다.

15. ちょっと用達をしてくるよ。　ちょっとようたしをしてくるよ。

〔　　〕　잠깐 볼일을 보고 올께.

16. 甲声で子供をしかる。　かんごえでこどもをしかる。

〔　　〕　날카롭고 높은 소리로 아이를 꾸짖다.

17. 城の由緒を探る。　しろのゆいしょをさぐる。

〔　　〕　성의 유래를 캐다.

18. 白面では話せない。　しらふではなせない。

〔　　〕　맨정신으로는 얘기 못한다.

19. 白粉をつける。　おしろいをつける。

〔　　〕　분을 바르다.

20. めっきり白髪が増えた。　めっきりしらががふえた。

〔　　〕　부쩍 흰머리가 늘었다.

21. 新入社員が社長にお目見得する。　しんにゅうしゃいんがしゃちょうにおめみえする。

〔　　〕　신입사원이 사장에게 초대면하다.

22. 目眩がする。　めまいがする。

〔　　〕　현기증이 나다.

23. 石榴の実は熟すと自然に裂ける。　ざくろのみはじゅくすとしぜんにさける。

〔　　〕　석류나무 열매는 익으면 자연히 벌어진다.

24. 仏を礼拝する。　ほとけをらいはいする。
〔　　　〕　예불을 드리다.

25. 偉業を礼賛する。　いぎょうをらいさんする。
〔　　　〕　위업을 예찬하다.

26. 会場は立錐の余地もなかった。　かいじょうはりっすいのよちもなかった。
〔　　　〕　회장은 입추의 여지도 없었다.

27. 縁も所縁もない。　えんもゆかりもない。
〔　　　〕　인연도 연고도 없다.

28. 生憎品切れです。　あいにくしなぎれです。
〔　　　〕　공교롭게도 품절입니다.

〈六 画〉

1. 伊達の薄着。　だてのうすぎ。
〔　　　〕　옷맵시를 내기 위하여 추울 때 옷을 엷게입음.

2. 仮初の住まい。　かりそめのすまい。
〔　　　〕　임시거처.

3. 仮借なく責めたてる。　かしゃくなくせめたてる。
〔　　　〕　가차없이 몰아세우다.

4. 仮病を使う。　けびょうをつかう。
〔　　　〕　꾀병을 부리다.

5. 極意を会得する。　ごくいをえとくする。
〔　　　〕　비법을 터득하다.

6. 遠慮も会釈もなく。　えんりょもえしゃくもなく。
〔　　　〕　남의 사정은 아랑곳 없이.

7. 今日たって再来月まで滞在する。　きょうたってさらいげつまでたいざいする。
〔　　　〕　오늘부터 다음 다음 달까지 체류한다.

8. 吹きすさぶ凩。　ふきすさぶこがらし
〔　　　〕　휘몰아치는 찬 바람.

9. 凪を待って船を出す。　なぎをまってふねをだす。
〔　　　〕　바다가 잔잔해지기를 기다려 출항하다.

10. 合点が行かない。　がてんがいかない。
〔　　　〕　납득이 안 가다.

11. 霊前に合掌する。　れいぜんにがっしょうする。

〔　　　〕　영전에 합장하다.

12. 好悪の激しい人。　こうおのはげしいひと。
〔　　　〕　호오의 치우침이 심한 사람.

13. 如雨露で植木に水をそそぎかける。　じょうろでうえきにみずをそそぎかける。
〔　　　〕　물뿌리개로 나무에 물을 주다.

14. あんなに機嫌のよいのは曲者だ。　あんなにきげんのよいのはくせものだ。
〔　　　〕　저렇게 기분이 좋아보이는 것은 수상하다.

15. 有卦に入る。　うけにいる。
〔　　　〕　운이 돌아오다. 행운을 만나다.

16. 気障な歩き方。　きざなあるきかた。
〔　　　〕　뇌꼴스러운 걸음걸이.

17. 百日紅は樹皮がなめらかで滑りやすい。　さるすべりはじゅひがなめらかですべりやすい。
〔　　　〕　백일홍은 나무껍질이 매끈하여 잘 미끄러진다.

18. 早乙女。　さおとめ。
〔　　　〕　모내기 하는 처녀. (전하여) 처녀.

19. 彼の心中を忖度する。　かれのしんちゅうをそんたくする。
〔　　　〕　그의 심중을 미루어 헤아리다.

20. 早生の田んぼ。　わせのたんぼ。
〔　　　〕　조생종 벼를 심어놓은 논.

21. 百舌の早贄。　もずのはやにえ。
〔　　　〕　때까치가 개구리 따위의 먹이를 잡아 나뭇가지에 꿰어 놓은 것.

22. 百済と新羅。　くだらとしらぎ。
〔　　　〕　백제와 신라.

23. 百足にかまれてはれる。　むかでにかまれてはれる。
〔　　　〕　지네에 물려서 붓다.

24. 学校も糸瓜もあるものか。　がっこうもへちまもあるものか。
〔　　　〕　학교건 나발이건 알게 뭐냐.

25. あの店は五代続いた老舗だ。　あのみせはごだいつづいたしにせだ。
〔　　　〕　저 가게는 5대째 내려오는 점포다.

26. 芝生に寝る。　しばふにねる。
〔　　　〕　잔디밭에 눕다.

27. 立てば芍薬坐れば牡丹。 たてばしゃくやくすわればぼたん。
〔 〕 (여자의 아름다운 자태를 형용) 서면 작약이 요 앉으면 모란.

28. 行方が分からない。 ゆくえがわからない。
〔 〕 간 곳을 알 수 없다.

29. 行火で足を暖める。 あんかであしをあたためる。
〔 〕 이불 속에 넣는 간이난로로 발을 덥게 하다.

30. 荷物を行李に詰める。 にもつをこうりにつめる。
〔 〕 짐을 고리(고리짝)에 채워넣다.

31. 諸国行脚に出かける。 しょこくあんぎゃにでかける。
〔 〕 여러 고장의 편력에 나서다.

32. 晴れ着が衣魚に食われてしまった。 はれぎがしみにくわれてしまった。
〔 〕 외출복에 좀이 쏠어 버렸다.

33. 衣鉢を継ぐ。 いはつをつぐ。
〔 〕 스승의 대를 잇다.

34. 西瓜を冷やす。 すいかをひやす。
〔 〕 수박을 차게하다.

35. 竹刀で打たれる。 しないでうたれる。
〔 〕 죽도로 맞다.

36. 町も年年昔の名残が消えていく。 まちもねんねんむかしのなごりがきえていく。
〔 〕 거리도 해가 감에 따라 점점 옛날의 자취가 사라져 간다.

37. 仲人を引き受ける。 なこうどをひきうける。
〔 〕 중매를 맡다.

38. 如才のない人。 じょさいのないひと。
〔 〕 빈틈 없는 사람.

〈七 画〉

1. 似而非医者。 えせいしゃ。
〔 〕 사이비(돌팔이) 의사.

2. 兎に角まちがいない。 とにかくまちがいない。
〔 〕 여하튼 틀림없다.

3. 兵糧を貯える。 ひょうろうをたくわえる。

〔　　　〕　군량을 비축하다.

4. 吹雪を冒して進む。　ふぶきをおかしてすすむ。
〔　　　〕　눈보라를 무릅쓰고 나아가다.

5. 得意になって吹聴する。　とくいになってふいちょうする。
〔　　　〕　우쭐하여 말을 마구 퍼뜨리다.

6. 呑気な性分。　のんきなしょうぶん。
〔　　　〕　낙천적인 성품.

7. 囲炉裏の火にあたる。　いろりのひにあたる。
〔　　　〕　이로리의 불을 쬐다.

8. 否応なしに。　いやおうなしに。
〔　　　〕　(무리하게) 다짜고짜.

9. 呆気にとられる。　あっけにとられる。
〔　　　〕　어리둥절하다.

10. 疲労困憊する。　ひろうこんぱいする。
〔　　　〕　지칠 대로 지치다.

11. 声色を使う。　こわいろをつかう。
〔　　　〕　성대를 묘사하다.

12. 巫子が神楽を舞う。　みこがかぐらをまう。
〔　　　〕　무당이 무악을 춤추다.

13. 希有の出来事。　けうのできごと。
〔　　　〕　아주 드문 사건.

14. ウィンドーの更衣をする。　ウィンドーのころもがえをする。
〔　　　〕　진열장의 장식을 바꾸다.

15. 大臣を更迭する。　だいじんをこうてつする。
〔　　　〕　대신을 경질하다.

16. 杜撰な工事。　ずさんなこうじ。
〔　　　〕　날림공사.

17. 猫も杓子も。　ねこもしゃくしも。
〔　　　〕　어중이 떠중이 모두 다.

18. 棚から牡丹餅。　たなからぼたもち。
〔　　　〕　아닌 밤중에 차시루떡.

19. 見栄を張る。　みえをはる。
〔　　　〕　허세를 부리다. 겉치레를 하다.

20. 言質を取る。
〔　　〕
げんちをとる。
언질을 받다.

21. 足袋をはく。
〔　　〕
たびをはく。
(일본식) 버선을 신다.

〈八 画〉

1. 乳母車を押して行く。
〔　　〕
うばぐるまをおしていく。
유모차를 밀며 가다.

2. 依怙贔屓のある審判。
〔　　〕
えこひいきのあるしんぱん。
편파적인 심판.

3. 霊前に供物をそなえる。
〔　　〕
れいぜんにくもつをそなえる。
영전에 공물을 바치다.

4. 人を侮辱する。
〔　　〕
ひとをぶじょくする。
사람을 모욕하다.

5. 刷毛でペンキを塗る。
〔　　〕
はけでペンキをぬる。
솔로 페인트칠을 하다.

6. 衝突した刹那気を失った。
〔　　〕
しょうとつしたせつなきをうしなった。
충돌한 순간 의식을 잃었다.

7. 良心の呵責。
〔　　〕
りょうしんのかしゃく。
양심의 가책.

8. 固唾を飲む。
〔　　〕
かたずをのむ。
(매우 긴장하여) 마른 침을 삼키다.

9. 垂涎の的。
〔　　〕
すいぜんのまと。
탐내는 대상(목표).

10. 奇妙奇天烈な踊り。
〔　　〕
きみょうきてれつなおどり。
희한한 춤.

11. 怪我をする。
〔　　〕
けがをする。
상처(부상)를 입다.

12. これが所謂シネマスコープだ。
〔　　〕
これがいわゆるシネマスコープだ。
이것이 소위 시네마스코프다.

13. 法螺を吹く。
〔　　〕
ほらをふく。
허풍을 떨다.

14. 空念仏に終わる。
からねんぶつにおわる。

〔　　〕　공염불로 끝나다.

15. 茄子にあだ花はない。　なす(び)にあだばなはない。
〔　　〕　가지에 열매맺지 않는 꽃이 없다.

16. 金輪際承知しない。　こんりんざいしょうちしない。
〔　　〕　결코 승낙(용서) 하지 않겠다.

〈九 画〉

1. 俎上にのせる。　そじょうにのせる。
〔　　〕　도마 위에 올리다.

2. 南風が吹く。　はえがふく。
〔　　〕　남풍(마파람)이 불다.

3. お寺を建立する。　おてらをこんりゅうする。
〔　　〕　절을 건립하다.

4. 急須には取っ手が付いている。　きゅうすにはとってがついている。
〔　　〕　차 주전자에는 손잡이가 달려 있다.

5. 恰好をつける。　かっこうをつける。
〔　　〕　모양을 내다(형식을 갖추다).

6. 胡麻を擂る。　ごまをする。
〔　　〕　자기의 잇속을 노려 남에게 아첨하다.

7. 事実を歪曲する。　じじつをわいきょくする。
〔　　〕　사실을 왜곡하다.

8. 海女があわびをとる。　あまがあわびをとる。
〔　　〕　해녀가 전복을 따다.

9. 洒落の通じない人。　しゃれのつうじないひと。
〔　　〕　유우머가 통하지 않는 사람.

10. 炭団に目鼻。　たどんにめはな。
〔　　〕　용모가 추함의 비유.

11. 為替相場。　かわせそうば。
〔　　〕　환시세(환율).

12. てんかんの発作を起こす。　てんかんのほっさをおこす。
〔　　〕　간질의 발작을 일으키다.

13. これはあれと相殺される。　これはあれとそうさいされる。
〔　　〕　이것은 저것과 상쇄된다.

14. 開店の祝儀。 〔　　〕
かいてんのしゅうぎ。
개점 축하로 보내는 선물이나 돈.

15. 顔に紅葉を散らす。 〔　　〕
かおにもみじをちらす。
(부끄러워서) 얼굴에 홍조를 띠다.

16. そんなことは日常茶飯事だ。 〔　　〕
そんなことはにちじょうさはんじだ。
그런 일은 일상 다반사다.

17. つけ物の重石。 〔　　〕
つけもののおもし。
채소절임의 누름돌.

18. 面子を重んずる。 〔　　〕
めんつをおもんずる。
체면을 중하게 여기다.

19. 風情のある庭。 〔　　〕
ふぜいのあるにわ。
운치가 있는 뜰.

20. 音頭をとる。 〔　　〕
おんどをとる。
선창을 하다(앞장서다).

21. 相槌を打つ。 〔　　〕
あいづちをうつ。
맞장구를 치다.

22. 海老で鯛を釣る。 〔　　〕
えびでたいをつる。
(새우로 도미를 낚다) 되로 주고 말로 받는다.

23. 風邪は万病の元。 〔　　〕
かぜはまんびょうのもと。
감기는 만병의 원인.

24. 迷子を捜す。 〔　　〕
まいごをさがす。
미아를 찾다.

〈十 画〉

1. 仏門に帰依する。 〔　　〕
ぶつもんにきえする。
불문에 귀의하다.

2. 借りる時の恵比須顔返す時の閻魔顔。 〔　　〕
かりるときのえびすがおかえすときのえんまがお。
(빌릴 때 우는 얼굴 갚을 때 무서운 얼굴)
앉아서 주고 서서 받는다.

3. 梃子でも動かぬ。 〔　　〕
てこでもうごかぬ。
온갖 수를 써도 끄떡도 하지않다.

4. 狭い料簡。
せまいりょうけん。

〔　　　〕

좁은 소견머리.

5. このごろは時化が続いている。

〔　　　〕

このごろはしけがつづいている。

요즈음은 흉어가 계속되고 있다.

6. 時雨。

〔　　　〕

しぐれ。

늦가을에서 초겨울에 걸쳐 오락가락 하는 비.

7. 時宜に適した。

〔　　　〕

じぎにてきした。

시의에 적절한.

8. 脆弱な地質。

〔　　　〕

ぜいじゃくなちしつ。

취약한 지질.

9. 一本足の安山子。

〔　　　〕

いっぽんあしのかかし。

외다리의 허수아비.

10. 挙足を取る。

〔　　　〕

あげあしをとる。

말꼬리를 잡아 트집하다.

11. 校倉造りを模した建築。

〔　　　〕

あぜくらづくりをもしたけんちく。

아제쿠라를 본떠서 만든 건축.

12. 無益の殺生をするな。

〔　　　〕

むえきのせっしょうをするな。

쓸데없는 살생을 하지 말라.

13. 涅槃会に参る。

〔　　　〕

ねはんえにまいる。

열반회에 참석하다.

14. 浴衣掛けで夕涼みをする。

〔　　　〕

ゆかたがけでゆうすずみをする。

유카타차림으로 저녁바람을 쐬다.

15. 噂が世間に流布する。

〔　　　〕

うわさがせけんにるふする。

소문이 세상에 유포되다.

16. 流石自慢するだけあって見事な出来だ。

〔　　　〕

さすがじまんするだけあってみごとなできだ。

과연 자랑할만큼 훌륭한 됨됨이다.

17. 烏有に帰する。

〔　　　〕

うゆうにきする。

(불타버려) 아무 것도 남지 않다.

18. 浜の真砂。

〔　　　〕

はまのまさご。

바닷가의 잔모래.

19. 真面目一方の人。

〔　　　〕

まじめいっぽうのひと。

진실하기만 하고 융통성이 없는 사람.

20. 苦しい破目に陥る。

くるしいはめにおちいる。

〔　　　〕　괴로운 궁지에 빠지다.

21. にこやかな笑顔。　にこやかなえがお。
〔　　　〕　방긋이 웃음 띤 얼굴.

22. 素人離れした腕。　しろうとばなれしたうで。
〔　　　〕　초보자 답지않은 능숙한 솜씨.

23. 素面では踊れない。　しらふではおどれない。
〔　　　〕　맨 정신으로는 춤을 못춘다.

24. 納戸にしまう。　なんどにしまう。
〔　　　〕　골방에 간수하다.

25. 納屋に農具をしまう。　なやにのうぐをしまう。
〔　　　〕　헛간에 농기구를 간수하다.

26. 酒色に耽溺する。　しゅしょくにたんできする。
〔　　　〕　주색에 탐닉하다.

27. 素生は争われないものだ。　すじょうはあらそわれないものだ。
〔　　　〕　혈통은 어찌할 수 없다(피는 못 속인다).

28. 般若のような顔。　はんにゃのようなかお。
〔　　　〕　반야와 같은 얼굴.

29. 蚊帳を吊る。　かやをつる。
〔　　　〕　모기장을 치다.

30. 造詣が深い。　ぞうけいが深い。
〔　　　〕　조예가 깊다.

31. 家を出た途端に雨が降り出した。　いえをでたとたんにあめがふりだした。
〔　　　〕　집을 나선 순간 비가 내리기 시작했다.

32. 春の息吹。　はるのいぶき。
〔　　　〕　봄의 숨결.

〈十一画〉

1. 友達を救った健気な子供。　ともだちをすくったけなげなこども。
〔　　　〕　친구를 구한 기특한 아이.

2. 頼みを婉曲に断わる。　たのみをえんきょくにことわる。
〔　　　〕　부탁을 완곡하게 거절하다.

3. 宿酔で頭が痛い。　ふつかよいであたまがいたい。
〔　　　〕　숙취로 머리가 아프다.

4. 常世の国。　　とこよのくに。
〔　　〕　　머나먼 상상의 나라.

5. 悪寒がする。　　おかんがする。
〔　　〕　　오한이 나다.

6. 悪戯半分に。　　いたずらはんぶんに。
〔　　〕　　장난삼아.

7. 脚立を立てる。　　きゃたつをたてる。
〔　　〕　　접사다리를 놓다.

8. 脚気で足がむくむ。　　かっけであしがむくむ。
〔　　〕　　각기(병)으로 다리가 붓다.

9. 今夜は望月だ。　　こんやはもちづきだ。
〔　　〕　　오늘밤은 보름달이다.

10. 屋根に梯子を掛ける。　　やねにはしごをかける。
〔　　〕　　지붕에 사다리를 놓다.

11. 烽火をあげて合図をする。　　のろしをあげてあいずをする。
〔　　〕　　봉화를 올려 신호하다.

12. 産声をあげる。　　うぶごえをあげる。
〔　　〕　　고고성을 울리다.

13. 庭に細雪が降りしく。　　にわにささめゆきがふりしく。
〔　　〕　　뜰에 싸락눈이 온통 깔리다.

14. 人を虚仮にするな。　　ひとをこけにするな。
〔　　〕　　사람을 바보로 만들지 말라.

15. 虚空をつかんで倒れる。　　こくうをつかんでたおれる。
〔　　〕　　벌렁 나자빠지다.

16. 彼女は私の許嫁です。　　かのじょはわたしのいいなずけです。
〔　　〕　　그녀는 나의 약혼자입니다.

17. 訥弁で話す。　　とつべんではなす。
〔　　〕　　눌변으로 이야기하다.

18. 貪欲な雇い主。　　どんよくなやといぬし。
〔　　〕　　탐욕적인 고용주.

19. 胡座をかく。　　あぐらをかく。
〔　　〕　　책상다리를 하다. 편히 앉다.

20. 転寝で風邪をひく。　　うたたねでかぜをひく。

〔　　〕　선잠을 자다가 감기가 들다.

21. 目の真下に大きな黒子がある。　めのましたにおおきなほくろがある。
〔　　〕　눈 바로 아래 큰 검은 점이 있다.

22. 雪崩を打って押し寄せる。　なだれをうっておしよせる。
〔　　〕　우르르 한꺼번에 밀어닥치다.

23. 得体の知れぬ魚が釣れた。　えたいのしれぬさかながつれた.
〔　　〕　무엇인지 알 수 없는 고기가 낚였다.

〈十二画〉

1. 新薬の効果が世間に喧伝される。　しんやくのこうかがせけんにけんでんされる。
〔　　〕　신약의 효과가 세상에 떠들석하게 선전되다.

2. 混乱を惹起する。　こんらんをじゃっきする。
〔　　〕　혼란을 야기하다.

3. 提灯に釣鐘。　ちょうちんにつりがね。
〔　　〕　(제등과 범종은)모양이 비슷하나 내용은 비할 바가 못 됨.

4. 普請中により休業。　ふしんちゅうによりきゅうぎょう。
〔　　〕　공사중이므로 휴업.

5. 無花果には卵大の実が成る。　いちじくにはたまごだいのみがなる。
〔　　〕　무화과에는 계란만한 열매가 열린다.

6. 無碍の境地に達する。　むげのきょうちにたっする。
〔　　〕　무애의 경지에 도달하다.

7. 結納を取り交わす。　ゆいのうをとりかわす。
〔　　〕　약혼 선물을 교환하다.

8. 衆生済度。　しゅじょうさいど。
〔　　〕　중생제도.

9. 雪合戦。　ゆきがっせん。
〔　　〕　눈싸움.

10. 全国遊説の旅に赴く。　ぜんこくゆうぜいのたびにおもむく。
〔　　〕　전국유세길에 오르다.

11. 痘痕もえくぼ。　あばたもえくぼ。
〔　　〕　사랑하면 마마자국도 보조개로 보임.

〈十三画〉

1. 嗚咽の声。　　おえつのこえ。
〔　　〕　　흐느껴 우는 소리.

2. 嗜好は人によってまちまちだ。　　しこうはひとによってまちまちだ。
〔　　〕　　기호는 사람에 따라 가지각색이다.

3. 汁の塩梅はどうですか。　　しるのあんばいはどうですか。
〔　　〕　　국의 간은 어떻습니까?

4. 愛弟子に跡を継がせる。　　まなでしにあとをつがせる。
〔　　〕　　수제자에게 뒤를 잇게 하다.

5. 先例が数多ある。　　せんれいがあまたある。
〔　　〕　　선례가 허다히 있다.

6. 数奇を凝らす。　　すきをこらす。
〔　　〕　　십분 아취를 살리다.

7. 数珠をつまぐる。　　じゅずをつまぐる。
〔　　〕　　염주알을 손가락 끝으로 하나하나 굴려 넘기다.

8. 楊枝で重箱のすみをほじくる。　　ようじでじゅうばこのすみをほじくる。
〔　　〕　　(이쑤시개로 찬합 구석을 후비다) 사소한 일에까지 간섭하거나 트집잡다.

9. 煩悩の虜になる。　　ぼんのうのとりこになる。
〔　　〕　　번뇌의 포로가 되다. (사로잡히다).

10. 賄賂で買収する。　　わいろでばいしゅうする。
〔　　〕　　뇌물로 매수하다.

11. 雉子も鳴かずば打たれまい。　　きじもなかずはうたれまい。
〔　　〕　　(꿩도 울지 않으면 총에 맞지 않을 것이다) 불필요한 언사를 삼가면 화를 입지 않는다.

12. 暖簾を分ける。　　のれんをわける。
〔　　〕　　같은 상호로 분점을 차려 주다.

13. 怠け者の節句働き。　　なまけもののせっくばたらき。
〔　　〕　　게으름뱅이의 명절에 일하기.

〈十四画〉

1. 厭世主義。　　えんせいしゅぎ。

〔　　　〕 염세주의

2. 就職を斡旋する。 しゅうしょくをあっせんする。
〔　　　〕 취직을 알선하다.

3. 漁火が波に映える。 いさりびがなみにはえる。
〔　　　〕 고기잡이불이 파도에 비친다.

4. なかなか算盤高い人だからね。 なかなかそろばんだかいひとだからね。
〔　　　〕 아주 타산적인 사람이니까요.

5. 稲熱病。 いもちびょう。
〔　　　〕 도열병.

6. 誤謬を犯す。 ごびゅうをおかす。
〔　　　〕 오류를 범하다.

7. 刑法不遡及の原則。 けいほうふそきゅうのげんそく。
〔　　　〕 형법불소급의 원칙.

8. 雑木を切る。 ぞうきをきる。
〔　　　〕 잡목을 베내다.

9. 雑魚のととまじり。 ざこのととまじり。
〔　　　〕 거물 틈에 소인이 끼어서 몹시 어색함.

10. 読経のうちに焼香をすませる。 どきょうのうちにしょうこうをすませる。
〔　　　〕 독경하는 사이에 분향을 마치다.

11. 境内を散歩する。 けいだいをさんぽする。
〔　　　〕 경내를 산책하다.

### 〈十五画〉

1. 年を取るとなにをするのも億劫になる。 としをとるとなにをするのもおっくうになる。
나이가 들면 매사가 귀찮아진다.
〔　　　〕

2. 彼を不適任と見たのは僻目か。 かれをふてきにんとみたのはひがめか。
〔　　　〕 그를 부적임자로 본 것은 잘못 본건가.

3. 悪徳の権化。 あくとくのごんげ。
〔　　　〕 악덕의 화신.

4. 糊口をしのぐ。 ここうをしのぐ。
〔　　　〕 입에 풀칠을 하다.

5. 金が借りたくても質物がない。
〔　　　〕
かねがかりたくてもしちもつがない。
돈을 빌리고 싶어도 잡힐 물건이 없다.

6. 三界六道に輪廻する。
〔　　　〕
さんがいろくどうにりんねする。
삼계육도에 윤회하다.

7. 横柄な口をきく。
〔　　　〕
おうへいなくちをきく。
거만스럽게 말하다.

〈十六画〉

1. 鬼の霍乱。
〔　　　〕
おにのかくらん。
평소 건강하던 사람이 병들어 누움.

2. 頭巾を被る。
〔　　　〕
ずきんをかぶる。
두건을 쓰다.

3. 親身も及はぬ看病。
〔　　　〕
しんみもおよばぬ看病.
육친도 미치지 못할 정성스런 병간호.

〈十七画〉

1. あつものに懲りて膾を吹く。
〔　　　〕
あつものにこりてなますをふく。
자라보고 놀란 가슴 솥뚜껑 보고 놀란다.

2. 鍛冶屋。
〔　　　〕
かじや。
대장장이.

〈十八画〉

1. 運動不足で贅肉がついた。
〔　　　〕
うんどうぶそくでぜいにくがついた。
운동부족으로 군살이 붙었다.

〈二十画〉

1. 神に罪を懺悔する。
〔　　　〕
かみにつみをざんげする。
하느님에게 죄를 참회하다.

## 8. 俗談

1. 悪事千里を行く。 あくじせんりをゆく。
〔　　〕 발 없는 말이 천리를 간다.

2. 足が棒になる。 あしがぼうになる。
〔　　〕 다리가 뻣뻣해지다.

3. 羹に懲りて膾を吹く。 あつものにこりてなますをふく。
〔　　〕 자라보고 놀란 가슴 솥뚜껑보고 놀란다.

4. 後の祭り。 あとのまつり。
〔　　〕 행차 뒤의 나팔.

5. 後は野となれ山となれ。 あとはのとなれやまとなれ。
〔　　〕 나중에야 산수갑산을 갈지라도.

6. 痘痕も靨。 あばたもえくぼ。
〔　　〕 제 눈에 안경이다.

7. 虻蜂捕らず。 あぶはちとらず。
〔　　〕 게도 구럭도 다 놓친다.

8. 石橋を叩いて渡る。 いしばしをたたいてわたる。
〔　　〕 돌다리도 두들겨보고 건너라.

9. 急がば回れ。 いそがばまわれ。
〔　　〕 급할수록 돌아가라.

10. 一寸の虫にも五分の魂。 いっすんのむしにもごぶのたましい。
〔　　〕 지렁이도 밟으면 꿈틀거린다.

11. 犬も歩けば棒に当る。 いぬもあるけばぼうにあたる。
〔　　〕 부지런히 행동하면 행운을 얻는다.

12. 芋の煮えたもご存じない。 いものにえたもごぞんじない。
〔　　〕 세상 물정에 어둡다.

13. 牛に引かれて善光寺詣り。 うしにひかれてぜんこうじまいり。
〔　　〕 친구따라 강남간다.

14. 鵜の真似する烏水に溺れる。 うのまねするからすみずにおぼれる。
〔　　〕 뱁새가 황새를 따라가다 다리가 찢어진다.

15. 馬の耳に念仏。 うまのみみにねんぶつ。
〔　　〕 소 귀에 경 읽기.

16. 売り言葉に買い言葉。
〔　　　〕
うりことばにかいことば。
오는 말이 고와야 가는 말이 곱다.

17. 噂をすれば影がさす。
〔　　　〕
うわさをすればかげがさす。
호랑이도 제 말하면 온다.

18. 得手に帆を上げる。
〔　　　〕
えてにほをあげる。
순풍에 돛 단격.

19. 蝦で鯛を釣る。
〔　　　〕
えびでたいをつる。
되로 주고 말로 받는다.

20. 同じ穴の狢。
〔　　　〕
おなじあなのむじな。
한통속.

21. 鬼に金棒。
〔　　　〕
おににかなぼう。
범에 날개.

22. 溺れる者は藁をも掴む。
〔　　　〕
おぼれるものはわらをもつかむ。
물에 빠진 사람은 지푸라기라도 잡는다.

23. 思い立ったが吉日。
〔　　　〕
おもいたったがきちじつ。
쇠뿔도 단김에 빼라.

24. 風が吹けば桶屋が儲かる。
〔　　　〕
かぜがふけばおけやがもうかる。
어떤 것이 원인이 되어 엉뚱한 결과가 생기다.

25. 壁に耳あり障子に目あり。
〔　　　〕
かべにみみありしょうじにめあり。
낮말은 새가 듣고 밤말은 쥐가 듣는다.

26. 鴨が葱を背負って来る。
〔　　　〕
かもがねぎをしょってくる。
호박이 넝쿨채로 굴러 떨어졌다.

27. 借りてきた猫。
〔　　　〕
かりてきたねこ。
꾸어다 놓은 보릿자루.

28. 弘法にも筆の誤り。
〔　　　〕
こうぼうにもふでのあやまり。
원숭이도 나무에서 떨어진다.

29. 紺屋の白袴。
〔　　　〕
こうやのしろばかま。
대장간에 식칼이 논다.

30. 転ばぬ先の杖。
〔　　　〕
ころばぬさきのつえ。
유비무환.

31. 触らぬ神に祟りなし。
〔　　　〕
さわらぬかみにたたりなし。
긁어 부스럼.

32. 山椒は小粒でもぴりりと辛い。
さんしょうはこつぶでもぴりりとからい。

〔　　　〕　작은 고추가 맵다.

33. 三人寄れば文殊の知恵。　さんにんよればもんじゅのちえ。
〔　　　〕　백짓장도 맞들면 낫다.

34. 知らぬが仏。　しらぬがほとけ。
〔　　　〕　모르는 게 약이다.

35. 空き腹にまずい物なし。　すきばらにまずいものなし。
〔　　　〕　시장이 반찬이라.

36. 住めば都。　すめばみやこ。
〔　　　〕　정들면 고향.

37. 栴檀は双葉より芳し。　せんだんはふたばよりかんばし。
〔　　　〕　될성부른 나무는 떡잎부터 다르다.

38. 船頭多くして船山に上る。　せんどうおおくしてふねやまにのぼる。
〔　　　〕　사공이 많으면 배가 산으로 올라간다.

39. 備え有れば患いなし。　そなえあればうれいなし。
〔　　　〕　유비무환.

40. 高嶺の花。　たかねのはな。
〔　　　〕　그림의 떡.

41. 立て板に水。　たていたにみず。
〔　　　〕　청산유수.

42. 棚から牡丹餅。　たなからぼたもち。
〔　　　〕　아닌 밤중에 차시루떡.

43. 玉磨かざれば光なし。　たまみがかざればひかりなし。
〔　　　〕　구슬이 서말이라도 꿰어야 보배.

44. 塵も積もれば山となる。　ちりもつもればやまとなる。
〔　　　〕　티끌모아 태산.

45. 出る杭は打たれる。　でるくいはうたれる。
〔　　　〕　모난 돌이 정 맞는다.

46. 灯台下暗し。　とうだいもとくらし。
〔　　　〕　등잔 밑이 어둡다.

47. 隣の花は赤い。　となりの花はあかい。
〔　　　〕　남의 떡이 커 보인다.

48. 捕らぬ狸の皮算用。　とらぬたぬきのかわざんよう。
〔　　　〕　김치국부터 마신다.

49. 泥棒を見て縄を綯う。 どろぼうをみてなわをなう。
〔　　　〕 소 잃고 외양간 고친다.

50. 団栗の背競べ。 どんぐりのせいくらべ。
〔　　　〕 도토리 키 재기.

51. 鳶が鷹を生む。 とんびがたかをうむ。
〔　　　〕 개천에서 용 난다.

52. 泣き面に蜂。 なきつらにはち。
〔　　　〕 엎친 데 덮치기.

53. なしの礫。 なしのつぶて。
〔　　　〕 함흥차사.

54. 生兵法は大怪我の元。 なまびょうほうはおおけがのもと。
〔　　　〕 선 무당이 사람 죽인다.

55. 二階から目薬。 にかいからめぐすり。
〔　　　〕 별 효과가 없음.(남의 다리 긁기)

56. 二束三文。 にそくさんもん。
〔　　　〕 싸구려.

57. 盗人にも三分の理。 ぬすびとにもさんぶのり。
〔　　　〕 처녀가 애를 낳고도 할 말이 있다.

58. 猫に鰹節。 ねこにかつおぶし。
〔　　　〕 고양이 보고 반찬가게 지켜달란다.

59. 寝耳に水。 ねみみにみず。
〔　　　〕 아닌 밤중에 홍두깨.

60. 暖簾に腕押し。 のれんにうでおし。
〔　　　〕 호박에 침 주기.

61. 庇を貸して母屋を取られる。 ひさしをかしておもやをとられる。
〔　　　〕 행랑 빌면 안방까지 든다.

62. 火のない所に煙は立たぬ。 ひのないところにけむりはたたぬ。
〔　　　〕 아니 땐 굴뚝에 연기나랴.

63. 瓢箪から駒が出る。 ひょうたんからこまがでる。
〔　　　〕 뜻 밖의 일이 일어나다.

64. 夫婦喧嘩は犬も食わぬ。 ふうふげんかはいぬもくわぬ。
〔　　　〕 부부싸움은 칼로 물베기.

65. 覆水盆に返らず。 ふくすいぼんにかえらず。

〔　　〕 엎지른 물.

66. 袋のねずみ。 ふくろのねずみ。
〔　　〕 독 안에 든 쥐.

67. 下手の道具調べ。 へたのどうぐしらべ。
〔　　〕 서툰 목수 연장 나무란다.

68. 坊主憎けりゃ袈裟まで憎い。 ぼうずにくけりゃけさまでにくい。
〔　　〕 며느리가 미우면 손자까지 밉다.

69. 骨折り損のくたびれ儲け。 ほねおりぞんのくたびれもうけ。
〔　　〕 게 잡아 물에 놓았다.

70. 馬子にも衣装。 まごにもいしょう。
〔　　〕 옷이 날개.

71. 待てば海路の日和あり。 まてばかいろのひよりあり。
〔　　〕 쥐구멍에도 볕들 날 있다.

72. 木乃伊取りが木乃伊になる。 ミイラとりがミイラになる。
〔　　〕 함흥차사.

73. 三日坊主。 みっかぼうず。
〔　　〕 작심삼일.

74. 三つ子の魂百まで。 みつごのたましいひゃくまで。
〔　　〕 세살적 버릇 여든까지 간다.

75. 目糞鼻糞を笑う。 めくそはなくそをわらう。
〔　　〕 똥 묻은 개가 겨 묻은 개를 나무란다.

76. 目に一丁字なし。 めにいっていじなし。
〔　　〕 낫 놓고 기역자도 모른다.

77. 目の上の瘤。 めのうえのこぶ。
〔　　〕 눈엣 가시.

78. 元の木阿弥。 もとのもくあみ。
〔　　〕 도로아미타불.

79. 門前の小僧習わぬ経を読む。 もんぜんのこぞうならわぬきょうをよむ。
〔　　〕 서당개 삼년에 풍월을 읊는다.

80. 焼け石に水。 やけいしにみず。
〔　　〕 언 발에 오줌누기.

81. 安物買いの銭失い。 やすものかいのぜにうしない。
〔　　〕 싼 것이 비지떡.

82. 柳の下にいつも泥鰌は居らぬ。 やなぎのしたにいつもどじょうはおらぬ。
〔　　　〕 장마다 망둥이 날까.

83. 藪をつついて蛇を出す。 やぶをつついてへびをだす。
〔　　　〕 긁어 부스럼.

84. 弱り目に祟り目。 よわりめにたたりめ。
〔　　　〕 설상가상.

85. 類は友を呼ぶ。 るいはともをよぶ。
〔　　　〕 유유상종.

86. 渡りに舟。 わたりにふね。
〔　　　〕 가던 날이 장날이라.

87. 笑う門には福来る。 わらうかどにはふくきたる。
〔　　　〕 소문만복래.

88. 破れ鍋に綴じ蓋。 われなべにとじぶた。
〔　　　〕 짚신도 짝이 있다.

# 第3部　日本語漢字 쓰기

## 1. 音으로 읽는 漢字

### (1) 音이 한 가지 뿐인 漢字

1. テツでできた置き物。
〔　　　〕
鉄でできたおきもの。
쇠로 만든 장식물.

2. 日本古来のノウを観賞する。
〔　　　〕
にほんこらいの能をかんしょうする。
일본고래의 노오를 감상하다.

3. 作文のダイを決める。
〔　　　〕
さくぶんの題をきめる。
작문의 제목을 결정하다.

4. 季候風土にテキした家。
〔　　　〕
きこうふうどに適したいえ。
기후풍토에 적합한 집.

5. だれでも納得するロンを述べる。
〔　　　〕
だれでもなっとくする論をのべる。
누구라도 납득할 견해를 진술하다.

6. 医者にミャクをはかってもらう。
〔　　　〕
いしゃに脈をはかってもらう。
의사에게 진맥을 받다.

7. 太陽が西の空にボッする。
〔　　　〕
たいようがにしのそらに没する。
태양이 서쪽 하늘로 사라지다.

8. 海のむこうにリクが見えた。
〔　　　〕
うみのむこうに陸がみえた。
바다의 저쪽에 뭍이 보였다.

9. 多くのヒョウを得て当選した。
〔　　　〕
おおくの票をえてとうせんした。
많은 표를 얻어 당선됐다.

10. 社員のためのリョウにはいる。
〔　　　〕
しゃいんのための寮にはいる。
사원을 위한 기숙사에 들어가다.

11. 進歩的なトウを支持する。
〔　　　〕
しんぽてきな党をしじする。
진보적인 정당을 지지하다.

12. 質問にはいっさいオウじない。
〔　　　〕
しつもんにはいっさい応じない。
질문에는 일체 대답하지 않다.

13. 多くの人々からオンを受けた。
〔　　　〕
おおくのひとびとから恩をうけた。
많은 사람들로부터 은혜를 입었다.

14. 声高らかに詩をギンずる。
こえたからかにしを吟ずる。

| | |
|---|---|
| 〔　　　〕 | 소리를 드높여 시를 읊조리다. |
| 15. 音楽会でショウを授けられた。 | おんがくかいで賞をさずけられた。 |
| 〔　　　〕 | 음악회에서 상을 탔다. |
| 16. 矢がコを描いて飛んだ。 | やが弧をえがいてとんだ。 |
| 〔　　　〕 | 화살이 호를 그리며 날아갔다. |
| 17. 自分に合ったショクにつく。 | じぶんにあった職につく。 |
| 〔　　　〕 | 자신에게 맞는 직무를 맡다. |
| 18. 列車がエキで止まった。 | れっしゃが駅でとまった。 |
| 〔　　　〕 | 열차가 역에서 멈추었다. |
| 19. 車のジクが折れた。 | くるまの軸がおれた。 |
| 〔　　　〕 | 차축이 부러졌다. |
| 20. ひそかにサクを練る。 | ひそかに策をねる。 |
| 〔　　　〕 | 남모르게 계책을 짜다. |
| 21. 友人とゴを打って楽しむ。 | ゆうじんと碁をうってたのしむ。 |
| 〔　　　〕 | 친구와 바둑을 두며 즐기다. |
| 22. はやく来た人からジュンに並ぶ。 | はやくきたひとから順にならぶ。 |
| 〔　　　〕 | 빨리 온 사람 순으로 줄을 서다. |
| 23. 最も適当なアンを採用する。 | もっともてきとうな案をさいようする。 |
| 〔　　　〕 | 가장 적당한 안을 채용하다. |
| 24. この本は持ち出しをキンじます。 | このほんはもちだしを禁じます。 |
| 〔　　　〕 | 이책은 반출을 금합니다. |
| 25. お祝いのエンに出席した。 | おいわいの宴にしゅっせきした。 |
| 〔　　　〕 | 축하연에 참가했다. |
| 26. 相手の気持ちをサッする。 | あいてのきもちを察する。 |
| 〔　　　〕 | 상대의 마음을 헤아리다. |
| 27. すぐれたゲイを見せる。 | すぐれた芸をみせる。 |
| 〔　　　〕 | 훌륭한 솜씨를 보이다. |
| 28. 身分は正式の社員にジュンずる。 | みぶんはせいしきのしゃいんに準ずる。 |
| 〔　　　〕 | 신분은 정식사원에 준한다. |
| 29. またやり直せとはコクな話だ。 | またやりなおせとは酷なはなしだ。 |
| 〔　　　〕 | 또 다시 하라고 하는 것은 가혹한 이야기다. |
| 30. 心からアイしている人。 | こころから愛しているひと。 |

〔　　〕　진심으로 사랑하고 있는 사람.

31. ばかばかしくて二のクがつげない。　ばかばかしくてにの句がつげない。
〔　　〕　어처구니가 없어서 할 말이 없다.

32. 着物に家のモンをつける。　きものにいえの紋をつける。
〔　　〕　옷에 가문(家紋)을 새기다.

33. ゾクは窓からはいったらしい。　賊はまどからはいったらしい。
〔　　〕　도둑은 창문으로 들어온 것 같다.

34. おいしいニクが食べたい。　おいしい肉がたべたい。
〔　　〕　맛있는 고기가 먹고 싶다.

35. チュウを飛ぶように走っていった。　宙をとぶようにはしっていった。
〔　　〕　하늘을 날듯이 달려 갔다.

36. 一生をボウにふってしまう。　いっしょうを棒にふってしまう。
〔　　〕　일생을 헛되게 하고 말다.

37. 再会をヤクして別れた。　さいかいを約してわかれた。
〔　　〕　재회를 약속하고 헤어졌다.

38. 友人に手紙をタクす。　ゆうじんにてがみを託す。
〔　　〕　친구에게 편지를 보내다.

39. 彼はトクの高い人だ。　かれは徳のたかいひとだ。
〔　　〕　그는 덕망이 높은 사람이다.

40. もっとよいテンをとりたい。　もっとよい点をとりたい。
〔　　〕　더 좋은 점수를 받고 싶다.

41. 帰国のトについた。　きこくの途についた。
〔　　〕　귀국길에 올랐다.

42. どうもミョウな気分だ。　どうも妙なきぶんだ。
〔　　〕　어쩐지 이상한 기분이다.

43. 開会をセンする。　かいかいを宣する。
〔　　〕　개회를 선언하다.

44. 相手のジンへ攻めこむ。　あいての陣へせめこむ。
〔　　〕　상대의 진지에 공격해 들어가다.

45. ネンを入れて仕事をする。　念をいれてしごとをする。
〔　　〕　매우 조심해서 일을 하다.

46. タの人の意見も聞く。 他のひとのいけんもきく。
〔 〕 다른 사람의 의견도 듣다.

47. 日本美術のスイを集めた本。 にほんびじゅつの粋をあつめたほん。
〔 〕 일본 미술의 정수를 모은 책

48. 病院でニョウの検査をする。 びょういんで尿のけんさをする。
〔 〕 병원에서 소변검사를 하다.

49. これはタンなる偶然ではない。 これは単なるぐうぜんではない。
〔 〕 이것은 단순한 우연은 아니다.

50. 先んずれば人をセイす。 さきんずればひとを制す。
〔 〕 선수를 쓰면 남을 누를 수 있다.

51. この点はトクに注意せよ。 このてんは特にちゅういせよ。
〔 〕 이점은 특히 주의해요.

52. ビに入り細をうがった説明。 微にいりさいをうがったせつめい。
〔 〕 아주 자세한 설명.

53. 新しいフクを着ていく。 あたらしい服をきていく。
〔 〕 새옷을 입고 가다.

54. 百万の人口をヨウする都市。 ひゃくまんのじんこうを擁するとし。
〔 〕 백만 인구를 수용하는 도시.

55. 山へ犬をつれてリョウに出かける。 やまへいぬをつれて猟にでかける。
〔 〕 산에 개를 데리고 사냥하러 가다.

56. 社員のロウをねぎらう。 しゃいんの労をねぎらう。
〔 〕 사원의 노고를 위로하다.

57. 詳しいことはリャクします。 くわしいことは略します。
〔 〕 자세한 것은 생략합니다.

58. 実物とは似てヒなるもの。 じつぶつとはにて非なるもの。
〔 〕 실물과는 언뜻보아 비슷하나 다른 것

59. 菓子をおボンに入れて出す。 おかしをお盆にいれてだす。
〔 〕 과자를 쟁반에 담아내다.

60. ロの中で赤々と火が燃えている。 炉のなかであかあかとひがもえている。
〔 〕 화로 속에서 새빨갛게 불이 타고 있다.

61. 彼はなかなかベンが立つ。 かれはなかなか弁がたつ。
〔 〕 그는 꽤 달변이다.

| | |
|---|---|
| 62. 他人のハンとなるような行い。<br>〔　　　〕 | たにんの範となるようなおこない。<br>타인의 모범이 될만한 행동. |
| 63. やっと私のバンがまわってきた。<br>〔　　　〕 | やっとわたしの番がまわってきた。<br>겨우 내 차례가 돌아왔다. |
| 64. 主役をエンじる。<br>〔　　　〕 | しゅやくを演じる。<br>주역을 맡아 하다. |
| 65. 庭にキクの花が咲いている。<br>〔　　　〕 | にわに菊のはながさいている。<br>정원에 국화꽃이 피어 있다. |
| 66. 判決で重いケイを言い渡された。<br>〔　　　〕 | はんけつでおもい刑をいいわたされた。<br>판결에서 중형을 선고 받았다. |
| 67. 機会をイッしないことが大切だ。<br>〔　　　〕 | きかいを逸しないことがたいせつだ。<br>기회를 놓치지 않는 것이 중요하다. |
| 68. 優勝戦で大敗をキッした。<br>〔　　　〕 | ゆうしょうせんでたいはいを喫した。<br>우승전에서 대패를 당했다. |
| 69. 作物にガイを与える虫。<br>〔　　　〕 | さくもつに害をあたえるむし。<br>작물에 해를 주는 벌레. |
| 70. ゲキの脚本を書く。<br>〔　　　〕 | 劇のきゃくほんをかく。<br>극의 각본을 쓰다. |
| 71. シュウに一回ずつ発行する。<br>〔　　　〕 | 週にいっかいずつはっこうする。<br>주 1회씩 발행한다. |
| 72. へやの入り口にジョウをかける。<br>〔　　　〕 | へやのいりぐちに錠をかける。<br>방 입구에 자물쇠를 걸다. |
| 73. 番兵にジュウを突きつけられた。<br>〔　　　〕 | ばんぺいに銃をつきつけられた。<br>보초병이 총을 들이댔다. |
| 74. はなやかなシキに参列する。<br>〔　　　〕 | はなやかな式にさんれつする。<br>화려한 식에 참석하다. |
| 75. シュに交われば赤くなる。<br>〔　　　〕 | 朱にまじわればあかくなる。<br>사람은 사귀는 친구에 감화된다(근묵자흑). |
| 76. 国民のシンを失った王様。<br>〔　　　〕 | こくみんの信をうしなったおうさま。<br>국민의 신임을 잃은 임금님. |
| 77. ギンで作った皿で食事する。<br>〔　　　〕 | 銀でつくったさらでしょくじする。<br>은으로 만든 접시로 식사한다. |
| 78. とらのイを借るきつね。 | とらの威をかるきつね。 |

〔　　　〕　호가호위(狐仮虎威)

79. 急いで対策をコウじる。　いそいでたいさくを講じる。
〔　　　〕　급히 대책을 강구하다.

80. 大変うれしくカンじました。　たいへんうれしく感じました。
〔　　　〕　매우 기쁘게 생각했읍니다.

81. 怠け者の心にカツを入れる。　なまけもののこころに活をいれる。
〔　　　〕　게으름뱅이의 마음에 자극을 주다.

82. 国王にエッすることができた。　こくおうに謁することができた。
〔　　　〕　국왕에게 알현할 수 있었다.

83. 服の色はコンが好きだ。　ふくのいろは紺がすきだ。
〔　　　〕　옷색은 감색을 좋아한다.

84. すぐれたシの教えをうける。　すぐれた師のおしえをうける。
〔　　　〕　훌륭한 스승의 가르침을 받다.

85. 大空に高いトウがそびえている。　おおぞらにたかい塔がそびえている。
〔　　　〕　넓은 하늘에 높은 탑이 우뚝 솟아 있다.

86. 答えは下のランに書きなさい。　こたえはしたの欄にかきなさい。
〔　　　〕　답은 아래의 난에 쓰시오.

87. どんな困難にもクッしない人。　どんなこんなんにも屈しないひと。
〔　　　〕　어떠한 곤란에도 굴하지 않는 사람.

88. 寺に行ってゼンの修行をする。　てらにいって禅のしゅぎょうをする。
〔　　　〕　절에 가서 선의 수행을 하다.

89. 映画の前売ケンを買う。　えいがのまえうり券をかう。
〔　　　〕　영화의 예매권을 사다.

90. 子供のようにジュンな心の持ち主。　こどものようにな純こころのもちぬし。
〔　　　〕　어린이와 같이 순수한 마음의 소유자.

91. 自分のセキに座りなさい。　じぶんの席にすわりなさい。
〔　　　〕　자기 자리에 앉으세요.

92. 審査員のヒョウを聞く。　しんさいんの評をきく。
〔　　　〕　심사원의 평을 듣다.

93. まっすぐなセンを書く。　まっすぐな線をかく。
〔　　　〕　직선을 긋다.

94. 病気のもとになるキンを発見した。　びょうきのもとになる菌をはっけんした。
〔　　　〕　병의 원인이 되는 균을 발견했다.

| | |
|---|---|
| 95. あしたのバンは名月を見よう。<br>〔　　　〕 | あしたの晩はめいげつをみよう。<br>내일 밤에는 보름달을 보자. |
| 96. 剣道でやっとダンを取った。<br>〔　　　〕 | けんどうでやっと段をとった。<br>검도에서 겨우 단을 땄다. |
| 97. 寺にはたくさんのおドウがある。<br>〔　　　〕 | てらにはたくさんのお堂がある。<br>절에는 많은 당집이 있다. |
| 98. ドクを持った蛇にかまれた。<br>〔　　　〕 | 毒をもったへびにかまれた。<br>독을 가진 뱀에게 물렸다. |
| 99. 夜をテッしてがんばった。<br>〔　　　〕 | よを徹してがんばった。<br>철야로 견인발분했다. |
| 100. 人数を今のバイにふやす。<br>〔　　　〕 | にんずうをいまの倍にふやす。<br>인원수를 지금의 배로 늘리다. |
| 101. カンを蓋うて事定まる。<br>〔　　　〕 | 棺をおおうてことさだまる。<br>관의 뚜껑을 덮은 후에 판정이 난다. |
| 102. 記念のためのヒをたてる。<br>〔　　　〕 | きねんのための碑をたてる。<br>기념으로 비를 세우다. |
| 103. 彼の意見はリにかなっている。<br>〔　　　〕 | かれのいけんは理にかなっている。<br>그의 의견은 이치에 맞다. |
| 104. ゼイを納めるのは国民の義務だ。<br>〔　　　〕 | 税をおさめるのはこくみんのぎむだ。<br>세금을 내는 것은 국민의 의무이다. |
| 105. 骨のズイまで食べつくす。<br>〔　　　〕 | ほねの髄までたべつくす。<br>몽땅 다 먹어 치우다. |
| 106. 柔よくゴウを制すという。<br>〔　　　〕 | じゅうよく剛をせいすという。<br>능유제강(能柔制剛)이라고 한다. |
| 107. 日本の仏教界を代表するソウ。<br>〔　　　〕 | にほんのぶっきょうかいをだいひょうする僧。<br>일본 불교계를 대표하는 스님. |
| 108. 近代医学のソと言われる人。<br>〔　　　〕 | きんだいいがくの祖といわれるひと。<br>근대의학의 비조라 불리는 사람. |
| 109. ルイは友を呼ぶ。<br>〔　　　〕 | 類はともをよぶ。<br>유유상종. |
| 110. 事実にソクして考える。<br>〔　　　〕 | じじつに即してかんがえる。<br>사실에 입각해서 생각하다. |

### (2) 音이 두 가지인 漢字

1. 動物園でゾウを見た。 どうぶつえんで象をみた。
〔　　　〕 동물원에서 코끼리를 봤다.
南極で気ショウ状況を調査する。 なんきょくでき象じょうきょうをちょうさする。
〔　　　〕 남극에서 기상상황을 조사하다.

2. 社会のために貢ケンする。 しゃかいのためにこう献する。
〔　　　〕 사회를 위해 공헌하다.
食事のコン立を考える。 しょくじの献だてをかんがえる。
〔　　　〕 식사의 식단을 생각하다.

3. 約束のキ間は二か月だ。 やくそくの期かんはにかげつだ。
〔　　　〕 약속기간은 2개월이다.
あわれな最ゴを遂げる。 あわれなさい期をとげる。
〔　　　〕 불행한 최후를 마치다.

4. 自動車のコウ場で働く。 じどうしゃの工じょうではたらく。
〔　　　〕 자동차공장에서 일하다.
大クに家を建ててもらう。 だい工にいえをたててもらう。
〔　　　〕 목수가 집을 지어주다.

5. 新大陸をハッ見した。 しんたいりくを発けんした。
〔　　　〕 신대륙을 발견했다.
新しい事業のホッ起人となる。 あたらしいじぎょうの発きにんとなる。
〔　　　〕 새 사업의 발기인이 되다.

6. 厳重にフウをして手渡す。 げんじゅうに封をしててわたす。
〔　　　〕 엄중히 봉해서 직접주다.
ホウ建的な考え方の人。 封けんてきなかんがえかたのひと。
〔　　　〕 봉건적 생각을 가진 사람.

7. ザッ誌に論文を書く。 雑しにろんぶんをかく。
〔　　　〕 잡지에 논문을 쓰다.
相手に悪口ゾウ言をあびせる。 あいてにあっこう雑ごんをあびせる。
〔　　　〕 상대에게 욕설을 퍼붓다.

8. 論キョを明らかにしてほしい。 ろん拠をあきらかにしてほしい。
〔　　　〕 논거를 밝혀 주시오.
証コがなくては犯人とは言えない。 しょう拠がなくてははんにんとはいえない。
〔　　　〕 증거가 없고서는 범인이라고는 할 수 없다.

9.　電車のモ型を作る。　　でんしゃの模けいをつくる。
〔　　　〕　　전차의 모형을 만들다.
もっと規ボの大きい農業をしたい。　　もっとき模のおおきいのうぎょうをしたい。
〔　　　〕　　좀 더 큰 규모의 농업을 하고싶다.

10.　カッ期的な発見をした人。　　画きてきなはっけんをしたひと。
〔　　　〕　　획기적인 발견을 한 사람.
久しぶりで映ガを見る。　　ひさしぶりでえい画をみる。
〔　　　〕　　오랜만에 영화를 보다.

11.　反タイの意見を述べる。　　はん対のいけんをのべる。
〔　　　〕　　반대 의견을 말하다.
一ツイの茶碗。　　いっ対のちゃわん。
〔　　　〕　　한 벌의 공기.

12.　多くのザイ産がある。　　おおくの財さんがある。
〔　　　〕　　많은 재산이 있다.
サイ布の底をはたく。　　財ふのそこをはたく。
〔　　　〕　　가진 돈을 죄다 쓰다.

13.　できるだけセイ密に描きなさい。　　できるだけ精みつにえがきなさい。
〔　　　〕　　가능한 한 정밀하게 그려주세요.
お寺でショウ進料理を食べる。　　おてらで精じんりょうりをたべる。
〔　　　〕　　절에서 채식요리를 먹다.

14.　二十サイで成人となる。　　にじゅっ歳でせいじんとなる。
〔　　　〕　　20살로 성인이 되다.
おセイ暮をとどける。　　お歳ぼをとどける。
〔　　　〕　　세찬을 보내다.

15.　本カク的に仕事をはじめる.　　ほん格てきにしごとをはじめる。
〔　　　〕　　본격적으로 일을 시작하다.
コウ子戸を開けて外に出る。　　格しどをあけてそとにでる。
〔　　　〕　　격자문을 열고 밖에 나가다.

16.　質ソな生活をしている人。　　しっ素なせいかつをしているひと。
〔　　　〕　　검소한 생활을 하고 있는 사람.
夏はス足でいるのが気持ちがいい。　　なつは素あしでいるのがきもちがいい。
〔　　　〕　　여름은 맨발로 있는 것이 기분이 좋다.

17.　放送劇のダイ本を読む。　　ほうそうげきの台ほんをよむ。
〔　　　〕　　방송극의 대본을 읽다.

南方海上でタイ風が発生した。
〔　　　〕

なんぽうかいじょうで台ふうがはっせいした。
남방해상에서 태풍이 발생했다.

18. 努力の結果が成コウに結びついた。
〔　　　〕
神を信仰すればク徳がある。
〔　　　〕

どりょくのけっかがせい功にむすびついた。
노력의 결과가 성공에 결부되었다.
かみをしんこうすれば功どくがある。
신을 믿으면 공덕이 있다.

19. 健康優良ジに選ばれる。
〔　　　〕
小ニ科の医者になりたい。
〔　　　〕

けんこうゆうりょう児にえらばれる。
건강우량아에 뽑히다.
しょう児かのいしゃになりたい。
소아과 의사가 되고 싶다.

20. なつかしい故キョウに帰る。
〔　　　〕
都市の近ゴウに住んでいる。
〔　　　〕

なつかしいこ郷にかえる。
그리운 고향에 돌아오다.
としのきん郷にすんでいる。
도시 근처에 살고 있다.

21. 相手のセイ名をたずねる。
〔　　　〕
いなかで百ショウをしている。
〔　　　〕

あいての姓めいをたずねる。
상대의 이름을 묻다.
いなかでひゃく姓をしている。
시골에서 농사를 짓고 있다.

22. いつもレイ儀正しい人。
〔　　　〕
仏像にライ拝する。
〔　　　〕

いつも礼ぎただしいひと。
늘 예의 바른 사람.
ぶつぞうに礼はいする。
불상에게 절하다.

23. 永久に保ゾンする。
〔　　　〕
宇宙人のソン在を信じている。
〔　　　〕

えいきゅうにほ存する。
영구히 보존하다.
うちゅうにんの存ざいをしんじている。
우주인의 존재를 믿고 있다.

24. 日本の自ゼンは美しい。
〔　　　〕
これは天ネンのはちみつです。
〔　　　〕

にほんのし然はうつくしい。
일본의 자연은 아름답다.
これはてん然のはちみつです。
이것은 자연 벌꿀입니다.

25. おとなしいセイ質の人。
〔　　　〕
はげしい気ショウの持ち主。
〔　　　〕

おとなしい性しつのひと。
온순한 성격의 사람.
はげしいき性のもちぬし。
과격한 성격의 소유자.

26. 父のイ産を相続する。
〔　　　〕
ユイ言状を読む。
〔　　　〕

ちちの遺さんをそうぞくする。
아버지의 유산을 상속하다.
遺ごんじょうをよむ。
유언장을 읽다.

27. マン年筆で字を書く。
〔　　　〕
いつもバン全の注意をしている。
〔　　　〕

万ねんひつでじをかく。
만년필로 글을 쓰다.
いつも万ぜんのちゅういをしている。
언제나 만전을 기하고 있다.

28. 食事のあとでおチャを飲む。
〔　　　〕
散歩の途中で喫サ店に入る。
〔　　　〕

しょくじのあとでお茶をのむ。
식사 후에 차를 마시다.
さんぽのとちゅうできっ茶てんにはいる。
산책 도중에 찻집에 들어가다.

29. 開マクを告げるベルが鳴った。
〔　　　〕
鎌倉にバク府を開く。
〔　　　〕

かい幕をつげるベルがなった。
개막을 알리는 종이 울렸다.
かまくらに幕ふをひらく。
카마쿠라에 막부를 열다.

30. そんなことはフ可能だ。
〔　　　〕
鍵をかけないとブ用心だ。
〔　　　〕

そんなことは不かのうだ。
그런 일은 불가능하다.
かぎをかけないと不ようじんだ。
(자물쇠를)잠그지 않으면 위험하다.

31. 別サツ付録がついている。
〔　　　〕
和歌を短ザクに書く。
〔　　　〕

べっ冊ふろくがついている。
별책부록이 딸려 있다.
わかをたん冊にかく。
와카를 찌지에 쓰다.

32. 亀のコウより年の功。
〔　　　〕
船のカン板で遊ぶ。
〔　　　〕

かめの甲よりとしのこう。
경험이 중요하다.
ふねの甲ぱんであそぶ。
배의 갑판에서 놀다.

33. フランスへカイ画の勉強に行く。
〔　　　〕
色ずりの美しいエ本を買う。
〔　　　〕

フランスへ絵がのべんきょうにいく。
프랑스에 회화공부하러 가다.
いろずりのうつくしい絵ほんをかう。
색이 잘 나온 그림책을 사다.

34. 商品が倉コにしまってある。
〔　　　〕

しょうひんがそう庫にしまってある。
상품이 창고에 쌓여 있다.

| | |
|---|---|
| お寺のク裏に住んでいる。 | おてらの庫りにすんでいる。 |
| 〔 〕 | 절의 거실에 살고 있다. |
| 35. 豆腐を二チョウ買ってきた。 | とうふをに丁かってきた。 |
| 〔 〕 | 두부를 두모 사가지고 왔다. |
| 道路がテイ字形になっている。 | どうろが丁じがたになっている。 |
| 〔 〕 | 도로가 T자형으로 되어 있다. |
| 36. ボン人にはわからない世界。 | 凡じんにはわからないせかい。 |
| 〔 〕 | 평범한 사람은 모르는 세계. |
| 地図にはハン例がついている。 | ちずには凡れいがついている。 |
| 〔 〕 | 지도에는 범례가 붙어 있다. |
| 37. 戦国時代にはブ士が活躍した。 | せんごくじだいには武しがかつやくした。 |
| 〔 〕 | 전국시대에는 무사가 활약했다. |
| ム者人形が飾ってある。 | 武しゃにんぎょうがかざってある。 |
| 〔 〕 | 무사인형이 장식되어 있다. |
| 38. 中味のない空キョな話だった。 | なかみのないくう虚なはなしだった。 |
| 〔 〕 | 알맹이가 없는 공허한 이야기였다. |
| コ空をつかんで倒れた。 | 虚くうをつかんでたおれた。 |
| 〔 〕 | 허공을 짚고 넘어 졌다(벌렁 나자빠지다) |

## 2. 音으로 읽는 熟語

1. 展覧会の審査員にイショクする。　てんらんかいのしんさいんに委嘱する。
〔　　〕　전람회의 심사원으로 위촉하다.

2. カンケツな表現で文章を書く。　簡潔なひょうげんでぶんしょうをかく。
〔　　〕　간결한 표현으로 문장을 쓰다.

3. シンチョウな態度で接する。　慎重なたいどでせっする。
〔　　〕　신중한 태도로 접하다.

4. 判定に対してコウギをする。　はんていにたいして抗議をする。
〔　　〕　판정에 대해 항의를 하다.

5. 問題点をシテキする。　もんだいてんを指摘する。
〔　　〕　문제점을 지적하다.

6. ダサン的な考えをする人。　打算てきなかんがえをするひと。
〔　　〕　타산적 생각을 하는 사람.

7. 外国文学をホンヤクする。　がいこくぶんがくを翻訳する。
〔　　〕　외국문학 작품을 번역하다.

8. 義務を忠実にリコウする。　ぎむをちゅうじつに履行する。
〔　　〕　의무를 충실히 이행하다.

9. 広いシヤで物事を考える。　ひろい視野でものごとをかんがえる。
〔　　〕　넓은 시야로 일을 생각하다.

10. ゲンカクに指導する。　厳格にしどうする。
〔　　〕　엄격히 지도하다.

11. 時代のスイイを感じる。　じだいの推移をかんじる。
〔　　〕　시대의 추이를 느끼다.

12. 両者のキンコウが破れる。　りょうしゃの均衡がやぶれる。
〔　　〕　양자의 균형이 깨어지다.

13. 家族に友をショウカイする。　かぞくにともを紹介する。
〔　　〕　가족에게 친구를 소개하다.

14. 社会にとって大きなソンシツだ。　しゃかいにとっておおきな損失だ。
〔　　〕　사회적으로 큰 손실이다.

15. ながい間外国にタイザイする。　ながいあいだがいこくに帯在する。
〔　　〕　오랫동안 외국에 체재하다.

16. 社会の変化にジュンノウする。　　しゃかいのへんかに順応する。
〔　　〕　　사회 변화에 순응하다.

17. あらゆるショウガイを克服する。　　あらゆる障害をこくふくする。
〔　　〕　　모든 장애를 극복하다.

18. 自分の仕事にセンネンする。　　じぶんのしごとに専念する。
〔　　〕　　자신의 일에 전념을 하다.

19. 両親はともにケンザイだ。　　りょうしんはともに健在だ。
〔　　〕　　양친은 모두 건재하다.

20. コウシの区別をはっきりする。　　公私のくべつをはっきりする。
〔　　〕　　공사의 구별을 확실히 하다.

21. 世間からチュウシをあびる。　　せけんから注視をあびる。
〔　　〕　　세상으로부터 주시를 받다.

22. 火星が地球にセッキンする。　　かせいがちきゅうに接近する。
〔　　〕　　화성이 지구에 접근하다.

23. むだ使いをせずにケンヤクする。　　むだづかいをせずに倹約する。
〔　　〕　　낭비를 하지 않고 검약(절약)하다.

24. 全員に通知をテッテイする。　　ぜんいんにつうちを徹底する。
〔　　〕　　전원에게 통지를 철저히 하다.

25. 運動場をカクチョウする。　　うんどうじょうを拡張する。
〔　　〕　　운동장을 확장하다.

26. 制限がカンワされた。　　せいげんが緩和された。
〔　　〕　　한계가 완화되었다.

27. 苦しいキョウグウに打ち勝つ。　　くるしい境遇にうちかつ。
〔　　〕　　괴로운 처지를 극복하다.

28. ようやくキソが固まった。　　ようやく基礎がかたまった。
〔　　〕　　겨우 기초가 굳어졌다.

29. 古くなった家をカイチクする。　　ふるくなったいえを改築する。
〔　　〕　　오래된 집을 개축하다.

30. 証人をカンモンする。　　しょうにんを喚問する。
〔　　〕　　증인을 환문하다.

31. キリツ正しい生活をする。　　規律ただしいせいかつをする。
〔　　〕　　규율바른 생활을 하다.

32. 事件のケイカを説明する。　　じけんの経過をせつめいする。

〔　　　〕　사건의 경과를 설명하다.

33. 首相がダンワを発表する。　しゅしょうが談話をはっぴょうする。
〔　　　〕　수상이 담화를 발표하다.

34. 植物をサイバイする。　しょくぶつを栽培する。
〔　　　〕　식물을 재배하다.

35. 油断はキンモツだ。　ゆだんは禁物だ。
〔　　　〕　방심은 금물이다.

36. 事の重大さにコウフンする。　ことのじゅうだいさに興奮する。
〔　　　〕　일의 중대함에 홍분하다.

37. 商品の長所をセンデンする。　しょうひんのちょうしょを宣伝する。
〔　　　〕　상품의 장점을 선전하다.

38. 他人からゴカイされる。　たにんから誤解される。
〔　　　〕　타인으로부터 오해를 받다.

39. 有名な科学者のコウエンを聞く。　ゆうめいなかがくしゃの講演をきく。
〔　　　〕　유명한 과학자의 강연을 듣다.

40. セイミツな地図を書く。　精密なちずをかく。
〔　　　〕　정밀한 지도를 그리다.

41. 十分にスイミンをとる。　じゅうぶんに睡眠をとる。
〔　　　〕　충분히 수면을 취하다.

42. 店の信用をシッツイする。　みせのしんようを失墜する。
〔　　　〕　가게의 신용을 실추시키다.

43. 地球上のシゲンが少なくなった。　ちきゅうじょうの資源がすくなくなった。
〔　　　〕　지구상의 자원이 적어졌다.

44. すぐれたズイヒツを読む。　すぐれた随筆をよむ。
〔　　　〕　훌륭한 수필을 읽다.

45. ジンソクに配達する。　迅速にはいたつする。
〔　　　〕　신속히 배달하다.

46. 他人の仕事をボウガイする。　たにんのしごとを妨害する。
〔　　　〕　다른 사람의 일을 방해하다.

47. 鉄道線路をフセツする。　てつどうせんろを敷設する。
〔　　　〕　철도선로를 부설하다.

48. 病気をバイカイする虫。　びょうきを媒介するむし。
〔　　　〕　병을 옮기는 벌레.

49. トクメイの手紙が届いた。 匿名のてがみがとどいた。
〔 〕 익명의 편지가 도착했다.

50. 大阪から東京へテンキョする。 おおさかからとうきょうへ転居する。
〔 〕 오오사카에서 동경으로 이사하다.

51. 人間がダラクする。 にんげんが堕落する。
〔 〕 인간이 타락하다。

52. 苦心して犯人をタイホする。 くしんしてはんにんを逮捕する。
〔 〕 애써서 범인을 체포하다.

53. 交渉がやっとダケツした。 こうしょうがやっと妥結した。
〔 〕 교섭이 겨우 타결되었다.

54. 和洋セッチュウの家を建てる。 わよう折衷のいえをたてる。
〔 〕 일본식과 서양식 절충의 집을 짓다.

55. 人間の自由をソクバクする。 にんげんのじゆうを束縛する。
〔 〕 인간의 자유를 속박하다.

56. 冬山に行ってソウナンした。 ふゆやまにいって遭難した。
〔 〕 겨울산에 가서 조난당했다.

57. 危険をサッチして逃げ出す。 きけんを察知してにげだす。
〔 〕 위험을 알아 차려 도망가다.

58. 外国とコウワ条約を結ぶ。 がいこくと講和じょうやくをむすぶ。
〔 〕 외국과 강화조약을 체결하다.

59. ケイソツな行動はつつしもう。 軽率なこうどうはつつしもう。
〔 〕 경솔한 행동은 삼가하자.

60. 都市のコウガイに住んでいる。 としの郊外にすんでいる。
〔 〕 도시 교외(근교)에 살고 있다.

61. 恐ろしいギョウソウをしている。 おそろしい形相をしている。
〔 〕 무서운 표정을 하고 있다.

62. 有名な絵画をカンショウする。 ゆうめいなかいがを鑑賞する。
〔 〕 유명한 그림을 감상하다.

63. 国会がカイサンされた。 こっかいが解散された。
〔 〕 국회가 해산 되었다.

64. 重い荷物をウンパンする。 おもいにもつを運搬する。
〔 〕 무거운 짐을 운반하다.

65. エイヨウをとって健康になる。 栄養をとってけんこうになる。

〔　　　〕　영양을 취해 건강해지다.

66. イギを正して座る。　威儀をただしてすわる。
〔　　　〕　위의를 갖추어 앉다.

67. カイカツな性格の人物。　快活なせいかくのじんぶつ。
〔　　　〕　쾌활한 성격의 인물.

68. 新聞にケイサイされる。　しんぶんに掲載される。
〔　　　〕　신문에 게재되다.

69. 代金をセイキュウされる。　だいきんを請求される。
〔　　　〕　대금을 청구받다.

70. 人生のシレンに打ち勝つ。　じんせいの試練にうちかつ。
〔　　　〕　인생의 시련을 극복하다.

71. モウレツな勢いで走っていく。　猛烈ないきおいではしっていく。
〔　　　〕　맹렬한 기세로 달려가다.

72. モクヒョウを決める。　目標をきめる。
〔　　　〕　목표를 정하다.

73. テイチョウにあいさつする。　丁重にあいさつする。
〔　　　〕　정중하게 인사를 하다.

74. はっきりとダンゲンする。　はっきりと断言する。
〔　　　〕　확실하게 단언하다.

75. すぐれたソシツを持っている。　すぐれた素質をもっている。
〔　　　〕　훌륭한 소질을 갖고 있다.

76. 事件のシンソウを話す。　じけんの真相をはなす。
〔　　　〕　사건의 진상을 얘기하다.

77. 和平実現のためジンリョクする。　わへいじつげんのため尽力する。
〔　　　〕　화평실현을 위해 진력하다.

78. 大気がオセンする。　たいきが汚染する。
〔　　　〕　대기가 오염되다.

79. 動物をカイボウする。　どうぶつを解剖する。
〔　　　〕　동물을 해부하다.

80. 人々の注意をカンキする。　ひとびとのちゅういを喚起する。
〔　　　〕　사람들의 주의를 환기시키다.

81. 飛行機がセンカイしている。　ひこうきが旋回している。
〔　　　〕　비행기가 선회하고 있다.

82. ユウワクに負けないようにする。 〔　　　〕
誘惑にまけないようにする。
유혹에 빠지지 않도록 하다.

83. ヤバンな行いはつつしもう。 〔　　　〕
野蛮なおこないはつつしもう。
야만적 행동은 삼가하자.

84. レンメンとしてつづいている。 〔　　　〕
連綿としてつづいている。
연면히 이어져 있다.

85. ライヒンのあいさつを聞く。 〔　　　〕
来賓のあいさつをきく。
내빈의 인사를 듣다.

86. ロウデンから火事になった。 〔　　　〕
漏電からかじになった。
누전에 의해 화재가 났다.

87. 他人のモホウばかりしている。 〔　　　〕
たにんの模倣ばかりしている。
타인의 모방만 하고 있다.

88. 安全な場所までユウドウする。 〔　　　〕
あんぜんなばしょまで誘導する。
안전한 장소로 유도하다.

89. ヨクヨウをつけて話す。 〔　　　〕
抑揚をつけてはなす。
억양을 붙여 말하다.

90. 各家庭に冷蔵庫がフキュウする。 〔　　　〕
かくかていにれいぞうこが普及する。
각 가정에 냉장고가 보급되다.

91. 細かくブンセキして調べる。 〔　　　〕
こまかく分析してしらべる。
자세히 분석해서 조사하다.

92. 人種的なヘンケンをなくす。 〔　　　〕
じんしゅてきな偏見をなくす。
인종적인 편견을 없애다.

93. 細かなところまでハイリョする。 〔　　　〕
こまかなところまで配慮する。
세세한 것까지 배려하다.

94. 世間のヒョウバンが悪い。 〔　　　〕
せけんの評判がわるい。
세상의 평판이 나쁘다.

95. 実力がハクチュウしている。 〔　　　〕
じつりょくが伯仲している。
실력이 백중하다.

96. 美術の時間にハンガをつくる。 〔　　　〕
びじゅつのじかんに版画をつくる。
미술 시간에 판화를 만들다.

97. ハンプクして練習する。 〔　　　〕
反復してれんしゅうする。
반복해서 연습하다.

98. 自分の行動をハンセイする。
じぶんのこうどうを反省する。

〔　　　〕　자신의 행동을 반성하다.

99. トクシュな処理をした製品。　特殊なしょりをしたせいひん。
〔　　　〕　특수한 처리를 한 제품.

100. 文章をテイセイする。　ぶんしょうを訂正する。
〔　　　〕　문장을 정정하다.

101. チョウソクの進歩を遂げる。　長足のしんぽをとげる。
〔　　　〕　장족의 진보를 이루다.

102. 自分の提案をテッカイする。　じぶんのていあんを撤回する。
〔　　　〕　자신의 제안을 철회하다.

103. 社会のチツジョを守る。　しゃかいの秩序をまもる。
〔　　　〕　사회의 질서를 지키다.

104. 反対者をセットクする。　はんたいしゃを説得する。
〔　　　〕　반대자를 설득하다.

105. ソッキョウで詩をつくる。　即興でしをつくる。
〔　　　〕　즉흥적으로 시를 짓다.

106. センサイな神経の持ち主。　繊細なしんけいのもちぬし。
〔　　　〕　섬세한 신경의 소유자.

107. 友人からシンライされる。　ゆうじんから信頼される。
〔　　　〕　친구로부터 신뢰받다.

108. 不要な部分をサクジョする。　ふようなぶぶんを削除する。
〔　　　〕　불필요한 부분을 삭제하다.

109. 辞書のサクインを利用する。　じしょの索引をりようする。
〔　　　〕　사전의 색인을 이용하다.

110. 相手とコウショウして決める。　あいてと交渉してきめる。
〔　　　〕　상대와 교섭해 정하다.

111. コンキョがあいまいな話。　根拠があいまいなはなし。
〔　　　〕　근거가 애매한 이야기.

112. 他人の意見をケンキョに聞く。　たにんのいけんを謙虚にきく。
〔　　　〕　타인의 의견을 겸허하게 듣다.

113. 大学教授のコウギを筆記する。　だいがくきょうじゅの講義をひっきする。
〔　　　〕　대학교수의 강의를 필기하다.

114. 自動車がコショウした。　じどうしゃが故障した。
〔　　　〕　자동차가 고장났다.

115. 身のケッパクを証明する。 みの潔白をしょうめいする。
〔　　〕 자신의 결백을 증명하다.

116. 全世界にクンリンする。 ぜんせかいに君臨する。
〔　　〕 전 세계에 군림하다.

117. キオクにとどめておく。 記憶にとどめておく。
〔　　〕 기억에 남겨 두다.

118. 学校のキソクを守る。 がっこうの規則をまもる。
〔　　〕 학교의 규칙을 지키다.

119. 話がカキョウにはいった。 はなしが佳境にはいった。
〔　　〕 이야기가 점입가경이다.

120. 紙面の都合でカツアイする。 しめんのつごうで割愛する。
〔　　〕 지면 사정으로 생략하다.

121. 仕事がエンカツに運ぶ。 しごとが円滑にはこぶ。
〔　　〕 일이 원활하게 진행되다.

122. 相手の勢いにアットウされる。 あいてのいきおいに圧倒される。
〔　　〕 상대의 기세에 압도되다.

123. 激しいクチョウで話す。 はげしい口調ではなす。
〔　　〕 격한 어조로 말하다.

124. キョクタンな考え方をする人。 極端なかんがえかたをするひと。
〔　　〕 극단적인 사고방식을 가진 사람.

125. 仕事にセイコンをかたむける。 しごとに精魂をかたむける。
〔　　〕 일에 심혈을 기울이다.

126. 台風のため床下にシンスイした。 たいふうのためゆかしたに浸水した。
〔　　〕 태풍 때문에 마루 밑까지 침수되었다.

127. 悪事がバクロされた。 あくじが暴露された。
〔　　〕 나쁜일이 폭로 되었다.

128. 防火のヒョウゴを募集する。 ぼうかの標語をぼしゅうする。
〔　　〕 불조심 표어를 모집하다.

129. 海外へハケンされる。 かいがいへ派遣される。
〔　　〕 해외에 파견되다.

130. フウキの乱れをなおす。 風紀のみだれをなおす。
〔　　〕 풍기문란을 바로잡다.

131. 事故のため道路がヘイサされた。 じこのためどうろが閉鎖された。

〔　　　〕　사고 때문에 도로가 폐쇄되었다.

132. 食物がフハイしないようにする。　しょくもつが腐敗しないようにする。
〔　　　〕　음식물이 부패되지 않도록 하다.

133. 国会をボウチョウする。　こっかいを傍聴する。
〔　　　〕　국회를 방청하다.

134. やかんの湯がフットウしている。　やかんのゆが沸騰している。
〔　　　〕　주전자의 물이 끓고 있다.

135. ユウフクな生活をしている。　裕福なせいかつをしている。
〔　　　〕　유복한 생활을 하고 있다.

136. ヨウリョウを得ない話。　要領をえないはなし。
〔　　　〕　요령 부득한 이야기.

137. 畑でヤサイをつくる。　はたけで野菜をつくる。
〔　　　〕　밭에서 야채를 기르다.

138. 品物をレンカで販売する。　しなものを廉価ではんばいする。
〔　　　〕　물건을 염가로 판매하다.

139. 将来をラッカンしている。　しょうらいを楽観している。
〔　　　〕　장래를 낙관하고 있다.

140. 道路が完全にホソウされた。　どうろがかんぜんに舗装された。
〔　　　〕　도로가 완전히 포장되었다.

141. 世の中にはムジュンが多い。　よのなかには矛盾がおおい。
〔　　　〕　세상에는 모순이 많다.

142. 古いブンケンを読んで調べる。　ふるい文献をよんでしらべる。
〔　　　〕　옛 문헌을 읽고 조사하다.

143. 外国とのボウエキを盛んにする。　がいこくとの貿易をさかんにする。
〔　　　〕　외국과의 무역을 왕성하게 하다.

144. 伝染病がハッセイした。　でんせんびょうが発生した。
〔　　　〕　전염병이 발생했다.

145. 汚職をしたためにヒメンされた。　おしょくをしたために罷免された。
〔　　　〕　독직을 했기 때문에 파면되었다.

146. いつもビショウをうかべている。　いつも微笑をうかべている。
〔　　　〕　항상 미소를 띄고 있다.

147. 物事を正しくニンシキする。　ものごとをただしく認識する。
〔　　　〕　사물을 바르게 인식하다.

148. 損害をバイショウしてもらう。 そんがいを賠償してもらう。
〔 〕 손해를 배상 받다.

149. 病気をチリョウする。 びょうきを治療する。
〔 〕 병을 치료하다.

150. 多くの書物をドクハする。 おおくのしょもつを読破する。
〔 〕 많은 책을 독파하다.

151. 暴風雨で船がナンパした。 ぼうふううでふねが難破した。
〔 〕 폭풍우로 배가 난파되었다.

152. タイグウの改善を要求する。 待遇のかいぜんをようきゅうする。
〔 〕 처우 개선을 요구하다.

153. スウコウな精神の持ち主。 崇高なせいしんのもちぬし。
〔 〕 숭고한 정신의 소유자.

154. 商品がセイゼンと並んでいる。 しょうひんが整然とならんでいる。
〔 〕 상품이 정연히 배열되어 있다.

155. 神社のケイダイで遊ぶ。 じんじゃの境内であそぶ。
〔 〕 신사의 경내에서 놀다.

156. 必要な品をキョウキュウする。 ひつようなしなを供給する。
〔 〕 필요한 물건을 공급하다.

157. 初志をカンテツする。 しょしを貫徹する。
〔 〕 초지를 관철하다.

158. 心に深くカンメイを受けた。 こころにふかく感銘をうけた。
〔 〕 마음 깊이 감명을 받았다.

159. ここでしばらくキュウケイする。 ここでしばらく休憩する。
〔 〕 여기서 잠시 휴식하다.

160. 外国人が日本にキカする。 がいこくじんがにほんに帰化する。
〔 〕 외국인이 일본에 귀화하다.

161. 一点をじっとギョウシする。 いってんをじっと凝視する。
〔 〕 한 곳을 가만히 응시하다.

162. りっぱなケンシキの持ち主。 りっぱな見識のもちぬし。
〔 〕 훌륭한 식견을 가진 사람.

163. 大臣がコウテツされた。 だいじんが更迭された。
〔 〕 대신이 경질되었다.

164. 借金の返済をサイソクされた。 しゃっきんのへんさいを催促された。

〔　　　〕　빚 갚기를 독촉받았다.

165. 日本文学のコテンを読む。　にほんぶんがくの古典をよむ。
〔　　　〕　일본 문학의 고전을 읽다.

166. 国民に貯蓄をショウレイする。　こくみんにちょちくを奨励する。
〔　　　〕　국민에게 저축을 장려하다.

167. 死のごときセイジャク。　しのごとき静寂。
〔　　　〕　죽음과도 같은 정적.

168. 栄養を十分にセッシュする。　えいようをじゅうぶんに摂取する。
〔　　　〕　영양을 충분히 섭취하다.

169. 少数意見もソンチョウする。　しょうすういけんも尊重する。
〔　　　〕　소수의 의견도 존중하다.

170. 国外へトウボウする。　こくがいへ逃亡する。
〔　　　〕　국외로 도망가다.

171. 百人の力にヒッテキする。　ひゃくにんのちからに匹敵する。
〔　　　〕　백 사람의 힘에 필적하다.

172. 火事のため急いでヒナンする。　かじのためいそいで避難する。
〔　　　〕　화재 때문에 급히(서둘러) 피난하다.

173. ねずみがハンショクする。　ねずみが繁殖する。
〔　　　〕　쥐가 번식하다.

174. 利点もあるがヘイガイもある。　りてんもあるが弊害もある。
〔　　　〕　이점도 있지만 폐해도 있다.

175. 仕事のためにホンソウする。　しごとのために奔走する。
〔　　　〕　일 때문에 바쁘게 뛰어다니다.

176. 勉強にボットウしている。　べんきょうに没頭している。
〔　　　〕　공부에 몰두하고 있다.

177. メンミツな計画をたてる。　綿密なけいかくをたてる。
〔　　　〕　면밀한 계획을 세우다.

178. 今度こそヨウシャしない.　こんどこそ容赦しない。
〔　　　〕　이번에야 말로 용서하지 않는다.

179. 重要な役職をレキニンする。　じゅうようなやくしょくを歴任する。
〔　　　〕　중요한 직책을 역임하다.

180. 声高らかにロウドクする。　こえたからかに朗読する。
〔　　　〕　소리 높이 낭독하다.

181. たびたびホッサを起こす。 たびたび発作をおこす。
〔 〕 가끔 발작을 일으키다.

182. 役員に就任してホウフを語る。 やくいんにしゅうにんして抱負をかたる。
〔 〕 임원에 취임해서 포부를 말하다.

183. 敵のハイゴに迫る。 てきの背後にせまる。
〔 〕 적의 배후로 육박하다.

184. 物価が非常にトウキする。 ぶっかがひじょうに騰貴する。
〔 〕 물가가 대단히 앙등하다.

185. 将来にタイモウを抱く。 しょうらいに大望をいだく。
〔 〕 장래에 대망을 품다.

186. 十年のチキのように親しく話す。 じゅうねんの知己のようにしたしくはなす。
〔 〕 십년 지기처럼 친하게 말하다.

187. 地域の開発をソクシンする。 ちいきのかいはつを促進する。
〔 〕 지역 개발을 촉진하다.

188. ゼント有望な青年。 前途ゆうぼうなせいねん。
〔 〕 전도 유망한 청년.

189. セイトウな権利を主張する。 正当なけんりをしゅちょうする。
〔 〕 정당한 권리를 주장하다.

190. 切手のシュウシュウに凝る。 きっての収集にこる。
〔 〕 우표 수집에 몰두하다.

191. 夏の試合のセツジョクを遂げる。 なつのしあいの雪辱をとげる。
〔 〕 여름시합의 설욕을 하다.

192. 不利な条件をコクフクする。 ふりなじょうけんを克服する。
〔 〕 불리한 조건을 극복하다.

193. ゴウカな調度のある居間。 豪華なちょうどのあるいま。
〔 〕 호화로운 세간이 있는 거실

194. 豊かな社会のケンセツに努める。 ゆたかなしゃかいの建設につとめる。
〔 〕 풍족한 사회 건설에 애쓰다.

195. 相手の申し出をキョヒする。 あいてのもうしでを拒否する。
〔 〕 상대의 제의를 거부하다.

196. よいカンキョウに恵まれた住宅。 よい環境にめぐまれたじゅうたく。
〔 〕 좋은 환경의 혜택을 받은 집.

197. 母校の選手をオウエンする。 ぼこうのせんしゅを応援する。

〔 〕 모교의 선수를 응원하다.

198. 常識をイッダツした行動。 じょうしきを逸脱したこうどう。
〔 〕 상식을 벗어난 행동.

199. 困っている人をエンジョする。 こまっているひとを援助する。
〔 〕 어려운 사람을 원조하다.

200. 懸賞論文にオウボする。 けんしょうろんぶんに応募する。
〔 〕 현상논문에 응모하다.

201. これはカクウの物語だ。 これは架空のものがたりだ。
〔 〕 이것은 가상적인 이야기이다.

202. 必要な品をシキュウする。 ひつようなしなを支給する。
〔 〕 필요한 물건을 지급하다.

203. 国語のジュギョウを受ける。 こくごの授業をうける。
〔 〕 국어 수업을 받다.

204. 参考書をジュクドクする。 さんこうじょを熟読する。
〔 〕 참고서를 숙독하다.

205. 海外へシュッチョウする。 かいがいへ出張する。
〔 〕 해외에 출장가다.

206. 任務を完全にスイコウする。 にんむをかんぜんに遂行する。
〔 〕 임무를 완전히 수행하다.

207. 十年ぶりで親にタイメンした。 じゅうねんぶりでおやに対面した。
〔 〕 10년 만에 부모를 대면했다.

208. 汚職がテキハツされた。 おしょくが摘発された。
〔 〕 독직이 적발되었다.

209. ニクガンでも見える大きな星。 肉眼でもみえるおおきなほし。
〔 〕 육안으로도 보이는 큰 별.

210. ヒクツな態度をとる。 卑屈なたいどをとる。
〔 〕 비굴한 태도를 취하다.

211. 大学のキョウジュになる。 だいがくの教授になる。
〔 〕 대학교수가 되다.

212. わかりやすくヘイイな文章。 わかりやすく平易なぶんしょう。
〔 〕 알기 쉽고 평이한 문장.

213. 無責任なホウゲンをする人。 むせきにんな放言をする人。
〔 〕 무책임한 큰 소리를 치는 사람.

214. 勝利の感激をマンキツした。 しょうりのかんげきを満喫した。
〔　　　〕 승리의 감격을 만끽했다.

215. 自由ホンポウに育てられる。 じゆう奔放にそだてられる。
〔　　　〕 자유 분방하게 기르다.

216. 図書のモクロクを調べる。 としょの目録をしらべる。
〔　　　〕 도서 목록을 조사하다.

217. ユウシュウの美を飾る。 有終のびをかざる。
〔　　　〕 유종의 미를 거두다.

218. 商品をリャクダツする。 しょうひんを略奪する。
〔　　　〕 상품을 약탈하다.

219. 金銭をロウヒすることはやめよ。 きんせんを浪費することはやめよ。
〔　　　〕 금전을 낭비하는 일은 그만둬요.

220. 少数意見はモクサツされた。 しょうすういけんは黙殺された。
〔　　　〕 소수의 의견은 묵살되었다.

221. 地中に深くマイボツしている。 ちちゅうにふかく埋没している。
〔　　　〕 땅속 깊이 매몰되어 있다.

222. ヒレツな行いをするな。 卑劣なおこないをするな。
〔　　　〕 비열한 행동을 하지 말라.

223. フクツの精神でがんばる。 不屈のせいしんでがんばる。
〔　　　〕 불굴의 정신으로 버티다.

224. フキュウの名作といわれる書物。 不朽のめいさくといわれるしょもつ。
〔　　　〕 불후의 명작으로 불리는 책.

225. バッソクを設けて取締まる。 罰則をもうけてとりしまる。
〔　　　〕 벌칙을 만들어 단속하다.

226. 色のノウタンをはっきりさせる。 いろの濃淡をはっきりさせる。
〔　　　〕 색의 농담을 명확하게 하다.

227. 必死になってテイコウする。 ひっしになって抵抗する。
〔　　　〕 필사적으로 저항하다.

228. 家がダクリュウに流された。 いえが濁流にながされた。
〔　　　〕 집이 탁류에 떠내려 갔다.

229. 大事件の起こるゼンチョウ。 だいじけんのおこる前兆。
〔　　　〕 큰 사건이 일어날 전조.

230. 免許をとるためにシンセイする。 めんきょをとるために申請する。

〔　　　〕　면허를 따기 위해 신청하다.

231. 世間ではシュウチの事実。　せけんでは周知のじじつ。
〔　　　〕　세상이 다 아는 사실.

232. 父親のショウゾウを描く。　ちちおやの肖像をえがく。
〔　　　〕　부친의 초상을 그리다.

233. 仕事で失敗してサセンされた。　しごとでしっぱいして左遷された。
〔　　　〕　일에 실패해 좌천되었다.

234. 未開の土地をタンケンする。　みかいのとちを探検する。
〔　　　〕　미개의 땅을 탐험하다.

235. 彼はケイミョウなしゃれを言う。　かれは軽妙なしゃれをいう。
〔　　　〕　그는 경묘한 익살을 떤다.

236. 豊かなキョウヨウを身につける。　ゆたかな教養をみにつける。
〔　　　〕　풍부한 교양을 몸에 익히다.

237. 今後の活躍をキタイする。　こんごのかつやくを期待する。
〔　　　〕　앞으로의 활약을 기대하다.

238. 二人はケンエンの仲ですする。　ふたりは犬猿のなかである。
〔　　　〕　두 사람은 견원지간이다.

239. オウトツのはげしい道だ。　凹凸のはげしいみちだ。
〔　　　〕　몹시 울퉁불퉁한 길이다.

240. えびはコウカク類である。　えびは甲殻るいである。
〔　　　〕　새우는 갑각류이다.

241. セイカン工場で働く。　製缶こうじょうではたらく。
〔　　　〕　깡통 만드는 공장에서 일하다.

242. ガンコな親父がいる。　頑固なしんぷがいる。
〔　　　〕　완고한 부친이 있다.

243. 夏はカイキンシャツがよい。　なつは開襟シャツがよい。
〔　　　〕　여름은 노타이가 좋다.

244. ケイリュウで魚を釣る。　渓流でさかなをつる。
〔　　　〕　시냇물에서 고기를 낚다.

245. 父にケンギがかかる。　ちちに嫌疑がかかる。
〔　　　〕　아버지가 혐의를 받다.

246. ゲスイコウの工事をする。　下水溝のこうじをする。
〔　　　〕　하수구 공사를 하다.

247. コンブのだしをとる。 〔　　〕
昆布のだしをとる。
다시마의 국물을 내다.

248. ラッカサンで脱出する。 〔　　〕
落下傘でだっしゅつする。
낙하산으로 탈출하다.

249. カシを伸ばす。 〔　　〕
下肢をのばす。
다리를 뻗다.

250. カジュウを飲む。 〔　　〕
果汁をのむ。
과즙을 마시다.

251. シジュクを開く。 〔　　〕
私塾をひらく。
사숙을 열다.

252. コウショウな趣味をもつ。 〔　　〕
高尚なしゅみをもつ。
고상한 취미를 갖다.

253. コウジンに存じます。 〔　　〕
幸甚にぞんじます。
다행으로 생각합니다.

254. イッセイに立ち上がる。 〔　　〕
一斉にたちあがる。
일제히 일어서다.

255. 父がキュウせイした。 〔　　〕
ちちが急逝した。
아버지가 급서했다.

256. センコツを帯びた老僧。 〔　　〕
仙骨をおびたろうそう。
범속하지 않은 풍채를 지닌 노승.

257. ショウカセンを開く。 〔　　〕
消火栓をひらく。
소화전을 열다.

258. ヨクソウに浸る。 〔　　〕
浴槽にひたる。
욕조에 잠기다.

259. この小説はダサクである。 〔　　〕
このしょうせつは駄作である。
이 소설은 졸작이다.

260. 敵にチョウハツされる。 〔　　〕
てきに挑発される。
적이 도발하다.

261. 宿屋のテイシュになる。 〔　　〕
やどやの亭主になる。
여관집 주인이 되다.

262. いつまでもコウデイするな。 〔　　〕
いつまでも拘泥するな。
언제까지라도 구애받지 말라.

263. 家のジョウトウ式をする。
いえの上棟しきをする。

〔　　　〕　집의 상량식을 하다.

264. ジッパ一からげにして荷物をつくる。　十把ひとからげにしてにもつをつくる。
몽뚱그려 짐을 꾸리다.
〔　　　〕

265. 天下をとってハシャとなる。　てんかをとって覇者となる。
〔　　　〕　천하를 얻어 패자가 되다.

266. サバクにオアシスを求める。　砂漠にオアシスをもとめる。
〔　　　〕　사막에서 오아시스를 찾다.

267. 事件がヒンパツする。　じけんが頻発する。
〔　　　〕　사건이 빈발하다.

268. カビンの水をかえる。　花瓶のみずをかえる。
〔　　　〕　화병의 물을 갈다.

269. イタベイに囲まれた家。　板塀にかこまれたいえ。
〔　　　〕　판자울로 둘러쌓인 집.

270. スイホウに帰す。　水泡にきす。
〔　　　〕　수포로 돌아가다.

271. 月給のホンポウがあがる。　げっきゅうの本俸があがる。
〔　　　〕　월급의 본봉이 오르다.

270. ホウショウを授与する。　褒章をじゅよする。
〔　　　〕　포장을 수여하다.

273. 田舎の人はジュンボクだ。　いなかのひとは純朴だ。
〔　　　〕　시골사람은 순박하다.

274. 公務員はコウボクである。　こうむいんは公僕である。
〔　　　〕　공무원은 공복이다.

275. サイヤクをさける。　災厄をさける。
〔　　　〕　재액을 피하다.

276. 病気がチユした。　びょうきが治癒した。
〔　　　〕　병이 치유되었다.

277. 問題を全部モウラする。　もんだいをぜんぶ網羅する。
〔　　　〕　문제를 전부 망라하다.

278. ユウチョウな生活をする。　悠長なせいかつをする。
〔　　　〕　느긋한 생활을 하다.

279. キョウカツを働く。　恐喝をはたらく。

| | |
|---|---|
| 〔　　　〕 | 공갈을 치다. |
| 280. 敵の様子をテイサツする。 | てきのようすを偵察する。 |
| 〔　　　〕 | 적의 동태를 정찰하다. |
| 281. イチマツの不安がある。 | 一沫のふあんがある。 |
| 〔　　　〕 | 일말의 불안이 있다. |
| 282. 壁をチャカッショクに塗る。 | かべを茶褐色にぬる。 |
| 〔　　　〕 | 벽을 다갈색으로 칠하다. |
| 283. ガンケンな身体にきたえる。 | 頑健なしんたいにきたえる。 |
| 〔　　　〕 | 우람하고 튼튼한 신체로 단련시키다. |
| 284. ケイセツの功。 | 蛍雪のこう。 |
| 〔　　　〕 | 형설의 공 |
| 285. コウセキ層から化石が出る。 | 洪積そうからかせきがでる。 |
| 〔　　　〕 | 홍적층에서 화석이 나오다. |
| 286. 神仏にキエする。 | しんぶつに帰依する。 |
| 〔　　　〕 | 신불에 귀의하다. |
| 287. ドウリョウの結婚を祝う。 | 同僚のけっこんをいわう。 |
| 〔　　　〕 | 동료의 결혼을 축하하다. |
| 288. 和歌をロウエイする。 | わかを朗詠する。 |
| 〔　　　〕 | 와카를 소리 높여 읊다. |
| 289. 寺のエンカクをしらべる。 | てらの沿革をしらべる。 |
| 〔　　　〕 | 절의 연혁을 조사하다. |
| 290. スンカをおしんで勉強する。 | 寸暇をおしんでべんきょうする。 |
| 〔　　　〕 | 촌각을 아껴 공부하다. |
| 291. 父のエコウをする。 | ちちの回向をする。 |
| 〔　　　〕 | 아버지의 명복을 빌다. |
| 292. 要領をエトクする。 | ようりょうを会得する。 |
| 〔　　　〕 | 요령을 터득하다. |
| 293. カイドウの並木の下。 | 街道のなみきのした。 |
| 〔　　　〕 | 가도의 가로수 밑. |
| 294. 体に全くシッカンがない。 | からだにまったく疾患がない。 |
| 〔　　　〕 | 몸에 전혀 질환이 없다. |
| 295. 作品にラッカンを押す。 | さくひんに落款をおす。 |
| 〔　　　〕 | 작품에 낙관을 찍다. |

296. 作品をハンニュウする。　　さくひんを搬入する。
〔　　〕　　작품을 반입하다.

297. 学校にピアノをキゾウする。　　がっこうにピアノを寄贈する。
〔　　〕　　학교에 피아노를 기증하다.

298. 全国をアンギャする。　　ぜんこくを行脚する。
〔　　〕　　전국을 돌아다니다.

299. 書道界のキョショウ。　　しょどうかいの巨匠。
〔　　〕　　서도계의 거장.

300. 母のクヨウをする。　　ははの供養をする。
〔　　〕　　어머니에게 공양을 드리다.

301. 血がまもなくギョウコする。　　ちがまもなく凝固する。
〔　　〕　　피가 곧 응고되다.

302. 朝のゴンギョウの声がする。　　あさの勤行のこえがする。
〔　　〕　　아침 근행의 소리가 들린다.

303. バツグンの成績である。　　抜群のせいせきである。
〔　　〕　　발군의 성적이다.

304. 松田社とテイケイする。　　まつだしゃと提携する。
〔　　〕　　마쯔다사와 제휴하다.

305. 本堂がコンリュウされる。　　ほんどうが建立される。
〔　　〕　　본당이 건립되다.

306. コチョウしてものを言う。　　誇張してものをいう。
〔　　〕　　과장해서 말하다.

307. ヨキョウの係になる.　　余興のかかりになる。
〔　　〕　　여흥 담당이 되다.

308. 銀座でゴウユウする。　　ぎんざで豪遊する。
〔　　〕　　긴자에서 호화롭게 놀다.

309. 政治をフウシする。　　せいじを風刺する。
〔　　〕　　정치를 풍자하다.

310. 新小説をシッピツする。　　しんしょうせつを執筆する。
〔　　〕　　새 소설을 집필하다.

311. 戸籍ショウホンを提出する。　　こせき抄本をていしゅつする。
〔　　〕　　호적 초본을 제출하다.

312. ベイジュを祝う。　　米寿をいわう。

〔　　〕　　미수를 축하하다.

313. シンスイして師と仰ぐ。
〔　　〕

心酔してしとあおぐ。
심취하여 스승으로 모시다.

314. ソッセンして仕事をする。
〔　　〕

率先してしごとをする。
솔선해서 일을하다.

315. トウミョウをあげる。
〔　　〕

灯明をあげる。
등불을 밝히다.

316. 法にテイショクする。
〔　　〕

ほうに抵触する。
법에 저촉되다.

317. 病人をカイホウする。
〔　　〕

びょうにんを介抱する。
병자를 간호하다.

## 3. 특수한 音으로 읽는 熟語

1. ケビョウを使って休む。　［　　　］
   仮病をつかってやすむ。
   꾀병을 부려서 쉬다.
2. 神前にクモツをささげる。　［　　　］
   しんぜんに供物をささげる。
   신전에 공물을 바치다.
3. めでたくシュウゲンをあげる。　［　　　］
   めでたく祝言をあげる。
   경사스럽게 혼례식을 올리다.
4. ソウゴンな感じの落日風景。　［　　　］
   荘厳なかんじのらくじつふうけい。
   장엄한 느낌이 드는 해지는 풍경.
5. やっと大願がジョウジュした。　［　　　］
   やっとだいがんが成就した。
   겨우 큰 소원이 성취되었다.
6. 朝食のおかずをナットウにする。　［　　　］
   ちょうしょくのおかずを納豆にする。
   조반의 반찬을 낫또로 하다.
7. 大臣が各地をユウゼイしている。　［　　　］
   だいじんがかくちを遊説している。
   대신이 각지에서 유세하고 있다.
8. 地図とジシャクを持っていく。　［　　　］
   ちずと磁石をもっていく。
   지도와 자석을 가지고 간다.
9. 人間には多くのボンノウがある。　［　　　］
   にんげんにはおおくの煩悩がある。
   인간에게는 많은 번뇌가 있다.
10. 江戸の町ブギョウになる。　［　　　］
    えどのまち奉行になる。
    에도의 마찌부교가 되다.
11. ユサンに出かける。　［　　　］
    遊山にでかける。
    피크닉을 가다
12. サッキュウに手配をします。　［　　　］
    早急にてはいをします。
    조급히 준비를 합니다.
13. 古い時代のカイドウを歩く。　［　　　］
    ふるいじだいの街道をあるく。
    옛 시대의 가도를 걷다.
14. 銅板にロクショウがついている。　［　　　］
    どうばんに緑青がついている。
    동판에 녹이 슬어 있다.
15. 百姓がネングを納めに来た。　［　　　］
    ひゃくしょうが年貢をおさめにきた。
    농부가 소작료를 바치러 왔다.

16. シャクドウ色に焼けた体。 赤銅しょくにやけたからだ。
〔 〕 적동색으로 그을린 몸

17. ねずみがテンジョウを走る。 ねずみが天井をはしる。
〔 〕 쥐가 천정을 달린다.

18. 一つのことにシュウチャクする。 ひとつのことに執着する。
〔 〕 한 가지 일에 집착하다.

19. 昔のカッセンの物語。 むかしの合戦のものがたり。
〔 〕 옛날 전투의 이야기.

20. 各地をアンギャする。 かくちを行脚する。
〔 〕 각지를 순회하다.

21. よくハンジョウしている商店。 よく繁盛しているしょうてん。
〔 〕 잘 번창하고 있는 상점.

22. ゲシは一年中で最も昼が長い。 夏至はいちねんちゅうでもっともひるがながい。
〔 〕 하지는 일년 중에 가장 낮이 길다.

23. 新しく家をフシンする。 あたらしくいえを普請する。
〔 〕 새로 집을 건축하다.

24. 両方の過失をソウサイする。 りょうほうのかしつを相殺する。
〔 〕 서로의 과실을 상쇄하다.

25. 金銭のスイトウを任される。 きんせんの出納をまかされる。
〔 〕 돈의 출납을 맡기다.

26. 無事に着くかどうかケネンする。 ぶじにつくかどうか懸念する。
〔 〕 무사히 도착할지 어떨지 걱정하다.

27. 広く世間にルフしている。 ひろくせけんに流布している。
〔 〕 널리 세상에 알려져 있다.

28. なかなかフゼイのある場所。 なかなか風情のあるばしょ。
〔 〕 대단히 운치 있는 장소.

29. ケイバの実況中継。 競馬のじっきょうちゅうけい。
〔 〕 경마 실황 중계.

30. 手でヒョウシを取って歌う。 てで拍子をとってうたう。
〔 〕 손으로 장단을 맞추어 노래하다.

31. よいのミョウジョウが輝く。 よいの明星がかがやく。
〔 〕 저녁 하늘에 샛별이 빛나다.

32. 新しく寺院をコンリュウする。 あたらしくじいんを建立する。

| | |
|---|---|
| 〔　　　〕 | 새로 절(사찰)을 건립하다. |
| 33. 急死した人のツヤに行く。 | きゅうししたひとの通夜にいく。 |
| 〔　　　〕 | 급사한 사람의 집에 밤샘하러가다. |
| 34. 仏はシュジョウを救うという。 | ほとけは衆生をすくうという。 |
| 〔　　　〕 | 부처는 중생을 구한다고 한다. |
| 35. 窓にコウシをとりつける。 | まどに格子をとりつける。 |
| 〔　　　〕 | 창에 격자를 설치하다. |
| 36. メンボクを失う。 | 面目をうしなう。 |
| 〔　　　〕 | 면목을 잃다. |
| 37. ユイショのある家柄。 | 由緒のあるいえがら。 |
| 〔　　　〕 | 유서 있는 가문(집안). |

## 4. 訓으로 읽는 漢字

| | |
|---|---|
| 1. 美しい花がサいている。<br>〔　　　〕 | うつくしいはなが咲いている。<br>아름다운 꽃이 피어 있다. |
| 2. タキの落ちる音がする。<br>〔　　　〕 | 滝のおちるおとがする。<br>폭포 떨어지는 소리가 난다. |
| 3. 実権をニギる。<br>〔　　　〕 | じっけんを握る。<br>실권을 장악하다. |
| 4. 夏はカが多く発生する。<br>〔　　　〕 | なつは蚊がおおくはっせいする。<br>여름에는 모기가 많이 발생한다. |
| 5. 田に出て稲をカる。<br>〔　　　〕 | たにでていねを刈る。<br>논에 나가 벼를 베다. |
| 6. 貴重品をていねいにアツカう。<br>〔　　　〕 | きちょうひんをていねいに扱う。<br>귀중품을 소중하게 다루다. |
| 7. 美しい絵を壁にカける。<br>〔　　　〕 | うつくしいえをかべに掛ける。<br>아름다운 그림을 벽에 걸다. |
| 8. 品物をハコに入れる。<br>〔　　　〕 | しなものを箱にいれる。<br>물건을 상자에 넣다. |
| 9. 山の中で切りカブに腰をかける。<br>〔　　　〕 | やまのなかできり株にこしをかける。<br>산 속에서 그루터기에 걸터 앉다. |
| 10. 緑のシバを植えてある広い庭。<br>〔　　　〕 | みどりの芝をうえてあるひろいにわ。<br>파란 잔디를 심어 둔 넓은 정원。 |
| 11. イモの葉に露がたまっている。<br>〔　　　〕 | 芋のはにつゆがたまっている。<br>고구마 잎에 이슬이 맺혀 있다. |
| 12. 海岸へ行ってカイを拾う。<br>〔　　　〕 | かいがんへいって貝をひろう。<br>해안에 가서 조개를 줍다. |
| 13. 本のページをクる。<br>〔　　　〕 | ほんのページを繰る。<br>책장을 한 장 한 장 넘기다. |
| 14. 議論をして相手をやりコめる。<br>〔　　　〕 | ぎろんをしてあいてをやり込める。<br>토론을 하여 상대를 찍소리 못하게 하다. |
| 15. 美しいムスメと出会う。<br>〔　　　〕 | うつくしい娘とであう。<br>아름다운 아가씨와 우연히 만나다. |

16. 国王のヒメを助ける。　　こくおうの姫をたすける。
〔　　　〕　　공주를 구하다.

17. 百ツボもある大きな家を建てる。　　ひゃく坪もあるおおきないえをたてる。
〔　　　〕　　백평이나 되는 큰 집을 짓다.

18. アワれな話を聞いて泣く。　　哀れなはなしをきいてなく。
〔　　　〕　　슬픈 이야기를 듣고 울다.

19. 焚き火をカコんで話をする。　　たきびを囲んではなしをする。
〔　　　〕　　모닥불을 둘러싸고 이야기를 하다.

20. 友人と意見をコトにする。　　ゆうじんといけんを異にする。
〔　　　〕　　친구와 의견을 달리하다.

21. 絵の具でシルシをつけておく。　　えのぐで印をつけておく。
〔　　　〕　　그림 물감으로 표(시)를 해 두다.

22. スルドく尖っている針。　　鋭くとがっているはり。
〔　　　〕　　날카롭고 뾰족한 바늘.

23. 試験は思ったよりヤサしかった。　　しけんはおもったより易しかった。
〔　　　〕　　시험은 생각했던 것보다 쉬웠다.

24. 道路にソって並んでいる家。　　どうろに沿ってならんでいるいえ。
〔　　　〕　　도로를 따라 늘어서 있는 집.

25. 黒くよごれたキタナい手。　　くろくよごれた汚いて。
〔　　　〕　　검게 더러워진 불결한 손。

26. 春のようにオダやかな天気。　　はるのように穏やかなてんき。
〔　　　〕　　봄 같이 온화한 날씨.

27. この品物のアタイはいくらか。　　このしなものの価はいくらか。
〔　　　〕　　이 물건의 가격은 얼마인가？

28. マワり道をして家に帰る。　　回りみちをしてうちにかえる。
〔　　　〕　　길을 돌아서 집에 가다.

29. 悪いことをした者をイマシめる。　　わるいことをしたものを戒める。
〔　　　〕　　나쁜짓을 한 자를 징계하다.

30. 鉄のカタマリをとかす。　　てつの塊をとかす。
〔　　　〕　　쇳덩어리를 녹이다.

31. 朝早く目をサました。　　あさはやくめを覚ました。
〔　　　〕　　아침 일찍 잠을 깼다.

32. ころんでヒタイにけがをした。　　ころんで額にけがをした。

〔　　〕 넘어져서 이마에 상처를 입었다.

33. 長く歩いたのでのどがカワいた。　ながくあるいたのでのどが渇いた。
〔　　〕 오래 걸었기 때문에 목이 말랐다.

34. つらい仕事にもナれてしまった。　つらいしごとにも慣れてしまった。
〔　　〕 괴로운 일에도 익숙해져 버렸다.

35. 列車が速度をユルめた。　れっしゃがそくどを緩めた。
〔　　〕 열차가 속도를 늦추었다.

36. よくないことをクワダてる。　よくないことを企てる。
〔　　〕 좋지 않은 일을 계획하다.

37. 料理を盛ったウツワ。　りょうりをもった器。
〔　　〕 요리를 가득 담은 그릇.

38. 話し合いが行きヅまった。　はなしあいがゆき詰まった。
〔　　〕 이야기가 벽에 부딪쳤다.

39. 相手の申し出をコバむ。　あいてのもうしでを拒む。
〔　　〕 상대의 제안을 거부하다.

40. 調査の範囲をセバめる。　ちょうさのはんいを狭める。
〔　　〕 조사범위를 좁히다.

41. 通行人をオドかして金をとる。　つうこうにんを脅かしてかねをとる。
〔　　〕 통행인을 협박〔위협〕하여 돈을 뺏다.

42. 彼は一つのことにコる性質だ。　かれはひとつのことに凝るせいしつだ。
〔　　〕 그는 한가지 일에 열중하는 성격이다.

43. 激しいセり合いの末に勝った。　はげしい競りあいのすえにかった。
〔　　〕 심한 경쟁끝에 이겼다.

44. 目標をカカげて努力する。　もくひょうを掲げてどりょくする。
〔　　〕 목표를 내걸고 노력하다.

45. 困難な仕事にタズサわっている。　こんなんなしごとに携わっている。
〔　　〕 곤란한 일에 관계하고 있다.

46. 親の跡をツいで医者になる。　おやのあとを継いでいしゃになる。
〔　　〕 부모의 뒤를 이어 의사가 되다.

47. イサギヨく自分の罪を告白する。　潔くじぶんのつみをこくはくする。
〔　　〕 깨끗이 자기의 죄를 고백하다.

48. タガいに信じ合うことが大切だ。　互いにしんじあうことがたいせつだ。
〔　　〕 서로 믿는 것이 중요하다.

49. 飛行機をタクみに乗りまわす。
〔　　　〕
ひこうきを巧みにのりまわす。
비행기를 솜씨좋게 몰고 돌아다니다.

50. すっかり夜がフけてしまった。
〔　　　〕
すっかりよが更けてしまった。
완전히 밤이 깊어져 버렸다.

51. 非常にアワてていたので失敗した。
〔　　　〕
ひじょうに慌てていたのでしっぱいした。
너무 황급히 굴었기 때문에 실패했다.

52. 人をソソノカすのはよくない。
〔　　　〕
ひとを唆すのはよくない。
남을 꼬드기는 것은 좋지 않다.

53. 布地をタって洋服を作る。
〔　　　〕
ぬのじを裁ってようふくをつくる。
천을 재단하여 양복을 만들다.

54. 美しい風景を写真にトる。
〔　　　〕
うつくしいふうけいをしゃしんに撮る。
아름다운 풍경을 사진으로 찍다.

55. 交通事故にあった人はミジめだ。
〔　　　〕
こうつうじこにあったひとは惨めだ。
교통사고를 당한 사람은 비참하다.

56. 多くの人に恩恵をホドコす。
〔　　　〕
おおくのひとにおんけいを施す。
많은 사람에게 은혜를 베풀다.

57. やっと病気がナオった。
〔　　　〕
やっとびょうきが治った。
겨우 병이 나았다.

58. 道路をナナめに横切る。
〔　　　〕
どうろを斜めによこぎる。
도로를 비스듬히 횡단하다.

59. 若者のツドいに出席する。
〔　　　〕
わかものの集いにしゅっせきする。
젊은이(청년회)모임에 출석하다.

60. はっきりと意見をノべる。
〔　　　〕
はっきりといけんを述べる。
확실히 의견을 말하다.

61. 正直にマサる宝物はない。
〔　　　〕
しょうじきに勝るほうもつはない。
정직보다 더 나은 보물은 없다.

62. 展示品にはサワらないでください。
〔　　　〕
てんじひんには触らないでください。
전시품에는 손대지 말아 주세요.

63. 他国の領土をオカす。
〔　　　〕
たこくのりょうどを侵す。
다른 나라의 영토를 침범하다.

64. 本を読むヒマもない。
〔　　　〕
ほんをよむ暇もない。
책을 읽을 틈도 없다.

65. 体力がオトロえてきた。
たいりょくが衰えてきた。

〔　　　〕 체력이 약해졌다.

66. 詳しいことはハブきます。 くわしいことは省きます。
〔　　　〕 상세한 것은 생략하겠읍니다.

67. 木に竹をツいだような内容。 きにたけを接いだようなないよう。
〔　　　〕 (나무에 대나무를 접목한 것과 같이) 어색한 내용.

68. 自分の将来をウラナう。 じぶんのしょうらいを占う。
〔　　　〕 자신의 장래를 점치다.

69. 破れた洋服をツクロう。 やぶれたようふくを繕う。
〔　　　〕 찢어진 양복을 수선하다.

70. 目のアラい織り物。 めの粗いおりもの。
〔　　　〕 눈이 성긴 직물.

71. 庭に出て落ち葉をハく。 にわにでておちばを掃く。
〔　　　〕 정원에 나가 낙엽을 쓸다.

72. スミやかに出発の準備をする。 速やかにしゅっぱつのじゅんびをする。
〔　　　〕 신속히 출발준비를 하다.

73. 仕事がトドコオって困っている. しごとが滞ってこまっている。
〔　　　〕 일이 밀려 곤란에 처해 있다.

74. 最近の世相をナゲく。 さいきんのせそうを嘆く。
〔　　　〕 최근의 세태를 한탄하다.

75. ずいぶん日暮れがオソくなった。 ずいぶんひぐれが遅くなった。
〔　　　〕 상당히 일몰이 늦어졌다.

76. 回復のキザしが見えてきた。 かいふくの兆しがみえてきた。
〔　　　〕 회복의 조짐이 보인다.

77. びんからシズクが落ちている。 びんから滴がおちている。
〔　　　〕 병에서 물방울이 떨어지고 있다.

78. 白い紙に色をヌる。 しろいかみにいろを塗る。
〔　　　〕 흰 종이에 색칠하다.

79. 手がコゴえるほど寒い夜。 てが凍えるほどさむいよる。
〔　　　〕 손이 곱을 정도로 추운 밤.

80. カーテンをスかして庭が見える。 カーテンを透かしてにわがみえる。
〔　　　〕 커텐 틈 사이로 정원이 보인다.

81. 悪の道へ入らぬようにミチビく。 あくのみちへはいらぬように導く。

〔　　　〕　　나쁜 길로 들어가지 않도록 인도하다.

82. 仕事を人にマカせる。　　しごとをひとに任せる。
〔　　　〕　　일을 남에게 맡기다.

83. ネバり強い精神の持ち主。　　粘りづよいせいしんのもちぬし。
〔　　　〕　　끈기있는 정신의 소유자.

84. 親の教えにソムく。　　おやのおしえに背く。
〔　　　〕　　어버이의 가르침에 거역하다.

85. 強敵と戦ってヤブれた。　　きょうてきとたたかって敗れた。
〔　　　〕　　강적과 싸워 패했다.

86. 強い意志をツチカう。　　つよいいしを培う。
〔　　　〕　　강한 의지를 기르다.

87. 大きな旅館にトまる。　　おおきなりょかんに泊まる。
〔　　　〕　　큰 여관에 묵다.

88. 弓のようにソっている竹。　　ゆみのように反っいるたけ。
〔　　　〕　　활과 같이 휘어 있는 대나무.

89. ワズラわしい仕事。　　煩わしいしごと。
〔　　　〕　　번거로운 일.

90. 遠足に行ったのでツカれた。　　えんそくにいったので疲れた。
〔　　　〕　　소풍갔었기 때문에 지쳤다.

91. むだな時間をツイやした。　　むだなじかんを費やした。
〔　　　〕　　헛되이 시간을 소비했다.

92. 波間に枯れ木がタダヨっている。　　なみまにかれきが漂っている。
〔　　　〕　　파도 사이에 고목이 떠돌고 있다.

93. 新しい任地へオモムく。　　あたらしいにんちへ赴く。
〔　　　〕　　새로운 임지로 가다.

94. 相手をアナドってはいけない。　　あいてを侮ってはいけない。
〔　　　〕　　상대를 깔보면 안된다.

95. 予想をクツガエして優勝した。　　よそうを覆してゆうしょうした。
〔　　　〕　　예상을 뒤엎고 우승했다.

96. 商品を買って代金をハラう。　　しょうひんをかってだいきんを払う。
〔　　　〕　　상품을 사고 대금을 지불하다.

97. 夜になったので戸をシめる。　　よるになったのでとを閉める。
〔　　　〕　　밤이 되었기 때문에 문을 닫다.

| | |
|---|---|
| 98. あまりカタヨった意見はよくない。<br>〔　　〕 | あまり偏ったいけんはよくない。<br>너무 한 쪽으로 치우친 의견은 좋지 않다. |
| 99. やっと犯人をツカまえた。<br>〔　　〕 | やっとはんにんを捕まえた。<br>겨우 범인을 붙잡았다. |
| 100. カンバしい香りがしてきた。<br>〔　　〕 | 芳しいかおりがしてきた。<br>향기로운 냄새가 풍겨 왔다. |
| 101. 山がクズれてきて家がこわれた。<br>〔　　〕 | やまが崩れてきていえがこわれた。<br>산이 무너져서 집이 부서졌다. |
| 102. 相手の進路をサマタげる。<br>〔　　〕 | あいてのしんろを妨げる。<br>상대의 진로를 방해하다. |
| 103. 危険をオカして救助に向かった。<br>〔　　〕 | きけんを冒してきゅうじょにむかった。<br>위험을 무릅쓰고 구조에 임했다. |
| 104. 他人の秘密をアバく。<br>〔　　〕 | たにんのひみつを暴く。<br>다른 사람의 비밀을 폭로하다. |
| 105. 青空に国旗がヒルガエっている。<br>〔　　〕 | あおぞらにこっきが翻っている。<br>창공에 국기가 나부끼고 있다. |
| 106. キリのために前が見えない。<br>〔　　〕 | 霧のためにまえがみえない。<br>안개 때문에 앞이 보이지 않다. |
| 107. 道にマヨってしまった。<br>〔　　〕 | みちに迷ってしまった。<br>길을 잃어 버렸다. |
| 108. どうやら責任はマヌカれた。<br>〔　　〕 | どうやらせきにんは免れた。<br>그럭저럭 책임은 면했다. |
| 109. 単語のワケを調べる。<br>〔　　〕 | たんごの訳をしらべる。<br>단어의 뜻을 조사하다. |
| 110. 友人をサソって映画に行く。<br>〔　　〕 | ゆうじんを誘ってえいがにいく。<br>친구를 불러내어 영화보러 가다. |
| 111. 成績が大変スグれている。<br>〔　　〕 | せいせきがたいへん優れている。<br>성적이 대단히 뛰어나다. |
| 112. 地震のために家がユれた。<br>〔　　〕 | じしんのためにいえが揺れた。<br>지진 때문에 집이 흔들렸다. |
| 113. 塩を水にトかす。<br>〔　　〕 | しおをみずに溶かす。<br>소금을 물에 녹이다. |
| 114. 高価なものをホしがる。 | こうかなものを欲しがる。 |

〔 〕 값이 비싼 것을 갖고 싶어하다.

115. 凧糸が電線にカラまった。 たこいとがでんせんに絡まった。
〔 〕 연줄이 전깃줄에 감겼다.

116. 海岸にノゾんだ別荘地。 かいがんに臨んだべっそうち。
〔 〕 해안에 면한 별장지.

117. いつもホガらかにしている人。 いつも朗らかにしているひと。
〔 〕 언제나 쾌활한 사람.

118. サルの親子がいる。 猿のおやこがいる。
〔 〕 원숭이의 어미와 새끼가 있다.

119. 赤いクツをはく。 あかい靴をはく。
〔 〕 빨간 구두를 신다.

120. お金をカセぐ。 おかねを稼ぐ。
〔 〕 돈을 벌다.

121. 家の囲りにカキを作る。 いえのまわりに垣をつくる。
〔 〕 집 둘레에 담을 쌓다.

122. 貝のカラを利用する。 かいの殼をりようする。
〔 〕 조개껍질을 이용하다.

123. こぶしで人をナグる。 こぶしでひとを殴る。
〔 〕 주먹으로 사람을 치다(때리다).

124. 犯人をハサみ撃ちする。 はんにんを挟みうちする。
〔 〕 범인을 협격하다.

125. エリをひっぱられる。 襟をひっぱられる。
〔 〕 목덜미를 잡히다.

126. 部屋のスミに花を飾る。 へやの隅にはなをかざる。
〔 〕 방의 구석에 꽃을 장식하다.

127. ホタルが飛んでいる。 蛍がとんでいる。
〔 〕 반디가 날고 있다.

128. 数学がキラいになる。 すうがくが嫌いになる。
〔 〕 수학이 싫어지다.

129. ミゾを掘る。 溝をほる。
〔 〕 도랑을 파다.

130. 雨が降ればカサをさす。 あめがふれば傘をさす。
〔 〕 비가 내리면 우산을 받다.

131. 道をサエギるものがある。 〔　　　〕
みちを遮るものがある。
길을 가로막는 것이 있다.

132. 草むらでヘビを見つける。 〔　　　〕
くさむらで蛇をみつける。
풀숲에서 뱀을 발견하다.

133. 升で酒をクむ。 〔　　　〕
ますでさけを酌む。
되로 술을 마시다.

134. みそシルがおいしい。 〔　　　〕
みそ汁がおいしい。
된장국이 맛있다.

135. ナワをなう。 〔　　　〕
縄をなう。
새끼를 꼬다.

136. こわれかたがハナハだしい。 〔　　　〕
こわれかたが甚だしい。
아주 심하게 부서졌다.

137. 目がスわる。 〔　　　〕
めが据わる。
(취하거나 흥분되어) 눈도 깜박이지 않고, 한 곳만 바라보다.

138. スギの木を切る。 〔　　　〕
杉のきをきる。
삼나무를 베다.

139. 文豪ついにユく。 〔　　　〕
ぶんごうついに逝く。
문호 드디어 서거하다.

140. 花瓶に花をサす。 〔　　　〕
かびんにはなを挿す。
꽃병에 꽃을 꽂다.

141. モをかきわけ貝をさがす。 〔　　　〕
藻をかきわけかいをさがす。
해조를 헤치고 조개를 찾다.

142. たたかいをイドむ。 〔　　　〕
戦いを挑む。
싸움을 걸다.

143. 山頂より遠方をナガめる。 〔　　　〕
さんちょうよりえんぽうを眺める。
산꼭대기에서 먼 곳을 바라보다.

144. ツり糸をたれる。 〔　　　〕
釣りいとをたれる。
낚싯줄을 드리우다. 낚시질 하다.

145. ツカを暴く。 〔　　　〕
塚をあばく。
무덤을 파다.

146. 白菜をツける。 〔　　　〕
はくさいを漬ける。
배추를 절이다.

147. ドロをこねて仏をつくる。
〔　　　〕
泥をこねてほとけをつくる。
진흙을 개어 불상을 만들다.

148. ホラ穴を掘る。
〔　　　〕
洞あなをほる。
동굴을 파다.

149. ハダがきれいな人だ。
〔　　　〕
肌がきれいなひとだ。
살결이 고운 사람이다.

150. アワをたてる。
〔　　　〕
泡をたてる。
거품을 내다.

151. 犬とネコ。
〔　　　〕
いぬと猫。
개와 고양이.

152. 仏具をミガく。
〔　　　〕
ぶつぐを磨く。
불구를 닦다.

153. 話をもとにモドす。
〔　　　〕
はなしをもとに戻す。
이야기를 원점으로 돌리다.

154. タナの上をきれいにする。
〔　　　〕
棚のうえをきれいにする。
선반 위를 깨끗이 하다.

155. 城のまわりにホリを掘る。
〔　　　〕
しろのまわりに堀をほる。
성 둘레에 해자를 파다.

156. 法律のワクを越えた行動。
〔　　　〕
ほうりつの枠をこえたこうどう。
법률의 테두리를 벗어난 행동.

157. くせをタめる。
〔　　　〕
くせを矯める。
버릇을 바로 잡다.

## 5. 訓으로 읽는 熟語

1. 本物そっくりのニセモノ。 ほんものそっくりの偽物。
〔 〕 진짜와 꼭 닮은 가짜.

2. 優勝したのでヨコヅナになった。 ゆうしょうしたので横綱になった。
〔 〕 우승했기 때문에 요꼬즈나가 되었다.

3. 船のホバシラが見える。 ふねの帆柱がみえる。
〔 〕 배의 돛대가 보인다.

4. 小鳥のためにスバコを作る。 ことりのために巣箱をつくる。
〔 〕 작은 새를 위해 새집을 만들다.

5. 蚊除けにアミドをつける。 かよけに網戸をつける。
〔 〕 모기를 쫓기 위해 방충망을 달다.

6. ナイフでユビサキを切った。 ナイフで指先をきった。
〔 〕 칼로 손가락 끝을 베었다.

7. 生死のサカイメをさまよう。 せいしの境目をさまよう。
〔 〕 생사의 갈림길을 헤매다.

8. 女のホソウデで店を支えている。 おんなの細腕でみせをささえている。
〔 〕 연약한 여자의 힘으로 가게를 운영하고 있다.

9. 夕食のおかずはニザカナだった。 ゆうしょくのおかずは煮魚だった。
〔 〕 저녁 반찬은 조린 생선이었다.

10. 電柱からヒバナが散っている。 でんちゅうから火花がちっている。
〔 〕 전봇대에서 불꽃이 튀고 있다.

11. 明るいマドギワで読書する。 あかるい窓際でどくしょする。
〔 〕 밝은 창가에서 책을 읽다.

12. 工事中なのでアシモトに注意。 こうじちゅうなので足下にちゅうい。
〔 〕 공사 중이기 때문에 발 밑을 주의.

13. 敵の矢がムナイタを貫いた。 てきのやが胸板をつらぬいた。
〔 〕 적의 화살이 가슴을 뚫었다.

14. ノハラへ出て元気に遊ぶ。 野原へでてげんきにあそぶ。
〔 〕 들로 나가 활기차게 놀다.

15. ハリガネのように細い体。 針金のようにほそいからだ。
〔 〕 나무젓가락 같이 여윈 몸.

16. 危険なハモノは持ち歩くな。　きけんな刃物はもちあるくな。
〔　　　〕　위험한 칼은 가지고 다니지 마라.

17. 地球のウラガワでは、今は夜だ。　ちきゅうの裏側では、いまはよるだ。
〔　　　〕　지구의 뒷편에서는 지금 밤이다.

18. 大きなエモノをかついだ猟師。　おおきな獲物をかついだりょうし。
〔　　　〕　큰 사냥감을 짊어진 사냥꾼.

19. トオアサで安全な海水浴場。　遠浅であんぜんなかいすいよくじょう。
〔　　　〕　멀리까지도 물이 얕아 안전한 해수욕장.

20. ウワギを脱いで運動をする。　上着をぬいでうんどうをする。
〔　　　〕　웃옷을 벗고 운동을 하다.

21. 自分のネゴトで目が覚めた。　じぶんの寝言でめがさめた。
〔　　　〕　자기의 잠꼬대로 잠이 깨었다.

22. ツノブエを吹いて合図をする。　角笛をふいてあいずをする。
〔　　　〕　뿔피리를 불어 신호를 하다.

23. 紛失物をチマナコで捜す。　ふんしつぶつを血眼でさがす。
〔　　　〕　분실물을 혈안이 되어 찾다.

24. 田植えの準備にナワシロを作る。　たうえのじゅんびに苗代をつくる。
〔　　　〕　모내기 준비로 못자리를 만들다.

25. 今年のハツユキは例年より遅い。　ことしの初雪はれいねんよりおそい。
〔　　　〕　올해의 첫눈은 예년보다 늦다.

26. 夏はヒカゲに人が集まる。　なつは日陰にひとがあつまる。
〔　　　〕　여름에는 그늘에 사람이 모인다.

27. ケムシのように嫌われる。　毛虫のようにきらわれる。
〔　　　〕　송충이처럼 남들이 싫어하다.

28. マチカドに立って募金をする。　街角にたってぼきんをする。
〔　　　〕　길목에 서서 모금을 하다.

29. 費用のウチワケを細かく示す。　ひようの内訳をこまかくしめす。
〔　　　〕　비용의 내역을 상세히 나타내다.

30. ヨコガオが友人に似ている。　横顔がゆうじんににている。
〔　　　〕　옆 얼굴이 친구와 닮았다.

31. 広場で若者のウタゴエがする。　ひろばでわかものの歌声がする。
〔　　　〕　광장에서 젊은이의 노래소리가 들린다.

32. ヤネに積もった雪を落とす。　屋根につもったゆきをおとす。

〔　　　〕 지붕에 쌓인 눈을 쓸어내리다.

33. ユウダチでずぶぬれになる。 夕立でずぶぬれになる。
〔　　　〕 소나기에 흠뻑 젖다.

34. 幼い時にタケウマで遊んだ。 おさないときに竹馬であそんだ。
〔　　　〕 어릴적에 죽마놀이하고 놀았다.

35. 寒さの中でもコドモは元気だ。 さむさのなかでも子供はげんきだ。
〔　　　〕 추위 속에서도 아이는 건강하다.

36. 人生のアラナミを乗り切る。 じんせいの荒波をのりきる。
〔　　　〕 인생의 거센 파도를 극복하다.

37. 味方のハタイロがよくない。 みかたの旗色がよくない。
〔　　　〕 아군의 형세가 좋지 않다.

38. テジナにはすべて種がある。 手品にはすべてたねがある。
〔　　　〕 마술에는 모두 술법이 있다.

39. 美しいウスギヌで作った着物。 うつくしい薄絹でつくったきもの。
〔　　　〕 아름다운 얇은 비단으로 만든 옷.

40. アサセに乗り上げた船。 浅瀬にのりあげたふね。
〔　　　〕 얕은 여울에 좌초된 배.

41. だれにも負けぬウデマエになる。 だれにもまけぬ腕前になる。
〔　　　〕 누구에게도 지지 않는 실력이 되다.

42. メシツブを鶏がつついている。 飯粒をにわとりがつついている。
〔　　　〕 밥알을 닭이 쪼아 먹고 있다.

43. 泥棒がウラグチから忍び込んだ。 どろぼうが裏口からしのびこんだ。
〔　　　〕 도둑이 뒷문으로 숨어 들었다.

44. ユウガタまでには帰ってくる。 夕方までにはかえってくる。
〔　　　〕 저녁무렵까지는 돌아온다.

45. 犬がクビワをちぎって逃げた。 いぬが首輪をちぎってにげた。
〔　　　〕 개가 목고리를 끊고 도망쳤다.

46. 顔を殴られてハナチを出す。 かおをなぐられて鼻血をだす。
〔　　　〕 얼굴을 맞아 코피를 흘린다.

47. コブネが木の葉のように揺れる。 小舟がこのはのようにゆれる。
〔　　　〕 작은 배가 나뭇잎 같이 흔들린다.

48. 夏祭りのヨミセで買い物をする。 なつまつりの夜店でかいものをする。
〔　　　〕 여름 축제의 야시에서 물건을 사다.

49. ナミキが続いている道路。 並木がつづいているどうろ。
〔 〕 가로수가 계속되어 있는 도로.

50. 美しい黄金色をしたイナホ。 うつくしいこがねいろをした稲穂。
〔 〕 아름다운 황금빛을 띤 벼 이삭.

51. 草の葉がヨツユにぬれている。 くさのはが夜露にぬれている。
〔 〕 풀잎이 밤이슬에 젖었다.

52. ハグキから出血している。 歯茎からしゅっけつしている。
〔 〕 잇몸에서 피가 나고 있다.

53. 三階で妙なモノオトがした。 さんがいでみょうな物音がした。
〔 〕 삼층에서 이상한 소리가 났다.

54. 客に出す料理のアジミをする。 きゃくにだすりょうりの味見をする。
〔 〕 손님에게 제공할 요리의 맛을 보다.

55. オオガタの冷蔵庫を買った。 大型のれいぞうこをかった。
〔 〕 대형 냉장고를 샀다.

56. 人の心のオクソコを見透かす。 ひとのこころの奥底をみすかす。
〔 〕 남의 속마음을 꿰뚫어 보다.

57. マイオウギを持って踊る。 舞扇をもっておどる。
〔 〕 부채를 들고 춤추다.

58. 地震のあとでツナミが来た。 じしんのあとで津波がきた。
〔 〕 지진 뒤에 해일이 일어났다.

59. ネドコに入ってゆっくり休む。 寝床にはいってゆっくりやすむ。
〔 〕 잠자리에 들어가 푹 자다.

60. 静かなモノゴシの人。 しずかな物腰のひと。
〔 〕 차분한 사람.

61. トオデをしたので帰宅が遅れた。 遠出をしたのできたくがおくれた。
〔 〕 멀리 나갔기 때문에 귀가가 늦었다.

62. のんびりとフナタビを楽しむ。 のんびりと船旅をたのしむ。
〔 〕 한가로이 배 여행을 즐기다.

63. 彼のハヤワザにはかなわぬ。 かれの早業にはかなわぬ。
〔 〕 그의 재빠르고 능숙한 솜씨에는 못 당한다.

64. ノキサキの風鈴。 軒先のふうりん。
〔 〕 처마 끝의 풍경.

65. 地面にシモバシラができている。 じめんに霜柱ができている。

〔　　　〕 땅에 서릿발이 서 있다.

66. 町のヒロバで演説をする。 まちの広場でえんぜつをする。
〔　　　〕 마을 광장에서 연설을 하다.

67. ハグルマで動く機械。 歯車でうごくきかい。
〔　　　〕 톱니바퀴로 움직이는 기계.

68. けがをしてカタテが使えない。 けがをして片手がつかえない。
〔　　　〕 상처를 입어서 한 손을 쓸 수 없다.

69. ハコニワを作っている子供。 箱庭をつくっているこども。
〔　　　〕 상자안에 모형 정원을 만들고 있는 아이.

70. 友人からハナタバを贈られた。 ゆうじんから花束をおくられた。
〔　　　〕 친구로부터 꽃다발을 받았다.

71. 獣のアシアトを追っていく。 けものの足跡をおっていく。
〔　　　〕 짐승의 발자국을 쫓아 가다.

72. アツガミで作った箱。 厚紙でつくったはこ。
〔　　　〕 두꺼운 종이로 만든 상자.

73. 人にはいろんなクチグセがある。 ひとにはいろんな口癖がある。
〔　　　〕 사람에게는 여러가지 말버릇이 있다.

74. マナツになると暑さがひどい。 真夏になるとあつさがひどい。
〔　　　〕 한여름이 되면 더위가 심하다.

75. 仕事が済んでヒトイキ入れる。 しごとがすんで一息いれる。
〔　　　〕 일이 끝나서 한숨 돌리다.

76. ふたりは親しいアイダガラだ。 ふたりはしたしい間柄だ。
〔　　　〕 두 사람은 친한 사이다.

77. オヤゴコロを子供は知らない。 親心をこどもはしらない。
〔　　　〕 부모 마음을 자식은 모른다.

78. 長いタビジも終わりに近づいた。 ながい旅路もおわりにちかづいた。
〔　　　〕 긴 여로도 막바지에 달했다.

79. ソコヂカラを出して打ち勝った。 底力をだしてうちかった。
〔　　　〕 저력을 발휘해서 극복해 내었다.

80. タニガワに沿って山に登る。 谷川にそってやまにのぼる。
〔　　　〕 계곡을 따라 산에 오르다.

81. きれいな水をたたえたイド。 きれいなみずをたたえた井戸。
〔　　　〕 깨끗한 물이 가득 찬 우물.

82. 不敵なツラダマシイをした男。　　ふてきな面魂をしたおとこ。
〔　　　〕　　두려움이 없는 얼굴을 한 남자.

83. ミウチが集まって相談する。　　身内があつまってそうだんする。
〔　　　〕　　가족이 모여서 의논하다.

84. ウスギの習慣をつけよう。　　薄着のしゅうかんをつけよう。
〔　　　〕　　옷을 얇게 입는 습관을 들이자.

85. サカミチを登った所にある家。　　坂道をのぼったところにあるいえ。
〔　　　〕　　비탈길 위에 있는 집.

86. 海岸でシオカゼに吹かれる。　　かいがんで潮風にふかれる。
〔　　　〕　　해안에서 바닷바람을 쐬다.

87. かわいいワラベウタが聞こえる。　　かわいい童歌がきこえる。
〔　　　〕　　귀여운 동요가 들리다.

88. 亡くなった人のカタミを分ける。　　なくなったひとの形見をわける。
〔　　　〕　　죽은 사람의 유품을 나누다.

89. 遅くなったのでチカミチをする　　おそくなったので近道をする。
〔　　　〕　　늦어졌기 때문에 지름길을 택하다.

90. げたのハナオが切れた。　　げたの鼻緒がきれた。
〔　　　〕　　나막신의 끈이 끊어졌다.

91. 海岸に魚のヒモノが並べてある。　　かいがんにさかなの干物がならべてある。
〔　　　〕　　해안에 말린 생선이 늘려 있다.

92. 避難方向を示すヤジルシ。　　ひなんほうこうをしめす矢印。
〔　　　〕　　피난 방향을 가리키는 화살표.

93. 古いイエガラの出身。　　ふるい家柄のしゅっしん。
〔　　　〕　　전통있는 가문의 출신.

94. 赤ん坊にウブユを使わせる。　　あかんぼうに産湯をつかわせる。
〔　　　〕　　갓난아기를 목욕시키다.

95. ヒルネをして体を休める。　　昼寝をしてからだをやすめる。
〔　　　〕　　낮잠으로 휴식을 취하다.

96. タビビトが通り過ぎてゆく。　　旅人がとおりすぎてゆく。
〔　　　〕　　나그네가 지나가다.

97. ヨワムシにならぬように鍛える。　　弱虫にならぬようにきたえる。
〔　　　〕　　겁장이가 되지 않도록 단련하다.

98. カタハバの広い体格。　　肩幅のひろいたいかく。

| | |
|---|---|
| 〔 〕 | 딱 벌어진 체격. |
| 99. 危険な<u>イワバ</u>に登る。 | きけんな<u>岩場</u>にのぼる。 |
| 〔 〕 | 위험한 바위를 오르다. |
| 100. 空一面に<u>アマグモ</u>が広がる。 | そらいちめんに<u>雨雲</u>がひろがる。 |
| 〔 〕 | 하늘 가득 비구름이 퍼지다. |
| 101. 美しい<u>ハナヨメ</u>の衣装。 | うつくしい<u>花嫁</u>のいしょう。 |
| 〔 〕 | 아름다운 신부의 의상. |
| 102. 電話をかけるのに<u>コゼニ</u>がいる。 | でんわをかけるのに<u>小銭</u>がいる。 |
| 〔 〕 | 전화를 거는데 잔돈이 필요하다. |
| 103. 茶道の<u>イエモト</u>に生まれた。 | ちゃどうの<u>家元</u>にうまれた。 |
| 〔 〕 | 다도의 전통있는 집안에서 태어났다. |
| 104. <u>フデサキ</u>をととのえて書く。 | <u>筆先</u>をととのえてかく。 |
| 〔 〕 | 붓 끝을 가지런히 하여 쓰다. |
| 105. <u>シラカベ</u>に囲まれた大きな家。 | <u>白壁</u>にかこまれたおおきないえ。 |
| 〔 〕 | 흰 벽으로 둘러싸인 큰 집. |
| 106. <u>ウキヨ</u>の荒波を乗り越える。 | <u>浮世</u>のあらなみをのりこえる。 |
| 〔 〕 | 속세의 거친 세파를 뛰어넘다. |
| 107. 心をこめて<u>コイブミ</u>を書く。 | こころをこめて<u>恋文</u>をかく。 |
| 〔 〕 | 정성을 들여 연애편지를 쓰다. |
| 108. <u>コダチ</u>の中を歩く。 | <u>木立</u>のなかをあるく。 |
| 〔 〕 | 숲속을 걷다. |
| 109. <u>ユミズ</u>のようにむだ使いをする。 | <u>湯水</u>のようにむだづかいをする。 |
| 〔 〕 | 물 쓰듯이 헛되이 쓰다. |
| 110. 料理が好きで<u>イタマエ</u>になった。 | りょうりがすきで<u>板前</u>になった。 |
| 〔 〕 | 요리를 좋아해서 요리사가 되었다. |
| 111. <u>スナハマ</u>をはだしで歩く。 | <u>砂浜</u>をはだしであるく。 |
| 〔 〕 | 모래사장을 맨발로 걷다. |
| 112. 建築の<u>ウケオイ</u>を仕事とする。 | けんちくの<u>請負</u>をしごととする。 |
| 〔 〕 | 건축 청부를 직업으로 하다. |
| 113. 自分で<u>カッテ</u>に判断する。 | じぶんで<u>勝手</u>にはんだんする。 |
| 〔 〕 | 혼자 제멋대로 판단하다. |
| 114. 雨にぬれて<u>カミブクロ</u>が破れた。 | あめにぬれて<u>紙袋</u>がやぶれた。 |
| 〔 〕 | 비에 젖어 종이 봉지가 찢어졌다. |

115. 幸福のメガミがほほえみかけた。
〔　　〕
こうふくの女神がほほえみかけた。
행복의 여신이 미소지었다.

116. ナニゴトも努力が大切だ。
〔　　〕
何事もどりょくがたいせつだ。
무슨 일이나 노력이 중요하다.

117. アオナに塩をかけたようだ。
〔　　〕
青菜にしおをかけたようだ。
푸성귀에 소금을 뿌린듯 하다.

118. 正月にはカドマツを立てる。
〔　　〕
しょうがつには門松をたてる。
새해에는 카도마쯔를 세운다.

119. サムゾラに家を焼け出された。
〔　　〕
寒空にいえをやけだされた。
추운 날씨에 집에 불이 났다.

120. ユカシタに浸水した。
〔　　〕
床下にしんすいした。
마루 밑까지 침수했다.

121. フシアナの多い板はよくない。
〔　　〕
節穴のおおいいたはよくない。
옹이 구멍이 많은 판자는 좋지 않다.

122. オガワに入って魚をすくう。
〔　　〕
小川にはいってさかなをすくう。
시냇물에 들어가 고기를 잡다.

123. 最近になってフルキズが痛む。
〔　　〕
さいきんになって古傷がいたむ。
요즘에 와서 오래된 상처가 아프다.

124. フタゴの兄弟はよく似ている。
〔　　〕
双子のきょうだいはよくにている。
쌍동이 형제는 꼭 닮았다.

125. セタケを測ってから服を作る。
〔　　〕
背丈をはかってからふくをつくる。
옷 기장을 재고 나서 옷을 만들다.

126. キイトを使って布を織る。
〔　　〕
生糸をつかってぬのをおる。
생사를 사용하여 베를 짜다.

127. 山のオネづたいに歩いていく。
〔　　〕
やまの尾根づたいにあるいていく。
산의 산등성이를 타고 걸어가다.

128. ウチキな性格の人は損だ。
〔　　〕
内気なせいかくのひとはそんだ。
내성적인 성격의 사람은 손해다.

129. 火事の時はカザカミへ逃げる。
〔　　〕
かじのときは風上へにげる。
화재가 날 때는 바람이 부는 쪽으로 도망친다.

130. 容疑者のミガラを釈放する。
〔　　〕
ようぎじゃの身柄をしゃくほうする。
용의자의 신병을 석방하다.

131. マルハダカの赤ん坊。
丸裸のあかんぼう。

〔 〕 벌거숭이 아기.

132. シナウスのために値上がりした。 品薄のためにねあがりした。
〔 〕 품귀로 값이 올랐다.

133. 先祖は徳川家のハタモトだった。 せんぞはとくがわけの旗本だった。
〔 〕 선조는 도꾸가와 집안의 무사였다.

134. 玄関にハキモノがならんでいる。 げんかんに履物がならんでいる。
〔 〕 현관에 신발이 널려 있다.

135. コナユキが舞っている。 紛雪がまっている。
〔 〕 싸락눈이 흩날리고 있다.

136. ウワゼイのあるがっしりした体。 上背のあるがっしりしたからだ。
〔 〕 키가 크고 튼튼한 몸.

137. 仕事を終えてイエジにつく。 しごとをおえて家路につく。
〔 〕 일을 마치고 귀로에 오르다.

138. おとぎ話にあるコビトの国。 おとぎばなしにある小人のくに。
〔 〕 옛날 이야기에 있는 소인국.

139. 財布をウチブトコロに入れる。 さいふを内懐にいれる。
〔 〕 지갑을 품 속에 넣다.

140. アオダタミの美しい座敷。 青畳のうつくしいざしき。
〔 〕 새 다다미를 깐 아름다운 객실.

141. 重いコメダワラを担ぐ。 おもい米俵をかつぐ。
〔 〕 무거운 쌀가마니를 짊어지다.

142. カミヨの昔から伝えられた話。 神代のむかしからつたえられたはなし。
〔 〕 신화시대인 옛날부터 전해진 이야기.

143. 旅館のヒロマで宴会を開く。 りょかんの広間でえんかいをひらく。
〔 〕 여관의 큰 방에서 연회를 열다.

144. カタキヤクばかりしている俳優。 敵役ばかりしているはいゆう。
〔 〕 악역만 맡고 있는 배우.

145. 夫を出迎えるニイヅマ。 おっとをでむかえる新妻。
〔 〕 남편을 마중나가는 새댁.

146. 川のキシベにすわって魚をつる。 かわの岸辺にすわってさかなをつる。
〔 〕 강가에 앉아 낚시를 하다.

147. アマデラに入って修行する。 尼寺にはいってしゅぎょうする。
〔 〕 여승이 되어 수행하다.

148. 家が流されるほどのオオミズ。　いえがながされるほどの大水。
〔　　　〕　집이 떠내려 갈 정도의 홍수.

149. 家のタテツボをはかる。　いえの建坪をはかる。
〔　　　〕　집의 건평을 재다.

150. 彼は一方のハタガシラだ。　かれはいっぽうの旗頭だ。
〔　　　〕　그는 한 파의 우두머리다.

151. 箱のウチガワに紙をはる。　はこの内側にかみをはる。
〔　　　〕　상자 안쪽에 종이를 바르다.

152. 高価なケガワで作ったコート。　こうかな毛皮でつくったコート。
〔　　　〕　값비싼 모피로 만든 코트.

153. ウケツケで申し込む。　受付でもうしこむ。
〔　　　〕　접수처에서 신청하다.

154. コヅツミで書籍を送る。　小包でしょせきをおくる。
〔　　　〕　소포로 책을 보내다.

## 6. 잘못 쓰기 쉬운 漢字

| | |
|---|---|
| 1. 運動会でツナ引きをする。 | うんどうかいで綱ひきをする。 |
| 〔　　　〕 | 운동회에서 줄다리기를 하다. |
| 魚をすくうアミを買う。 | さかなをすくう網をかう。 |
| 〔　　　〕 | 고기를 잡는 그물을 사다. |
| 2. 古代のイ跡を発掘する。 | こだいの遺せきをはっくつする。 |
| 〔　　　〕 | 고대의 유적을 발굴하다. |
| 外国へ使者を派ケンする。 | がいこくへししゃをは遣する。 |
| 〔　　　〕 | 외국으로 사신을 파견하다. |
| 3. 道に落ちているごみをヒロう。 | みちにおちているごみを拾う。 |
| 〔　　　〕 | 길에 떨어져 있는 휴지를 줍다. |
| まだ使えるからスてないでおこう。 | まだつかえるから捨てないでおこう。 |
| 〔　　　〕 | 아직 사용할 수 있으니까 버리지 말고 두자. |
| 4. 人類のミ来を考える。 | じんるいの未らいをかんがえる。 |
| 〔　　　〕 | 인류의 미래를 생각하다. |
| 役員のマッ席に名を連ねる。 | やくいんの末せきになをつらねる。 |
| 〔　　　〕 | 임원의 말석에 이름을 올리다. |
| 5. いつまでもジュン真な青年。 | いつまでも純しんなせいねん。 |
| 〔　　　〕 | 언제까지나 순진한 청년. |
| 彼は非常にドン感で困る。 | かれはひじょうに鈍かんでこまる。 |
| 〔　　　〕 | 그는 너무 둔감하여 난처하다. |
| 6. この映画はハク力がある。 | このえいがは迫りょくがある。 |
| 〔　　　〕 | 이 영화는 박력이 있다. |
| どこまでも真実をツイ究する。 | どこまでもしんじつを追きゅうする。 |
| 〔　　　〕 | 어디까지나 진실을 추구한다. |
| 7. 学習意欲がゲン退している。 | がくしゅういよくが減たいしている。 |
| 〔　　　〕 | 학습의욕이 감퇴되었다. |
| 人類のメッ亡が近いという話だ。 | じんるいの滅ぼうがちかいというはなしだ。 |
| 〔　　　〕 | 인류의 멸망이 가깝다는 이야기다. |
| 8. さわやかな新リョクの季節。 | さわやかなしん緑のきせつ。 |
| 〔　　　〕 | 시원한 신록의 계절. |
| 調査した結果を記ロクする。 | ちょうさしたけっかをき録する。 |
| 〔　　　〕 | 조사한 결과를 기록하다. |

父親のエン故で会社に就職する。
〔　　　〕
ちちおやの縁こでかいしゃにしゅうしょくする。
아버지의 연고로 회사에 취직하다.

9. アイ愁を感じて涙を流す。
〔　　　〕
哀しゅうをかんじてなみだをながす。
애수를 느끼고 눈물을 흘리다.

病気のために体がスイ弱している。
〔　　　〕
びょうきのためにからだが衰じゃくしている。
병 때문에 몸이 쇠약해 있다.

10. 歴シに残る大事件。
〔　　　〕
れき史にのこるだいじけん。
역사에 남을 대사건.

父の職業は国の官リです。
〔　　　〕
ちちのしょくぎょうはくにのかん吏です。
아버지의 직업은 국가 관리입니다.

11. 社会のために奉シする。
〔　　　〕
しゃかいのためにほう仕する。
사회를 위해 봉사하다.

自分のニン務を忠実に果たす。
〔　　　〕
じぶんの任むをちゅうじつにはたす。
자신의 임무를 충실히 완수하다.

12. ダ落した生活をする。
〔　　　〕
堕らくしたせいかつをする。
타락한 생활을 하다.

ダ性で遊ぶ。
〔　　　〕
惰せいであそぶ。
습관적으로 놀다.

13. 記念碑の除マク式が行われた。
〔　　　〕
きねんひのじょ幕しきがおこなわれた。
기념비의 제막식이 행해졌다.

論文をボ集する。
〔　　　〕
ろんぶんを募しゅうする。
논문을 모집하다.

14. 運動会で選手代表がセン誓する。
〔　　　〕
うんどうかいでせんしゅだいひょうが宣せいする。
운동회에서 선수대표가 선서하다.

自分の便ギばかり考えている人。
〔　　　〕
じぶんのべん宜ばかりかんがえているひと。
자기의 편의만 생각하고 있는 사람.

15. 健康のためには睡ミンが大切だ。
〔　　　〕
けんこうのためにはすい眠がたいせつだ。
건강을 위해서는 수면이 중요하다.

ガン前の利益ばかり考える人。
〔　　　〕
眼ぜんのりえきばかりかんがえるひと。
눈앞의 이익만 생각하는 사람.

16. 日本はト地が少ない。
〔　　　〕
にほんは土ちがすくない。
일본은 토지가 적다.

戦いを目前にしてシ気が盛んだ。
たたかいをもくぜんにして士きがさかんだ。

〔　　　〕

17. 家宝のトウ剣を鑑定してもらう。

〔　　　〕

ハ物を振りまわしては危険だ。

〔　　　〕

18. 新しい雑誌がカン行された。

〔　　　〕

罪を犯した者にケイ罰を与える。

〔　　　〕

19. 日本では四キの変化が美しい。

〔　　　〕

学級のイ員に選出された。

〔　　　〕

20. 一年後に帰国のヨ定だ。

〔　　　〕

彼の話にはム盾が多い。

〔　　　〕

21. 将来はセイ治家になろうと思う。

〔　　　〕

相手のコウ撃を受けて敗退した。

〔　　　〕

22. すぐれたギ術を身につける。

〔　　　〕

シ葉末節のことにこだわる。

〔　　　〕

23. 刑務所からシュウ人が脱走した。

〔　　　〕

事故の原インを調査する。

〔　　　〕

コン難に打ち勝って成功した。

〔　　　〕

24. 外国の文学を翻ヤクする。

〔　　　〕

容疑者をシャク放する。

전쟁을 눈앞에 두고 사기가 왕성하다.

かほうの刀けんをかんていしてもらう。

가보인 도검을 감정 받다.

刃ものをふりまわしてはきけんだ。

칼을 휘두르면 위험하다.

あたらしいざっしが刊こうされた。

새 잡지가 간행 되었다.

つみをおかしたものに刑ばつをあたえる。

죄를 범한 자에게 형벌을 주다.

にほんではし季のへんかがうつくしい。

일본에서는 사계절의 변화가 아름답다.

がっきゅうの委いんにせんしゅつされた。

학급위원에 선출되었다.

いちねんごにきこくの予ていだ。

일년 후에 귀국할 예정이다.

かれのはなしには矛じゅんがおおい。

그의 말에는 모순이 많다.

しょうらいは政じかになろうとおもう。

장차 정치가가 되려고 한다.

あいての攻げきをうけてはいたいした。

상대방의 공격을 받아 물러났다.

すぐれた技じゅつをみにつける。

우수한 기술을 익히다.

枝ようまっせつのことにこだわる。

하찮은 일에 구애되다.

けいむしょから囚じんがだっそうした。

형무소에서 죄수가 탈주했다.

じこのげん因をちょうさする。

사고의 원인을 조사하다.

困なんにうちかってせいこうした。

곤란을 극복해 내고 성공했다.

がいこくのぶんがくをほん訳する。

외국문학 작품을 번역하다.

ようぎしゃを釈ほうする。

〔　　　〕　용의자를 석방하다.

25. 反対意見の人をセッ得する。　はんたいいけんのひとを説とくする。

〔　　　〕　반대의견을 가진 사람을 설득하다.

事業の成功で満エツしている。　じぎょうのせいこうでまん悦している。

〔　　　〕　사업의 성공으로 매우 만족하고 있다.

国家へゼイ金を納める。　こっかへ税きんをおさめる。

〔　　　〕　국가에 세금을 납부하다.

26. 多くの人からオン恵を受ける。　おおくのひとから恩けいをうける。

〔　　　〕　많은 사람으로부터 은혜를 입다.

しっかりしたシ想の持ち主。　しっかりした思そうのもちぬし。

〔　　　〕　견실한 사상의 소유자.

27. 父親のダイ理で出席する。　ちちおやの代りでしゅっせきする。

〔　　　〕　아버지의 대리로 출석하다.

森林をバッ採する。　しんりんを伐さいする。

〔　　　〕　삼림을 벌채하다.

28. 人間としてのドウ徳を学ぶ。　にんげんとしての道徳をまなぶ。

〔　　　〕　인간으로서의 도덕을 배우다.

都会は交ツウ機関が発達している。　とかいはこう通きかんがはったつしている。

〔　　　〕　도시에는 교통기관이 발달되어 있다.

29. 法律に従って処バッする。　ほうりつにしたがってしょ罰する。

〔　　　〕　법률에 따라서 처벌하다.

ザイ人を処刑する。　罪にんをしょけいする。

〔　　　〕　죄인을 처형하다.

30. メン密な計画をたてる。　綿みつなけいかくをたてる。

〔　　　〕　치밀한 계획을 세우다.

電車のセン路を横断する。　でんしゃの線ろをおうだんする。

〔　　　〕　전차의 선로를 횡단하다.

31. テイ妹の世話をしている兄。　弟まいのせわをしているあに。

〔　　　〕　남동생과 여동생을 돌보고 있는 형(오빠).

試験にはどうやら及ダイした。　しけんにはどうやらきゅう第した。

〔　　　〕　시험에는 간신히 급제했다.

32. 国王からタマワった記念品。　こくおうから賜ったきねんひん。

〔　　　〕　국왕으로부터 받은 기념품.

胃チョウが弱くて困っている。　い腸がよわくてこまっている。

〔　　　〕　위장이 약해서 괴로움을 겪고 있다.

33. かなり疲れたのでキュウ憩する。　かなりつかれたので休けいする。
〔　　　〕　꽤 피곤했기 때문에 휴식을 취하다.
自分のタイ験を人に語る。　じぶんの体けんをひとにかたる。
〔　　　〕　자기의 체험을 다른 사람에게 이야기하다.

34. 仕事のノウ率を上げる。　しごとの能りつをあげる。
〔　　　〕　일의 능률을 올리다.
心配するような状タイではない。　しんぱいするようなじょう態ではない。
〔　　　〕　걱정할 만한 상태는 아니다.

35. 管制トウに登る。　かんせい塔にのぼる。
〔　　　〕　관제탑에 오르다.
飛行機のトウ乗員。　ひこうきの搭じょういん。
〔　　　〕　비행기 승무원.

36. 走ってカイ段を昇る。　はしって階だんをのぼる。
〔　　　〕　뛰어서 계단을 오르다.
天皇ヘイ下にお会いする。　てんのう陛かにおあいする。
〔　　　〕　천황폐하를 만나 뵙다.

37. イン料水は十分にある。　飲りょうすいはじゅうぶんにある。
〔　　　〕　음료수는 충분히 있다.
お祝いのために赤ハンを炊く。　おいわいのためにせき飯をたく。
〔　　　〕　축하하기 위해 찰밥을 짓다.

38. 百万円のサツ束を手渡す。　ひゃくまんえんの札たばをてわたす。
〔　　　〕　백만엔의 지폐뭉치를 직접 전하다.
正しいレイ儀を身につける。　ただしい礼ぎをみにつける。
〔　　　〕　올바른 예의를 몸에 익히다.

39. 汗をかいた後で入ヨクする。　あせをかいたあとでにゅう浴する。
〔　　　〕　땀을 흘린 뒤에 목욕하다.
通ゾク的な小説を読む。　つう俗てきなしょうせつをよむ。
〔　　　〕　통속적인 소설을 읽다.

40. 出身校によってハ閥をつくる。　しゅっしんこうによって派ばつをつくる。
〔　　　〕　출신교에 따라 파벌을 만들다.
山ミャクの間の平野。　さん脈のあいだのへいや。
〔　　　〕　산맥 사이의 평야.

41. 優勝旗をダッ還する。　ゆうしょうきを奪かんする。

| | |
|---|---|
| 〔　　　〕 | 우승기를 탈환하다. |
| 興フンして騒ぎ出した。 | こう奮してさわぎだした。 |
| 〔　　　〕 | 흥분해서 떠들기 시작했다. |
| 42. 敵の軍隊を駆チクする。 | てきのぐんたいをく逐する。 |
| 〔　　　〕 | 적군을 몰아내다. |
| 仕事を責任をもってスイ行する。 | しごとをせきにんをもって遂こうする。 |
| 〔　　　〕 | 일을 책임지고 수행하다. |
| 43. 静かで環境のよいジュウ宅地。 | しずかでかんきょうのよい住たくち。 |
| 〔　　　〕 | 조용하고 환경이 좋은 주택지. |
| 急病のため医者にオウ診を頼む。 | きゅうびょうのためいしゃに往しんをたのむ。 |
| 〔　　　〕 | 급병 때문에 의사에게 왕진을 부탁하다. |
| 44. 水溶液がギョウ固する。 | すいようえきが凝こする。 |
| 〔　　　〕 | 수용액이 응고되다. |
| 放送劇ではギ音を使っている。 | ほうそうげきでは擬おんをつかっている。 |
| 〔　　　〕 | 방송극에서는 효과음을 사용하고 있다. |
| 45. 苦心の末、山のチョウ上に立った。 | くしんのすえ、やまの頂じょうにたった。 |
| 〔　　　〕 | 고생 끝에 산의 정상에 섰다. |
| 必要なコウ目だけ残す。 | ひつような項もくだけのこす。 |
| 〔　　　〕 | 필요한 항목만 남기다. |
| 46. ロウ練な技術者。 | 老れんなぎじゅつしゃ。 |
| 〔　　　〕 | 노련한 기술자. |
| 自分がコウ案した機械を使う。 | じぶんが考あんしたきかいをつかう。 |
| 〔　　　〕 | 자신이 고안한 기계를 사용하다. |
| 47. 有名な作品をレッ挙する。 | ゆうめいなさくひんを列きょする。 |
| 〔　　　〕 | 유명한 작품을 열거하다. |
| 慣レイに従って実施する。 | かん例にしたがってじっしする。 |
| 〔　　　〕 | 관례에 따라 실시하다. |
| 48. 社会の期タイにこたえる。 | しゃかいのき待にこたえる。 |
| 〔　　　〕 | 사회의 기대에 어긋나지 않게 하다. |
| 昼食は各自でジ参してください。 | ちゅうしょくはかくじで持さんしてください。 |
| 〔　　　〕 | 점심은 각자 지참해 주세요. |
| トク別な製法で作った品物。 | 特べつなせいほうでつくったしなもの。 |
| 〔　　　〕 | 특별한 제법으로 만든 물건. |
| 49. 親にフ担ばかりかけている。 | おやに負たんばかりかけている。 |

| | |
|---|---|
| 〔　　　〕 | 부모에게 부담만 끼치고 있다. |
| ヒン血のために倒れた。 | 貧けつのためにたおれた。 |
| 〔　　　〕 | 빈혈 때문에 쓰러졌다. |
| 50. 労働者のチン金を上げる。 | ろうどうしゃの賃きんをあげる。 |
| 〔　　　〕 | 노동자의 임금을 올리다. |
| シ本を集めて会社を設立する。 | 資ほんをあつめてかいしゃをせつりつする。 |
| 〔　　　〕 | 자본을 모아 회사를 설립하다. |
| 遠くをカ物列車が走っていく。 | とおくを貨もつれっしゃがはしっていく。 |
| 〔　　　〕 | 저 멀리 화물열차가 달려간다. |
| 友人に本をカす。 | ゆうじんにほんを貸す。 |
| 〔　　　〕 | 친구에게 책을 빌려주다. |
| 51. キョ大な仏像をつくる。 | 巨だいなぶつぞうをつくる。 |
| 〔　　　〕 | 거대한 불상을 만들다. |
| 外務大ジンに就任する。 | がいむだい臣にしゅうにんする。 |
| 〔　　　〕 | 외무대신에 취임하다. |
| 52. 決議したことはすぐに実シする。 | けつぎしたことはすぐにじっ施する。 |
| 〔　　　〕 | 결의한 것은 바로 실시한다. |
| 飛行機がセン回している。 | ひこうきが旋かいしている。 |
| 〔　　　〕 | 비행기가 선회하고 있다. |
| 学校の友人とリョ行に出かける。 | がっこうのゆうじんと旅こうにでかける。 |
| 〔　　　〕 | 학교 친구와 여행을 떠나다. |
| 日本民ゾクの歴史を研究する。 | にほんみん族のれきしをけんきゅうする。 |
| 〔　　　〕 | 일본 민족의 역사를 연구하다. |
| 53. 石タンを掘る。 | せき炭をほる。 |
| 〔　　　〕 | 석탄을 캐다. |
| 運動場へ石カイで線を引く。 | うんどうじょうへせっ灰でせんをひく。 |
| 〔　　　〕 | 운동장에 석회로 줄을 긋다. |
| 54. ヨク揚をつけて話す。 | 抑ようをつけてはなす。 |
| 〔　　　〕 | 억양을 넣어 이야기하다. |
| 信コウは個人の自由だ。 | しん仰はこじんのじゆうだ。 |
| 〔　　　〕 | 신앙은 개인의 자유다. |
| 他人の意見にゲイ合する。 | たにんのいけんに迎ごうする。 |
| 〔　　　〕 | 다른 사람의 의견에 영합하다. |
| 55. オウ米の経済事情を視察する。 | 欧べいのけいざいじじょうをしさつする。 |
| 〔　　　〕 | 구미의 경제사정을 시찰하다. |

| | |
|---|---|
| 相手の顔面をオウ打する。 | あいてのがんめんを殴だする。 |
| 〔　　　〕 | 상대방의 안면을 구타하다. |
| 56. 両親を失ったコ児。 | りょうしんをうしなった孤じ。 |
| 〔　　　〕 | 부모를 잃은 고아. |
| 鳥が空にコを猫いて飛んでいった。 | とりがそらに弧をえがいてとんでいった。 |
| 〔　　　〕 | 새가 하늘에 활모양을 그리며 날아갔다. |
| 57. この試合のシュ勲者は彼だ。 | このしあいの殊くんしゃはかれだ。 |
| 〔　　　〕 | 이 시합의 공이 큰 사람은 그다. |
| 小さい時からシュ算を習う。 | ちいさいときから珠ざんをならう。 |
| 〔　　　〕 | 어릴 때부터 주산을 배우다. |
| 58. 山の上までショク林してある。 | やまのうえまで植りんしてある。 |
| 〔　　　〕 | 산 위에까지 식목되어 있다. |
| 細菌が異常に繁ショクしている。 | さいきんがいじょうにはん殖している。 |
| 〔　　　〕 | 세균이 이상하게 번식하고 있다. |
| 59. セキ雪のために通行止めになった。 | 積せつのためにつこうどめになった。 |
| 〔　　　〕 | 눈이 쌓여서 통행금지가 되었다. |
| 学校の成セキがよくなった。 | がっこうのせい績がよくなった。 |
| 〔　　　〕 | 학교 성적이 좋아졌다. |
| 60. 罪を犯したためにジョ名された。 | つみをおかしたために除めいされた。 |
| 〔　　　〕 | 죄를 범했기 때문에 제명당했다. |
| 狭い道路では自動車はジョ行せよ。 | せまいどうろではじどうしゃは徐こうせよ。 |
| 〔　　　〕 | 좁은 도로에서는 자동차는 서행하시오. |
| 61. テツ夜で試験勉強をする。 | 徹やでしけんべんきょうをする。 |
| 〔　　　〕 | 밤을 새워 시험공부를 하다. |
| 道路の障害物をテッ去する。 | どうろのしょうがいぶつを撤きょする。 |
| 〔　　　〕 | 도로의 장애물을 철거하다. |
| 62. 細かなフン末になった肥料。 | こまかな粉まつになったひりょう。 |
| 〔　　　〕 | 미세한 분말이 된 비료. |
| 会議がフン糾して結論が出ない。 | かいぎが紛きゅうしてけつろんがでない。 |
| 〔　　　〕 | 회의가 결렬되어 결론이 나오지 않는다. |
| 63. 病人を介ホウする。 | びょうにんをかい抱する。 |
| 〔　　　〕 | 환자를 간호하다. |
| 大ホウの音が響いている戦場。 | たい砲のおとがひびいているせんじょう。 |
| 〔　　　〕 | 대포소리가 울리고 있는 전쟁터. |

植物の細ボウを顕微鏡で見る。
〔　　　〕
しょくぶつのさい胞をけんびきょうでみる。
식물의 세포를 현미경으로 보다.

人口がホウ和状態に達した。
〔　　　〕
じんこうが飽わじょうたいにたっした。
인구가 포화상태에 달했다.

64. マン然と時間を過ごす。
〔　　　〕
漫ぜんとじかんをすごす。
멍청히 시간을 보내다.

彼はいつも高マンな態度を示す。
〔　　　〕
かれはいつもこう慢なたいどをしめす。
그는 언제나 오만한 태도를 보인다.

65. 諸外国をレキ訪する。
〔　　　〕
しょがいこくを歴ほうする。
여러 외국을 순방하다.

今日は、旧レキの元旦だ。
〔　　　〕
きょうは、きゅう暦のがんたんだ。
오늘은 구정이다.

66. 家に帰ってからフク習をする。
〔　　　〕
うちにかえってから復しゅうをする。
집에 돌아가서 복습을 한다.

書類をフク写して保存しておく。
〔　　　〕
しょるいを複しゃしてほぞんしておく。
서류를 복사하여 보존해 두다.

67. 故人の命日にボ地の掃除をする。
〔　　　〕
こじんのめいにちに墓ちのそうじをする。
고인의 기일에 묘지를 청소하다.

参加者をボ集する。
〔　　　〕
さんかしゃを募しゅうする。
참가자를 모집하다.

ボ色が迫って薄暗くなってきた。
〔　　　〕
暮しょくがせまってうすぐらくなってきた。
황혼이 져서 어둑어둑해졌다.

学校時代の恩師を敬ボする。
〔　　　〕
がっこうじだいのおんしをけい慕する。
학생시절의 은사를 존경하고 사모하다.

68. 他人の権利をシン害する。
〔　　　〕
たにんのけんりを侵がいする。
다른 사람의 권리를 침해하다.

川があふれて床上までシン水した。
〔　　　〕
かわがあふれてゆかうえまで浸すいした。
하천이 넘쳐 마루 위까지 침수되었다.

69. あくまでもテイ抗する。
〔　　　〕
あくまでも抵こうする。
끝까지 저항하다.

飛行機がテイ空を飛んでいく。
〔　　　〕
ひこうきが低くうをとんでいく。
비행기가 저공을 날아가다.

大きなテイ宅に住んでいる。
〔　　　〕
おおきな邸たくにすんでいる。
큰 저택에 살고 있다.

| | |
|---|---|
| 70. 会長としてテキ当な人を選ぶ。 | かいちょうとして適とうなひとをえらぶ。 |
| 〔　　　〕 | 회장으로서 적당한 사람을 뽑다. |
| 問題点を指テキする。 | もんだいてんをし摘する。 |
| 〔　　　〕 | 문제점을 지적하다. |
| 相手に対してテキ意を抱く。 | あいてにたいして敵いをいだく。 |
| 〔　　　〕 | 상대방에 대해 적의를 품다. |
| 71. 人生に対してカイ疑的になる。 | じんせいにたいして懐ぎてきになる。 |
| 〔　　　〕 | 인생에 대해 회의적이 되다. |
| 爆撃でカイ滅的打撃を受ける。 | ばくげきで壊めつてきだげきをうける。 |
| 〔　　　〕 | 폭격으로 치명적 타격을 받다. |
| 72. 予算をカク得するために努力する。 | よさんを獲とくするためにどりょくする。 |
| 〔　　　〕 | 예산을 획득하기 위해 노력하다. |
| 今年の収カクは予想以上によい。 | ことしのしゅう穫はよそういじょうによい。 |
| 〔　　　〕 | 올해의 수확은 예상 밖으로 좋다. |
| 73. 珠算のケン定試験を受ける。 | しゅざんの検ていしけんをうける。 |
| 〔　　　〕 | 주산검정시험을 치르다. |
| 理論を実ケンで裏づける。 | りろんをじっ験でうらづける。 |
| 〔　　　〕 | 이론을 실험으로 증명하다. |
| 万一の時のために保ケンに入る。 | まんいちのときのためにほ険にはいる。 |
| 〔　　　〕 | 만일의 경우를 생각하여 보험에 가입하다. |
| むだ使いをやめてケン約する。 | むだづかいをやめて倹やくする。 |
| 〔　　　〕 | 낭비를 중지하고 검약하다. |
| 74. 太平洋ベルト地タイ。 | たいへいようベルトち帯。 |
| 〔　　　〕 | 환태평양지대. |
| ロンドンにタイ在する。 | ロンドンに滞ざいする。 |
| 〔　　　〕 | 런던에 체류하다. |
| 75. みんなの注意をカン起する。 | みんなのちゅういを喚きする。 |
| 〔　　　〕 | 모두에게 주의를 환기시키다. |
| 選手の名簿を交カンする。 | せんしゅのめいぼをこう換する。 |
| 〔　　　〕 | 선수의 명부를 교환하다. |
| 76. 新年のコン親会に出席する。 | しんねんの懇しんかいにしゅっせきする。 |
| 〔　　　〕 | 신년회에 참석하다. |
| 荒れたままの土地を開コンする。 | あれたままのとちをかい墾する。 |
| 〔　　　〕 | 황폐해진 토지를 개간하다. |

77. 電車の中でグウ然に友人と会った。 でんしゃのなかで偶ぜんにゆうじんとあった。
〔　　〕 전차 안에서 우연히 친구와 만났다.
力量にふさわしい待グウを受ける。 りきりょうにふさわしいたい遇をうける。
〔　　〕 역량에 어울리는 대우를 받다.

78. 日本の人口は一オクを越えた。 にほんのじんこうはいち億をこえた。
〔　　〕 일본의 인구는 1억을 넘었다.
いつまでも記オクしている。 いつまでもき憶している。
〔　　〕 언제까지나 기억하고 있다.

79. 土地を分カツする。 とちをぶん割する。
〔　　〕 토지를 분할하다.
文部大臣が管カツしている大学。 もんぶだいじんがかん轄しんいるだいがく。
〔　　〕 문교부장관(문부대신)이 관할하고 있는 대학.

80. 問題点をキュウ明する。 もんだいてんを糾めいする。
〔　　〕 문제점을 규명하다.
攻められてキュウ地に陥った。 せめられて窮ちにおちいった。
〔　　〕 공격을 받아 궁지에 빠져들었다.

81. 円の直ケイをはかる。 えんのちょっ径をはかる。
〔　　〕 원의 직경을 재다.
事件のケイ過を全員に説明する。 じけんの経かをぜんいんにせつめいする。
〔　　〕 사건의 경과를 전원에게 설명하다.

82. クラブに入るようにカン誘する。 クラブにはいるように勧ゆうする。
〔　　〕 클럽에 가입하도록 권유하다.
みんなからカン迎された。 みんなから歓げいされた。
〔　　〕 모두로부터 환영받았다.
外国へカン光旅行に出かける。 がいこくへ観こうりょこうにでかける。
〔　　〕 외국으로 관광여행을 떠나다.

83. 心の底から激ドした。 こころのそこからげき怒した。
〔　　〕 마음 속으로부터 격노했다.
これまでのド力が実った。 これまでの努りょくがみのった。
〔　　〕 지금까지의 노력이 열매를 맺었다.

84. 植物を栽バイする。 しょくぶつをさい培する。
〔　　〕 식물을 재배하다.
バイ審員の表決に従う。 陪しんいんのひょうけつにしたがう。
〔　　〕 배심원의 표결에 따르다.

この望遠鏡はバイ率が大きい。
〔　　　〕
このぼうえんきょうは倍りつがおおきい。
이 망원경은 배율이 높다.

損害を与えた相手にバイ償する。
〔　　　〕
そんがいをあたえたあいてに賠しょうする。
손해를 입은 상대방에게 배상하다.

85. 国会で条約が批ジュンされた。
〔　　　〕
こっかいでじょうやくがひ准された。
국회에서 조약이 비준되었다.

ジュン備期間は十分にある。
〔　　　〕
準びきかんはじゅうぶんにある。
준비기간은 충분히 있다.

86. ソ先を敬う。
〔　　　〕
祖せんをうやまう。
선조를 공경하다.

校内へ乱入してくるのをソ止する。
〔　　　〕
こうないへらんにゅうしてくるのを阻しする。
교내로 난입하여 오는 것을 저지하다.

国家へソ税を納める。
〔　　　〕
こっかへ租ぜいをおさめる。
국가에 조세를 바치다.

しっかりとしたソ織をつくる。
〔　　　〕
しっかりとした組しきをつくる。
튼튼한 조직을 만들다.

物をソ末にしてはいけない。
〔　　　〕
ものを粗まつにしてはいけない。
물건을 아끼지 않고 낭비하면 안된다.

87. 友人を誕生日にショウ待する。
〔　　　〕
ゆうじんをたんじょうびに招たいする。
친구를 생일에 초대하다.

知人からショウ介された会社。
〔　　　〕
ちじんから紹かいされたかいしゃ。
아는 사람으로부터 소개받은 회사.

88. 国会へチン情に行く。
〔　　　〕
こっかいへ陳じょうにいく。
국회에 진정하러 가다.

相手のジン地へ攻め込んでいく。
〔　　　〕
あいての陣ちへせめこんでいく。
상대방의 진지에 공격해 들어가다.

89. ショ中見舞いの手紙を出す。
〔　　　〕
暑ちゅうみまいのてがみをだす。
복중 문안의 편지를 띄우다.

ショ名運動に協力する。
〔　　　〕
署めいうんどうにきょうりょくする。
서명운동에 협력하다.

90. 人チクには無害の農薬。
〔　　　〕
じん畜にはむがいののうやく。
사람・가축에게는 무해한 농약.

節約して貯チクをする。
〔　　　〕
せつやくしてちょ蓄をする。
절약하여 저축을 하다.

91. 不況のために会社がトウ産した。
ふきょうのためにかいしゃが倒さんした。

〔　　　〕
希望者が殺トウした。
〔　　　〕

92. 人生の苦ノウを味わう。
〔　　　〕
すぐれた頭ノウの持ち主。
〔　　　〕

93. セイ密な地図を作る。
〔　　　〕
品物の代金をセイ求される。
〔　　　〕

94. 川のテイ防が壊れた。
〔　　　〕
国会に議案をテイ出する。
〔　　　〕

95. 戸籍トウ本を取り寄せる。
〔　　　〕
物価のトウ貴が激しい。
〔　　　〕

96. ソウ烈な戦いを展開した。
〔　　　〕
湖のほとりの別ソウへ行く。
〔　　　〕

97. 休火山がフン火した。
〔　　　〕
心の底からフン激している。
〔　　　〕

98. ボウ績工場で働く。
〔　　　〕
伝染病の予ボウ注射をする。
〔　　　〕
脂ボウの多い肉。
〔　　　〕
お寺の宿ボウに泊めてもらう。

불황 때문에 회사가 파산되었다.
きぼうしゃがさっ到した。
희망자가 쇄도했다.

じんせいのく悩をあじわう。
인생의 고뇌를 맛보다.
すぐれたず脳のもちぬし。
뛰어난 두뇌의 소유자.

精みつなちずをつくる。
정밀한 지도를 만들다.
しなもののだいきんを請きゅうされる。
물건의 대금을 청구 받다.

かわの堤ぼうがこわれた。
하천의 제방이 붕괴되었다.
こっかいにぎあんを提しゅつする。
국회에 의안을 제출하다.

こせき謄ほんをとりよせる。
호적 등본을 가져오게하다.
ぶっかの騰きがはげしい。
물가의 오름새가 심하다.

壮れつなたたかいをてんかいした。
장렬한 싸움을 전개했다.
みずうみのほとりのべっ荘へいく。
호수 부근의 별장에 가다.

きゅうかざんが噴かした。
휴화산이 분화했다.
こころのそこから憤げきしている。
마음 속으로 격분하고 있다.

紡せきこうじょうではたらく。
방적공장에서 일하다.
でんせんびょうのよ防ちゅうしゃをする。
전염병 예방주사를 놓다.
し肪のおおいにく。
지방이 많은 고기.
おてらのしゅく坊にとめてもらう。

〔　　　〕
절의 숙소에 묵다.

交通のボウ害になるものを除く。
こうつうの妨がいになるものをのぞく。

〔　　　〕
교통의 방해가 되는 것을 없애다.

99. 古い時代の貨ヘイを収集する。
ふるいじだいのか幣をしゅうしゅうする。

〔　　　〕
옛시대의 화폐를 수집하다.

多くのヘイ害が出て来た。
おおくの弊がいがでてきた。

〔　　　〕
많은 폐해가 생겼다.

100. 計画のガイ略を説明する。
けいかくの概りゃくをせつめいする。

〔　　　〕
계획의 개략을 설명하다.

世の中の乱れをガイ嘆する。
よのなかのみだれを慨たんする。

〔　　　〕
세상의 혼란을 개탄하다.

101. 官庁にキン務している。
かんちょうに勤むしている。

〔　　　〕
관청에 근무하고 있다.

学校からキン慎を命じられる。
がっこうから謹しんをめいじられる。

〔　　　〕
학교로부터 근신을 명령받다.

102. ゴ解を招くようなことはしない。
誤かいをまねくようなことはしない。

〔　　　〕
오해를 살 것 같은 일은 하지 않는다.

家族でゴ楽映画を見に行く。
かぞくで娯らくえいがをみにいく。

〔　　　〕
가족과 오락영화를 보러가다.

103. 炭コウが閉鎖された。
たん坑がへいさされた。

〔　　　〕
탄광이 폐쇄되었다.

判定に対してコウ議を申し込む。
はんていにたいして抗ぎをもうしこむ。

〔　　　〕
판정에 대해 항의를 신청하다.

104. 穏やかなセイ質の動物。
おだやかな性しつのどうぶつ。

〔　　　〕
온순한 성질의 동물.

自分のセイ名を書く。
じぶんの姓めいをかく。

〔　　　〕
자기의 이름을 쓰다.

事故のために犠セイ者が出た。
じこのためにぎ牲しゃがでた。

〔　　　〕
사고로 인해 희생자가 나왔다.

105. 人種的なヘン見を抱く。
じんしゅてきな偏けんをいだく。

〔　　　〕
인종적인 편견을 품다.

各地をヘン歴してまわる。
かくちを遍れきしてまわる。

〔　　　〕
각지를 편력해 돌다.

106. 人類のためのイ大な発明。
じんるいのための偉だいなはつめい。

| | |
|---|---|
| 〔　　　〕 | 인류를 위한 위대한 발명. |
| イ反者は厳しく取り締まる。 | 違はんしゃはきびしくとりしまる。 |
| 〔　　　〕 | 위반자는 엄하게 단속한다. |
| 107. 都会を離れたグン部に住んでいる。 | とかいをはなれた郡ぶにすんでいる。 |
| 〔　　　〕 | 도회를 벗어난 군부에 살고 있다. |
| グン集心理に走らないようにする。 | 群しゅうしんりにはしらないようにする。 |
| 〔　　　〕 | 군중심리에 휩쓸리지 않도록 하다. |
| 108. 乗車券の有コウ期間が切れた。 | じょうしゃけんのゆう効きかんがきれた。 |
| 〔　　　〕 | 승차권 유효기간이 끝났다. |
| 都市のコウ外の静かな住宅地。 | としの郊がいのしずかなじゅうたくち。 |
| 〔　　　〕 | 도시의 교외에 있는 조용한 주택지. |
| 109. サイ判所に訴える。 | 裁ばんしょにうったえる。 |
| 〔　　　〕 | 재판소에 소송하다. |
| 野菜のサイ培をする農家。 | やさいの栽ばいをするのうか。 |
| 〔　　　〕 | 야채 재배를 하는 농가. |
| 新聞に掲サイされたニュース。 | しんぶんにけい載されたニュース。 |
| 〔　　　〕 | 신문에 게재 된 뉴스. |
| 110. 店の売り上げをカン定する。 | みせのうりあげを勘じょうする。 |
| 〔　　　〕 | 가게의 매상고를 계산하다. |
| 今度だけはカン忍しておこう。 | こんどだけは堪にんしておこう 。 |
| 〔　　　〕 | 이번 만은 참아보자. |
| 111. 親にコウ行をする。 | おやに孝こうをする。 |
| 〔　　　〕 | 부모에게 효도하다. |
| いろいろな条件をコウ慮に入れる。 | いろいろなじょうけんを考りょにいれる。 |
| 〔　　　〕 | 여러 가지 조건을 고려하다. |
| 112. シン経が衰弱している。 | 神けいがすいじゃくしている。 |
| 〔　　　〕 | 신경이 쇠약해져 있다. |
| シン縮自在のゴム製品。 | 伸しゅくじざいのゴムせいひん。 |
| 〔　　　〕 | 신축자재인 고무 제품. |
| 彼こそ本当のシン士だ。 | かれこそほんとうの紳しだ。 |
| 〔　　　〕 | 그야말로 정말 신사다. |
| 113. 音楽の真ズイを味わう。 | おんがくのしん髄をあじわう。 |
| 〔　　　〕 | 음악의 진수를 맛보다. |
| 有名な作家のズイ筆を読む。 | ゆうめいなさっかの随ひつをよむ。 |

〔　　　〕　유명한 작가의 수필을 읽다.

114. キリスト教の発ショウの地。　キリストきょうのはっ祥のち。

〔　　　〕　기독교의 발상지.

計画のショウ細は追って発表する。　けいかくの詳さいはおってはっぴょうする。

〔　　　〕　계획의 상세한 것은 추후에 발표한다.

115. 相手の動きをサッ知する。　あいてのうごきを察ちする。

〔　　　〕　상대의 움직임을 헤아려 알다.

物体の摩サツによって熱が生じる。　ぶったいのま擦によってねつがしょうじる。

〔　　　〕　물체의 마찰에 의해 열이 나다.

116. 掲示バンにニュースをはる。　けいじ板にニュースをはる。

〔　　　〕　게시판에 뉴스를 붙이다.

新しい書物が出パンされた。　あたらしいしょもつがしゅっ版された。

〔　　　〕　새 도서가 출판되었다.

急ハンを登ってきたので疲れた。　きゅう坂をのぼってきたのでつかれた。

〔　　　〕　가파른 언덕을 올라왔기 때문에 지쳤다.

電気器具をハン売している。　でんききぐを販ばいしている。

〔　　　〕　전기기구를 판매하고 있다.

117. 野球チームのホ手をしている。　やきゅうチームの捕しゅをしている。

〔　　　〕　야구팀의 포수를 맡고 있다.

不足した品をホ充する。　ふそくしたしなを補じゅうする。

〔　　　〕　부족한 물건을 보충하다.

家の前の道がホ装された。　いえのまえのみちが舗そうされた。

〔　　　〕　집 앞의 길이 포장되었다.

118. 外国へ製品をユ出する。　がいこくへせいひんを輸しゅつする。

〔　　　〕　외국에 제품을 수출하다.

友達とユ快に遊ぶ。　ともだちと愉かいにあそぶ。

〔　　　〕　친구들과 즐겁게 놀다.

中学校の教ユの資格をとる。　ちゅうがっこうのきょう諭のしかくをとる。

〔　　　〕　중학교의 교사 자격을 따다.

119. 会社の社員リョウに住んでいる。　かいしゃのしゃいん寮にすんでいる。

〔　　　〕　회사의 사원 기숙사에 살고 있다.

同リョウと協力して仕事をする。　どう僚ときょうりょくしてしごとをする。

〔　　　〕　동료와 협력해서 일을 하다.

病気の治リョウをしてもらう。　びょうきのち療をしてもらう。

〔　　　〕 병의 치료를 받다.

120. 父兄同ハンで出席する。 ふけいどう伴でしゅっせきする。
〔　　　〕 학부형 동반하여 참석하다.
事件とは無関係とハン明した。 じけんとはむかんけいと判めいした。
〔　　　〕 사건과는 무관하다고 판명했다.
静かな湖ハンの宿で泊まる。 しずかなこ畔のやどでとまる。
〔　　　〕 조용한 호반의 여관에서 묵다.

121. 細かな点まで分セキする。 こまかなてんまでぶん析する。
〔　　　〕 자세한 점까지 분석하다.
外国製品を排セキする。 がいこくせいひんをはい斥する。
〔　　　〕 외국제품을 배척하다.

122. 山頂から無事帰カンした。 さんちょうからぶじき還した。
〔　　　〕 산정에서 무사히 귀환했다.
勉強しやすいカン境をつくる。 べんきょうしやすい環きょうをつくる。
〔　　　〕 공부하기 좋은 환경을 만들다.

123. ビ妙な違いがある。 微みょうなちがいがある。
〔　　　〕 미묘한 차이가 있다.
会費をチョウ収する。 かいひを徴しゅうする。
〔　　　〕 회비를 징수하다.

124. 社長の令ジョウの結婚式。 しゃちょうのれい嬢のけっこんしき。
〔　　　〕 사장님의 따님 결혼식.
お互いにジョウ歩する。 おたがいに譲ほする。
〔　　　〕 서로 양보하다.

125. 学校をソツ業する。 がっこうを卒ぎょうする。
〔　　　〕 학교를 졸업하다.
ソッ先して模範を示す。 率せんしてもはんをしめす。
〔　　　〕 솔선해서 모범을 보이다.

126. 有名会社に就ショクする。 ゆうめいがいしゃにしゅう職する。
〔　　　〕 일류회사에 취직하다.
ショッ機を使って服地を生産する。 織きをつかってふくじをせいさんする。
〔　　　〕 베틀을 사용해 복지를 생산하다.

127. 船が港に停ハクしている。 ふねがみなとにてい泊している。
〔　　　〕 배가 항구에 정박해 있다.
観客から大きなハク手がわいた。 かんきゃくからおおきな拍しゅがわいた。

〔　　　〕 관객으로부터 큰 박수갈채를 받았다.
いろいろなハク害を受けた。 いろいろな迫がいをうけた。
〔　　　〕 여러가지 박해를 받았다.
有名な画ハクが描いた風景画。 ゆうめいながか伯がえがいたふうけいが。
〔　　　〕 유명한 화백이 그린 풍경화.

128. 世間の注目を浴びるカツ動。 せけんのちゅうもくをあびる活どう。
〔　　　〕 세상의 주목을 받는 활동.
希望者は一カツして申し込むこと。 きぼうしゃはいっ括してもうしこむこと。
〔　　　〕 희망자는 일괄해서 신청할 것.

129. 政治の第一線からイン退する。 せいじのだいいっせんから引たいする。
〔　　　〕 정치의 제일선에서 은퇴하다.
いつもイン気な顔をしている人。 いつも陰きなかおをしているひと。
〔　　　〕 언제나 어두운 표정을 짓고 있는 사람.

130. 輸入品を税カンで検査する。 ゆにゅうひんをぜい関でけんさする。
〔　　　〕 수입품을 세관에서 검사하다.
カン静な住宅地。 閑せいなじゅうたくち。
〔　　　〕 조용한 주택지.

131. 科学者のコウ演を聞く。 かがくしゃの講えんをきく。
〔　　　〕 과학자의 강연을 듣다.
必要な品をコウ入する。 ひつようなしなを購にゅうする。
〔　　　〕 필요한 물건을 구입하다.

132. 豊かな社会をケン設する。 ゆたかなしゃかいを建せつする。
〔　　　〕 풍족한 사회를 건설하다.
ケン全な遊びをするようにしよう。 健ぜんなあそびをするようにしよう。
〔　　　〕 건전한 놀이를 하도록 하자.

133. 天体は一定の法ソクに従って動く。 てんたいはいっていのほう則にしたがってうごく。
〔　　　〕 천체는 일정한 법칙에 따라 움직인다.
土地をソク量する。 とちを測りょうする。
〔　　　〕 토지를 측량하다.
事件を別のソク面から眺める じけんをべつの側めんからながめる。
〔　　　〕 사건을 다른 측면에서 바라보다.

134. 銀行へ通チョウを持っていく。 ぎんこうへつう帳をもっていく。
〔　　　〕 은행에 통장을 가지고 가다.

| | |
|---|---|
| 自分の主チョウを押し通す。 | じぶんのしゅ張をおしとおす。 |
| 〔　　　〕 | 자기의 주장을 억지로 통과시키다. |
| 空気が膨チョウしてきた。 | くうきがぼう脹してきた。 |
| 〔　　　〕 | 공기가 팽창해졌다. |
| 135. 帳ボに記入する。 | ちょう簿にきにゅうする。 |
| 〔　　　〕 | 장부에 기입하다. |
| 彼はハク情な人間だ。 | かれは薄じょうなにんげんだ。 |
| 〔　　　〕 | 그는 박정한 인간이다. |
| 136. 彼には全プクの信頼を置いている。 | かれにはぜん幅のしんらいをおいている。 |
| 〔　　　〕 | 그를 전폭적으로 신뢰하고 있다. |
| フク会長に選出された。 | 副かいちょうにせんしゅつされた。 |
| 〔　　　〕 | 부회장에 선출되었다. |
| 137. 専モン家の意見を聞く。 | せん門かのいけんをきく。 |
| 〔　　　〕 | 전문가의 의견을 듣다. |
| 会社の顧モン弁護士。 | かいしゃのこ問べんごし。 |
| 〔　　　〕 | 회사의 고문 변호사. |
| 138. キ車に乗って旅行する。 | 汽しゃにのってりょこうする。 |
| 〔　　　〕 | 기차를 타고 여행하다. |
| 次第にキ温があがってきた。 | しだいに気おんがあがってきた。 |
| 〔　　　〕 | 점점 기온이 높아졌다. |
| 139. 参加者にキ念品を配る。 | さんかしゃに記ねんひんをくばる。 |
| 〔　　　〕 | 참가자에게 기념품을 배부하다. |
| 有名なキ行文を読む。 | ゆうめいな紀こうぶんをよむ。 |
| 〔　　　〕 | 유명한 기행문을 읽다. |

## 7. 잘못 쓰기 쉬운 熟語

1. 止まれというアイズがでる。　〔　　〕
とまれという合図がでる。
멈추라는 신호가 나다.

2. 彼は仕事の上のアイボウだ。　〔　　〕
かれはしごとのうえの相棒だ。
그는 일하는데 있어서 동료다.

3. 一際イサイを放つ。　〔　　〕
ひときわ異彩をはなつ。
유달리 이채를 띠다.

4. イゼンとして解決できない。　〔　　〕
依然としてかいけつできない。
여전히 해결할 수 없다.

5. 先生にインソツされる。　〔　　〕
せんせいに引率される。
선생님에게 인솔 받는다.

6. お客様のオウタイをする。　〔　　〕
おきゃくさまの応対をする。
손님 접대를 하다.

7. オンケンな意見を尊重する。　〔　　〕
穏健ないけんをそんちょうする。
온건한 의견을 존중하다.

8. カクウの話をつくる。　〔　　〕
架空のはなしをつくる。
가공의 이야기를 만들다.

9. カチクの世話をする。　〔　　〕
家畜のせわをする。
가축을 돌보다.

10. カンガイ深い話を聞く。　〔　　〕
感慨ぶかいはなしをきく。
감명 깊은 이야기를 듣다.

11. 彼の来訪をカンゲイする。　〔　　〕
かれのらいほうを歓迎する。
그의 내방을 환영하다.

12. 初志をカンテツする。　〔　　〕
しょしを貫徹する。
초지를 관철하다.

13. いいかげんでカンネンしろ。　〔　　〕
いいかげんで観念しろ。
적당히 체념해라.

14. 流行性カンボウにかかる。　〔　　〕
りゅうこうせい感冒にかかる。
유행성 감기에 걸리다.

15. 中国伝来のカンポウ医学。　〔　　〕
ちゅうごくでんらいの漢方いがく。
중국 전래의 한의학.

| | |
|---|---|
| 16. 非常にカンメイを受けた本。 | ひじょうに感銘をうけたほん。 |
| 〔 〕 | 굉장히 감명을 받은 책. |
| 17. 激しいキガイを持つ人物。 | はげしい気概をもつじんぶつ。 |
| 〔 〕 | 대단한 기개를 가진 인물. |
| 18. キケンな仕事をする。 | 危険なしごとをする。 |
| 〔 〕 | 위험한 일을 하다. |
| 19. 日本は温暖なキコウの国だ。 | にほんはおんだんな気候のくにだ。 |
| 〔 〕 | 일본은 온난한 기후의 나라다. |
| 20. ギジ日本脳炎と診断される。 | 疑似にほんのうえんとしんだんされる。 |
| 〔 〕 | 의사일본뇌염이라고 진단받다. |
| 21. キセイの事実がある。 | 既成のじじつがある。 |
| 〔 〕 | 기성사실이 있다. |
| 22. 酸素をキュウシュウする。 | さんそを吸収する。 |
| 〔 〕 | 산소를 흡수하다. |
| 23. キョウイ的な新記録。 | 驚異てきなしんきろく。 |
| 〔 〕 | 경이적인 신기록. |
| 24. 外出することをキンシする。 | がいしゅつすることを禁止する。 |
| 〔 〕 | 외출하는 것을 금지하다. |
| 25. 演説のクチョウがいい。 | えんぜつの口調がいい。 |
| 〔 〕 | 연설 말투가 좋다. |
| 26. ケイソツな言動は慎め。 | 軽率なげんどうはつつしめ。 |
| 〔 〕 | 경솔한 언행은 삼가하라. |
| 27. 常識がケツジョしている。 | じょうしきが欠如している。 |
| 〔 〕 | 상식이 결여 되어 있다. |
| 28. 勝負のケッチャクをつける。 | しょうぶの決着をつける。 |
| 〔 〕 | 승부의 결말을 짓다. |
| 29. 交渉がケツレツした。 | こうしょうが決裂した。 |
| 〔 〕 | 교섭이 결렬되었다. |
| 30. みんなでケツロンをだす。 | みんなで結論をだす。 |
| 〔 〕 | 함께 결론을 내다. |
| 31. ゲネツ剤を飲む。 | 解熱ざいをのむ。 |
| 〔 〕 | 해열제를 먹다. |
| 32. 政府のケンカイを発表する。 | せいふの見解をはっぴょうする。 |

〔　　　〕
정부의 견해를 발표하다.

33. ケンビキョウで観察する。
〔　　　〕
顕微鏡でかんさつする。
현미경으로 관찰하다.

34. 経費をケンヤクする。
〔　　　〕
けいひを倹約する。
경비를 절약하다.

35. 多大なコウセキを残す。
〔　　　〕
ただいな功績をのこす。
많은 공적을 남기다.

36. 大臣をコウテツする。
〔　　　〕
だいじんを更迭する。
대신을 경질하다.

37. コウトウで申し出る。
〔　　　〕
口頭でもうしでる。
구두로 신고하다.

38. ゴカクの戦いをする。
〔　　　〕
互角のたたかいをする。
호각 다툼을 벌이다.

39. コンジョウのある男。
〔　　　〕
根性のあるおとこ。
심보가 있는 사나이.

40. 会社をサイケンする。
〔　　　〕
かいしゃを再建する。
회사를 재건하다.

41. 野菜の温室サイバイ。
〔　　　〕
やさいのおんしつ栽培。
야채의 온실재배.

42. 君の自由サイリョウに任す。
〔　　　〕
きみのじゆう裁量にまかす。
자네의 자유재량에 맡긴다.

43. サギ師にだまされる。
〔　　　〕
詐欺しにだまされる。
사기꾼에게 속다.

44. ザンコクな物語を読む。
〔　　　〕
残酷なものがたりをよむ。
잔혹한 이야기를 읽다.

45. ドアがジドウ的に開く。
〔　　　〕
ドアが自動てきにあく。
문이 자동적으로 열리다.

46. 自分で自分のシマツをする。
〔　　　〕
じぶんでじぶんの始末をする。
스스로 자기결말을 짓다.

47. 桃のシュウカクが始まる。
〔　　　〕
ももの収穫がはじまる。
복숭아 수확이 시작되다.

48. 規模をシュクショウする。
〔　　　〕
きぼを縮小する。
규모를 축소하다.

49. 様々なシュコウを凝らす。 さまざまな趣向をこらす。
〔　　　〕 여러가지 아이디어를 짜내다.

50. ジュヨウと供給。 需要ときょうきゅう。
〔　　　〕 수요와 공급.

51. 血液をジュンカンさせる。 けつえきを循環させる。
〔　　　〕 혈액을 순환시키다.

52. 知人にショウカイされる。 ちじんに紹介される。
〔　　　〕 아는 사람에게 소개 받다.

53. 不明な点をショウカイする。 ふめいなてんを照会する。
〔　　　〕 불명확한 점을 조회하다.

54. ショウコをあげて説明する。 証拠をあげてせつめいする。
〔　　　〕 증거를 들어 설명하다.

55. ショウタイ状を発送する。 招待じょうをはっそうする。
〔　　　〕 초대장을 발송하다.

56. ジョコウ運転。 徐行運転。
〔　　　〕 서행운전.

57. シンゲンな雰囲気。 森厳なふんいき。
〔　　　〕 삼엄한 분위기.

58. 大水で家がシンスイした。 おおみずでいえが浸水した。
〔　　　〕 홍수로 집이 침수되었다.

59. 敵の領土をシンリャクする。 てきのりょうどを侵略する。
〔　　　〕 적의 영토를 침략하다.

60. 先生にセッキョウされる。 せんせいに説教される。
〔　　　〕 선생님에게 잔소리를 듣다.

61. 政府とセッショウを重ねる。 せいふと折衝をかさねる。
〔　　　〕 정부와 절충을 거듭하다.

62. 物をソマツに扱うな。 ものを粗末にあつかうな。
〔　　　〕 물건을 소홀하게 다루지 마라.

63. 事件のゼンゴサクを講じる。 じけんの善後策をこうじる。
〔　　　〕 사건의 사후책을 강구하다.

64. ゼンジ、快方に向かう。 漸次、かいほうにむかう。
〔　　　〕 점차 차도가 있다.

65. 私のセンモンは物理です。 わたしの専門はぶつりです。

| | |
|---|---|
| 〔　　　〕 | 저의 전공은 물리입니다. |
| 66. ソウゴの信頼が大切だ。 | 相互のしんらいがたいせつだ。 |
| 〔　　　〕 | 상호 신뢰가 중요하다. |
| 67. パリに一週間タイザイした。 | パリにいっしゅうかん滞在した。 |
| 〔　　　〕 | 파리에 일주일간 체재했다. |
| 68. 地中海からタイセイヨウへ。 | ちちゅうかいから大西洋へ。 |
| 〔　　　〕 | 지중해에서 대서양으로. |
| 69. 授業タイドの良い生徒。 | じゅぎょう態度のよいせいと。 |
| 〔　　　〕 | 수업태도가 좋은 학생. |
| 70. タイヘイヨウ一人ぼっち。 | 太平洋ひとりぼっち。 |
| 〔　　　〕 | 태평양 외톨이. |
| 71. タクジ所を経営する。 | 託児しょをけいえいする。 |
| 〔　　　〕 | 탁아소를 경영하다. |
| 72. 攻撃のタンショを切り開く。 | こうげきの端緒をきりひらく。 |
| 　　　〕 | 공격의 실마리를 잡다. |
| 73. タンテキに物を言う人。 | 端的にものをいうひと。 |
| 〔　　　〕 | 단적으로 말하는 사람. |
| 74. さっぱりしてタンパクな人。 | さっぱりして淡泊なひと。 |
| 〔　　　〕 | 소탈하고 담백한 사람. |
| 75. 人のチュウコクを聞く。 | ひとの忠告をきく。 |
| 〔　　　〕 | 다른 사람의 충고를 듣다. |
| 76. 同じ意見がチョウフクする。 | おなじいけんが重複する。 |
| 〔　　　〕 | 같은 의견이 중복되다. |
| 77. チョッケイの大きな円。 | 直径のおおきなえん。 |
| 〔　　　〕 | 직경이 큰 원. |
| 78. テイサイを気にする。 | 体裁をきにする。 |
| 〔　　　〕 | 체면에 대해 신경을 쓰다. |
| 79. 彼はテイノウな人ではない。 | かれは低能なひとではない。 |
| 〔　　　〕 | 그는 저능아가 아니다. |
| 80. 要求は絶対テッカイしない。 | ようきゅうはぜったい撤回しない。 |
| 〔　　　〕 | 요구는 절대 철회하지 않는다. |
| 81. 物事をテッテイ的にする。 | ものごとを徹底てきにする。 |
| 〔　　　〕 | 일을 철저하게 하다. |

82. 悪い法律をテッパイする。　〔　　　〕

わるいほうりつを撤廃する。
나쁜 법률을 철폐하다.

83. 君が怒るのもトウゼンだ。　〔　　　〕

きみがおこるのも当然だ。
자네가 화를 내는 것도 당연하다.

84. 彼は立派なトクシカでした。　〔　　　〕

かれはりっぱな篤志家でした。
그는 훌륭한 독지가였다.

85. その説明にトクシンが行く。　〔　　　〕

そのせつめいに得心がいく。
그 설명에 납득이 가다.

86. 病気でナンギした。　〔　　　〕

びょうきで難儀した。
병으로 고생했다.

87. ニクシンの深い愛情。　〔　　　〕

肉親のふかいあいじよう。
육친의 깊은 애정.

88. バンゼンを期す。　〔　　　〕

万全をきす。
만전을 기하다.

89. 容疑者はヒニンを続ける。　〔　　　〕

ようぎしゃは否認をつづける。
용의자는 계속 부인하다.

90. フクザツな家庭事情。　〔　　　〕

複雑なかていじじょう。
복잡한 가정사정.

91. 名画のフクセイをつくる。　〔　　　〕

めいがの複製をつくる。
명화의 복제를 만들다.

92. 彼の言葉とフゴウする。　〔　　　〕

かれのことばと符合する。
그의 말과 부합하다.

93. 次回のフンキに期待する。　〔　　　〕

じかいの奮起にきたいする。
다음번의 분발에 기대하다.

94. 人の演説のボウガイをする。　〔　　　〕

ひとのえんぜつの妨害をする。
남의 연설을 방해하다.

95. ボウケン小説を読む。　〔　　　〕

冒険しょうせつをよむ。
모험소설을 읽다.

96. ホウドウの自由を守ろう。　〔　　　〕

報道のじゆうをまもろう。
보도의 자유를 지키자.

97. 猛獣をホカクする。　〔　　　〕

もうじゅうを捕獲する。
맹수를 포획하다.

98. 寺でホウヨウを営む。

てらで法要をいとなむ。

〔　　　〕　절에서 법요를 치르다.

99. 新事業設立のホッキニン。　しんじぎょうせつりつの発起人。
〔　　　〕　신사업설립의 발기인.

100. 父のメイギで金を借りる。　ちちの名義でかねをかりる。
〔　　　〕　아버지의 명의로 돈을 빌리다.

101. 名人の芸をモホウする。　めいじんのげいを模倣する。
〔　　　〕　명인의 기예를 모방하다.

102. ユカイそうに笑う。　愉快そうにわらう。
〔　　　〕　유쾌한듯이 웃다.

103. 少しのユウヨも許されない。　すこしの猶予もゆるされない。
〔　　　〕　조금의 지체도 허락되지 않다.

104. ヨユウのある態度。　余裕のあるたいど。
〔　　　〕　여유있는 태도.

105. 自動車のユシュツが増える。　じどうしゃの輸出がふえる。
〔　　　〕　자동차의 수출이 늘다.

106. 厳しいレンシュウをする。　きびしい練習をする。
〔　　　〕　심한 연습을 하다.

107. 相対校にアットウされる。　そうたいこうに圧倒される。
〔　　　〕　상대교에 압도 당하다.

108. 病がカイフクする。　やまいが回復する。
〔　　　〕　병이 회복되다.

109. 学校創立キネン日。　がっこうそうりつ記念び。
〔　　　〕　개교 기념일.

110. 亡き父のクヨウ。　なきちちの供養。
〔　　　〕　돌아가신 아버지를 위한 공양.

111. ゴウジョウさにあきれる。　強情さにあきれる。
〔　　　〕　억척스러움에 질리다.

112. サイテイの点をもらう。　最低のてんをもらう。
〔　　　〕　최저점을 받다.

113. 船底にシンスイした。　ふなぞこに浸水した。
〔　　　〕　배 밑이 침수되었다.

## 8. 音은 같으나 뜻이 다른 漢字(同音異義語)

1. 人事イドウが発令された。
〔　　〕
じんじ異動がはつれいされた。
인사이동이 발령났다.
両者のイドウを明確にする。
〔　　〕
りょうしゃの異同をめいかくにする。
양자의 차이를 명확히 하다.
星がゆっくりとイドウしていく。
〔　　〕
ほしがゆっくりと移動していく。
별이 천천히 이동해 간다.

2. 公開質問状に対するカイトウ。
〔　　〕
こうかいしつもんじょうにたいする回答。
공개질문장에 대한 회답.
試験問題のカイトウ。
〔　　〕
しけんもんだいの解答。
시험문제의 해답.
山田投手のカイトウで勝った。
〔　　〕
やまだとうしゅの快投でかった。
야마다 투수의 호투로 이겼다.

3. 十年かけて作品をカンセイした。
〔　　〕
じゅうねんかけてさくひんを完成した。
10년 걸려서 작품을 완성했다.
カンセイをあげて勝者を迎えた。
〔　　〕
歓声をあげてしょうしゃをむかえた。
환성을 올려 승자를 맞이했다.
カンセイはがきに書く。
〔　　〕
官製はがきにかく。
관제엽서에 적다.

4. 敵のキュウシュウに驚く。
〔　　〕
てきの急襲におどろく。
적의 급습에 놀라다.
根から養分をキュウシュウする。
〔　　〕
ねからようぶんを吸収する。
뿌리에서 양분을 흡수하다.
昔からのキュウシュウをやめる。
〔　　〕
むかしからの旧習をやめる。
옛날부터의 구습을 그만두다.

5. 勉強のコウカがあがる。
〔　　〕
べんきょうの効果があがる。
공부한 효과가 나타나다.
声高らかにコウカを歌う。
〔　　〕
こえたからかに校歌をうたう。
목소리 높여 교가를 부르다.
コウカな品物を紛失した。
〔　　〕
高価なしなものをふんしつした。
값비싼 물건을 분실했다.
急に気温がコウカした。
〔　　〕
きゅうにきおんが降下した。
갑자기 기온이 내려 갔다.

| | |
|---|---|
| 電話はコウカを使ってかける。 | でんわは硬貨をつかってかける。 |
| 〔　　　〕 | 전화는 동전을 사용해서 건다. |
| 6. 事故の模様をサイゲンする。 | じこのもようを再現する。 |
| 〔　　　〕 | 사고상황을 재현하다. |
| いつまでもサイゲンのない話。 | いつまでも際限のないはなし。 |
| 〔　　　〕 | 언제까지나 끝이 없는 이야기. |
| 7. 他人を強くヒナンする。 | たにんをつよく非難する。 |
| 〔　　　〕 | 타인을 몹시 비난하다. |
| 火事のため急いでヒナンする。 | かじのためいそいで避難する。 |
| 〔　　　〕 | 화재 때문에 서둘러 피난하다. |
| 8. フキュウの名作といわれる本。 | 不朽のめいさくといわれるほん。 |
| 〔　　　〕 | 불후의 명작이라 불리워지는 책. |
| 全国の家庭にフキュウしている。 | ぜんこくのかていに普及している。 |
| 〔　　　〕 | 전국의 가정에 보급되어 있다. |
| 9. 出発のヨウイをする。 | しゅっぱつの用意をする。 |
| 〔　　　〕 | 출발 준비를 하다. |
| この問題はヨウイに解けない。 | このもんだいは容易にとけない。 |
| 〔　　　〕 | 이 문제는 쉽게 풀 수 없다. |
| 10. 運転手をヨウセイする学校。 | うんてんしゅを養成するがっこう。 |
| 〔　　　〕 | 운전수를 양성하는 학교. |
| 緊急出動をヨウセイする。 | きんきゅうしゅつどうを要請する。 |
| 〔　　　〕 | 긴급 출동을 요청하다. |
| 彼の性格はヨウセイだ。 | かれのせいかくは陽性だ。 |
| 〔　　　〕 | 그의 성격은 활발하다. |
| 11. 歩道橋をシンセツする。 | ほどうきょうを新設する。 |
| 〔　　　〕 | 육교를 신설하다. |
| すべての人にシンセツにする。 | すべてのひとに親切にする。 |
| 〔　　　〕 | 모든 사람에게 친절하게 대하다. |
| 学会でシンセツを発表する。 | がっかいで新説をはっぴ　うする。 |
| 〔　　　〕 | 학회에서 새로운 학설을 발표하다. |
| 12. 仕事にシショウをきたす。 | しごとに支障をきたす。 |
| 〔　　　〕 | 일에 지장을 초래하다. |
| 踊りのシショウになる。 | おどりの師匠になる。 |
| 〔　　　〕 | 무용선생이 되다. |

| | |
|---|---|
| 事故で多くの人がシショウした。 | じこでおおくのひとが死傷した。 |
| 〔　　　〕 | 사고로 많은 사람이 사상했다. |
| 13. ショウカのよい食べ物。 | 消化のよいたべもの。 |
| 〔　　　〕 | 소화가 잘 되는 음식. |
| 学校でショウカを歌う。 | がっこうで唱歌をうたう。 |
| 〔　　　〕 | 학교에서 창가를 부르다. |
| ショウカのために放水する。 | 消火のためにほうすいする。 |
| 〔　　　〕 | 불을 끄려고 물을 뿌리다. |
| 14. 選挙はコウセイに行う。 | せんきょは公正におこなう。 |
| 〔　　　〕 | 선거는 공정하게 치른다. |
| 赤鉛筆で印刷のコウセイをする。 | あかえんぴつでいんさつの校正をする。 |
| 〔　　　〕 | 붉은 연필로 인쇄교정을 보다. |
| コウセイにまで残る偉大な功績。 | 後世にまでのこるいだいなこうせき。 |
| 〔　　　〕 | 후세까지 남는 위대한 공적. |
| 二つの楽章でコウセイされた曲。 | ふたつのがくしょうで構成されたきょく。 |
| 〔　　　〕 | 두 악장으로 구성된 곡. |
| 敵は急にコウセイに出てきた。 | てきはきゅうに攻勢にでてきた。 |
| 〔　　　〕 | 적은 갑자기 공세를 취했다. |
| 15. 憲法がコウフされた。 | けんぽうが公布された。 |
| 〔　　　〕 | 헌법이 공포되었다. |
| 免許証のコウフを受ける。 | めんきょしょうの交付をうける。 |
| 〔　　　〕 | 면허증을 교부 받다. |
| 16. 両親を失ってコジになった。 | りょうしんをうしなって孤児になった。 |
| 〔　　　〕 | 양친을 잃고 고아가 되었다. |
| 自分の能力をコジする。 | じぶんののうりょくを誇示する。 |
| 〔　　　〕 | 자기의 능력을 과시하다. |
| 会長への就任をコジする。 | かいちょうへのしゅうにんを固辞する。 |
| 〔　　　〕 | 회장 취임을 굳이 사양하다. |
| 自己の信念をコジする。 | じこのしんねんを固持する。 |
| 〔　　　〕 | 자기의 신념을 고집하다. |
| 中国のコジに基づいた語句。 | ちゅうごくの故事にもとづいたごく。 |
| 〔　　　〕 | 중국고사에 따른 어구. |
| 17. サイダイ漏らさず話す。 | 細大もらさずはなす。 |
| 〔　　　〕 | 조금도 빠짐없이 이야기하다. |

| | |
|---|---|
| 世界でサイダイの木造建築。 | せかいで最大のもくぞうけんちく。 |
| 〔　　　〕 | 세계에서 최대의 목조건축. |
| 18. 裁判官にもゴシンがある。 | さいばんかんにも誤審がある。 |
| 〔　　　〕 | 재판관에게도 오심이 있다. |
| 医者のゴシンにより死亡した。 | いしゃの誤診によりしぼうした。 |
| 〔　　　〕 | 의사의 오진에 의해 사망했다. |
| ゴシンのために柔道を習う。 | 護身のためにじゅうどうをならう。 |
| 〔　　　〕 | 호신을 위해 유도를 배우다. |
| 19. おおよそのケントウで話す。 | おおよその見当ではなす。 |
| 〔　　　〕 | 대충 어림짐작으로 이야기하다. |
| 問題点を細かにケントウする。 | もんだいてんをこまかに検討する。 |
| 〔　　　〕 | 문제점을 세세하게 검토하다. |
| よくケントウしたが惜敗した。 | よく健闘したがせきはいした。 |
| 〔　　　〕 | 열심히 건투를 했지만 분패했다. |
| 20. 自然ゲンショウを観察する。 | しぜん現象をかんさつする。 |
| 〔　　　〕 | 자연현상을 관찰하다. |
| 川の水がゲンショウしている。 | かわのみずが減少している。 |
| 〔　　　〕 | 냇물이 감소되었다. |
| 21. 雑誌にキコウする。 | ざっしに寄稿する。 |
| 〔　　　〕 | 잡지에 기고하다. |
| 南氷洋から漁船がキコウした。 | なんぴょうようからぎょせんが帰港した。 |
| 〔　　　〕 | 남빙양에서 어선이 귀항했다. |
| 地下鉄の工事がキコウされた。 | ちかてつのこうじが起工された。 |
| 〔　　　〕 | 지하철 공사가 기공되었다. |
| 会社のキコウを改革する。 | かいしゃの機構をかいかくする。 |
| 〔　　　〕 | 회사의 기구를 개혁하다. |
| 22. キケンな遊びをしてはいけない。 | 危険なあそびをしてはいけない。 |
| 〔　　　〕 | 위험한 놀이를 해서는 안된다. |
| 今回の選挙はキケンした。 | こんかいのせんきょは棄権した。 |
| 〔　　　〕 | 이번 선거는 기권했다. |
| 23. ようやくキチを脱した。 | ようやく危地をだっした。 |
| 〔　　　〕 | 간신히 위험한 곳을 벗어났다. |
| 南極観測のためのキチを設ける。 | なんきょくかんそくのための基地をもうける。 |
| 〔　　　〕 | 남극관측을 위한 기지를 설치하다. |
| キチに富んだ話しぶりをする人。 | 機知にとんだはなしぶりをするひと。 |

〔　　〕　기지가 넘치게 이야기를 하는 사람.

24. カテイの上に立った話をする。　仮定のうえにたったはなしをする。
〔　　〕　가정하여 이야기를 하다.
いつも笑いの絶えないカテイ。　いつもわらいのたえない家庭。
〔　　〕　언제나 웃음이 끊이지 않는 가정.
結果よりもそのカテイが問題だ。　けっかよりもその過程がもんだいだ。
〔　　〕　결과 보다도 그 과정이 문제다.

25. みんなの注意をカンキする。　みんなのちゅういを喚起する。
〔　　〕　모두의 주의를 환기시키다.
へやのカンキに注意する。　へやの換気にちゅういする。
〔　　〕　방의 환기에 주의하다.
カンキの声を上げる。　歓喜のこえをあげる。
〔　　〕　환희의 소리를 지르다.

26. 歴史をカイコする。　れきしを回顧する。
〔　　〕　역사를 회고하다.
カイコ趣味にふけっている人。　懐古しゅみにふけっているひと。
〔　　〕　회고 취미에 빠진 사람.
従業員をカイコする。　じゅうぎょういんを解雇する。
〔　　〕　종업원을 해고하다.

27. エイセイ中立国となる。　永世ちゅうりつこくとなる。
〔　　〕　영세중립국이 되다.
人工エイセイを打ち上げる。　じんこう衛星をうちあげる。
〔　　〕　인공위성을 쏘아 올리다.
健康のためエイセイに注意する。　けんこうのため衛生にちゅういする。
〔　　〕　건강을 위해 위생에 주의하다.

28. イッシンに勉強する。　一心にべんきょうする。
〔　　〕　열심히 공부하다.
改築して面目をイッシンした。　かいちくしてめんもくを一新した。
〔　　〕　개축해서 면목을 일신했다.
人々のいかりをイッシンに受ける。　ひとびとのいかりを一身にうける。
〔　　〕　사람들의 노여움을 한몸에 받다.

29. 学校の規則がカイセイされた。　がっこうのきそくが改正された。
〔　　〕　학교규칙이 개정되었다.
カイセイに恵まれた運動会。　快晴にめぐまれたうんどうかい。
〔　　〕　날씨가 좋은 운동회.

結婚後カイセイの届けを出す。　けっこんご改姓のとどけをだす。
〔　　　〕　결혼후 개성 신고서를 제출하다.

30. 両国の首脳がカイダンした。　りょうこくのしゅのうが会談した。
〔　　　〕　양국의 정상이 회담했다.
カイダンを昇っていく。　階段をのぼっていく。
〔　　　〕　계단을 올라가다.
夏の夜にカイダンを聞く。　なつのよるに怪談をきく。
〔　　　〕　여름밤에 괴담을 듣다.

31. 古くなった制度をカクシンする。　ふるくなったせいどを革新する。
〔　　　〕　오래된 제도를 혁신하다.
話がようやくカクシンに触れた。　はなしがようやく核心にふれた。
〔　　　〕　이야기가 마침내 핵심을 건드렸다.
自分は正しいとカクシンする。　じぶんはただしいと確信する。
〔　　　〕　자신은 옳다고 확신하다.

32. ガイトウに立って演説をする。　街頭にたってえんぜつをする。
〔　　　〕　가두에 서서 연설을 하다.
条件にガイトウする者はだれか。　じょうけんに該当するものはだれか。
〔　　　〕　조건에 해당하는 자는 누구냐?

33. すぐれた絵画をカンショウする。　すぐれたかいがを鑑賞する。
〔　　　〕　뛰어난 회화를 감상하다.
他人にカンショウされたくない。　たにんに干渉されたくない。
〔　　　〕　남에게 간섭받고 싶지 않다.
私は人をカンショウ的にする。　わたしはひとを感傷てきにする。
〔　　　〕　나는 남을 감상적으로 만든다.

34. 昔からのカンシュウに従う。　むかしからの慣習にしたがう。
〔　　　〕　예로부터의 관습에 따르다.
競技場はカンシュウで埋まった。　きょうぎじょうは観衆でうずまった。
〔　　　〕　경기장은 관중으로 메워졌다.
木村先生がカンシュウされた本。　きむらせんせいが監修されたほん。
〔　　　〕　기무라 선생님이 감수하신 책.

35. 毎朝六時にキショウする。　まいあさろくじに起床する。
〔　　　〕　매일 아침 6시에 기상하다.
異常キショウで雨が降らない。　いじょう気象であめがふらない。
〔　　　〕　기상이변으로 비가 내리지 않는다.
彼はキショウの激しい人だ。　かれは気性のはげしいひとだ。

〔　　　〕　　그는 성격이 과격한 사람이다.

キショウ価値が薄れる。　　希少かちがうすれる。

〔　　　〕　　희소가치가 약해지다.

36. 自分のコウイを反省する。　　じぶんの行為をはんせいする。

〔　　　〕　　자신의 행위를 반성하다.

コウイの診察を受ける。　　校医のしんさつをうける。

〔　　　〕　　교의의 진찰을 받다.

相手にコウイを抱く。　　あいてに好意をいだく。

〔　　　〕　　상대에게 호의를 갖다.

37. 論文のコウソウを練る。　　ろんぶんの構想をねる。

〔　　　〕　　논문을 구상하다.

コウソウ建築が立ち並ぶ。　　高層けんちくがたちならぶ。

〔　　　〕　　고층건물이 늘어 서다.

両国のコウソウは絶えない。　　りょうこくの抗争はたえない。

양국의 항쟁은 끊이지 않는다.

38. 政府がコウテイ価格を発表した。　　せいふが公定かかくをはっぴょうした。

〔　　　〕　　정부가 공정가격을 발표했다.

修学旅行のコウテイが決まった。　　しゅうがくりょこうの行程がきまった。

〔　　　〕　　수학여행 코스가 정해졌다.

相手の意見をコウテイする。　　あいてのいけんを肯定する。

〔　　　〕　　상대의 의견을 긍정하다.

土地のコウテイを記した地図。　　とちの高低をきしたちず。

〔　　　〕　　땅의 고저를 기록한 지도.

39. 会議を一般にコウカイする。　　かいぎをいっぱんに公開する。

〔　　　〕　　회의를 일반에 공개하다.

遠洋コウカイに出発する。　　えんよう航海にしゅっぱつする。

〔　　　〕　　원양항해를 출발하다.

自分の不勉強をコウカイする。　　じぶんのふべんきょうを後悔する。

〔　　　〕　　자신이 공부를 게을리 한 것을 후회하다.

40. 予算をケイジョウする。　　よさんを計上する。

〔　　　〕　　예산을 계상하다.

ケイジョウの露と消える。　　刑場のつゆときえる。

〔　　　〕　　형장의 이슬로 사라지다.

41. コウエンで遊ぶ。　　公園であそぶ。

〔　　　〕　　공원에서 놀다.

| | |
|---|---|
| 文部省がコウエンする大会。 | もんぶしょうが後援するたいかい。 |
| 〔　　　〕 | 문교부가 후원하는 대회. |
| 大学教授のコウエンを聞く。 | だいがくきょうじゅの講演をきく。 |
| 〔　　　〕 | 대학교수의 강연을 듣다. |
| 42. ケイショウをつけて人を呼ぶ。 | 敬称をつけてひとをよぶ。 |
| 〔　　　〕 | 경칭을 붙여서 사람을 부르다. |
| 自動車事故でケイショウを負う。 | じどうしゃじこで軽傷をおう。 |
| 〔　　　〕 | 자동차 사고로 경상을 입다. |
| 王子が王位をケイショウした。 | おうじがおういを継承した。 |
| 〔　　　〕 | 왕자가 왕위를 계승했다. |
| 43. コウエイの競馬は廃止する。 | 公営のけいばははいしする。 |
| 〔　　　〕 | 공영경마는 폐지하다. |
| お目にかかれてコウエイです。 | おめにかかれて光栄です。 |
| 〔　　　〕 | 뵙게 되어 영광입니다. |
| 44. 他人からコウカンを持たれる。 | たにんから好感をもたれる。 |
| 〔　　　〕 | 타인에게 호감을 사다. |
| 互いに持ち物をコウカンする。 | たがいにもちものを交換する。 |
| 〔　　　〕 | 서로 가진 물건을 교환하다. |
| 45. キンチョウして声が震えた。 | 緊張してこえがふるえた。 |
| 〔　　　〕 | 긴장해서 목소리가 떨렸다. |
| 先生の意見をキンチョウする。 | せんせいのいけんを謹聴する。 |
| 〔　　　〕 | 선생님의 의견을 삼가 듣다. |
| 46. ケイセイが逆転した。 | 形勢がぎゃくてんした。 |
| 〔　　　〕 | 형세가 역전됐다. |
| 人格のケイセイに必要なもの。 | じんかくの形成にひつようなもの. |
| 〔　　　〕 | 인격형성에 필요한 것. |
| 47. 一筋のコウミョウを見い出した。 | ひとすじの光明をみいだした。 |
| 〔　　　〕 | 한 줄기의 광명을 발견했다. |
| コウミョウに仕組んだわな。 | 巧妙にしくんだわな。 |
| 〔　　　〕 | 교묘하게 짠 함정. |
| 48. 国家が発行したサイケンを買う。 | こっかがはっこうした債券をかう。 |
| 〔　　　〕 | 국가가 발행한 채권을 사다. |
| 倒産した会社をサイケンする。 | とうさんしたかいしゃを再建する。 |
| 〔　　　〕 | 도산한 회사를 재건하다. |

49. ジイ行動を起こす。 示威こうどうをおこす。
〔　　　〕 시위를 일으키다.
会員に対してジイを表明する。 かいいんにたいして辞意をひょうめいする。
〔　　　〕 회원에 대해서 사의를 표명하다.

50. 先生になるシカクがある。 せんせいになる資格がある。
〔　　　〕 선생님이 될 자격이 있다.
シカクに訴える教材。 視覚にうったえるきょうざい。
〔　　　〕 시각에 호소하는 교재.
シカクに入って見えない。 死角にはいってみえない。
〔　　　〕 사각지대에 들어가서 보이지 않는다.

51. 友人の意見をシジする。 ゆうじんのいけんを支持する。
〔　　　〕 친구의 의견을 지지하다.
小説家の田中氏にシジしている。 しょうせつかのたなかしに師事している。
〔　　　〕 소설가인 타나카씨에게 사사하고 있다.
先生のシジに従う。 せんせいの指示にしたがう。
〔　　　〕 선생의 지시에 따르다.

52. 天地ソウゾウの神話。 てんち創造のしんわ。
〔　　　〕 천지창조의 신화.
いろいろとソウゾウを働かせる。 いろいろと想像をはたらかせる。
〔　　　〕 여러가지 상상을 하다.

53. 運賃のセイサンをする。 うんちんの精算をする。
〔　　　〕 운임의 정산을 하다.
これまでの生活をセイサンする。 これまでのせいかつを清算する。
〔　　　〕 이제까지의 생활을 청산하다.
自動車をセイサンする工場。 じどうしゃを生産するこうじょう。
〔　　　〕 자동차를 생산하는 공장.

54. 産業のシンコウをはかる。 さんぎょうの振興をはかる。
〔　　　〕 산업 진흥을 꾀하다.
列車がシンコウしてきた。 れっしゃが進行してきた。
〔　　　〕 열차가 진행해 왔다.
キリスト教をシンコウする。 キリストきょうを信仰する。
〔　　　〕 기독교를 믿다.
シンコウ国と外交関係を結ぶ。 新興こくとがいこうかんけいをむすぶ。
〔　　　〕 신흥국과 외교관계를 맺다.

55. 高校生をタイショウにした本。　こうこうせいを対象にしたほん。
〔　　〕　고교생을 대상으로 한 책.
左右タイショウにした本。　さゆう対称にしたほん。
〔　　〕　좌우대칭으로 된 책.
原文と比較タイショウする。　げんぶんとひかく対照する。
〔　　〕　원문과 비교대조하다.

56. セイコウにできている時計。　精巧にできているとけい。
〔　　〕　정교하게 만든 시계.
努力した結果セイコウした。　どりょくしたけっか成功した。
〔　　〕　노력한 결과 성공했다.

57. ジシンに驚いて飛び出した。　地震におどろいてとびだした。
〔　　〕　지진에 놀라서 뛰쳐 나갔다.
試験に合格するジシンはある。　しけんにごうかくする自信はある。
〔　　〕　시험에 합격할 자신은 있다.
自分ジシンの力で解決する。　じぶん自身のちからでかいけつする。
〔　　〕　자기자신의 힘으로 해결하다.

58. 外国から親善シセツが来た。　がいこくからしんぜん使節がきた。
〔　　〕　외국에서 친선사절이 왔다.
障害者のためのシセツをつくる。　しょうがいしゃのための施設をつくる。
〔　　〕　장애자를 위한 시설을 만들다.

59. くずしたジタイは読みにくい。　くずした字体はよみにくい。
〔　　〕　흘려 쓴 자체는 읽기 어렵다.
推薦をジタイする。　すいせんを辞退する。
〔　　〕　추천을 사퇴하다.
緊急のジタイに対処する。　きんきゅうの事態にたいしょする。
〔　　〕　긴급 사태에 대처하다.

60. 首相のシセイ方針演説。　しゅしょうの施政ほうしんえんぜつ。
〔　　〕　수상의 시정방침 연설.
正しいシセイで読書する。　ただしい姿勢でどくしょする。
〔　　〕　바른 자세로 독서하다.
市長が急病でシセイが滞る。　しちょうがきゅうびょうで市政がとどこおる。
〔　　〕　시장이 급환으로 시정이 밀리다.
人間のシセイは天に通ずる。　にんげんの至誠はてんにつうずる。
〔　　〕　인간의 지성은 하늘에 이른다.

61. ずいぶんジジツが経過した。　ずいぶん時日がけいかした。

〔　　　〕 매우 시일이 경과했다.
これは間違いのないジジツだ。 これはまちがいのない事実だ。
〔　　　〕 이것은 틀림없는 사실이다.

62. 役所のコウキがゆるんでいる。 やくしょの綱紀がゆるんでいる。
〔　　　〕 관공서의 기강이 해이해져 있다.
コウキな身分の人。 高貴なみぶんのひと。
〔　　　〕 고귀한 신분의 사람.
世間からコウキの目で見られる。 せけんから好奇のめでみられる。
〔　　　〕 세상 사람들이 호기심어린 눈으로 보고있다.
新聞は社会のコウキだ。 しんぶんはしゃかいの公器だ。
〔　　　〕 신문은 사회의 공기이다.

63. 夏休みにキセイする。 なつやすみに帰省する。
〔　　　〕 하계휴가에 귀성하다.
キセイを発して騒ぐ。 奇声をはっしてさわぐ。
〔　　　〕 기성을 지르며 떠들다.
大いにキセイがあがった。 おおいに気勢があがった。
〔　　　〕 몹시 기세가 올랐다.
人間の体にキセイする虫。 にんげんのからだに寄生するむし。
〔　　　〕 인간의 몸에 기생하는 벌레.
キセイ服で十分体に合う。 既製ふくでじゅうぶんからだにあう。
〔　　　〕 기성복으로 흡족히 몸에 맞다.
それはキセイの事実だ。 それは既成のじじつだ。
〔　　　〕 그것은 기성사실이다.

64. キョウチョウの精神を養う。 協調のせいしんをやしなう。
〔　　　〕 협조정신을 기르다.
重要な点をキョウチョウする。 じゅうようなてんを強調する。
〔　　　〕 중요한 점을 강조하다.

65. 外国からキチョウする。 がいこくから帰朝する。
〔　　　〕 외국에서 귀국하다.
キチョウな宝物を拝観する。 貴重なほうもつをはいかんする。
〔　　　〕 귀중한 보물을 관람하다.

66. エイリな刃物で刺す。 鋭利なはものでさす。
〔　　　〕 예리한 날붙이로 찌르다.
エイリ事業に携わる。 営利じぎょうにたずさわる。

〔　　　〕　영리사업에 종사하다.

67. 昔のことをカイソウする。　むかしのことを回想する。
〔　　　〕　옛날일을 회상하다.
店舗をカイソウする。　てんぽを改装する。
〔　　　〕　점포를 새로 단장하다.
海上をヨットがカイソウする。　かいじょうをヨットが快走する。
〔　　　〕　바다위를 요트가 쾌주하다.
あらゆるカイソウの人の集まり。　あらゆる階層のひとのあつまり。
〔　　　〕　모든 계층의 사람들의 모임.

68. 相手のイコウをただす。　あいての意向をただす。
〔　　　〕　상대방의 의향을 묻다.
新しい方式にイコウする。　あたらしいほうしきに移行する。
〔　　　〕　새로운 방식으로 이행하다.
親のイコウをかさに着る。　おやの威光をかさにきる。
〔　　　〕　부모의 위세를 믿고 뻐기다.
先生のイコウを出版する。　せんせいの遺稿をしゅっぱんする。
〔　　　〕　선생님의 유고를 출판하다.

69. 人間にはカゴはつきものだ。　にんげんには過誤はつきものだ。
〔　　　〕　인간에게는 과오는 있기 마련이다.
神仏のカゴがあったので助かる。　しんぶつの加護があったのでたすかる。
〔　　　〕　신불의 가호가 있었기 때문에 살았다.

70. 相手のカンシンを買おうとする。　あいての歓心をかおうとする。
〔　　　〕　상대의 환심을 사려고 하다.
まじめな態度にカンシンした。　まじめなたいどに感心した。
〔　　　〕　진지한 태도에 감탄했다.
みんながカンシンを持っている。　みんなが関心をもっている。
〔　　　〕　모두가 관심을 가지고 있다.

71. 提出のキゲンは守りなさい。　ていしゅつの期限はまもりなさい。
〔　　　〕　제출기한은 지키시오.
人類のキゲンを研究する。　じんるいの起源をけんきゅうする。
〔　　　〕　인류의 기원을 연구하다.

72. 相手とコウショウする。　あいてと交渉する。
〔　　　〕　상대와 교섭하다.
昔の風俗をコウショウする。　むかしのふうぞくを考証する。
〔　　　〕　옛날 풍속을 고증하다.

73. 世間に真相をコウヒョウする。
〔　　　〕
せけんにしんそうを公表する。
세상에 진상을 공표하다.

74. 激しい意見のオウシュウ。
〔　　　〕
はげしいいけんの応酬。
격심한 의견의 응수.

証拠品をオウシュウする。
〔　　　〕
しょうこひんを押収する。
증거품을 압수하다.

オウシュウ一周の旅に出る。
〔　　　〕
欧州いっしゅうのたびにでる。
구미일주 여행을 떠나다.

75. 違反者をケンキョする。
〔　　　〕
いはんしゃを検挙する。
위반자를 검거하다.

ケンキョな態度で接する。
〔　　　〕
謙虚なたいどでせっする。
겸허한 태도로 대하다.

76. コウキュウの平和を念願する。
〔　　　〕
恒久のへいわをねんがんする。
항구적인 평화를 염원하다.

コウキュウな品物を選ぶ。
〔　　　〕
高級なしなものをえらぶ。
고급품을 고르다.

77. コウシンに道を譲って引退する。
〔　　　〕
後進にみちをゆずっていんたいする。
후진에게 길을 터주고 은퇴하다.

日本記録をコウシンした。
〔　　　〕
にほんきろくを更新した。
일본기록을 갱신했다.

78. タントウで刺殺された。
〔　　　〕
短刀でしさつされた。
단도에 찔려 죽었다.

タントウ直入に話しかける。
〔　　　〕
単刀ちょくにゅうにはなしかける。
단도직입적으로 말하다.

自分の販売タントウ地域。
〔　　　〕
じぶんのはんばい担当ちいき。
자기의 판매담당지역.

79. 株式にトウシする。
〔　　　〕
かぶしきに投資する。
주식에 투자하다.

寒さのためにトウシした。
〔　　　〕
さむさのために凍死した。
추위로 인해 얼어죽었다.

相手に対してトウシを燃やす。
〔　　　〕
あいてにたいして闘志をもやす。
상대에 대해서 투지를 불태우다.

80. ボウカンのために手袋をする。
〔　　　〕
防寒のためにてぶくろをする。
방한을 위해 장갑을 끼다.

夜道でボウカンに襲われた。　よみちで暴漢におそわれた。
〔　　　〕　밤길에서 폭한에게 습격당했다.
第三者の立場でボウカンする。　だいさんしゃのたちばで傍観する。
〔　　　〕　제 3자의 입장에서 방관하다.

81. 近頃はどうも成績がフシンだ。　ちかごろはどうもせいせきが不振だ。
〔　　　〕　요즘은 아무래도 성적이 부진하다.
フシンな態度の男を見つけた。　不審なたいどのおとこをみつけた。
〔　　　〕　의심쩍은 태도의 남자를 발견했다.
事後の対策にフシンしている。　じごのたいさくに腐心している。
〔　　　〕　사후대책에 고민하고 있다.
大きな家をフシンする。　おおきないえを普請する。
〔　　　〕　큰 집을 짓다.

82. 権利をホウキする。　けんりを放棄する。
〔　　　〕　권리를 포기하다.
交通のホウキを学ぶ。　こうつうの法規をまなぶ。
〔　　　〕　교통법규를 배우다.

83. 池でヨウショクした魚。　いけで養殖したさかな。
〔　　　〕　연못에서 양식한 물고기.
ヨウショクが衰えた。　容色がおとろえた。
〔　　　〕　안색이 나빠졌다.

84. ジゼン事業に携わっている人。　慈善じぎょうにたずさわっているひと。
〔　　　〕　자선사업에 종사하고 있는 사람。
ジゼンに悪事が露見した。　事前にあくじがろけんした。
〔　　　〕　사전에 나쁜 일이 탄로났다.
ジゼンの策を考えよう。　次善のさくをかんがえよう。
〔　　　〕　차선책을 생각하자.

85. 休耕で田畑がコウハイしている。　きゅうこうでたはたが荒廃している。
〔　　　〕　휴경으로 논밭이 황폐해졌다.
コウハイの指導にあたる。　後輩のしどうにあたる。
〔　　　〕　후배의 지도를 맡다.
国家のコウハイがかかっている。　こっかの興廃がかかっている。
〔　　　〕　국가의 흥망이 걸려 있다.

86. 洋服をシンチョウする。　ようふくを新調する。
〔　　　〕　양복을 새로 맞추다.
シンチョウに考えて行動する。　慎重にかんがえてこうどうする。

〔　　　〕
勢力のシンチョウを図る。
〔　　　〕
意味シンチョウなことば。
〔　　　〕

87. 行動をセイヤクされる。
〔　　　〕
必ず守るとセイヤクする。
〔　　　〕
セイヤク会社に勤めている。
〔　　　〕

88. 心がドウヨウする。
〔　　　〕
幼稚園からドウヨウが聞こえる。
〔　　　〕

89. 豊臣秀吉がテンカを取った。
〔　　　〕
責任を他人にテンカする。
〔　　　〕
食品に合成保存料をテンカする。
〔　　　〕

90. キョウイ的な新記録が出た。
〔　　　〕
外国にキョウイを与える。
〔　　　〕
キョウイの広いがっしりした体。
〔　　　〕

91. 他人にカンヨウの精神で接する。
〔　　　〕
古くからのカンヨウ句を覚える。
〔　　　〕

92. ガイカンだけがりっぱな建物。
〔　　　〕
内憂ガイカンが相継いだ。
〔　　　〕

신중하게 생각해서 행동하다.
せいりょくの伸長をはかる。
세력신장을 꾀하다.
いみ深長なことば。
의미심장한 말.

こうどうを制約される。
행동을 제약받다.
かならずまもると誓約する。
반드시 지킨다고 서약하다.
製薬がいしゃにつとめている。
제약 회사에 근무하고 있다.

こころが動謡する。
마음이 동요하다.
ようちえんから童謡がきこえる。
유치원에서 동요가 들리다.

とよとみひでよしが天下をとった。
풍신수길이 천하를 얻었다.
せきにんをたにんに転嫁する。
책임을 남에게 전가시키다.
しょくひんにごうせいほぞんりょうを添加する。
식품에 방부제를 첨가하다.

驚異てきなしんきろくがでた。
경이적인 신기록이 나왔다.
がいこくに脅威をあたえる。
외국에 위협을 주다.
胸囲のひろいがっしりしたからだ。
가슴이 넓고 튼튼한 몸.

たにんに寛容のせいしんでせっする。
타인에게 관용의 정신으로 대하다.
ふるくからの慣用くをおぼえる。
옛날부터의 관용구를 익히다.

外観だけがりっぱなたてもの。
외관만 훌륭한 건물.
ないゆう外患があいついだ。
내우외환이 잇따랐다.

| | | |
|---|---|---|
| | 日本の歴史をガイカンする。 | にほんのれきしを概観する。 |
| | 〔　　　〕 | 일본역사를 개관하다. |
| 93. | この絵はカイシンの出来栄えだ。 | このえは会心のできばえだ。 |
| | 〔　　　〕 | 이 그림은 마음에 드는 작품이다. |
| | カイシンして真人間になった。 | 改心してまにんげんになった。 |
| | 〔　　　〕 | 개심해서 진실한 인간이 되었다. |
| | 主治医のカイシンがあった。 | しゅじいの回診があった。 |
| | 〔　　　〕 | 주치의의 회진이 있었다. |
| 94. | 反対派をカイジュウする。 | はんたいはを懐柔する。 |
| | 〔　　　〕 | 반대파를 회유하다. |
| | 子供が好むカイジュウ映画。 | こどもがこのむ怪獣えいが。 |
| | 〔　　　〕 | 애들이 좋아하는 괴기영화. |
| 95. | ケイキがよくなってきた。 | 景気がよくなってきた。 |
| | 〔　　　〕 | 경기가 좋아졌다. |
| | 転校をケイキとしてがんばろう。 | てんこうを契機としてがんばろう。 |
| | 〔　　　〕 | 전학을 계기로 분발하자. |
| 96. | 天候がフジュンで農家は困る。 | てんこうが不順でのうかはこまる。 |
| | 〔　　　〕 | 일기가 불순해서 농가가 곤란하다. |
| | フジュンな気持ちを抱く。 | 不純なきもちをいだく。 |
| | 〔　　　〕 | 불순한 마음을 가지다. |
| 97. | これ以上入るヨチはない。 | これいじょうはいる余地はない。 |
| | 〔　　　〕 | 이 이상 들어갈 여지는 없다. |
| | 大地震が起こることをヨチする。 | だいじしんがおこることを予知する。 |
| | 〔　　　〕 | 대지진이 일어날 것을 예지하다. |
| 98. | 霧でシカイがさえぎられる。 | きりで視界がさえぎられる。 |
| | 〔　　　〕 | 안개로 시야가 가로 막히다. |
| | 会議のシカイを頼まれる。 | かいぎの司会をたのまれる。 |
| | 〔　　　〕 | 회의의 사회를 부탁받다. |
| 99. | 慎重にシンギする。 | しんちょうに審議する。 |
| | 〔　　　〕 | 신중하게 심의하다. |
| | シンギのほどはまだ不明だ。 | 真偽のほどはまだふめいだ。 |
| | 〔　　　〕 | 진위의 여부는 아직 불명하다. |
| 100. | 雨中で競技はキョウコウされた。 | うちゅうできょうぎは強行された。 |
| | 〔　　　〕 | 비가 오는데 경기는 강행되었다. |

| | |
|---|---|
| 世界的な経済キョウコウがきた。 | せかいてきなけいざい恐慌がきた。 |
| 〔 〕 | 세계적인 경제공황이 왔다. |
| 101. カイソク列車が走る。 | 快速れっしゃがはしる。 |
| 〔 〕 | 쾌속열차가 달리다. |
| 彼のカイソクぶりは有名だ。 | かれの快足ぶりはゆうめいだ。 |
| 〔 〕 | 그는 빨리 달리기로 유명하다. |
| 自治会のカイソクをきめる。 | じちかいの会則をきめる。 |
| 〔 〕 | 자치회의 회칙을 정하다. |
| 102. 病気がカイホウに向う。 | びょうきが快方にむかう。 |
| 〔 〕 | 병세가 나아지다. |
| カイホウでニュースを知らせる。 | 会報でニュースをしらせる。 |
| 〔 〕 | 회보로 뉴스를 알리다. |
| 病人をカイホウする。 | びょうにんを介抱する。 |
| 〔 〕 | 병자를 간호하다. |
| 民族カイホウ運動を支持する。 | みんぞく解放うんどうをしじする。 |
| 〔 〕 | 민족해방운동을 지지하다. |
| 103. わたしのアイショウは一郎ちゃんです。 | わたしの愛称はいちろうちゃんです。 |
| | 저의 애칭은 이치로오입니다. |
| 〔 〕 | |
| アイショウ歌集。 | 愛唱かしゅう。 |
| 〔 〕 | 애창곡집。 |
| 104. 詩をアンショウする。 | しを暗唱する。 |
| 〔 〕 | 시를 암송하다. |
| アンショウにのりあげる。 | 暗礁にのりあげる。 |
| 〔 〕 | 암초에 걸리다. |
| 105. クンジに従って行動する。 | 訓示にしたがってこうどうする。 |
| 〔 〕 | 지시에 따라 행동하다. |
| 校長先生のクンジ。 | こうちょうせんせいの訓辞。 |
| 〔 〕 | 교장선생님의 훈시. |
| 106. 前人ミトウの業績。 | ぜんじん未到のぎょうせき。 |
| 〔 〕 | 전인미답의 업적. |
| 人跡ミトウのジャングル。 | じんせき未踏のジャングル。 |
| 〔 〕 | 인적미답의 정글。 |
| 107. ムジョウの喜びを感ずる。 | 無上のよろこびをかんずる。 |

| | |
|---|---|
| 〔　　　〕 | 더없는 기쁨을 느끼다. |
| ムジョウな仕打ちに泣く。 | 無情なしうちになく。 |
| 〔　　　〕 | 무정한 처사에 울다. |
| 人生のムジョウを感ずる。 | じんせいの無常をかんずる。 |
| 〔　　　〕 | 인생의 무상함을 느끼다. |
| 108. 議事録にメイキする。 | ぎじろくに明記する。 |
| 〔　　　〕 | 의사록에 명기하다. |
| 心にメイキする。 | こころに銘記する。 |
| 〔　　　〕 | 마음 속에 새기다. |
| 109. チョウシュウの意見を聞く。 | 聴衆のいけんをきく。 |
| 〔　　　〕 | 청중의 의견을 묻다. |
| 税金をチョウシュウする。 | ぜいきんを徴収する。 |
| 〔　　　〕 | 세금을 징수하다. |
| 110. チョッケイの子孫。 | 直系のしそん。 |
| 〔　　　〕 | 직계자손. |
| 円のチョッケイを測かる。 | えんの直径をはかる。 |
| 〔　　　〕 | 원의 직경을 재다. |
| 111. チンツウな面持。 | 沈痛なおももち。 |
| 〔　　　〕 | 침통한 표정。 |
| チンツウ剤を飲む。 | 鎮痛ざいをのむ。 |
| 〔　　　〕 | 진통제를 복용하다. |
| 112. 責任をツイキュウする。 | せきにんを追及する。 |
| 〔　　　〕 | 책임을 추궁하다. |
| 真理をツイキュウする。 | しんりを追究する。 |
| 〔　　　〕 | 진리를 추구하다. |
| 利益をツイキュウする。 | りえきを追求する。 |
| 〔　　　〕 | 이익을 추구하다. |
| 113. ナイゾウを検査する。 | 内臓をけんさする。 |
| 〔　　　〕 | 내장을 검사하다. |
| 露出計をナイゾウしたカメラ。 | ろしゅつけいを内蔵したカメラ。 |
| 〔　　　〕 | 노출계를 내장한 카메라. |
| 114. 私は新聞キシャになりたい。 | わたしはしんぶん記者になりたい。 |
| 〔　　　〕 | 나는 신문기자가 되고 싶다. |
| それはキシャの後押しだ。 | それは汽車のあとおしだ。 |

〔　　　〕　그것은 헛수고이다.

115. ハンコウに転じる。　反攻にてんじる。

〔　　　〕　반격으로 나오다.

親にハンコウする。　おやに反抗する。

〔　　　〕　부모에게 반항하다.

ハンコウ現場を押さえる。　犯行げんばをおさえる。

〔　　　〕　범행현장을 붙잡다.

116. この暑さにはヘイコウする。　このあつさには閉口する。

〔　　　〕　이 더위에는 질리다.

ヘイコウな直線は交わらない。　平行なちょくせんはまじわらない。

〔　　　〕　평행한 직선은 교차되지 않는다.

ヘイコウを保つ。　平衡をたもつ。

〔　　　〕　평형을 유지하다.

同時にヘイコウして試合を行う。　どうじに並行してしあいをおこなう。

〔　　　〕　동시에 병행해서 시합을 행하다.

## 9. 訓은 같으나 뜻이 다른 漢字(同訓異義語)

1. 意見がアう。 いけんが合う。
〔　　　〕 의견이 맞다.
友人にアう。 ゆうじんに会う。
〔　　　〕 친구를 만나다.
事故にアう。 じこに遭う。
〔　　　〕 사고를 당하다.

2. 夜がアける。 よが明ける。
〔　　　〕 밤이 새다.
家をアける。 いえを空ける。
〔　　　〕 집을 비우다.
窓をアける。 まどを開ける。
〔　　　〕 창문을 열다.

3. 腕前をアげる。 うでまえを上げる。
〔　　　〕 기량을 발휘하다.
花火をアげる。 はなびを揚げる。
〔　　　〕 불꽃을 쏘아 올리다.
犯人をアげる。 はんにんを挙げる。
〔　　　〕 범인을 검거하다.

4. アシの裏をかく。 足のうらをかく。
〔　　　〕 발바닥을 긁다.
机のアシ。 つくえの脚。
〔　　　〕 책상다리.

5. アタタかい気候。 暖かいきこう。
〔　　　〕 따뜻한 기후.
アタタかい料理。 温かいりょうり。
〔　　　〕 따뜻한 요리.

6. 的にアてる。 まとに当てる。
〔　　　〕 과녁에 맞히다.
本代にアてる。 ほんだいに充てる。
〔　　　〕 책값으로 돌리다.

7. 足アトをたどる。 あし跡をたどる。
〔　　　〕 행적을 더듬다.

| | | |
|---|---|---|
| | アトを振り返る。 | 後をふりかえる。 |
| | 〔　　　〕 | 뒤돌아 보다. |
| 8. | アツい気候。 | 暑いきこう。 |
| | 〔　　　〕 | 더운 기후. |
| | 湯がアツい。 | ゆが熱い。 |
| | 〔　　　〕 | (목욕)물이 뜨겁다. |
| | アツい紙で作る。 | 厚いかみでつくる。 |
| | 〔　　　〕 | 두꺼운 종이로 만들다. |
| 9. | 水とアブラの仲。 | みずと油のなか。 |
| | 〔　　　〕 | 물과 기름 사이. |
| | 豚肉のアブラ身。 | ぶたにくの脂み。 |
| | 〔　　　〕 | 돼지고기의 비계. |
| 10. | 解答をアヤマる。 | かいとうを誤る。 |
| | 〔　　　〕 | 해답을 틀리다. |
| | 先生にアヤマる。 | せんせいに謝る。 |
| | 〔　　　〕 | 선생님에게 사죄하다. |
| 11. | 金使いがアラい。 | かねづかいが荒い。 |
| | 〔　　　〕 | 돈의 씀씀이 헤프다. |
| | 織目がアラい。 | おりめが粗い。 |
| | 〔　　　〕 | 발이 성기다. |
| 12. | 図式でアラワす。 | ずしきで表す。 |
| | 〔　　　〕 | 도식으로 표시하다. |
| | 姿をアラワす。 | すがたを現す。 |
| | 〔　　　〕 | 모습을 나타내다. |
| | 小説をアラワす。 | しょうせつを著す。 |
| | 〔　　　〕 | 소설을 저술하다. |
| 13. | 希望がアる。 | きぼうが有る。 |
| | 〔　　　〕 | 희망이 있다. |
| | 南方にアる島。 | なんぽうに在るしま。 |
| | 〔　　　〕 | 남쪽에 있는 섬. |
| 14. | 古傷がイタむ。 | ふるきずが痛む。 |
| | 〔　　　〕 | 옛상처가 아프다. |
| | 家がイタむ。 | いえが傷む。 |
| | 〔　　　〕 | 집이 상하다. |

| | | |
|---|---|---|
| | 友の死をイタむ。 | とものしを悼む。 |
| | 〔　　　〕 | 친구의 죽음을 애도하다. |
| 15. | 電報をウつ。 | でんぽうを打つ。 |
| | 〔　　　〕 | 전보를 치다. |
| | かたきをウつ。 | かたきを討つ。 |
| | 〔　　　〕 | 적을 무찌르다. |
| | 鉄砲をウつ。 | てっぽうを撃つ。 |
| | 〔　　　〕 | 총을 쏘다. |
| 16. | 大いに気にイる。 | おおいにきに入る。 |
| | 〔　　　〕 | 굉장히 마음에 들다. |
| | 親の承諾がイる。 | おやのしょうだくが要る。 |
| | 〔　　　〕 | 부모의 승낙이 필요하다. |
| 17. | 住居をウツす。 | じゅうきょを移す。 |
| | 〔　　　〕 | 주거를 옮기다. |
| | 字を書きウツす。 | じをかき写す。 |
| | 〔　　　〕 | 글씨를 베껴쓰다. |
| | 映画をウツす。 | えいがを映す。 |
| | 〔　　　〕 | 영화를 상영하다. |
| 18. | 試験をウける。 | しけんを受ける。 |
| | 〔　　　〕 | 시험을 치다. |
| | 質屋からウけ出す。 | しちやから請けだす。 |
| | 〔　　　〕 | 전당포에서 전당물을 찾다. |
| 19. | 新記録をウむ。 | しんきろくを生む。 |
| | 〔　　　〕 | 신기록을 수립하다. |
| | 鳥が卵をウむ。 | とりがたまごを産む。 |
| | 〔　　　〕 | 새가 알을 낳다. |
| 20. | ウレいに沈む。 | 愁いにしずむ。 |
| | 〔　　　〕 | 수심에 잠기다. |
| | 後顧のウレい。 | こうこの憂い。 |
| | 〔　　　〕 | 자기가 없어진 다음의 걱정. |
| 21. | 罪をオカす。 | つみを犯す。 |
| | 〔　　　〕 | 죄를 범하다. |
| | 権利をオカす。 | けんりを侵す。 |
| | 〔　　　〕 | 권리를 침해하다. |

危険をオカす。 きけんを冒す。
〔　　〕 위험을 무릅쓰다.

22. 税金をオサめる。 ぜいきんを納める。
〔　　〕 세금을 납부하다.
成功をオサめる。 せいこうを収める。
〔　　〕 성공을 거두다.
国をオサめる。 くにを治める。
〔　　〕 나라를 다스리다.
学問をオサめる。 がくもんを修める。
〔　　〕 학문을 닦다.

23. 駅までオクる。 えきまで送る。
〔　　〕 역까지 전송하다.
記念品をオクる。 きねんひんを贈る。
〔　　〕 기념품을 보내다.

24. 車をオす。 くるまを押す。
〔　　〕 자동차를 밀다.
会長にオす。 かいちょうに推す。
〔　　〕 회장으로 추대하다.

25. 心がオドる。 こころが躍る。
〔　　〕 가슴이 뛰다.
ダンスをオドる。 ダンスを踊る。
〔　　〕 춤을 추다.

26. 紙のオモテと裏。 かみの表とうら。
〔　　〕 종이의 앞과 뒤.
水のオモテ。 みずの面。
〔　　〕 수면.

27. 昔をカエリみる。 むかしを顧みる。
〔　　〕 옛날을 회고하다.
己をカエリみる。 おのれを省みる。
〔　　〕 자기자신을 반성하다.

28. 家にカエる。 いえに帰る。
〔　　〕 집에 돌아가다.
昔にカエる。 むかしに返る。
〔　　〕 옛날로 돌아가다.

| | |
|---|---|
| 29. 形をカえる。 | かたちを変える。 |
| 〔　　　〕 | 모습을 바꾸다. |
| 物を金にカえる。 | ものをかねに換える。 |
| 〔　　　〕 | 물건을 돈으로 바꾸다. |
| 物を入れカえる。 | ものをいれ替える。 |
| 〔　　　〕 | 물건을 교체하다. |
| 30. 物カゲに隠れる。 | もの陰にかくれる。 |
| 〔　　　〕 | 그늘에 숨다. |
| 人カゲが見えた。 | ひと影がみえた。 |
| 〔　　　〕 | 사람 그림자가 보였다. |
| 31. 腰をカける。 | こしを掛ける。 |
| 〔　　　〕 | 걸터 앉다. |
| 命をカける。 | いのちを懸ける。 |
| 〔　　　〕 | 목숨을 걸다. |
| 橋をカける。 | はしを架ける。 |
| 〔　　　〕 | 다리를 놓다. |
| 32. 空気がカワく。 | くうきが乾く。 |
| 〔　　　〕 | 공기가 건조하다. |
| のどがカワく。 | のどが渇く。 |
| 〔　　　〕 | 목이 마르다. |
| 33. よくキく薬。 | よく効くくすり。 |
| 〔　　　〕 | 잘 듣는 약. |
| 機転がキく。 | きてんが利く。 |
| 〔　　　〕 | 재치가 있다. |
| 34. 真相をキワめる。 | しんそうを究める。 |
| 〔　　　〕 | 진상을 규명하다. |
| 栄華をキワめる。 | えいがを極める。 |
| 〔　　　〕 | 영화를 누리다. |
| 35. 峠をコえる。 | とうげを越える。 |
| 〔　　　〕 | 고개를 넘다. |
| 予算をコえる。 | よさんを超える。 |
| 〔　　　〕 | 예산을 초과하다. |
| 36. 布をサく。 | ぬのを裂く。 |
| 〔　　　〕 | 천을 찢다. |

| | |
|---|---|
| 時間をサく。 | じかんを割く。 |
| 〔　　　〕 | 틈을 내다. |
| 37. 手にサげる。 | てに提げる。 |
| 〔　　　〕 | 손에 들다. |
| 値段をサげる。 | ねだんを下げる。 |
| 〔　　　〕 | 값을 낮추다. |
| 38. 刀でサす。 | かたなで刺す。 |
| 〔　　　〕 | 칼로 찌르다. |
| 地図でサす。 | ちずで指す。 |
| 〔　　　〕 | 지도로 가리키다. |
| かさをサす。 | かさを差す。 |
| 〔　　　〕 | 우산을 쓰다. |
| 39. 湯がサめる。 | ゆが冷める。 |
| 〔　　　〕 | 목욕물이 식다. |
| 目がサめる。 | めが覚める。 |
| 〔　　　〕 | 잠이 깨다. |
| 40. 内乱がシズまる。 | ないらんが鎮まる。 |
| 〔　　　〕 | 내란이 진압되다. |
| 心がシズまる。 | こころが静まる。 |
| 〔　　　〕 | 마음이 진정되다. |
| 41. ねじをシめる。 | ねじを締める。 |
| 〔　　　〕 | 나사를 죄다. |
| 戸をシめる。 | とを閉める。 |
| 〔　　　〕 | 문을 닫다. |
| 首をシめる。 | くびを絞める。 |
| 〔　　　〕 | 목을 조르다. |
| 42. 焦点をシボる。 | しょうてんを絞る。 |
| 〔　　　〕 | 초점을 맞추다. |
| 牛乳をシボる。 | ぎゅうにゅうを搾る。 |
| 〔　　　〕 | 우유를 짜다. |
| 43. 計画をススめる。 | けいかくを進める。 |
| 〔　　　〕 | 계획을 추진하다. |
| 入会をススめる。 | にゅうかいを勧める。 |
| 〔　　　〕 | 입회를 권하다. |

| | | |
|---|---|---|
| | 会長候補者にススめる。 | かいちょうこうほしゃに薦める。 |
| | 〔　　　〕 | 회장 후보자로 천거하다. |
| 44. | 川にソう道。 | かわに沿うみち。 |
| | 〔　　　〕 | 내를 따라 난 길. |
| | 希望にソう。 | きぼうに添う。 |
| | 〔　　　〕 | 희망에 따르다. |
| 45. | 仏前にソナえる。 | ぶつぜんに供える。 |
| | 〔　　　〕 | 불전에 바치다. |
| | 台風にソナえる。 | たいふうに備える。 |
| | 〔　　　〕 | 태풍에 대비하다. |
| 46. | 道をタズねる。 | みちを尋ねる。 |
| | 〔　　　〕 | 길을 묻다. |
| | 知人をタズねる。 | ちじんを訪ねる。 |
| | 〔　　　〕 | 아는 사람을 방문하다. |
| 47. | 家がタつ。 | いえが建つ。 |
| | 〔　　　〕 | 집이 서다. |
| | 水面に波がタつ。 | すいめんになみが立つ。 |
| | 〔　　　〕 | 수면에 파도가 일다. |
| 48. | 電気のタマ。 | でんきの球。 |
| | 〔　　　〕 | 전구. |
| | 目のタマ。 | めの玉。 |
| | 〔　　　〕 | 눈알. |
| | 鉄砲のタマ。 | てっぽうの弾。 |
| | 〔　　　〕 | 총알. |
| 49. | 人ヅカいが荒い。 | ひと使いがあらい。 |
| | 〔　　　〕 | 사람을 함부로 부리다. |
| | 金ヅカいが荒い。 | かね遣いがあらい。 |
| | 〔　　　〕 | 돈의 씀씀이 헤프다. |
| 50. | 疑いがトける。 | うたがいが解ける。 |
| | 〔　　　〕 | 의심이 풀리다. |
| | 鉄がトける。 | てつが溶ける。 |
| | 〔　　　〕 | 쇠가 녹다. |
| 51. | 完成にツトめる。 | かんせいに努める。 |
| | 〔　　　〕 | 완성에 힘쓰다. |

| | |
|---|---|
| 会社にツトめる。 | かいしゃに勤める。 |
| 〔　　　〕 | 회사에 근무하다. |
| 司会をツトめる。 | しかいを務める。 |
| 〔　　　〕 | 사회를 맡다. |
| 52. 交通がトまる。 | こうつうが止まる。 |
| 〔　　　〕 | 교통이 막히다. |
| 旅館にトまる。 | りょかんに泊る。 |
| 〔　　　〕 | 여관에 묵다. |
| 目にトまる。 | めに留まる。 |
| 〔　　　〕 | 눈에 띄다. |
| 53. 魚をトる。 | さかなを捕る。 |
| 〔　　　〕 | 고기를 잡다. |
| 社員をトる。 | しゃいんを採る。 |
| 〔　　　〕 | 사원을 채용하다. |
| 写真をトる。 | しゃしんを撮る。 |
| 〔　　　〕 | 사진을 찍다. |
| 連絡をトる。 | れんらくを取る。 |
| 〔　　　〕 | 연락을 취하다. |
| 54. 病気をナオす。 | びょうきを治す。 |
| 〔　　　〕 | 병을 고치다. |
| 故障をナオす。 | こしょうを直す。 |
| 〔　　　〕 | 고장을 고치다. |
| 55. ナカがよい兄弟。 | 仲がよいきょうだい。 |
| 〔　　　〕 | 사이가 좋은 형제. |
| 箱のナカの品物。 | はこの中のしなもの。 |
| 〔　　　〕 | 상자 속의 물건. |
| 56. 習字をナラう。 | しゅうじを習う。 |
| 〔　　　〕 | 글씨를 배우다. |
| 前例にナラう。 | ぜんれいに倣う。 |
| 〔　　　〕 | 전례에 따르다. |
| 57. 学力をノばす。 | がくりょくを伸ばす。 |
| 〔　　　〕 | 학력을 향상시키다. |
| 出発をノばす。 | しゅっぱつを延ばす。 |
| 〔　　　〕 | 출발을 연기하다. |

| | |
|---|---|
| 58. 列車にノる。 | れっしゃに乗る。 |
| 〔　　　〕 | 열차를 타다. |
| 新聞にノる。 | しんぶんに載る。 |
| 〔　　　〕 | 신문에 실리다. |
| 59. 川をノボる。 | かわを上る。 |
| 〔　　　〕 | 강을 올라가다. |
| 山にノボる。 | やまに登る。 |
| 〔　　　〕 | 산을 오르다. |
| 日がノボる。 | ひが昇る。 |
| 〔　　　〕 | 해가 뜨다. |
| 60. 便宜をハカる。 | べんぎを図る。 |
| 〔　　　〕 | 편의를 도모하다. |
| 時間をハカる。 | じかんを計る。 |
| 〔　　　〕 | 시간을 재다. |
| 目方をハカる。 | めかたを量る。 |
| 〔　　　〕 | 무게를 달다. |
| 距離をハカる。 | きょりを測る。 |
| 〔　　　〕 | 거리를 재다. |
| 暗殺をハカる。 | あんさつを謀る。 |
| 〔　　　〕 | 암살을 음모하다. |
| 審議会にハカる。 | しんぎかいに諮る。 |
| 〔　　　〕 | 심의회에서 의논하다. |
| 61. 目をハナす。 | めを離す。 |
| 〔　　　〕 | 눈을 떼다. |
| 馬をハナす。 | うまを放す。 |
| 〔　　　〕 | 말을 풀어주다. |
| 62. 時期がハヤい。 | じきが早い。 |
| 〔　　　〕 | 시기가 빠르다. |
| 球のハヤい投手。 | たまの速いとうしゅ。 |
| 〔　　　〕 | 공이 빠른 투수. |
| 63. 辞書をヒく。 | じしょを引く。 |
| 〔　　　〕 | 사전을 찾다. |
| ギターをヒく。 | ギターな弾く。 |
| 〔　　　〕 | 기타를 치다. |

64. 風がフく。
〔　　　〕
火山が火をフく。
〔　　　〕

65. 利息がツく。
〔　　　〕
目的地にツく。
〔　　　〕
王位にツく。
〔　　　〕

66. それにツぐ大きさ。
〔　　　〕
骨をツぐ。
〔　　　〕
父の事業をツぐ。
〔　　　〕
酒をツぐ。
〔　　　〕
国民にツぐ。
〔　　　〕

67. 身のマワり。
〔　　　〕
池のマワり。
〔　　　〕

68. 絵本をミる。
〔　　　〕
患者をミる。
〔　　　〕

69. モト手がかかる。
〔　　　〕
法のモトの平等。
〔　　　〕

70. 品質がヨい。
〔　　　〕

かぜが吹く。
바람이 불다.
かざんがひを噴く。
화산이 불을 뿜다.
りそくが付く。
이자가 붙다.
もくてきちに着く。
목적지에 도착하다.
おういに就く。
왕위에 앉다.
それに次ぐおおきさ。
그것에 버금가는 크기.
ほねを接ぐ。
접골하다.
ちちのじぎょうを継ぐ。
부친의 사업을 잇다.
さけを注ぐ。
술을 따르다.
こくみんに告ぐ。
국민에게 고하다.
みの回り。
신변.
いけの周り。
연못주위.
えほんを見る。
그림 책을 보다.
かんじゃを診る。
환자를 진찰하다.
元でがかかる。
밑천이 들다.
ほうの下のびょうどう。
법아래 평등.
ひんしつが良い。
품질이 좋다.

| | |
|---|---|
| 性質がヨい。 | せいしつが善い。 |
| 〔　　　〕 | 성질이 좋다. |
| 71. 名作をヨむ。 | めいさくを読む。 |
| 〔　　　〕 | 명작을 읽다. |
| 辞世の句をヨむ。 | じせいのくを詠む。 |
| 〔　　　〕 | 죽기전 남긴 싯귀를 읊다. |
| 72. すごい軽ワザだ。 | すごいかる業だ。 |
| 〔　　　〕 | 훌륭한 곡예다. |
| ワザをみがく。 | 技をみがく。 |
| 〔　　　〕 | 기술을 닦다. |
| 73. 進路をタつ。 | しんろを断つ。 |
| 〔　　　〕 | 진로를 차단하다. |
| 消息をタつ。 | しょうそくを絶つ。 |
| 〔　　　〕 | 소식을 끊다. |
| 布をタつ。 | ぬのを裁つ。 |
| 〔　　　〕 | 천을 재단하다. |
| 74. ハナが咲く。 | 花がさく。 |
| 〔　　　〕 | 꽃이 피다. |
| 象はハナが長い。 | ぞうは鼻がながい。 |
| 〔　　　〕 | 코끼리는 코가 길다. |

## 10. 三・四字 熟語

### (1) 三字熟語

1. アットウテキな支持を 得た。
〔　　　　〕
圧倒的なしじをえた。
압도적인 지지를 얻었다.

2. 仕事が イチダンラクした。
〔　　　　〕
しごとが一段落した。
일이 일단락 되었다.

3. 台風でガイロジュが折れた。
〔　　　　〕
たいふうで街路樹がおれた。
태풍으로 가로수가 부러졌다.

4. 空港のカッソウロ。
〔　　　　〕
くうこうの滑走路。
공항의 활주로.

5. イシツブツを届ける。
〔　　　　〕
遺失物をとどける。
분실물을 신고하다.

6. 辞典のカイテイバンが出た。
〔　　　　〕
じてんの改訂版がでた。
사전의 개정판이 나왔다.

7. カンイッパツのところで助かった。
〔　　　　〕
間一髪のところでたすかった。
가까스로 살아났다.

8. イショクジュウが不足だ。
〔　　　　〕
衣食住がふそくだ。
의식주가 부족하다.

9. カヨウキョクを歌う。
〔　　　　〕
歌謡曲をうたう。
가요곡을 부르다.

10. 金のガンユウリョウを調べる。
〔　　　　〕
きんの含有量をしらべる。
금의 함유량을 조사하다.

11. キネンヒの除幕式。
〔　　　　〕
記念碑のじょまくしき。
기념비의 제막식.

12. キュウキュウシャで運ぶ。
〔　　　　〕
救急車ではこぶ。
구급차로 운반하다.

13. ケンビキョウで観察する。
〔　　　　〕
顕微鏡でかんさつする。
현미경으로 관찰하다.

14. コウキシンの強い男。
〔　　　　〕
好奇心のつよいおとこ。
호기심이 많은 남자.

15. コンダンカイに出席する。
懇談会にしゅっせきする。

| | |
|---|---|
| 〔　　　〕 | 간담회에 참석하다. |
| 16. コキュウキの病気だ。 | 呼吸器のびょうきだ。 |
| 〔　　　〕 | 호흡기의 병이다. |
| 17. 車のシウンテンをする。 | くるまの試運転をする。 |
| 〔　　　〕 | 차의 시운전을 하다. |
| 18. シゴセンを地図に記入する。 | 子午線をちずにきゅうする。 |
| 〔　　　〕 | 자오선을 지도에 기입하다. |
| 19. 偉人のジジョデンを読む。 | いじんの自叙伝をよむ。 |
| 〔　　　〕 | 위인의 자서전을 읽다. |
| 20. ジュンケッショウで敗れた。 | 準決勝でやぶれた。 |
| 〔　　　〕 | 준결승에서 졌다. |
| 21. ショウガクキンを受ける学生。 | 奨学金をうけるがくせい。 |
| 〔　　　〕 | 장학금을 받는 학생. |
| 22. シュウカンシを読む。 | 週刊誌をよむ。 |
| 〔　　　〕 | 주간지를 보다. |
| 23. サップウケイな場所。 | 殺風景なばしょ。 |
| 〔　　　〕 | 살풍경한 장소. |
| 24. コウハンイに調査する。 | 広範囲にちょうさする。 |
| 〔　　　〕 | 광범위하게 조사하다. |
| 25. ケイサツショで調べられる。 | 警察署でしらべられる。 |
| 〔　　　〕 | 경찰서에서 심문 당하다. |
| 26. 楽団のシキシャになりたい。 | がくだんの指揮者になりたい。 |
| 〔　　　〕 | 악단의 지휘자가 되고 싶다. |
| 27. ゼンゴサクを相談する。 | 善後策をそうだんする。 |
| 〔　　　〕 | 사후책을 의논하다. |
| 28. スイジョウキが立ちのぼる。 | 水蒸気がたちのぼる。 |
| 〔　　　〕 | 수증기가 오르다. |
| 29. ショタイメンのあいさつ。 | 初対面のあいさつ。 |
| 〔　　　〕 | 초면의 인사. |
| 30. 田舎にいるソフボを訪ねる。 | いなかにいる祖父母をたずねる。 |
| 〔　　　〕 | 시골에 있는 조부모를 방문하다. |
| 31. ダンマツマの叫び声。 | 断末魔のさけびごえ。 |
| 〔　　　〕 | 단말마의 외침소리. |

32. チョウシンキを使う医者。　　聴診器をつかういしゃ。
〔　　　〕　　청진기를 사용하는 의사.

33. ドウロモウの発達した都市。　　道路網のはったつしたとし。
〔　　　〕　　도로망이 발달한 도시.

34. ノウヒンケツで倒れる。　　脳貧血でたおれる。
〔　　　〕　　뇌빈혈로 쓰러지다.

35. 新聞社のトクハイン。　　しんぶんしゃの特派員。
〔　　　〕　　신문사의 특파원.

36. ソウガンキョウで遠くを見る。　　双眼鏡でとおくをみる。
〔　　　〕　　쌍안경으로 먼곳을 보다.

37. 合衆国のダイトウリョウ。　　がっしゅうこくの大統領。
〔　　　〕　　미국의 대통령.

38. ハレンチな行いをする。　　破廉恥なおこないをする。
〔　　　〕　　파렴치한 행위를 하다.

39. タンジョウビのお祝い。　　誕生日のおいわい。
〔　　　〕　　생일 축하.

40. セッチャクザイではり合わす。　　接着剤ではりあわす。
〔　　　〕　　접착제로 붙이다.

41. センモンカの意見を聞く。　　専門家のいけんをきく。
〔　　　〕　　전문가의 의견을 듣다.

42. チシキヨクの盛んな少年。　　知識欲のさかんなしょうねん。
〔　　　〕　　지식욕이 풍부한 소년.

43. 火事のヒサイシャを見舞う。　　かじの被災者をみまう。
〔　　　〕　　화재 이재민을 위문하다.

44. ブエンリョな態度をとる。　　無遠慮なたいどをとる。
〔　　　〕　　버릇없는 태도를 취하다.

45. フロウジを収容する。　　浮浪児をしゅうようする。
〔　　　〕　　부랑아를 수용하다.

46. ドゲザして謝る。　　土下坐してあやまる。
〔　　　〕　　조아려 사죄하다.

47. 自分の行為をセイトウカする。　　じぶんのこういを正当化する。
〔　　　〕　　자신의 행위를 정당화하다.

48. ボウフウウのため船が沈んだ。　　暴風雨のためふねがしずんだ。

〔　　　〕　폭풍우 때문에 배가 가라앉았다.

49. ムサベツに爆撃する。　無差別にばくげきする。
〔　　　〕　무차별로 폭격하다.

50. 映画のユウタイケンをもらう。　えいがの優待券をもらう。
〔　　　〕　영화의 우대권을 받다.

51. 新校舎のラクセイシキ。　しんこうしゃの落成式。
〔　　　〕　새 교사의 낙성식.

52. リンテンキで新聞を刷る。　輪転機でしんぶんをする。
〔　　　〕　윤전기로 신문을 찍다.

53. 役員にリッコウホする。　やくいんに立候補する。
〔　　　〕　중역에 입후보하다.

54. モクヒケンを行使する容疑者。　黙秘権をこうしするようぎしゃ。
〔　　　〕　묵비권을 행사하는 용의자.

55. 会社へリレキショを提出する。　かいしゃへ履歴書をていしゅつする。
〔　　　〕　회사에 이력서를 제출하다.

56. 世にもフシギな物語。　よにも不思議なものがたり。
〔　　　〕　참으로 이상한 이야기.

57. 料理にチョウミリョウを使う。　りょうりに調味料をつかう。
〔　　　〕　요리에 조미료를 넣다.

58. ダッシメンで血を拭き取る。　脱脂綿でちをふきとる。
〔　　　〕　탈지면으로 피를 닦아내다.

59. ムジャキな子供。　無邪気なこども。
〔　　　〕　천진한 아이.

60. 生活ヒツジュヒンを買う。　せいかつ必需品をかう。
〔　　　〕　생활필수품을 사다.

61. 被害者にイシャリョウを払う。　ひがいしゃに慰謝料をはらう。
〔　　　〕　피해자에게 위자료를 지불하다.

62. カクセイキから聞こえる声。　拡声器からきこえるこえ。
〔　　　〕　확성기에서 들려오는 소리.

63. ゲンスイバクの実験をする。　原水爆のじっけんをする。
〔　　　〕　원수폭의 실험을 하다.

64. サイコウチョウに達した場面。　最高潮にたっしたばめん。
〔　　　〕　최고조에 달한 장면.

65. シュウギインが解散された。 衆議院がかいさんされた。
〔 〕 중의원이 해산되었다.

66. 飛行機をカクノウコへ入れる。 ひこうきを格納庫へいれる。
〔 〕 비행기를 격납고에 넣다.

67. 太陽から出ているシガイセン。 たいようからでている紫外線。
〔 〕 태양에서 나오는 자외선.

68. シュセンドといわれる倹約家。 守銭奴といわれるけんやくか。
〔 〕 수전노라 불리우는 검약가.

69. 指輪などのソウシング。 ゆびわなどの装身具。
〔 〕 반지 따위의 장신구.

70. チョスイチが干上がった。 貯水池がひあがった。
〔 〕 저수지가 바싹 말랐다.

71. ビセイブツを培養する。 微生物をばいようする。
〔 〕 미생물을 배양하다.

72. ホウシャノウに汚染される。 放射能におせんされる。
〔 〕 방사능에 오염되다.

73. 資源はムジンゾウではない。 しげんは無尽蔵ではない。
〔 〕 자원은 무진장은 아니다.

74. テンネントウが流行した。 天然痘がりゅうこうした。
〔 〕 천연두가 유행했다.

75. けんかはリョウセイバイだ。 けんかは両成敗だ。
〔 〕 싸움한 양쪽을 똑 같이 처벌한다.

76. 機械のアンゼンベンが壊れた。 きかいの安全弁がこわれた。
〔 〕 기계의 안전판이 부서졌다.

77. テイチンキンに苦しむ労働者。 低賃金にくるしむろうどうしゃ。
〔 〕 저임금으로 고생하는 노동자.

**(2) 四字熟語**

1. 二人はイキトウゴウした。 ふたりは意気投合した。
〔 〕 두사람은 의기투합했다.

2. エイコセイスイは世の常。 栄枯盛衰はよのつね。
〔 〕 영고성쇠는 세상의 예상사.

3. イチブシジュウを話す。 一部始終をはなす。

| | |
|---|---|
| 〔　　　〕 | 자초지종을 이야기하다. |
| 4. イッショクソクハツの危機。 | 一触即発のきき。<br>일촉즉발의 위기. |
| 5. キキイッパツで助かった。<br>〔　　　〕 | 危機一髪でたすかった。<br>위기일발로 살았다. |
| 6. キュウテンチョッカ解決へ。<br>〔　　　〕 | 急転直下かいけつへ。<br>급전직하 해결로. |
| 7. キョキョジツジツの戦い。<br>〔　　　〕 | 虚々実々のたたかい。<br>있는 힘을 다해서의 싸움. |
| 8. イシンデンシンで分かった。<br>〔　　　〕 | 以心伝心でわかった。<br>이신전심으로 알았다. |
| 9. イッカクセンキンを夢見る。<br>〔　　　〕 | 一攫千金をゆめみる。<br>일확천금을 꿈꾸다. |
| 10. イキヨウヨウと引き揚げた。<br>〔　　　〕 | 意気揚々とひきあげた。<br>의기양양하게 돌아왔다. |
| 11. 春の夜はイッコクセンキン。<br>〔　　　〕 | はるのよるは一刻千金。<br>봄밤은 일각천금. |
| 12. イミシンチョウな話。<br>〔　　　〕 | 意味深長なはなし。<br>의미심장한 이야기. |
| 13. コウガンムチな行動。<br>〔　　　〕 | 厚顔無恥なこうどう。<br>후안무치한 행동. |
| 14. コクサイジョウセイを検討。<br>〔　　　〕 | 国際情勢をけんとう。<br>국제정세를 검토. |
| 15. イチボウセンリの平野。<br>〔　　　〕 | 一望千里のへいや。<br>일망천리의 평야. |
| 16. ジダイサクゴの考え方。<br>〔　　　〕 | 時代錯誤のかんがえかた。<br>시대착오적인 사고방식. |
| 17. サイショクケンビの女性。<br>〔　　　〕 | 才色兼備のじょせい。<br>재색을 겸비한 여성. |
| 18. コリツムエンの苦境に立つ。<br>〔　　　〕 | 孤立無援のくきょうにたつ。<br>고립무원의 곤경에 처하다. |
| 19. イッシンフランに学習する。<br>〔　　　〕 | 一心不乱にがくしゅうする。<br>열심히 학습하다. |

20. イチモウダジンに捕まる。
〔 〕
一網打尽につかまる。
일망타진되다.

21. シッコウユウヨの判決。
〔 〕
執行猶予のはんけつ。
집행유예 판결.

22. セイテンハクジツの身。
〔 〕
青天白日のみ。
청천백일의 몸.

23. ダイタンフテキな行動.
〔 〕
大胆不敵なこうどう。
아주 대담한 행동.

24. ゼンジンミトウの秘境。
〔 〕
前人未到のひけい。
전인미답의 비경.

25. キシカイセイの妙薬。
〔 〕
起死回生のみょうやく。
기사회생의 묘약.

26. カンゼンムケツな人物。
〔 〕
完全無欠なじんぶつ。
완전무결한 인물.

27. アクセンクトウの末に勝つ。
〔 〕
悪戦苦闘のすえにかつ。
악전고투 끝에 이기다.

28. あわててウオウサオウする。
〔 〕
あわてて右往左往する。
당황하여 우왕좌왕하다.

29. クウゼンゼツゴの大偉業。
〔 〕
空前絶後のだいいぎょう。
공전절후의 대위업.

30. キソウテンガイな物語。
〔 〕
奇想天外なものがたり。
기상천외한 이야기.

31. キドアイラクの感情。
〔 〕
喜怒哀楽のかんじょう。
희노애락의 감정.

32. ゴンゴドウダンな行い。
〔 〕
言語道断なおこない。
언어도단의 행위.

33. ブンメイカイカの世の中。
〔 〕
文明開化のよのなか。
문명이 개화된 세상.

34. モンガイフシュツの名刀。
〔 〕
門外不出のめいとう。
비장의 명검.

35. タントウチョクニュウな話。
〔 〕
単刀直入なはなし。
단도직입적인 말.

36. どちらもダイドウショウイだ。
どちらも大同小異だ。

〔　　　〕 어느 쪽이나 대동소이하다.

37. シヨウマッセツにこだわる。 〔　　　〕
枝葉末節にこだわる。
하찮은 일에 구애되다.

38. シツジツゴウケンの校風。 〔　　　〕
質実剛健のこうふう。
질실강건의 교풍。.

39. シチテンハットウの苦しみ。 〔　　　〕
七転八倒のくるしみ。
칠전팔도의 괴로움.

40. テンペンチイが起こる。 〔　　　〕
天変地異がおこる。
천지이변이 일어나다.

41. テットウテツビ反対する。 〔　　　〕
徹頭徹尾はんたいする。
철두철미 반대하다.

42. ニソクサンモンで売る。 〔　　　〕
二束三文でうる。
헐값으로 팔다.

43. ユウジュウフダンな性格。 〔　　　〕
優柔不断なせいかく。
우유부단한 성격.

44. リンキオウヘンの処置。 〔　　　〕
臨機応変のしょち。
임기응변의 처치.

45. ワヨウセッチュウの建築。 〔　　　〕
和洋折衷のけんちく。
일본식과 서양식 절충의 건축.

46. ゼンゴフカクに眠る。 〔　　　〕
前後不覚にねむる。
정신없이 자다.

47. シンキイッテンがんばる。 〔　　　〕
心機一転がんばる。
심기일전 노력하다.

48. ジュウオウムジンの活躍。 〔　　　〕
縦横無尽のかつやく。
종횡무진의 활약.

49. セイサツヨダツの権を握る。 〔　　　〕
生殺与奪のけんをにぎる。
생사여탈권을 쥐다.

50. ハクシャセイショウの海岸。 〔　　　〕
白砂青松のかいがん。
백사청송의 해안。

51. ヒガイジョウキョウの調査。 〔　　　〕
被害状況のちょうさ。
피해상황의 조사.

52. ビジレイクを連ねる。 〔　　　〕
美辞麗句をつらねる。
미사여구를 늘어놓다.

53. シリメツレツな内容。
〔　　　〕
支離滅裂なないよう。
지리멸렬한 내용.

54. ゼッタイゼツメイの立場。
〔　　　〕
絶体絶命のたちば。
절망적인 입장.

55. トウイソクミョウの答弁。
〔　　　〕
当意即妙のとうべん。
임기응변의 답변.

56. メイキョウシスイの心境。
〔　　　〕
明鏡止水のしんきょう。
명경지수의 심경.

57. ボウジャクブジンな態度。
〔　　　〕
傍若無人なたいど。
방약무인한 태도.

58. ショウシセンバンな話。
〔　　　〕
笑止千万なはなし。
가소롭기 짝이 없는 이야기.

59. イッキトウセンの勇士。
〔　　　〕
一騎当千のゆうし。
일기당천의 용사.

60. 役所のコウキシュクセイ。
〔　　　〕
やくしょの綱紀粛正。
관공서의 기강숙정.

61. 情報にイッキイチユウする。
〔　　　〕
じょうほうに一喜一憂する。
정보에 일희일비하다.

62. イッショウケンメイに頼む。
〔　　　〕
一生懸命にたのむ。
열심히 부탁하다.

63. シンシュツキボツの怪盗。
〔　　　〕
神出鬼没のかいとう。
신출귀몰하는 괴도.

64. 他人にセキニンテンカする。
〔　　　〕
たにんに責任転嫁する。
타인에게 책임전가하다.

65. デンコウセッカの行動。
〔　　　〕
電光石火のこうどう。
번개같은 행동.

66. 事故はフカコウリョクだ。
〔　　　〕
じこは不可抗力だ。
사고는 불가항력이다.

67. リロセイゼンと話す。
〔　　　〕
理路整然とはなす。
논리정연하게 이야기하다.

68. ムガムチュウで逃げた。
〔　　　〕
無我夢中でにげた。
정신없이 도망쳤다.

69. バジトウフウと聞き流す。
馬耳東風とききながす。

| | |
|---|---|
| 〔　　　〕 | 마이동풍으로 흘려 버리다. |
| 70. ヘイシンテイトウして謝る。 | 平身低頭してあやまる。 |
| 〔　　　〕 | 머리를 조아리고 사과하다. |
| 71. タイギメイブンが立たない。 | 大義名分がたたない。 |
| 〔　　　〕 | 대의명분이 서지않는다. |
| 72. ゼンチゼンノウの神。 | 全知全能のかみ。 |
| 〔　　　〕 | 전지전능한 신. |
| 73. ナイユウガイカンに悩む。 | 内憂外患になやむ。 |
| 〔　　　〕 | 내우외환으로 괴로와하다. |
| 74. ムミカンソウな講演。 | 無味乾燥なこうえん。 |
| 〔　　　〕 | 무미건조한 강연. |
| 75. センザイイチグウの機会。 | 千載一遇のきかい。 |
| 〔　　　〕 | 천재일우의 기회. |
| 76. カンガイムリョウの気持ち。 | 感慨無量のきもち。 |
| 〔　　　〕 | 감개무량한 기분. |
| 77. 教育のキカイキントウ。 | きょういくの機会均等。 |
| 〔　　　〕 | 교육의 기회균등. |
| 78. クウリクウロンにはしる。 | 空理空論にはしる。 |
| 〔　　　〕 | 공리공론으로 기울다. |
| 79. サンシスイメイの故郷。 | 山紫水明のこきょう。 |
| 〔　　　〕 | 산자수명한 고향. |
| 80. リヒキョクチョクを明確に。 | 理非曲直をめいかくに。 |
| 〔　　　〕 | 시비곡직을 명확하게. |

# 第4部　各種既出日本語漢字試験問題

## 1 文部省奨学生選抜試験 (1983年度)

I. 다음 漢字의 읽기가 다른 것과 같지 않은 것은?

1. 生
   ㉠ 生涯　㉡ 生育　㉢ 生死　㉣ 生存
2. 中
   ㉠ 家中　㉡ 村中　㉢ 日中　㉣ 世界中
3. 物
   ㉠ 異物　㉡ 禁物　㉢ 事物　㉣ 俗物
4. 日
   ㉠ 日記　㉡ 日課　㉢ 日程　㉣ 日月
5. 正
   ㉠ 正月　㉡ 正午　㉢ 正直　㉣ 正殿

II. 다음 漢字의 「よみがな」가 올바른 것은?

1. 七夕
   ㉠ ななせき　㉡ ななゆう　㉢ しちせき　㉣ たなばた
2. 飛鳥
   ㉠ とぶとり　㉡ あすか　㉢ あつか　㉣ ひちょう
3. 健気
   ㉠ けんけ　㉡ けなげ　㉢ けんき　㉣ けなき
4. 建立
   ㉠ けんりつ　㉡ けんたて　㉢ こんりゅう　㉣ こんりつ
5. 言語道断
   ㉠ げんごどうだん　㉡ ごんごどうだん　㉢ げんごどうたん　㉣ ごんごとうだん

III. 다음 文章 가운데 カタカナ部分을 漢字로 바꾼다면 맞는 것은?

1. ヘルメットをかぶってトロッコに乗ってコウドウに入った。
   ㉠ 講堂　㉡ 杭道　㉢ 校堂　㉣ 坑道
2. 手がコゴエルとゴルフはできない。
   ㉠ 氷える　㉡ 凍える　㉢ 氷る　㉣ 凍る
3. 試合に勝ってウチョウテンになる。
   ㉠ 宇頂天　㉡ 有頂天　㉢ 雨朝天　㉣ 于超天
4. 彼をカショウ評価してはならない。
   ㉠ 過少　㉡ 過小　㉢ 加少　㉣ 可小

5．その件に関しておおよそのケントウがついた。

㉠ 拳闘　㉡ 見当　㉢ 健設　㉣ 検討

## 2 司法考試(1983年，1984年，1985年)

Ⅰ．次の読み方、または意味は？

1．「品物」

① ひんもつ　② ひんぶつ　③ しなもの　④ しなぶつ　⑤ しなもつ

2．「発作」

① はっさく　② はつさく　③ ほっさく　④ はっさ　⑤ ほっさ

3．「相僕」

① あいぼく　② すもう　③ そうぼう　④ そうぼく　⑤ あいばく

4．「足袋」

① あしぶくろ　② そくたい　③ たび　④ あしたい　⑤ たぶくろ

5．「好物」

① すきな人物　② いい物　③ すきな食べ物　④ いい趣味　⑤ いい着物

6．「見事」

① 立派　② すばらしい　③ ものすごい　④ すてき　⑤ ひどい。

Ⅱ．次の語句の意味ともっとも近いものを一つ選べ。

1．「詰所」

① つまるところ　② せっとの事で　③ 不十分で　④ 全く　⑤ すっかり

2．「ふびん」

① かなしそうな事　② たのしそうなこと　③ うれしそうな事

④ あわれな事　⑤ かわいそうな事

3．「着物」は狭義では次の中どれを指しますか。

① 着る物　② 衣服　③ 和服　④ 洋服　⑤ 服

4．次の「外」の読み方が他のものと異なるのはどれですか。

① 外交　② 外国　③ 外見　④ 外相　⑤ 外科

5．次の熟語のうちで下線の漢字の読み方と違うものを選べ。

① 皮相　② 様相　③ 形相　④ 首相　⑤ 人相

6．「母屋(おもや)」의 옳은 뜻은？

① 방　② 안방　③ 안채　④ 바깥채　⑤ 어머니방

※ 次の漢字の正しい読み方は？

7．「相殺」

① そうさい　② あいごろし　③ そうさい　④ そさい　⑤ そうごろし

8．「春雨」
　① はるさめ　② はるあま　③ しゅんう　④ はるあめ　⑤ はるさま
9．「七夕」
　① たなばた　② しちせき　③ ななゆう　④ たなゆう　⑤ しちゆう

Ⅲ．次の質問に答えよ。

1．下線を引いた部分の発音が他とちがうのは？
　① 鋭敏　② 営業　③ 衛生　④ 朗詠　⑤ 西欧
2．「家」を「ケ」と読めるのは？
　① 家主　② 家族　③ 大家　④ 一家　⑤ 家来
3．「下回る」
　① しもまわる　② げまわる　③ したまわる　④ かかいする　⑤ あとまわる
4．「雑音」
　① ざつね　② ざつおん　③ ぞうおん　④ そついん　⑤ ぞういん
5．次の熟語の中で下線の漢字の読み方がちがうのは？
　① 正面　② 正月　③ 正味　④ 正門　⑤ 正札

## 3 海外旅行案内員(TS)試験問題(1984年度)

1．彼は財界の(　　)である。
　① 大役物　② 大立者　③ 大立物　④ 大物
2．「(　　)を肥やす」の(　　)の中に入る漢字は？
　① 私服　② 至福　③ 私腹　④ 仕服
3．다음(始末)의 용법이 옳지 않은 것은?
　① 彼はまったく始末におえない人だ。
　② 自分のものは自分で始末をしなさい。
　③ 彼はとうとう始末をかいた。
　④ 怠けていたので結局こういう始末になってしまった。
4．「彼がそんな大きい事を言うとは(　　)千万だ。」의 (　　) 속에 들어갈 것은?
　① 生死　② 笑止　③ 小子　④ 焼死
5．「時雨」의 뜻으로 옳은 것은?
　① その季節ごとに降る雨
　② 夏時の夕立のように強く降る雨
　③ 秋から冬にかけて通り雨のように降る雨
　④ 雪がまじって降る雨
6．「地」의 읽기가 다른 것과 같지 않은 것은?

① 地階　② 地図　③ 地元　④ 地質

7. 「(　)のように疲れる」의 (　) 속에 들어갈 말은?

① 木　② 綿　③ 布団　④ 紙

8. 「普請を頼んだが、あいにく梅雨時なので、梅雨があけるまで待たねばならない。」의 밑줄친 말의 뜻은?

① 건축　② 지붕수리　③ 기초공사　④ 담장수리

9. 「暁」의 뜻으로 사용할 수 없는 것은?

① 明け方　② 暮れ方　③ 夜明け　④ 成功した時

10. 「大」의 읽기가 다른 것과 같지 않은 것은?

① 大陸　② 大戦　③ 大韓民国　④ 大使

11. 「身上を築くのも手やすいことではない。」의 밑줄 친 말은?

① 財産　② 学識　③ 名誉　④ 権力

12. 다음 가운데 잘못된 読音은?

① 会得(えとく)　② 権化(ごんげ)　③ 斡旋(あっせん)　④ 回向(かいこう)

13. 「法を司る者は常に自身の行為に気をつけねばならない。」의 밑줄 친 말의 読音은?

① アヤマル　② ツカサドル　③ アナドル　④ ニギル

14. 「月並の文句ばかり言っている。」의 밑줄 친 말의 뜻은?

① 月賦　② 平凡　③ 平均　④ 毎月

15. 「(　)が悪いから行けません。」의 (　) 속에 들어갈 말 가운데 가장 적당한 것은?

① 日気　② 都合　③ 形便　④ 事情

16. 다음의 「気」의 읽기가 다른 것과 같지 않은 것은?

① 意気　② 脚気　③ 景気　④ 根気

17. 「神戸」는 日本의 地名이다. 어떻게 읽는가?

① しんご　② かんど　③ こうべ　④ かみと

18. 「彼はお天気屋だから何をするか知れない。」에서 밑줄 친 말 뜻은?

① 명랑한 성격　② 변덕장이　③ 개구장이　④ 날씨가 자주 변함

## 4 日本留学自費留学生選抜試験 (1986年)

1. 「2学期は九月から始まります。」の「九月」の正しい読み方は次のうちどれですか。

① くがつ　② きゅうがつ　③ くげつ　④ きゅうげつ

2. 次のことばのうち「元」の読み方が外のと違うものはどれですか。

① 元気　② 元日　③ 元素　④ 元帥

3. 次のことばのうち「外」の読み方が外のと違うものはどれですか。

① 外国　② 内外　③ 外出　④ 外科

※次の漢字書きの言葉のうち読み方の間違っているものはどれですか?(4～7)

4．① 枝(えた)　② 田舎(いなか)　③ 祭(まつり)　④ 緑(みどり)
5．① 楽(たの)しい　② 新(あたら)しい　③ 苦(にが)い　④ 軽(かろ)い
6．① 求(すく)める　② 行(おこ)なう　③ 好(この)む　④ 動(うご)く
7．「私は昨年高校を卒業しました。」の「昨年」と同じ意味の言葉は次のうちどれですか。
① おととい　② きょねん　③ おととし　④ ことし
8．「地震」の「地」と同じ発音のものはどれですか。
① 地下　② 地図　③ 地面　④ 土地
9．漢語の読みかたが間違っているものは？
① 相場(そうば)　② 勾配(こうはい)　③ 会釈(えしゃく)　④ 一目散(いちもくさん)
10．和語の「さまたげ」を漢語に言いかえると、どれが適切ですか。
① 容姿　② 妨害　③ 交替　④ 敏感
11．「カンチガイ」の「カン」と同じ漢字のものはどれですか。
① カンがイ無量　② カンハツを入れず
③ カンセイをあげる　④ カンジョウに入れる
12．「存外」の意味として適切なものは？
① 思いのほか　② 例外　③ 思うほど　④ ほかの考え

## 5 通訳案内員試験 (1981年度)

1．「皆目」の正しい意味はどれですか。
① ほとんど　② ぜんぜん　③ すこし　④ たくさん
2．「出納」の読み方は？
① しゅつのう　② しゅつなう　③ すいとう　④ すいのう
3．「行燈」の読み方は？
① こうとう　② ぎょうとう　③ あんどん　④ あんとう
4．「境内」の読み方は？
① けいだい　② けいない　③ きょうない　④ きょうだい
5．「本音」の読み方は？
① もとおと　② もとね　③ ほんね　④ ほんおと
6．「似たり寄ったり」と同じ意味のものは？
① 五十歩百歩　② 一刻千金　③ 一知半解　④ 有名無実
7．「甦る」の読み方は？
① ひるがえる　② ひるかえる　③ よみがえる　④ よみかえる
8．「専攻」の読み方は？
① せんこう　② ぜんこう　③ せんぐう　④ せんごう
9．「試合」の読み方は？

① じあい　② しあい　③ しわい　④ じわい

10. 「不精」の意味は？

① 부정　② 무정　③ 게으름　④ 글쓰기 싫어함

11. 次のうち読み方のまちがっているものは？

① 語る(かだる)　② 悔いる(くいる)　③ 必ず(かならず)　④ 予め(あらかじめ)

12. 「ケッシュツした景色だ。」のカタカナの部分の漢字は？

① 潔出　② 決出　③ 傑出　④ 結出

## 6 日本国際交流基金主催 日本語能力試験 (1984年度)

### 〔一 級〕

I. 下の文の下線の漢字の読み方を、ひらがな書きなさい。

①天然資源に②乏しい日本が工業国として③発展を④遂げてきたことに対しては、一応の⑤評価を受けている。しかし、一方で、日本製品の市場⑥浸透や日系企業の進出に対して、非難の声が聞かれることも⑦確かである。世界各地では、さまざまな人々が、おのおの⑧異なった⑨慣習のもとで生活を⑩営んでいる。日本は自国の⑪利益を⑫求めるだけでなく、他国の⑬立場を十分に理解し、その国の⑭福祉や⑮繁栄に⑯協力を⑰惜しまぬだけの⑱心構えを持って接しなければならない。また、世界の人々に日本の⑲現状を正しく理解してもらうための努力を⑳怠ってはなるまい。

①(　　)　②(　　)　③(　　)　④(　　)
⑤(　　)　⑥(　　)　⑦(　　)　⑧(　　)
⑨(　　)　⑩(　　)　⑪(　　)　⑫(　　)
⑬(　　)　⑭(　　)　⑮(　　)　⑯(　　)
⑰(　　)　⑱(　　)　⑲(　　)　⑳(　　)

II. 下の文の下線のひらがなのことばを、漢字で丁寧に書きなさい。

(1) 工場から出される①はいえきによって海水が②おせんされ、沿岸③ぎょみんの生活が④おびやかされるという⑤じたいが起こっている。

①(　　)　②(　　)　③(　　)　④(　　)　⑤(　　)

(2) 人はだれでも①あやまちを②おかすものだ。そうしたときに③やさしく④なぐさめ、⑤はげましてくれる友がいるというのは、⑥しあわせなことだ

①(　　)　②(　　)　③(　　)　④(　　)
⑤(　　)　⑥(　　)

(3) ①むけいかくな国土の開発が、②かんきょうの③はかいを④まねき、山野の樹木を⑤からし、⑥やせいの動物を⑦ぜつめつの⑧ききに⑨おいこんでいる。

①(　　)　②(　　)　③(　　)　④(　　)　⑤(　　)
⑥(　　)　⑦(　　)　⑧(　　)　⑨(　　)

Ⅲ. 下の文の下線の部分に入れるのに最も適当な言い方をそれぞれのA・B・C・Dの中から一つ選んで、その記号を解答用紙に書きなさい。

1. 病後は、暖かい土地にでも＿＿＿して保養したほうがいい。
(A) 移住　(B) 転居　(C) 移転　(D) 転地

2. 7回まで終了した段階で、勝負の＿＿＿はほぼ決まった。
(A) 大勢　(B) 傾向　(C) 情勢　(D) 様相

3. 50分間働くと、10分間の＿＿がある。
(A) 休業　(B) 休止　(C) 休憩　(D) 休暇

4. 結論はもう出ているから、今さら考慮の＿＿＿など全くない。
(A) 余白　(B) 余裕　(C) 余分　(D) 余地

5. その絵を見たときの＿＿＿は、いつまでも忘れられない。
(A) 感覚　(B) 記憶　(C) 感想　(D) 印象

6. 彼は少しのことですぐ怒る＿＿＿な人だ。
(A) 強引　(B) 強気　(C) 短気　(D) 勇敢

7. そのときは遊びに＿＿＿だったので、時間のたつのも忘れていた。
(A) 熱心　(B) 熱中　(C) 夢中　(D) 集中

〔二 級〕

Ⅰ. 下の文の下線の漢字の読み方を、ひらがなで書きなさい。

①狭い②土地を③有効に活用するために、④建物を ⑤ 高層化することは、しばしば ⑥用いられる⑦手段であるが、⑧地震や火災の⑨場合に、大事故につながる⑩危険性がある。また、⑪割れた窓ガラスの⑫破片が道路に⑬落ちて、下を通っていた⑭大勢の人がけがをするとか、エレベーターに⑮閉じこめられたりするとかいった事故も⑯相次いでおり、⑰建築⑱技術の進歩に⑲比べて、安全⑳対策の後れが指摘されている。

①（　　）　②（　　）　③（　　）　④（　　）
⑤（　　）　⑥（　　）　⑦（　　）　⑧（　　）
⑨（　　）　⑩（　　）　⑪（　　）　⑫（　　）
⑬（　　）　⑭（　　）　⑮（　　）　⑯（　　）
⑰（　　）　⑱（　　）　⑲（　　）　⑳（　　）

Ⅱ. 下の文の下線のひらがなのことばを、漢字で丁寧に書きなさい。

(1) ①くわしいことは知らないが、たばこは②けんこうに害があるといわれるようになってから、③きんえんする人が多くなったらしい。
①（　　）　②（　　）　③（　　）

(2) 日本のバスには、①としよりや体の②ふじゆうな人のための③せきが④もうけてある。
①（　　）　②（　　）　③（　　）　④（　　）

(3) 東京では家賃が高く、サラリーマンが月々①しはらっている②じゅうきょひは、③へいきんして、④しゅうにゅうの20%を⑤しめている。

①（　　　）　②（　　　）　③（　　　）　④（　　　）　⑤（　　　）

(4) 友人から絵の①てんらんかいを見に行こうと②さそわれたが、つごうが悪いので③ことわった。

①（　　　）　②（　　　）　③（　　　）

(5) ①さいのうに②めぐまれていても、③けいけんを④つむことを⑤わすれてはいけない。

①（　　　）　②（　　　）　③（　　　）　④（　　　）　⑤（　　　）

Ⅲ. 下の文の下線の部分に入れるのに最も適当な言い方をそれぞれのA・B・C・Dの中から一つ選んで、その記号を書きなさい。

1. 夏休みに北海道へ旅行する______を立てた。
   (A) 用意　(B) 計画　(C) 準備　(D) 支度
2. それぞれの______で、そこに適した産業が盛んになった。
   (A) 地域　(B) 地帯　(C) 区域　(D) 区間
3. このことは人間の持つ弱点としてよく______されている。
   (A) 指定　(B) 指示　(C) 指摘　(D) 予定
4. この説明の______をまとめると、次のようになる。
   (A) 問題　(B) 重点　(C) 課題　(D) 要旨
5. 海辺の旅館で______な魚を食べるのが楽しみだ。
   (A) 健全　(B) 清潔　(C) 快適　(D) 新鮮

Ⅳ. 単語の意味の説明を読みなさい。その説明に最も近い意味の単語をそれぞれのA・B・C・Dの中から一つ選んで、その記号を書きなさい。

1. 道がそこで終わっていて、それ以上は行けないところ。
   (A) 折りかえし　(B) 行きどまり　(C) 足どめ　(D) 後もどり
2. 実物を小さく作ったもの。
   (A) 模型　(B) 標本　(C) 見本　(D) 手本
3. バスの乗り降りをする場所。
   (A) 停止線　(B) 停車場　(C) 駐車場　(D) 停留所
4. 映画館や駅などにある小さな店。
   (A) 小売店　(B) 売店　(C) 販売店　(D) 商店
5. あることが原因でそうなったこと。
   (A) 成果　(B) 結論　(C) 結果　(D) 効果
6. 新聞を数えることば。
   (A) 冊　(B) 枚　(C) 部　(D) 巻
7. 飛行機を数えることば。
   (A) 機　(B) 台　(C) 両　(D) 脚

8．とくによくもなく、悪くもないようす。
(A) 一応　(B) 大抵　(C) 通常　(D) 普通

〔三　級〕

Ⅰ．次の文の＿＿＿の漢字は、どう読みますか。ひらがなで書きなさい。

1．①朝は早く②起きて、③庭を④歩きます。
①（　　）②（　　）③（　　）④（　　）

2．①家庭科の②予習ができなくて、③困っています。
①（　　）②（　　）③（　　）

3．①正午に②着く③急行が④便利です。
①（　　）②（　　）③（　　）④（　　）

4．この①着物を②新しい③住所に④送ってください。
①（　　）②（　　）③（　　）④（　　）

5．①来週は②有名な③新聞社を④見学します。
①（　　）②（　　）③（　　）④（　　）

Ⅱ．次の文の＿＿＿のことばを、漢字でていねいに書きなさい。

1．おいしい①りょうりの②つくり③かたを④しっています。
①（　　）②（　　）③（　　）④（　　）

2．①てんきが②わるくなって、③あめも④かぜもつよくなりました。
①（　　）②（　　）③（　　）④（　　）

3．この①みせへいく②みちを③おしえてください。
①（　　）②（　　）③（　　）

4．わたしは①とうようの②ふるい③おんがくを④けんきゅうしています。
①（　　）②（　　）③（　　）④（　　）

## [7] 日本国際交流基金主催 日本語能力試験（1985年度）

〔一　級〕

Ⅰ．次の文の下線の漢字の読み方を、ひらがなで書きなさい。

日本では、①隣人間の②争いを③裁くときに、義理や④人情に⑤基づいた⑥穏やかな解決が望ましいとされてきた。

①（　　）②（　　）③（　　）④（　　）
⑤（　　）⑥（　　）

Ⅱ．次の文の下線のひらがなのことばを、漢字で丁寧に書きなさい。

①じゅんすいに②しんりを③たんきゅうし、研究に④ぼっとうしなければ、学問の⑤はってんを⑥きたいすることはできない。

① (　　　　) ② (　　　　) ③ (　　　　) ④ (　　　　)

⑤ (　　　　) ⑥ (　　　　)

〔二 級〕

Ⅰ. 次の文の下線の漢字の読み方を、ひらがなで書きなさい。

人生の目的は①衣食住だけではないという②主張が広く③認められている国では、④余暇を⑤生かすことが⑥重視されている。

① (　　　　) ② (　　　　) ③ (　　　　) ④ (　　　　)

⑤ (　　　　) ⑥ (　　　　)

Ⅱ. 次の文の下線のひらがなのことばを、漢字で丁寧に書きなさい。

①りょうしきのある科学者は、研究の②せいかが人類の③うんめいに④およぼす影響を考えずにはいられないはずだ。

① (　　　　) ② (　　　　) ③ (　　　　) ④ (　　　　)

Ⅲ. 次の文の下線の部分に入れるに最も適当なものをそれぞれのA・B・C・Dの中から一つ選んで、その番号を書きなさい。

1. 地震は日本ではめずらしい＿＿＿ではない。

(A) 状況 (B) 傾向 (C) 現象 (D) 形態

2. どうしても買いたかったので、友だちにお金を＿＿＿。

(A) 借りた (B) 出した (C) 返した (D) 貸した

3. 会などをひらくこと。

(A) 展開 (B) 開催 (C) 発足 (D) 発表

〔三 級〕

Ⅰ. 次の文の＿＿＿の漢字は、どう読みますか。ひらがなで書きなさい。

①姉は②病気で、この③間まで④入院していました。

① (　　　　) ② (　　　　) ③ (　　　　) ④ (　　　　)

Ⅱ. 次の文の＿＿＿のことばを、漢字でていねいに書きなさい。

きのうは、①しごとが②おわってから、③えいがをみました。

① (　　　　) ② (　　　　) ③ (　　　　)

## 8 日本国際交流基金主催日本語能力試験 (1986年度)

〔一　級〕

Ⅰ．次の文の下線の漢字の読み方をひらがなで書きなさい。

日本の①大手企業の②大半は、今後の景気の③見通しについて、④楽観は許せないとの⑤慎重な見方をしており、その⑥懸念材料としては個人消費の⑦不振と貿易摩擦が⑧激しくなることを挙げている。

①（　　　）　②（　　　）　③（　　　）　④（　　　）
⑤（　　　）　⑥（　　　）　⑦（　　　）　⑧（　　　）

Ⅱ．次の文の下線の部分漢字をひらがなで書きなさい。

①かんこう旅行は、自然の②きょういや造化の③みょうなどを観賞するものと文化的な④いせきなどを⑤たんぼうするものとに分けられる。

①（　　　）　②（　　　）　③（　　　）　④（　　　）
⑤（　　　）

Ⅲ．次の文の下線の部分に入れるのに最も適当なものをそれぞれのA・B・C・Dの中から一つ選びなさい。

1．自動車の運転を覚えるには______の訓練が必要だ。

(A) 事実　　(B) 実験　　(C) 現実　　(D) 実地

〔二　級〕

Ⅰ．次の文の下線の漢字の読みがなを書きなさい。

日本の川は①川幅がせまく、傾斜が急であるため、②大雨が降ると③河川が④増水して、周辺の⑤家屋や⑥田畑に大きな被害をもたらす。

①（　　　）　②（　　　）　③（　　　）　④（　　　）
⑤（　　　）　⑥（　　　）

Ⅱ．次の文の下線の部分の漢字の読み方をひらがなで書きなさい。

重い荷物を①せおって、汗をかきながら山路を上る②くるしみを経験しなければ、山頂に立ったとき③かいかんは味わえない。

①（　　　）　②（　　　）　③（　　　）

Ⅲ．次の文の下線の部分に入れるのに最も適当なものをそれぞれのA・B・C・Dの中から一つ選びなさい。

1．列車は＿＿＿で1時間ほど遅れて駅についた。

(A) 事故　　(B) 事件　　(C) 出来事　　(D) 異変

2．窓のカーテンは、＿＿＿緑色にした。

(A) 薄い　　(B) 弱い　　(C) 浅い　　(D) 軽い

Ⅳ．意味の説明を読みなさい。その説明に最も近いものをそれぞれのA・B・C・Dの中から一つ選びなさい。

1．心の中で、そのことをしようと考えること。

(A) 用意　　(B) 内心　　(C) 意図　　(D) 準備

2．そのことをすぐにすること

(A) とにかく　　(B) さっそく　　(C) せっかく　　(D) なるべく

〔三 級〕

Ⅰ．次の文の＿＿＿の漢字の読みがなを書きなさい。

①妹は②先週から③音楽をならいに④通っています。

①（　　　）　②（　　　）　③（　　　）　④（　　　）

Ⅱ．次の文の＿＿＿のことばを、漢字でていねいに書きなさい。

どこかで①はたらきたいと②おもいますが、③りょう④しんは⑤はん⑥たいです。

①（　　　）　②（　　　）　③（　　　）　④（　　　）

⑤（　　　）　⑥（　　　）

## 9 国費留学生試験(日本文部省留学生課主催)

Ⅰ．つぎのかんじの読みかたを，〔れい〕のように（　　）の中にひらがなでかきなさい。

〔れい〕お元気(げんき)ですか。

1．銀行(　　　)　　2．決(　　　)めて

3．病院(　　　)　　4．写真(　　　)

5．体(　　　)のやせた　　6．四日(　　　)

7．一週間(　　　)　　8．どんな物(　　　)

9．母(　　　)　　10．四時(　　　)

Ⅱ．つぎのこと　を、〔れい〕のように（　　）の中にかんじでかきなさい。

〔れい〕いま(今)

1．けっこん(　　　)する　　2．そつぎょう(　　　)する

3．し(　　　)りません　　4．かんごふ(　　　)

5．おも(　　　)っていた　　6．つか(　　　)えます

7．おいわいのしな（　　　　　）　　8．つごうがわる（　　　　　）い
9．えき（　　　　　）　　10．入り口であ（　　　　　）う

Ⅲ．次の漢字のよみかたをひらがなでかきなさい。

1．生活（　　　　　）　　2．問題（　　　　　）
3．政治（　　　　　）　　4．道具（　　　　　）
5．心理（　　　　　）　　6．意味（　　　　　）
7．研究（　　　　　）　　8．自然（　　　　　）
9．著者（　　　　　）　　10．要素（　　　　　）
11．行動（　　　　　）　　12．関係（　　　　　）
13．説明（　　　　　）

Ⅳ．次の漢字の読み方を示しなさい。

1．明瞭（　　　）　　2．種（　　　）
3．見当（　　　）　　4．混用（　　　）
5．事柄（　　　）

## 10 日本語標準テスト（慶応義塾大学国際センター編）

Ⅰ．次の漢字の読み方を、ひらがなで書きなさい。

〔例〕赤い本（あかいほん）

1．白い山　（　　　　　）　　2．右の手　（　　　　　）
3．冬の朝　（　　　　　）　　4．乗り場　（　　　　　）
5．道に迷う　（　　　　　）　　6．必ず帰る（　　　　　）
7．舌は災いのもと（　　　　　）　　8．奥歯　（　　　　　）
9．穀物　（　　　　　）　　10．雨傘　（　　　　　）

Ⅱ．下線の部分を漢字で書きなさい。

1．つくえのまえ（　　　）にいすがあります。
2．がっこうは八じ（　　　）にはじまります。
3．2＋2と4はおな（　　　）じです。
4．もう一か月待ちました。これい（　　　）上待つことはできません。
5．ごぶさたしておりますが、皆様おかわ（　　　）りありませんか。
6．この工場では大ぜいの人がはたら（　　　）いています。
7．田中さんが東京の人口について調べたことをほう（　　　）告します。
8．石油のそばで、たばこをすうのはき（　　　）険です。
9．こんなに暖かいのはふ（　　　）通ではありません。
10．日本の秋は一ぱん（　　　）に雨が多いです。

Ⅲ. (　　　) の中に漢字を入れなさい。

〔例〕わたくしは(先)生です。(セン)

1. つくえの(　　　)にさいふがあります。(ウエ)
2. きのうは(　　　)ようびでした。(キン)
3. 日はひがしから出て(　　　)にはいります。(ニシ)
4. はるはなつの前に(　　　) ます。(キ)
5. やさしいことば、すなおな言い方は(　　　)しいものです。(ウシク)
6. 日本語にはもともとながくなる言葉を(　　　)くして一つの名詞で言ってのける方法があるんです。(ミジカ)
7. 日本語は相手をたかくするために自分を(　　　)くするというやり方が伝統的におこなわれてきた。(ヒク)
8. 禅は鎌倉末期戦乱の時代に文教の空白を(　　　)った。(オギナ)
9. 独自の文体を持たぬ限り、傑出した作家にはなり(　　　)ない。(エ)
10. 陛下が議場にお(　　　)みになると、議員は起立してお迎えする。(ノゾ)

Ⅳ. 次の漢字の読み方を、ひらがなで書きなさい。

| | | |
|---|---|---|
| 1. 大　小(　　　) | 2. 白　人(　　　) | 3. 十五本(　　　) |
| 4. 工　作(　　　) | 5. 天　気(　　　) | 6. 食　事(　　　) |
| 7. 落　第(　　　) | 8. 選　挙(　　　) | 9. 医　院(　　　) |
| 10. 健　康(　　　) | 11. 尊　敬(　　　) | 12. 恐　慌(　　　) |

Ⅴ. 次の漢字の読み方を、ひらがなで書きなさい。

| | | | |
|---|---|---|---|
| 1. 小さい(　) | 2. 赤　い(　) | 3. 立　つ(　) | 4. 白　い(　) |
| 5. 正しい(　) | 6. 明るい(　) | 7. 考える(　) | 8. 思　う(　) |
| 9. 走　る(　) | 10. 深　い(　) | 11. 寒　い(　) | 12. 着　く(　) |
| 13. 止める(　) | 14. 囲　む(　) | 15. 固　い(　) | 16. 残　る(　) |
| 17. 久しい(　) | 18. 迷　う(　) | 19. 似　る(　) | 20. 認める(　) |
| 21. 著しい(　) | 22. 兼ねる(　) | 23. 励　む(　) | 24. 嘆　く(　) |

Ⅵ. 下線を引いた部分を漢字で書きなさい。

1. すい(　　　)道のみず。
2. よう(　　　)じがある。
3. 会社の社ちょう(　　　)。
4. しんせつ(　　　)な人。
5. すわる場しょ(　　　)がない。
6. 市場を独せん(　　　)する。
7. 消費のの(　　　)び。
8. おろし(　　　)売物価指数。

## 11 日本語学力試験問題(早稲田語学教育研究所)

〔1979年度　初級〕

I．つぎのかんじのよみかたを(　　)の中にひらがなでかきなさい。

1．三日(　　　　)の午後(　　　　)近所(　　　　)に大(　　)きな火事(　　)がありました。

2．お正月(　　　　)の休(　　)みの間(　　)に文法(　　　　)の勉強(　　　　)をしました。

II．つぎのことばをかんじで(　　)の中にかきなさい。

1．あめ(　)がおお(　)いちほう(　　)ではた(　)べものにちゅうい(　　)してください。

2．はや(　)くあたら(　　)しいようふく(　　)をか(　)いたいとおも(　)います。

〔1979年度　中級〕

I．つぎの＿＿＿の漢字の読み方をひらがなで(　　)の中に書き、(　　)の中に漢字を書きなさい。

日本列島(　　　　)は、二つの型(　　)のきしょう(　　)を分ける山脈(　　　)が中央をはし(　　)り、狭(　　)いへいや(　　)には田畑と工場(　　　　)ちたい(　　)が入りまじっている。日本人は、この天然(　　　　)しげん(　　)に恵(　　)まれない人口過密(　　　　)の島に工業こっか(　　)をしゅつげん(　　)させただけではなく、一貫(　　　　)してどくじ(　　)の伝統(　　　　)文化をたも(　　)ちつづ(　　)けてきたのである。

〔1980年度　初級〕

I．つぎのかんじのよみかたを(　　)の中にひらがなでかきなさい。

来月(　　　　)八日(　　　　)金曜日(　　　　　)の午後(　　　　)、学生会館(　　　　)で映画(　　　　)があります。始(　　)まりは四時(　　　　)です。入口(　　　　)で待(　　)っています。

II．つぎのことばをかんじで(　　)の中にかきなさい。

おてがみ(　　)ありがとうございました。ちょうどその日にとも(　　)だちといっしょにりょこう(　　)にで(　　)かけるよてい(　　)です。かえ(　　)ったら、でんわ(　　)します。ふる(　　)いまち(　　)をみ(　　)てくるつもりです。

〔1980年度　中級〕

I．つぎの＿＿＿の漢字の読み方をひらがなで(　　)の中に書き、(　　)の中にはいる漢字を書きなさい。

原始人(　　　　)は、おそ(　　)ろしい動物があらわ(　　)れると、そのすがた(　　)を岩(　　)にかいてなかま(　　)にちゅうい(　　)した。原始じだい(　　)には、それが新聞のやくめ(　　)を果(　　)たした。文字を発明(　　)してからの人類(　　)は，岩石や木の幹(　　)などに文字を書いた。こんにち(　　)でいう掲示板(　　　)である。やがて紙がじゆう(　　)に使えるようになると、印刷(　　)して情報(　　)を伝(　　)えた。こうしてげんざい(　　)の新聞がうまれた。

## 12 標準日本語読本試験問題(文化研究所附属東京日本語学校)

I．よみかたをひらがなでかきなさい。

1．わたくしの家(　　)はえきから遠(　　)くはありません。かなり近(　　)いです。

2．がっこうの左(　　)の方(　　)にある大(　　)きな木(　　)の下(　　)で休(　　)んでいるのは女(　　)の人(　　)のようです。

3．四百(　　　)の二倍(　　　)は千六百(　　　　)の半分(　　　)とおなじです。

II．かんじをかきなさい。

1．こども(　　　　)　　2．にっぽんご(　　　　)

3．おとこ(　　　　)　　4．いちばん(　　　　)

5．おかね(　　　　)　　6．みぎのて(　　　　)

7．ちいさなとり(　　　　)　　8．ながくたっている(　　　　)

III．よみかたをひらがなでかきなさい。

1．私の友①(　　)だちは重②(　　)い病気③(　　　)になって動④(　　)くことも歩⑤(　　)くこともできません。

2．よくはれた①海(　　)の上を一そうの汽船②(　　　)が走③(　　)っています。

3．私は電車①(　　　)で学校②(　　　)へ行きますが、買③(　　)いものに行く時には茶色④(　　　)の自動車⑤(　　　　)を使⑥(　　)います。

IV．＿＿＿のところをかんじでかきなさい。

1．このかんじ①(　　)はもうなら②(　　)いましたが、よ③(　　)むことができません。

2．これはたいていやおや①(　　)でう②(　　)っていますが、ときどきにく③(　　)をうるみせ④(　　)でも買えます。

3．そらにはしろ①(　　)いくも②(　　)があってつよ③(　　)いかぜ④(　　)がふいています。

4．むこうのしま①(　)のたか②(　)い山にはゆき③(　)がつもっています。

5．私は来年はたち①(　)になりますからちか②(　)くのようひんてん③(　)ではたら④(　)くつもりです。

V．漢字の読み方をひらがなで書きなさい。

1．用心(　)をする。　2．万事(　)　3．人工(　)　4．名所(　)

5．遠足(　)に行く。　6．地味(　)　7．英国(　)　8．地下鉄(　)

9．都内(　)に住む。

## 13 各種言論社入社試験問題

### 一．서울新聞

I．次の漢字にその読みがなを振れ。

1. 欠ける(　)　2. 赴き(　)　3. 遙かに(　)　4. 帯びた(　)

II．次のカタカナの語の漢字を記せ。

1. ブリョクショウトツ(　)
2. アフガニスタン問題もドウヨウである。(　)
3. インタビューをココロみている。(　)
4. キッサテン(　)
5. 注目のマト(　)

III．次の各文の下線の漢字語の(　)の中にその読みがなをふりなさい。

1. 父の遺言に従う。(　)　2. 下品な言動をいましめる。(　)
3. 貴重な時間をさいていただく。(　)
4. 古くなった規則を是正する。(　)　5. 先祖の供養をする。(　)
6. 素性の分らない人には用心しなさい。(　)
7. 工事の指図をする。(　)　8. 小川の水はまだ冷たい。(　)
9. 外科で手術をする。(　)　10. 天然の資源の豊富な国。(　)

### 二．京郷新聞

I．다음의 漢字読音을 모두 ひらがな로 쓰시오.

1. 巧みに手綱を操る。
2. 有頂天になって躍り上がる。
3. 名残を惜しんで別れる。
4. 意気地なしで体裁が悪い。
5. 酢につけると臭みが抜ける。

### 三. 忠淸日報(1985年, 1986年)

I. 다음 한자의 読みがな를 쓰시오.

1. 新聞記者( ) 2. 傾向( ) 3. 余裕( )
4. 四苦八苦( ) 5. 出世話( )

II. 다음 단어의 한자를 쓰시오.

1. ふつう( ) 2. できごと( ) 3. りっぱ( )
4. つながり( )

III. 次の単語の読み方(ふりがな)を書きなさい。

1. 建立( ) 2. 去来( ) 3. 下品( )
4. 出納( ) 5. 戻す( )

### 四. 每日経済新聞(1983年)

I. 다음 낱말을 우리말로 옮기시오.

1. 大変( ) 2. 正念場( )

II. 다음 말 뜻을 간단히 쓰시오.

1. 天下り( ) 2. ほぼ( ) 3. 暮らし( )
4. 横バイ( ) 5. 役立つ( ) 6. 見通し( )
7. 余計( ) 8. 取り組む( )

### 五. 경남신문(1986년)

I. 次の漢字のふりがなを書きなさい。

① 哀悼 ② 齷齪 ③ 所謂 ④ 自惚 ⑤ 思惑
⑥ 為替 ⑦ 玄人 ⑧ 更迭 ⑨ 暴露 ⑩ 破綻

II. ふりがなを書きなさい。

① 真夏 ② 宿場 ③ 空虚 ④ 薄暗い ⑤ 網に引っ掛かる
⑥ 揺れる ⑦ 斜め ⑧ 端 ⑨ 裸体 ⑩ 背中

## 14 各種会社入社試験問題

### 一. 대신증권(1983年～1985年)

I. 次の文章中のカタカナの部分を漢字に直して書きなさい。

1. 夏目漱石はもともと正岡子規の友人で、俳人としても聞えた。彼は写生文のケイトウ( )の文を作り、ヨユウ( )ある態度をもって人生のジショウ( )を見ようとした。

2. 文学上のチョサク(　　　)は読者のニンタイ(　　　)ある協力を必要とする。作品が自分の生命のコクイン(　　　)ならば、作者はヒハン(　　　)や解説でなく、愛読者を求めるだけだ。

3. 我々は、神でもヤジュウ(　　　)でもない。人間として育ってきた。さまざまな、ケッテン(　　　)と悪徳をそなえているけれども、これが人間のウンメイ(　　　)であり、本性である。

Ⅱ. 次の文章の中で、①から⑩までの漢字には読みがなをつけ、Ⓐから Ⓔまでのかなは漢字になおしなさい。

女性の職場①(　　　)進出は時代の流れとして当然としても、家庭に全面的な甘②(　　)えを求③(　　　)めがちの男性にとっては、きんちょうⒶ(　　　)の原因④(　　)にもなりうる。このほか、企業きょうそうⒷ(　　　)の激化に伴⑤(　　)う長時間労働、海外出張⑥(　　　)きんむⒸ(　　　)のぞうかⒹ(　　　)など、精神的ストレスを生む要因は増えている。

適度のストレスはしごとⒺ(　　　)への刺激⑦(　　　)になる反面、限度を越せば、心の病につながる。かけがえのない働き手を傷つけるばかりか、企業⑧(　　　)としても職場の活性⑨(　　　)を失⑩(　　)うことになる。

Ⅲ. 次の漢字の読み方を「ひらがな」で(　　)の中に書き入れよ。

韓国の近代①(　　　)化は西洋②(　　　)に学③(　　)んで、これを我④(　　)が国の社会⑤(　　　)に移したものである。しかし、近代化を進めることは、人心を新⑥(　　)たにすることが必要⑦(　　　)であり、消費⑧(　　　)の近代化とか、欧米⑨(　　)のまねをするものと誤解⑩(　　　)してはいけない。

Ⅳ. 次の□に反対の意味を持つ漢字を入れ、(　　)には読みがなをつけなさい。

1. 公□ (　　　)　2. 上□ (　　　)　3. 多□ (　　　)　4. 内□ (　　　)

5. 寒□ (　　　)　6. 善□ (　　　)　7. 新□ (　　　)　8. 前□ (　　　)

9. 左□ (　　　)　10. 強□ (　　　)　11. 遠□ (　　　)　12. 長□ (　　　)

13. 有□ (　　　)　14. 得□ (　　　)

## 二. 고려증권 (1986年)

Ⅰ. 次の漢字によみがなを付け、韓国語に訳せよ。(20点)

例：食でる (た, 먹다)

1. 欺く(　　　,　　　)　2. 踊る(　　　,　　　)

3. 拒む(　　　,　　　)　4. 挑む(　　　,　　　)

5．叩く（　，　）
6．漂う（　，　）
7．掴む（　，　）
8．遮る（　，　）
9．塞ぐ（　，　）
10．囁く（　，　）
11．呟く（　，　）
12．消す（　，　）
13．濡れる（　，　）
14．切れる（　，　）
15．釣り合う（　，　）
16．過巻く（　，　）
17．承る（　，　）
18．食う（　，　）
19．疑う（　，　）
20．培う（　，　）

Ⅱ．次の文章を読み、カタカナの部分を漢字に直せよ。(20点)

1．ショカンのボウトウにはこう書かれています。
2．ある土曜日のこと、銀行に行ってみると、トビラに次のようなハリガミがしてあった。
3．かれは有機カガクを専攻している。
4．ユウシュウの美を飾る。
5．青年はその時はじめて目がサめた。
6．向こうからコジキのようなすがたをした青年が自分の家の方へあるいて来た。
7．日本の話をするとほとんどシンシに耳を傾けてくれる。
8．日本政府がキンユウシジョウを開放しないのはけしからん。
9．あなたも時間のドレイになっていないか。
10．したがってそれを無視してはいけないのだとサトるべきである。

## 三. 韓国投資信託(1986年)

Ⅰ．次の文章の中で、①から⑤までのかなは漢字になおし、Ⓐから Ⓙまでの漢字には読みがなをつけなさい。

①きゅうげき(　　)なⒶ円高(　　)に対応するため、Ⓑ大手企業(　　)、Ⓒ中堅(　　)企業の約四割が海外進出を考えており、このうち一割が国内投資のⒹ縮小(　　)を②けんとう(　　)している。円高時代を迎えて海外進出にせっきょくてきな企業の③しせい(　　)が裏付けられ、国内投資が縮小し④こよう(　　)にⒺ悪影響(　　)を与えるⒻ恐(　　)れがあることも明らかになった。わが国のⒼ投資信託(　　)は信託の形をとったⒽ契約型(　　)で、投資信託のⒾ運用指図(　　)を行なうⒿ委託者(　　)(委託会社)、投資信託の信託財産の保管を行なう受託者(受託会社)および⑤じゅえきしゃ(　　)の三者で構成される。

## 四. 제일생명보험(1985年)

Ⅰ．次の漢字にふりがなをしなさい。

1．遠足(　　)　2．洋装(　　)　3．親切(　　)　4．食事(　　)
5．相談(　　)　6．散歩(　　)　7．美容(　　)　8．留守(　　)

9．上品（　　　　）10．営業（　　　　）11．健康（　　　　）12．派手（　　　　）
13．病気（　　　　）14．着物（　　　　）15．誕生日（　　　）

## 五．동국제강 (1985年)

Ⅰ．다음 漢字에 読みがな를 다시오.

1．人類（　　　　）　2．復讎（　　　　）　3．失業（　　　　）

Ⅱ．次の読み方は。

1．品物

①ひんもつ　②ひんぶつ　③しなもの　④しなぶつ　⑤しなもつ

2．相撲

①あいぼく　②すもう　③そうぼう　④そうぼく　⑤あいばく

3．足袋

①あしぶくろ　②そくたい　③たび　④あしたい　⑤たぶくろ

## 六．현대그룹 (1986年)

Ⅰ．다음 漢字의 読みかた를 쓰시오. (10×1＝10)

1．傍　若（　　　　）　2．破　顔（　　　　）
3．周　旋（　　　　）　4．出　納（　　　　）
5．待合室（　　　　）　6．申込書（　　　　）
7．合　図（　　　　）　8．片　言（　　　　）
9．氾　濫（　　　　）　10．踏　切（　　　　）

Ⅱ．다음의 カタカナ를 漢字로 고치시오. (10×1＝10)

1．ごキゲンをとった。（　　　　）
2．一銭のモウけにもならない。（　　　　）
3．お客様とセッショクする。（　　　　）
4．請託にコタえてほしい。（　　　　）
5．話のナカミも時勢にあわない。（　　　　）
6．字を書きウツす。（　　　　）
7．予算をコえる。（　　　　）
8．国をオサめる。（　　　　）
9．物を金にカえる。（　　　　）
10．橋をカける。（　　　　）

Ⅲ．（　）안에 反対의 뜻인 熟語를 漢字로 써 넣으시오. (10×0.5＝5)

1．不　況（　　　　）　2．欠　乏（　　　　）
3．親　切（　　　　）　4．陽　気（　　　　）
5．現実的（　　　　）　6．精　密（　　　　）

7. 模 倣 (　　　　　　)　　8. 拡 大 (　　　　　　)

9. 短 所 (　　　　　　)　　10. 集 合 (　　　　　　)

Ⅳ. 밑줄 친 漢字는 音의 읽기가 두 가지 있다. 그것을 ひらがな로 쓰시오. (10×2＝20)

1. 橋の脚が折れる。 (　　　　　　)
   劇の脚本を読む。 (　　　　　　)
2. 久遠にとどろく命名。 (　　　　　　)
   親友に久しく会っていない。 (　　　　　　)
3. 過去の事は水に流そう。 (　　　　　　)
   祖国を去って外国に行く。 (　　　　　　)
4. 海と空の境がわからない。 (　　　　　　)
   逆境にあってもがんばろう。 (　　　　　　)
5. 会社に勤める。 (　　　　　　)
   出勤時間にまにあう。 (　　　　　　)
6. 新しく事業を興す。 (　　　　　　)
   何事にも興味を示す。 (　　　　　　)
7. 土砂くずれのために死んだ。 (　　　　　　)
   砂でままごとをする。 (　　　　　　)
8. 二つの会社が合併した。 (　　　　　　)
   相手の都合に合わせる。 (　　　　　　)
9. 相手に再考をうながす。 (　　　　　　)
   再びあやまちを犯すな。 (　　　　　　)
10. 歳月人を待たず。 (　　　　　　)
   秋には月見に出かけよう。 (　　　　　　)

Ⅴ. 다음 熟語에서 틀린 漢字를 바르게 고치시오. (10×1＝10)

1. 意気統合 (　　　　　　)　　2. 終止一完 (　　　　　　)

3. 感概無領 (　　　　　　)　　4. 諸業無情 (　　　　　　)

5. 希想天外 (　　　　　　)　　6. 新進気営 (　　　　　　)

7. 五里夢中 (　　　　　　)　　8. 生成流展 (　　　　　　)

9. 言語同断 (　　　　　　)　　10. 千載一隅 (　　　　　　)

# 各種既出日本語漢字試験問題解答

## 1 文部省奨学生選抜試験 (1983年度)

Ⅰ. 1. ㉠ 2. ㉢ 3. ㉡ 4. ㉣ 5. ㉣
Ⅱ. 1. ㉣ 2. ㉡ 3. ㉡ 4. ㉢ 5. ㉡
Ⅲ. 1. ㉣ 2. ㉡ 3. ㉡ 4. ㉡ 5. ㉡

## 2 司法考試 (1983年, 1984年, 1985年)

Ⅰ. 1. ③ 2. ⑤ 3. ② 4. ③ 5. ③ 6. ①
Ⅱ. 1. ① 2. ⑤ 3. ③ 4. ⑤ 5. ④ 6. ③ 7. ① 8. ① 9. ①
Ⅲ. 1. ⑤ 2. ⑤ 3. ③ 4. ② 5. ④

## 3 海外旅行案内員 (TS) 試験問題 (1984年度)

1. ②, 2. ③ 3. ③ 4. ② 5. ③ 6. ③ 7. ② 8. ① 9. ② 10. ③
11. ① 12. ④ 13. ② 14. ② 15. ② 16. ② 17. ③ 18. ②

## 4 日本留学自費留学生選抜試験 (1986年度)

1. ① 2. ② 3. ④ 4. ① 5. ④ 6. ① 7. ② 8. ③ 9. ② 10. ②
11. ④ 12. ①

## 5 通訳案内員試験 (1981年度)

1. ② 2. ③ 3. ③ 4. ① 5. ③ 6. ① 7. ③ 8. ① 9. ② 10. ③
11. ① 12. ③

## 6 日本国際交流基金主催日本語能力試験 (1984年度)

〔一級〕

Ⅰ. ① てんねん ② とぼ ③ はってん ④ と ⑤ ひょうか
⑥ しんとう ⑦ たし ⑧ こと ⑨ かんしゅう ⑩ いとな
⑪ りえき ⑫ もと ⑬ たちば ⑭ ふくし ⑮ はんえい
⑯ きょうりょく ⑰ お ⑱ こころがま ⑲ げんじょう ⑳ おこた

Ⅱ. (1) ① 廃液 ② 汚染 ③ 漁民 ④ 脅 ⑤ 事態
(2) ① 過 ② 犯 ③ 優 ④ 慰 ⑤ 励 ⑥ 幸
(3) ① 無計画 ② 環境 ③ 破壊 ④ 招 ⑤ 枯
⑥ 野生 ⑦ 絶滅 ⑧ 危機 ⑨ 追

Ⅲ. 1. D 2. A 3. C 4. D 5. D 6. C 7. C

〔二級〕

Ⅰ. ① せま　② とち　③ ゆうこう　④ たてもの　⑤ こうそうか
⑥ もち　⑦ しゅだん　⑧ じしん　⑨ ばあい　⑩ きけんせい
⑪ わ　⑫ はへん　⑬ お　⑭ たいせい　⑮ と
⑯ あいつ　⑰ けんちく　⑱ きじゅつ　⑲ くら　⑳ たいさく

Ⅱ. (1) ① 詳　② 健康　③ 禁煙
(2) ① 年寄　② 不自由　③ 席　④ 設
(3) ① 支払　② 住居費　③ 平均　④ 収入　⑤ 占
(4) ① 展覧会　② 誘　③ 断
(5) ① 才能　② 恵　③ 経験　④ 積　⑤ 忘

Ⅲ. (1) B　(2) A　(3) C　(4) D　(5) D

Ⅳ. (1) B　(2) A　(3) D　(4) B　(5) C　(6) C　(7) A　(8) D

〔三級〕

Ⅰ. (1) あさ, お, にわ, ある
(2) かていか, よしゅう, こま
(3) しょうご, つ, きゅうこう, べんり
(4) きもの, あたら, じゅうしょ, おく
(5) らいしゅう, ゆうめい, しんぶんしゃ, けんがく

Ⅱ. (1) 料理, 造, 方, 知
(2) 天気, 悪, 雨, 風
(3) 店, 道, 教
(4) 東洋, 古, 音楽, 研究

## 7 日本国際交流基金主催日本語能力試験 (1985年度)

〔一級〕

Ⅰ. ① りんじん　② あらそ　③ さば　④ にんじょう　⑤ もと　⑥ おだ

Ⅱ. ① 純粋　② 真理　③ 探究　④ 没頭　⑤ 発展　⑥ 期待

〔二級〕

Ⅰ. ① いしょくじゅう　② しゅちょう　③ みと　④ よか　⑤ い　⑥ じゅうし

Ⅱ. ① 良識　② 成果　③ 運命　④ 及

Ⅲ. 1. C　2. A　3B

〔三級〕

Ⅰ. ① あね　② びょうき　③ あいだ　④ にゅういん

Ⅱ. ① 仕事　② 終　③ 映画

## 8 日本国際交流基金主催語日本能力試験 (1986年度)

〔一級〕

Ⅰ. ① おおてきぎょう　② たいはん　③ みとお　④ らっかん

⑤ しんちょう　⑥ けねん　⑦ ふしん　⑧ はげ

Ⅱ．① 観光　② 驚異　③ 妙　④ 遺跡　⑤ 深訪

Ⅲ．1．D

〔二級〕

Ⅰ．① かわはば　② おおあめ　③ かせん　④ ぞうすい　⑤ かおく　⑥ たはた

Ⅱ．① 背負　② 苦　③ 快感

Ⅲ．1．A　2．A

Ⅳ．1．C　2．B

〔三級〕

Ⅰ．① いもうと　② せんしゅう　③ おんがく　④ かよ

Ⅱ．① 働　② 思　③ 両　④ 親　⑤ 反　⑥ 対

## 9 国費留学生試験（日本文部省留学生課主催）

Ⅰ．1．ぎんこう　2．き　3．びょういん　4．しゃしん　5．からだ　6．よっか　7．いっしゅうかん　8．もの　9．はは　10．よじ

Ⅱ．1．結婚　2．卒業　3．和　4．看護婦　5．思　6．使　7．品　8．悪　9．駅　10．会

Ⅲ．1．せいかつ　2．もんだい　3．せいじ　4．どうぐ　5．しんり　6．いみ　7．けんきゅう　8．しぜん　9．ちょしゃ　10．ようそ　11．こうどう　12．かんけい　13．せつめい

Ⅳ．1．めいりょう　2．たね　3．けんとう　4．こんよう　5．ことがら

## 10 日本語標準テスト（慶応義塾大学国際センター編）

Ⅰ．1．しろいやま　2．みぎのて　3．ふゆのあさ　4．のりば　5．みちにまよう　6．かならずかえる　7．したはわざわいのもと　8．おくば　9．こくもつ　10．あまがさ

Ⅱ．1．前　2．時　3．同　4．以　5．変　6．働　7．報　8．危　9．普　10．般

Ⅲ．1．上　2．金　3．西　4．来　5．美　6．短　7．低　8．補　9．得　10．臨

Ⅳ．1．たいしょう　2．はくじん　3．じゅうごほん　4．こうさく　5．てんき　6．しょくじ　7．らくだい　8．せんきょ　9．いいん　10．けんこう　11．そんけい　12．こうきょう

Ⅴ．1．ちい　2．あか　3．た　4．しろ　5．ただ　6．あか　7．かんが　8．おも　9．はし　10．ふか　11．さむ　12．つ　13．と　14．かこ　15．かた

16. のこ　17. ひさ　18. まよ　19. に　20. みと
21. いちじる　22. か　23. はげ　24. なげ

VI. 1. 水　2. 用　3. 長　4. 親切　5. 所
6. 占　7. 伸　8. 卸

## 11 日本語学力試験問題(早稲田語学教育研究所)

〔1979年 初級〕

I. 1. みっか、ごご、きんじょ、おお、かじ
2. しょうがつ、やす、あいだ、ぶんぽう、べんきょう

II. 1. 雨、多、地方、食、注意　2. 早、新、洋服、買、思

〔1979年 中級〕

I. にほんれっとう、かた、気象、さんみゃく、走、せま、平野、こうじょう、地帯、てんねん、資源、めぐ、かみつ、国家、出現、いっかん、独自、でんとう、保、続

〔1980年 初級〕

I. らいげつ、ようか、きんようび、ごご、がくせいかいかん、えいが、はじ、よじ、いりぐち、ま

II. 手紙、友、旅行、出、予定、帰、電話、古、町、見

〔1980年 中級〕

I. げんしじん、恐、現、姿、いわ、仲間、注意、時代、役目、はた、はつめい、じんるい、みき、こんにち、けいじばん、自由、いんさつ、じょうほう、つた、現在

## 12 標準日本語読本試験問題(文化研究所附属東京日本語学校)

I. 1. いえ、とお、ちか
2. ひだり、ほう、おお、き、した、やす、おんな、ひと
3. よんひゃく、にばい、せ、ろっぴゃく、はんぶん

II. 1. 子供　2. 日本語　3. 男　4. 一番　5. お金
6. 右の手　7. 小さな鳥　8. 長く立っている

III. 1. ① とも　② おも　③ びょうき　④ うご　⑤ ある
2. ① うみ　② きせん　③ はし
3. ① でんしゃ　② がっこう　③ か　④ ちゃいろ　⑤ じどうしゃ
⑥ つか

IV. 1. ① 漢字　② 習　③ 読
2. ① 八百屋　② 売　③ 肉　④ 店
3. ① 白　② 雲　③ 強　④ 風
4. ① 島　② 高　③ 雪
5. ① 二十　② 近　③ 洋品店　④ 働

Ⅴ. 1. ようじん　2. ばんじ　3. じんこう　4. めいしょ　5. えんそく
6. じみ　7. えいこく　8. ちかてつ　9. となない

## 13 各種言論社入社試験

### 一. 서울신문

Ⅰ. 1. か　2. おもむ　3. はる　4. お
Ⅱ. 1. 武力衝突　2. 同様　3. 試　4. 喫茶店　5. 的
Ⅲ. 1. ゆいごん　2. げひん　3. きちょう　4. ぜせい　5. くよう
6. すじょう　7. さしず　8. おがわ　9. げか　10. てんねん

### 二. 京郷新聞

1. たく、たづな、あやつ　2. うちょうてん、おど、あ　3. なごり、お、わか
4. いくじ、ていさい、わる　5. す、くさ、ぬ

### 三. 忠淸日報(1985年, 1986年)

Ⅰ. 1. しんぶんきしゃ　2. けいこう　3. よゆう　4. しくはっく
5. しゅっせばなし
Ⅱ. 1. 普通　2. 出来事　3. 立派　4. 繋
Ⅲ. 1. こんりゅう　2. きょらい　3. げひん　4. すいとう　5. もど

### 四. 毎日経済新聞(1983年)

Ⅰ. 1. 큰일　2. 중요한 때
Ⅱ. 1. 일방적 명령이나 청탁　2. 거의　3. 생활　4. 보합
5. 도움이 되다　6. 전망　7. 나머지　8. 맞붙다

### 五. 경남신문

Ⅰ. ① あいとう　② あくせく　③ いわゆる　④ うぬぼれ　⑤ おもわく
⑥ かわせ　⑦ くろうと　⑧ こうてつ　⑨ ばくろ　⑩ はたん
Ⅱ. ① まなつ　② しゅくば　③ くうきょ　④ うすぐら　⑤ あみ
⑥ ゆ　⑦ なな　⑧ はし　⑨ らたい　⑩ せなか

## 14 各種会社入社試験問題

### 一. 대신증권(1983年～1986年)

Ⅰ. 1. 系統、余裕、事象　2. 著作、忍耐、刻印、批判　3. 野獣、欠点、運命
Ⅱ. ① しょくば　② あま　③ もと　④ げんいん　⑤ ともな
⑥ しゅっちょう　⑦ しげき　⑧ きぎょう　⑨ かっせい　⑩ うしな
Ⓐ 緊張　Ⓑ 競争　Ⓒ 勤務　Ⓓ 増加　Ⓔ 仕事
Ⅲ. ① きんだい　② せいよう　③ まな　④ わ　⑤ しゃかい
⑥ あら　⑦ ひつよう　⑧ しょうひ　⑨ おうべい　⑩ ごかい
Ⅳ. 1. 私、こうし　2. 下、じょうげ　3. 寡、たか　4. 外、ないがい

5．暑、かんしょ　6．悪、ぜんあく　7．旧、しんきゅう　8．後、ぜんご
9．右、さゆう　10．弱、きょうじゃく　11．近、えんきん　12．短、ちょうたん
13．無、うむ　14．失、とくしつ

二．고려증권(1986年)

Ⅰ．1．あざむ、속이다　2．おど、춤추다　3．こば、거절하다
4．いど、도전하다　5．たた、두드리다　6．ただよ、떠돌다
7．つか、쥐다　8．さえぎ、가리다　9．ふさ、막다
10．ささや、속삭이다　11．つぶや、중얼거리다　12．け、지우다
13．ぬ、젖다　14．き、끊어지다　15．つりあう、균형이 잡히다
16．うずま、소용돌이치다　17．うけたまわ、삼가듣다　18．く、먹다
19．うたが、의심하다　20．つちか、기르다

Ⅱ．1．書簡、冒頭　2．扉、張紙　3．化学　4．有終　5．覚
6．乞食　7．真摯　8．金融市場　9．奴隷　10．悟

三．한국투자신탁(1986年)

Ⅰ．① 急激　② 検討　③ 姿勢　④ 雇用　⑤ 受益者
Ⓐ えんだか　Ⓑ おおてきぎょう　Ⓒ ちゅうけん　Ⓓ しゅくしょう
Ⓔ あくえいきょう　Ⓕ おそ　Ⓖ とうししんたく　Ⓗ けいやくがた
Ⓘ うんようさしず　Ⓙ いたくしゃ

四．제일생명보험

Ⅰ．1．えんそく　2．ようそう　3．しんせつ　4．しょくじ
5．そうだん　6．さんぽ　7．びよう　8．るす
9．じょうひん　10．えいぎょう　11．けんこう　12．はで
13．びょうき　14．きもの　15．たんじょうび

五．동국제강

Ⅰ．1．じんるい　2．ふくしゅう　3．しつぎょう
Ⅱ．1．③　2．②　3．③

六．현대그룹

Ⅰ．1．ぼうじゃく　2．はがん　3．しゅうせん　4．すいとう
5．まちあいしつ　6．もうしこみしょ　7．あいず　8．かたこと
9．はんらん　10．ふみきり

Ⅱ．1．機嫌　2．儲　3．接触　4．応　5．中身
6．写　7．越　8．治　9．換　10．架

Ⅲ．1．好況　2．豊富　3．不親切　4．陰気　5．理相的
6．粗雑　7．創造　8．縮小　9．長所　10．解散

Ⅳ．1．あし、きゃく　2．く、ひさ　3．こ、さ　4．さかい、きょう

5．つと、きん　6．おこ、きょう　7．しゃ、すな　8．がっ、あ
9．さい、ふたた　10．げつ、つき

V．1．統→投　2．止→始、完→貫　3．領→量　4．業→行、情→常
5．希→奇　6．営→鋭　7．夢→霧　8．展→転
9．同→道　10．隅→遇

日本語漢字読法

曹喜澈 著

1998년 2월 10일 인쇄 · 1998년 2월 15일 발행
발행인 : 장세진 · 발행소 : 도서출판 학사원
주소 : 대구광역시 중구 동인 4가 505의 7번지
전화 : 253-6967 등록 : 1975년 11월 17일
등록번호 : 라120호 정가 : 22,000원

ISBN : 978-89-8223-110-0

I

# 常用漢字音訓一覧表

❶ 漢字 위의 숫자는 画数를 나타낸다。
❷ ※표가 붙은 漢字는 국민학교에서 배우는 글자이다。
❸ 音은 カタカナ 訓은 ひらがな、굵은 글자는 送りがな를 나타낸다。音 또는 訓이 없는 경우는 [一]、읽는 방법이 특별하거나 용법이 아주 제한되어 있는 音訓에는 옆에 [……]표시를 했다。

## 【ア】

| 画数 | 漢字 | 音訓 | 用例 |
|---|---|---|---|
| 7 | 亜 | ア | 亜流 亜熱帯 |
| 9 | 哀* | アイ あわれ あわれむ | 哀愁 悲哀 |
| 13 | 愛 | アイ | 愛情 恋愛 |
| 11 | 悪* | アク・オ わるい | 悪意 憎悪 |
| 12 | 握 | アク にぎる | 握手 掌握 |
| 5 | 圧* | アツ | 圧力 気圧 |
| 6 | 扱 | ― あつかう | 扱い 客扱い |
| 6 | 安* | アン やすい | 安全 不安 |
| 10 | 案* | アン | 案内 腹案 |
| 13 | 暗* | アン くらい | 暗黒 明暗 |

## 【イ】

| 画数 | 漢字 | 音訓 | 用例 |
|---|---|---|---|
| 5 | 以* | イ | 以前 以内 |
| 6 | 衣* | イ ころも | 衣服 脱衣 |
| 7 | 位* | イ くらい | 位置 優位 |
| 7 | 囲* | イ かこむ かこう | 周囲 包囲 |
| 7 | 医* | イ | 医者 名医 |
| 8 | 依 | イ・エ | 依頼 帰依 |
| 8 | 委* | イ | 委員 委任 |
| 9 | 威 | イ | 威力 猛威 |
| 9 | 胃* | イ | 胃腸 胃酸 |
| 9 | 為 | イ | 行為 作為 |
| 11 | 尉 | イ | 尉官 大尉 |
| 11 | 異* | イ こと | 異常 驚異 |
| 11 | 移* | イ うつる うつす | 移転 推移 |
| 12 | 偉 | イ えらい | 偉人 偉業 |
| 13 | 意* | イ | 意見 注意 |
| 13 | 違 | イ ちがう ちがえる | 違反 相違 |
| 14 | 維 | イ | 維持 繊維 |
| 15 | 慰 | イ なぐさめる なぐさむ | 慰安 慰労 |
| 15 | 遺* | イ・ユイ | 遺産 遺言 |
| 16 | 緯 | イ | 緯度 経緯 |
| 11 | 域 | イキ | 地域 区域 |
| 8 | 育* | イク そだつ そだてる | 育成 教育 |
| 1 | 一* | イチ・イツ ひと ひとつ | 一度 統一 |
| 7 | 壱* | イチ | 壱万 壱億 |
| 11 | 逸 | イツ | 逸話 秀逸 |
| 6 | 芋 | ― いも | 里芋 |
| 4 | 引* | イン ひく ひける | 引用 索引 |
| 6 | 印* | イン しるし | 印刷 調印 |
| 6 | 因* | イン よる | 因果 原因 |
| 9 | 姻 | イン | 姻族 婚姻 |
| 10 | 員* | イン | 員数 人員 |
| 10 | 院* | イン | 院長 入院 |
| 11 | 陰 | イン かげ かげる | 陰気 光陰 |
| 12 | 飲* | イン のむ | 飲食 痛飲 |
| 14 | 隠 | イン かくす かくれる | 隠居 隠忍 |
| 19 | 韻 | イン | 韻文 音韻 |

## 【ウ】

| 画数 | 漢字 | 音訓 | 用例 |
|---|---|---|---|
| 5 | 右* | ウ・ユウ みぎ | 右辺 左右 |
| 6 | 宇 | ウ | 宇宙 気宇 |
| 6 | 羽 | ウ は はね | 羽毛 羽化 |
| 8 | 雨* | ウ あめ あま | 雨天 風雨 |
| 12 | 運* | ウン はこぶ | 運転 海運 |
| 12 | 雲* | ウン くも | 雲海 暗雲 |

## 【エ】

| 画数 | 漢字 | 音訓 | 用例 |
|---|---|---|---|
| 5 | 永* | エイ ながい | 永久 永遠 |
| 8 | 泳* | エイ およぐ | 泳法 水泳 |
| 8 | 英* | エイ | 英雄 俊英 |
| 9 | 映 | エイ うつる・うつす はえる | 映画 反映 |
| 9 | 栄* | エイ さかえる はえ・はえる | 栄転 繁栄 |
| 12 | 営* | エイ いとなむ | 営業 自営 |
| 12 | 詠 | エイ よむ | 詠嘆 朗詠 |
| 15 | 影 | エイ かげ | 影響 撮影 |
| 15 | 鋭 | エイ するどい | 鋭敏 精鋭 |
| 16 | 衛* | エイ | 衛生 守衛 |
| 8 | 易* | エキ・イ やさしい | 易者 安易 |
| 9 | 疫 | エキ・ヤク | 悪疫 疫病神 |
| 10 | 益 | エキ・ヤク | 収益 御利益 |
| 11 | 液* | エキ | 液体 溶液 |

2

| 画数 | 漢字 | 音訓 | 例 |
|---|---|---|---|
| 14 | 駅* | エキ | 駅長 宿駅 |
| 10 | 悦 | エツ | 悦楽 満悦 |
| 12 | 越 | エツ; こす; こえる | 越冬 超越 |
| 15 | 謁 | エツ | 謁見 拝謁 |
| 15 | 閲 | エツ | 閲覧 検閲 |
| 4 | 円* | エン; まるい | 円周 一円 |
| 8 | 延* | エン; のびる・のべる; のばす | 延期 順延 |
| 8 | 沿 | エン; そう | 沿岸 沿革 |
| 8 | 炎 | エン; ほのお | 炎上 火炎 |
| 10 | 宴 | エン | 宴会 祝宴 |
| 12 | 援 | エン | 援助 救援 |
| 13 | 園* | エン; その | 園芸 公園 |
| 13 | 煙 | エン; けむる; けむり・けむい | 煙突 喫煙 |
| 13 | 猿 | エン; さる | 野猿 犬猿 |
| 13 | 遠* | エン・オン; とおい | 遠足 久遠 |
| 13 | 鉛 | エン; なまり | 鉛筆 亜鉛 |
| 13 | 塩* | エン; しお | 塩分 食塩 |

| 画数 | 漢字 | 音訓 | 例 |
|---|---|---|---|
| 14 | 演* | エン | 演芸 講演 |
| 15 | 縁 | エン; ふち | 縁故 血縁 |
| | 【オ】 | | |
| 6 | 汚 | オ; けがす; けがれる; けがらわしい; よごす; よごれる; きたない | 汚点 汚職 汚物 汚名 |
| 4 | 王* | オウ | 王者 魔王 |
| 5 | 凹 | オウ | 凹凸 凹面鏡 |
| 5 | 央* | オウ | 中央 震央 |
| 7 | 応* | オウ | 応用 呼応 |
| 8 | 往* | オウ | 往復 既往 |
| 8 | 押 | オウ; おす; おさえる | 押収 押印 |
| 8 | 欧 | オウ | 欧州 渡欧 |
| 8 | 殴 | オウ; なぐる | 殴打 殴撃 |
| 10 | 桜 | オウ; さくら | 桜花 観桜 |
| 10 | 翁 | オウ | 村翁 老翁 |
| 12 | 奥 | オウ; おく | 奥州 深奥 |
| 15 | 横* | オウ; よこ | 横転 専横 |

| 画数 | 漢字 | 音訓 | 例 |
|---|---|---|---|
| 9 | 屋* | オク; や | 屋上 家屋 |
| 15 | 億* | オク | 億万 一億 |
| 16 | 憶 | オク | 憶測 記憶 |
| 13 | 虞 | おそれ | |
| 1 | 乙 | オツ | 乙種 甲乙 |
| 8 | 卸 | おろす; おろし | |
| 9 | 音* | オン・イン; おと; ね | 音楽 福音 |
| 10 | 恩* | オン | 恩人 報恩 |
| 12 | 温* | オン; あたたか; あたたかい; あたたまる; あたためる | 温度 高温 |
| 16 | 穏 | オン; おだやか | 穏和 平穏 |
| | 【カ】 | | |
| 3 | 下 | カ; ゲ; した; しも; もと; さげる・さがる; くだる・くだす; くださる; おろす・おりる | 下流 落下 下水 上下 下見 川下 足下 |
| 4 | 化* | カ・ケ; ばける・ばかす | 化学 化身 |
| 4 | 火* | カ; ひ; ほ | 火事 出火 |

| 画数 | 漢字 | 音訓 | 例 |
|---|---|---|---|
| 5 | 加* | カ; くわえる; くわわる | 加速 増加 |
| 5 | 可* | カ | 可能 許可 |
| 6 | 仮* | カ・ケ; かり | 仮面 仮病 |
| 7 | 何* | カ; なに; なん | 幾何 |
| 7 | 花* | カ; はな | 花壇 落花 |
| 8 | 佳 | カ | 佳人 絶佳 |
| 8 | 価* | カ; あたい | 価格 評価 |
| 8 | 果* | カ; はたす・はてる; はて | 果実 結果 |
| 8 | 河* | カ; かわ | 河川 大河 |
| 9 | 科* | カ | 科学 教科 |
| 9 | 架* | カ; かける; かかる | 架橋 高架 |
| 10 | 夏* | カ・ゲ; なつ | 夏季 夏至 |
| 10 | 家* | カ・ケ; いえ; や | 家屋 家来 |
| 10 | 荷* | カ; に | 荷重 出荷 |
| 10 | 華 | カ・ケ; はな | 華美 散華 |
| 11 | 菓 | カ | 菓子 茶菓 |

| 画数 | 漢字 | 音訓 | 例 |
|---|---|---|---|
| 11 | 貨* | カ | 貨物 通貨 |
| 12 | 渦 | カ; うず | 渦中 戦渦 |
| 12 | 過* | カ; すぎる・すごす; あやまつ; あやまち | 過去 通過 |
| 13 | 嫁 | カ; よめ; とつぐ | 降嫁 転嫁 |
| 13 | 暇 | カ; ひま | 寸暇 休暇 |
| 13 | 禍 | カ | 禍根 奇禍 |
| 13 | 靴 | カ; くつ | 製靴 軍靴 |
| 14 | 寡 | カ | 寡婦 多寡 |
| 14 | 歌* | カ; うた; うたう | 歌曲 唱歌 |
| 14 | 箇 | カ | 箇所 箇条 |
| 15 | 稼 | カ; かせぐ | 稼業 稼働 |
| 15 | 課* | カ | 課題 日課 |
| 10 | 蚊 | か | |
| 7 | 我* | ガ; われ; わ | 我流 自我 |
| 8 | 画* | ガ・カク | 画家 計画 |
| 8 | 芽* | ガ; め | 麦芽 発芽 |
| 12 | 賀* | ガ | 賀状 祝賀 |

3

| | | | |
|---|---|---|---|
| 13 | 雅 | ガ / — | 雅趣 優雅 |
| 15 | 餓 | ガ / — | 餓死 飢餓 |
| 4 | 介 | カイ / — | 介入 仲介 |
| 6 | 回* | カイ・エ / まわる・まわす | 回転 回向 |
| 6 | 灰 | カイ / はい | 灰白色 石灰 |
| 6 | 会* | カイ・エ / あう | 会話 会釈 |
| 7 | 快* | カイ / こころよい | 快活 愉快 |
| 7 | 戒 | カイ / いましめる | 戒心 警戒 |
| 7 | 改* | カイ / あらためる / あらたまる | 改革 更改 |
| 8 | 怪 | カイ / あやしい / あやしむ | 怪人 奇怪 |
| 8 | 拐 | カイ / — | 拐帯 誘拐 |
| 9 | 悔 | カイ / くいる・くやむ / くやしい | 悔恨 後悔 |
| 9 | 海* | カイ / うみ | 海岸 航海 |
| 9 | 界* | カイ / — | 限界 世界 |
| 9 | 皆 | カイ / みな | 皆無 皆勤 |
| 11 | 械* | カイ / — | 器械 機械 |
| 12 | 絵* | カイ・エ / — | 絵画 絵本 |
| 12 | 開* | カイ / ひらく・ひらける / あく・あける | 開始 展開 |
| 12 | 階* | カイ / — | 階段 地階 |
| 13 | 解* | カイ・ゲ / とく・とかす / とける | 解答 解熱 |
| 13 | 塊 | カイ / かたまり | 塊状 金塊 |
| 16 | 壊 | カイ / こわす / こわれる | 壊滅 破壊 |
| 16 | 懐 | カイ / ふところ / なつかしい / なつかしむ / なつく / なつける | 懐中 懐古 本懐 述懐 |
| 7 | 貝* | — / かい | 貝殻 巻貝 |
| 5 | 外* | ガイ・ゲ / そと・ほか / はずす・はずれる | 外国 外科 |
| 8 | 劾 | ガイ / — | 弾劾 |
| 11 | 涯 | ガイ / — | 生涯 境涯 |
| 10 | 害* | ガイ / — | 害虫 危害 |
| 12 | 街 | ガイ・カイ / まち | 市街 街道 |
| 13 | 慨 | ガイ / — | 慨嘆 感慨 |
| 13 | 該 | ガイ / — | 該博 当該 |
| 14 | 概 | ガイ / — | 概略 大概 |
| 9 | 垣 | — / かき | 垣根 |
| 6 | 各* | カク / おのおの | 各種 各論 |
| 7 | 角* | カク / かど / つの | 角度 三角 |
| 8 | 拡* | カク / — | 拡張 拡充 |
| 9 | 革* | カク / かわ | 革新 皮革 |
| 10 | 格* | カク・コウ / — | 格別 格子 |
| 10 | 核 | カク / — | 核心 結核 |
| 11 | 殻 | カク / から | 甲殻 地殻 |
| 11 | 郭 | カク / — | 外郭 輪郭 |
| 12 | 覚* | カク / おぼえる / さます・さめる | 覚悟 感覚 |
| 13 | 較 | カク / — | 較差 比較 |
| 13 | 隔 | カク / へだてる / へだたる | 隔離 間隔 |
| 14 | 閣 | カク / — | 閣議 内閣 |
| 15 | 確* | カク / たしか / たしかめる | 確実 正確 |
| 16 | 獲 | カク / える | 獲得 捕獲 |
| 17 | 嚇 | カク / — | 嚇怒 威嚇 |
| 18 | 穫 | カク / — | 収穫 多穫 |
| 8 | 学* | ガク / まなぶ | 学問 数学 |
| 8 | 岳 | ガク / たけ | 岳父 山岳 |
| 13 | 楽 | ガク・ラク / たのしい / たのしむ | 楽器 音楽 楽園 快楽 |
| 18 | 額* | ガク / ひたい | 額縁 金額 |
| 11 | 掛 | — / かける・かかる / かかり | |
| 15 | 潟 | — / かた | 干潟 |
| 9 | 括 | カツ / — | 一括 包括 |
| 9 | 活* | カツ / — | 活動 生活 |
| 11 | 喝 | カツ / — | 喝破 一喝 |
| 11 | 渇 | カツ / かわく | 渇望 枯渇 |
| 12 | 割 | カツ / わる・わり / われる・さく | 割愛 分割 |
| 13 | 滑 | カツ / すべる / なめらか | 滑走 円滑 |
| 14 | 褐 | カツ / — | 褐色 褐炭 |
| 17 | 轄 | カツ / — | 管轄 統轄 |
| 5 | 且 | — / かつ | |
| 10 | 株* | — / かぶ | 株式 |
| 4 | 刈 | — / かる | 草刈り |
| 3 | 干 | カン / ほす / ひる | 干渉 若干 |
| 5 | 刊* | カン / — | 刊行 週刊 |
| 5 | 甘 | カン / あまい・あまえる / あまやかす | 甘言 甘露 |
| 6 | 汗 | カン / あせ | 汗顔 発汗 |
| 6 | 缶 | カン / — | 缶詰 製缶 |
| 7 | 完* | カン / — | 完成 未完 |
| 7 | 肝 | カン / きも | 肝臓 肝要 |
| 8 | 官* | カン / — | 官庁 教官 |
| 9 | 冠 | カン / かんむり | 冠詞 栄冠 |
| 9 | 巻 | カン / まく / まき | 巻頭 圧巻 |
| 9 | 看 | カン / — | 看板 看病 |
| 10 | 陥 | カン / おちいる / おとしいれる | 陥落 欠陥 |
| 11 | 乾 | カン / かわく / かわかす | 乾杯 乾燥 |
| 11 | 勘 | カン / — | 勘弁 勘当 |
| 11 | 患 | カン / わずらう | 患者 疾患 |
| 11 | 貫 | カン / つらぬく | 貫通 縦貫 |
| 12 | 寒* | カン / さむい | 寒村 厳寒 |

| 画数 | 漢字 | 音訓 | 用例 |
|---|---|---|---|
| 12 | 喚 | カン | 喚問 召喚 |
| 12 | 堪 | カン たえる | 堪忍 堪能 |
| 12 | 換 | カン かえる かわる | 換気 交換 |
| 12 | 敢 | カン | 敢然 勇敢 |
| 12 | 棺 | カン | 石棺 納棺 |
| 12 | 款 | カン | 借款 定款 |
| 12 | 間* | カン・ケン あいだ・ま | 時間 間隔 |
| 12 | 閑 | カン | 閑静 繁閑 |
| 13 | 勧* | カン すすめる | 勧告 勧誘 |
| 13 | 寛 | カン | 寛大 寛容 |
| 13 | 幹* | カン みき | 幹事 根幹 |
| 13 | 感* | カン | 感覚 直感 |
| 13 | 漢* | カン | 漢字 暴漢 |
| 14 | 慣* | カン なれる ならす | 慣例 習慣 |
| 14 | 管* | カン くだ | 管理 鉄管 |
| 14 | 関* | カン せき | 関係 難関 |
| 15 | 歓* | カン | 歓迎 交歓 |
| 15 | 監 | カン | 監視 総監 |
| 15 | 緩 | カン ゆるい・ゆるやか ゆるむ・ゆるめる | 緩和 緩慢 |
| 16 | 憾 | カン | 遺憾 |
| 16 | 還 | カン | 還元 生還 |
| 16 | 館* | カン | 館内 旅館 |
| 17 | 環 | カン | 環境 循環 |
| 18 | 簡 | カン | 簡単 書簡 |
| 18 | 観* | カン | 観察 客観 |
| 21 | 艦 | カン | 艦隊 艦船 |
| 23 | 鑑 | カン | 鑑賞 年鑑 |
| 3 | 丸 | ガン まる・まるい まるめる | 丸薬 弾丸 |
| 7 | 含 | ガン ふくむ ふくめる | 含有 包含 |
| 8 | 岸* | ガン きし | 岸壁 彼岸 |
| 8 | 岩* | ガン いわ | 岩石 火成岩 |
| 11 | 眼* | ガン・ゲン まなこ | 眼球 開眼 |
| 13 | 頑 | ガン | 頑強 頑固 |
| 18 | 顔* | ガン かお | 顔面 厚顔 |
| 19 | 願* | ガン ねがう | 願望 志願 |

【キ】

| 画数 | 漢字 | 音訓 | 用例 |
|---|---|---|---|
| 6 | 企 | キ くわだてる | 企画 企業 |
| 6 | 危 | キ あぶない あやうい あやぶむ | 危険 安危 |
| 6 | 机 | キ つくえ | 机上 机辺 |
| 6 | 気* | キ・ケ | 気候 気配 |
| 7 | 岐 | キ | 岐路 分岐 |
| 7 | 希* | キ | 希望 希少 |
| 7 | 忌 | キ いむ いまわしい | 忌中 禁忌 |
| 7 | 汽* | キ | 汽車 汽笛 |
| 8 | 奇 | キ | 奇数 珍奇 |
| 8 | 祈 | キ いのる | 祈願 祈念 |
| 8 | 季* | キ | 季節 雨季 |
| 9 | 紀* | キ | 紀行 風紀 |
| 9 | 軌 | キ | 軌道 常軌 |
| 10 | 既 | キ すでに | 既成 皆既 |
| 10 | 記* | キ しるす | 記号 伝記 |
| 10 | 起* | キ おきる・おこる おこす | 起立 奮起 |
| 10 | 飢 | キ うえる | 飢餓 飢渇 |
| 10 | 鬼 | キ おに | 鬼神 餓鬼 |
| 10 | 帰* | キ かえる かえす | 帰還 復帰 |
| 11 | 基* | キ もと もとい | 基礎 開基 |
| 11 | 寄* | キ よる よせる | 寄宿 寄贈 |
| 11 | 規* | キ | 規則 定規 |
| 12 | 喜* | キ よろこぶ | 喜劇 歓喜 |
| 12 | 幾 | キ いく | 幾何 庶幾 |
| 12 | 揮 | キ | 指揮 揮発油 |
| 12 | 期* | キ・ゴ | 期間 最期 |
| 12 | 棋 | キ | 棋士 将棋 |
| 12 | 貴* | キ たっとい・とうとい たっとぶ・とうとぶ | 貴重 騰貴 |
| 13 | 棄 | キ | 棄権 放棄 |
| 14 | 旗* | キ はた | 旗手 国旗 |
| 15 | 器* | キ うつわ | 器用 陶器 |
| 15 | 輝 | キ かがやく | 輝石 光輝 |
| 16 | 機* | キ はた | 機械 危機 |
| 18 | 騎 | キ | 騎士 騎馬 |
| 6 | 技* | ギ わざ | 技術 特技 |
| 8 | 宜 | ギ | 便宜 適宜 |
| 11 | 偽 | ギ いつわる にせ | 偽名 虚偽 |
| 12 | 欺 | ギ あざむく | 詐欺 |
| 13 | 義* | ギ | 義理 正義 |
| 14 | 疑* | ギ うたがう | 疑問 容疑 |
| 15 | 儀 | ギ | 儀式 威儀 |
| 15 | 戯 | ギ たわむれる | 戯曲 遊戯 |
| 17 | 擬 | ギ | 擬音 模擬 |
| 17 | 犠 | ギ | 犠牲 |
| 20 | 議* | ギ | 議論 会議 |
| 11 | 菊 | キク | 菊花 白菊 |
| 6 | 吉 | キチ・キツ | 吉例 不吉 |
| 12 | 喫 | キツ | 喫煙 満喫 |
| 13 | 詰 | キツ つめる・つまる つむ | 詰問 難詰 |

5

| 画数 | 漢字 | 音読み | 訓読み | 用例 |
|---|---|---|---|---|
| 7 | 却 | キャク | — | 却下・退却 |
| 9 | 客* | キャク・カク | — | 客車・旅客 |
| 11 | 脚 | キャク・キャ | あし | 脚本・行脚 |
| 9 | 逆* | ギャク | さか・さからう | 逆上・順逆 |
| 9 | 虐 | ギャク | しいたげる | 虐待・残虐 |
| 2 | 九* | キュウ・ク | ここの・ここのつ | 九百・九月 |
| 3 | 久* | キュウ・ク | ひさしい | 永久・久遠 |
| 3 | 及 | キュウ | およぶ・および・およぼす | 及第・追及 |
| 3 | 弓 | キュウ | ゆみ | 弓状・洋弓 |
| 5 | 丘 | キュウ | おか | 丘陵・砂丘 |
| 5 | 旧* | キュウ | — | 旧道・復旧 |
| 6 | 休* | キュウ | やすむ・やすまる・やすめる | 休憩・定休 |
| 6 | 吸 | キュウ | すう | 吸収・呼吸 |
| 6 | 朽 | キュウ | くちる | 老朽・不朽 |
| 7 | 求* | キュウ | もとめる | 求職・要求 |
| 7 | 究* | キュウ | きわめる | 究明・研究 |
| 8 | 泣 | キュウ | なく | 号泣・感泣 |
| 9 | 急* | キュウ | いそぐ | 急速・緊急 |
| 9 | 級* | キュウ | — | 級友・階級 |
| 9 | 糾 | キュウ | — | 糾弾・紛糾 |
| 10 | 宮* | キュウ・グウ・ク | みや | 宮殿・宮内省 |
| 11 | 救* | キュウ | すくう | 救助・救難 |
| 11 | 球* | キュウ | たま | 球技・地球 |
| 12 | 給* | キュウ | — | 給水・配給 |
| 15 | 窮 | キュウ | きわめる・きわまる | 窮屈・困窮 |
| 4 | 牛* | ギュウ | うし | 牛乳・闘牛 |
| 5 | 去* | キョ・コ | さる | 去就・過去 |
| 5 | 巨 | キョ | — | 巨匠・巨頭 |
| 8 | 居* | キョ | いる | 居室・住居 |
| 8 | 拒 | キョ | こばむ | 拒否・拒絶 |
| 8 | 拠 | キョ・コ | — | 拠点・証拠 |
| 10 | 挙* | キョ | あげる・あがる | 挙手・壮挙 |
| 11 | 虚 | キョ・コ | — | 虚偽・虚空 |
| 11 | 許* | キョ | ゆるす | 許可・特許 |
| 12 | 距 | キョ | — | 距離 |
| 11 | 魚* | ギョ | うお・さかな | 魚類・鮮魚 |
| 11 | 御 | ギョ・ゴ | おん | 制御・御殿 |
| 14 | 漁* | ギョ・リョウ | — | 漁業・大漁 |
| 4 | 凶 | キョウ | — | 凶悪・吉凶 |
| 6 | 共* | キョウ | とも | 共通・公共 |
| 6 | 叫 | キョウ | さけぶ | 叫喚・絶叫 |
| 7 | 狂 | キョウ | くるう・くるおしい | 狂言・熱狂 |
| 8 | 京* | キョウ・ケイ | — | 帰京・京浜 |
| 8 | 享 | キョウ | — | 享有・享受 |
| 8 | 供* | キョウ・ク | そなえる・とも | 提供・供養 |
| 8 | 協* | キョウ | — | 協力・妥協 |
| 8 | 況 | キョウ | — | 状況・実況 |
| 9 | 峡 | キョウ | — | 峡谷・海峡 |
| 9 | 挟 | キョウ | はさむ・はさまる | 挟撃 |
| 9 | 狭 | キョウ | せまい・せばめる・せばまる | 狭量・偏狭 |
| 10 | 恐 | キョウ | おそれる・おそろしい | 恐怖・恐縮 |
| 10 | 恭 | キョウ | うやうやしい | 恭賀・恭順 |
| 10 | 胸 | キョウ | むね・むな | 胸囲・度胸 |
| 10 | 脅 | キョウ | おびやかす・おどす・おどかす | 脅迫・脅威 |
| 11 | 強* | キョウ・ゴウ | つよい・つよまる・つよめる・しいる | 強弱・強盗 |
| 11 | 教* | キョウ | おしえる・おそわる | 教育・宗教 |
| 11 | 郷 | キョウ・ゴウ | — | 郷里・在郷 |
| 14 | 境* | キョウ・ケイ | さかい | 境界・境内 |
| 16 | 橋* | キョウ | はし | 橋脚・鉄橋 |
| 17 | 矯 | キョウ | ためる | 矯正・奇矯 |
| 19 | 鏡* | キョウ | かがみ | 鏡台・明鏡 |
| 20 | 競 | キョウ・ケイ | きそう・せる | 競争・競輪 |
| 20 | 響 | キョウ | ひびく | 音響・影響 |
| 22 | 驚 | キョウ | おどろく・おどろかす | 驚異・驚嘆 |
| 6 | 仰 | ギョウ・コウ | あおぐ・おおせ | 仰天・信仰 |
| 12 | 暁 | ギョウ | あかつき | 暁天・通暁 |
| 13 | 業* | ギョウ・ゴウ | わざ | 業績・業苦 |
| 16 | 凝 | ギョウ | こる・こらす | 凝固・凝視 |
| 6 | 曲* | キョク | まがる・まげる | 曲線・名曲 |
| 7 | 局* | キョク | — | 局部・結局 |
| 12 | 極* | キョク・ゴク | きわめる・きわまる・きわみ | 極限・至極 |
| 5 | 玉* | ギョク | たま | 玉座・宝玉 |
| 4 | 斤 | キン | — | 斤量 |
| 7 | 均* | キン | — | 均等・平均 |
| 7 | 近* | キン | ちかい | 近代・接近 |
| 8 | 金* | キン・コン | かね・かな | 金属・黄金 |
| 11 | 菌 | キン | — | 菌糸・細菌 |
| 12 | 勤* | キン・ゴン | つとめる・つとまる | 勤務・勤行 |
| 12 | 琴 | キン | こと | 琴線・木琴 |
| 12 | 筋 | キン | すじ | 筋肉・鉄筋 |
| 13 | 禁* | キン | — | 禁止・厳禁 |
| 15 | 緊 | キン | — | 緊張・緊急 |
| 17 | 謹 | キン | つつしむ | 謹慎・謹呈 |
| 18 | 襟 | キン | えり | 襟度・開襟 |
| 7 | 吟 | ギン | — | 吟味・苦吟 |

6

| 画数 | 漢字 | 音訓 | 用例 |
|---|---|---|---|
| 14 | 銀* | ギン | 銀行 水銀 |
| | 【ク】 | | |
| 4 | 区* | ク | 区別 地区 |
| 5 | 句* | ク | 句集 節句 |
| 8 | 苦* | ク くるしい・くるしむ・くるしめる・にがい・にがる | 苦労 辛苦 |
| 14 | 駆 | ク かける・かる | 駆使 先駆 |
| 8 | 具* | グ | 具備 道具 |
| 13 | 愚 | グ おろか | 愚問 暗愚 |
| 8 | 空* | クウ そら・あく・あける・から | 空想 上空 |
| 11 | 偶 | グウ | 偶然 配偶 |
| 12 | 遇 | グウ | 境遇 待遇 |
| 12 | 隅 | グウ すみ | 一隅 辺隅 |
| 8 | 屈 | クツ | 屈辱 不屈 |
| 11 | 掘 | クツ ほる | 掘削 発掘 |
| 19 | 繰 | くる | |
| 7 | 君* | クン きみ | 君主 諸君 |
| 10 | 訓* | クン | 訓練 教訓 |
| 15 | 勲 | クン | 勲章 殊勲 |
| 16 | 薫 | クン かおる | 薫風 薫陶 |
| 9 | 軍* | グン | 軍隊 空軍 |
| 10 | 郡* | グン | 郡部 郡県 |
| 13 | 群* | グン むれる・むれ・むら | 群居 抜群 |
| | 【ケ】 | | |
| 5 | 兄* | ケイ・キョウ あに | 父兄 兄弟 |
| 6 | 刑 | ケイ | 刑法 処刑 |
| 7 | 形* | ケイ・ギョウ かた・かたち | 形成 人形 |
| 7 | 系* | ケイ | 系統 体系 |
| 8 | 径 | ケイ | 直径 口径 |
| 8 | 茎 | ケイ くき | 球茎 地下茎 |
| 9 | 係* | ケイ かかる・かかり | 係累 関係 |
| 9 | 型* | ケイ かた | 模型 典型 |
| 9 | 契 | ケイ ちぎる | 契約 黙契 |
| 9 | 計* | ケイ はかる・はからう | 計算 合計 |
| 10 | 恵 | ケイ・エ めぐむ | 恩恵 知恵 |
| 11 | 啓 | ケイ | 啓示 拝啓 |
| 11 | 掲 | ケイ かかげる | 掲示 前掲 |
| 11 | 渓 | ケイ | 渓谷 渓流 |
| 11 | 経* | ケイ・キョウ へる | 経済 経文 |
| 11 | 蛍 | ケイ ほたる | 蛍光灯 蛍雪 |
| 12 | 敬* | ケイ うやまう | 敬意 尊敬 |
| 12 | 景* | ケイ | 景気 光景 |
| 12 | 軽 | ケイ かるい・かろやか | 軽快 軽視 |
| 13 | 傾 | ケイ かたむく・かたむける | 傾斜 右傾 |
| 13 | 携 | ケイ たずさえる・たずさわる | 携帯 提携 |
| 13 | 継 | ケイ つぐ | 継続 中継 |
| 15 | 慶 | ケイ | 慶弔 大慶 |
| 16 | 憩 | ケイ いこい・いこう | 休憩 小憩 |
| 19 | 警 | ケイ | 警告 夜警 |
| 19 | 鶏 | ケイ にわとり | 鶏舎 養鶏 |
| 7 | 芸* | ゲイ | 芸術 文芸 |
| 7 | 迎 | ゲイ むかえる | 迎合 送迎 |
| 19 | 鯨 | ゲイ くじら | 鯨油 捕鯨 |
| 15 | 劇 | ゲキ | 劇薬 演劇 |
| 15 | 撃 | ゲキ うつ | 撃退 打撃 |
| 16 | 激 | ゲキ はげしい | 激励 感激 |
| 4 | 欠* | ケツ かける・かく | 欠席 補欠 |
| 5 | 穴 | ケツ あな | 穴居 墓穴 |
| 6 | 血 | ケツ ち | 血統 鮮血 |
| 7 | 決 | ケツ きめる・きまる | 決意 解決 |
| 12 | 結* | ケツ むすぶ・ゆう・ゆわえる | 結婚 連結 |
| 13 | 傑 | ケツ | 傑作 豪傑 |
| 15 | 潔* | ケツ いさぎよい | 潔白 清潔 |
| 4 | 月* | ゲツ・ガツ つき | 月曜 正月 |
| 4 | 犬* | ケン いぬ | 犬歯 愛犬 |
| 6 | 件* | ケン | 件数 条件 |
| 7 | 見* | ケン みる・みえる・みせる | 見学 意見 |
| 8 | 券* | ケン | 債券 旅券 |
| 8 | 肩 | ケン かた | 肩章 双肩 |
| 9 | 建* | ケン・コン たてる・たつ | 建築 建立 |
| 9 | 研* | ケン とぐ | 研究 研修 |
| 9 | 県* | ケン | 県庁 府県 |
| 10 | 倹 | ケン | 倹約 勤倹 |
| 10 | 兼* | ケン かねる | 兼任 兼備 |
| 10 | 剣 | ケン つるぎ | 剣道 刀剣 |
| 10 | 軒 | ケン のき | 軒数 一軒 |
| 11 | 健* | ケン すこやか | 健康 強健 |
| 11 | 険* | ケン けわしい | 険悪 危険 |
| 12 | 圏 | ケン | 圏内 成層圏 |
| 12 | 堅 | ケン かたい | 堅固 中堅 |
| 12 | 検* | ケン | 検査 点検 |
| 13 | 嫌 | ケン・ゲン きらう・いや | 嫌悪 機嫌 |
| 13 | 献 | ケン・コン | 献上 献立 |
| 13 | 絹* | ケン きぬ | 絹布 人絹 |
| 13 | 遣 | ケン つかう・つかわす | 遣外 派遣 |
| 15 | 権* | ケン・ゴン | 権利 権化 |

7

| 画数 | 漢字 | 読み | 用例 |
|---|---|---|---|
| 16 | 憲* | ケン | 憲法 官憲 |
| 16 | 賢 | ケン かしこい | 賢明 先賢 |
| 17 | 謙 | ケン | 謙虚 謙譲 |
| 18 | 繭 | ケン まゆ | 繭糸 |
| 18 | 顕 | ケン | 顕著 顕彰 |
| 18 | 験* | ケン・ゲン | 試験 霊験 |
| 20 | 懸 | ケン・ケ かける かかる | 懸命 懸念 |
| 4 | 元* | ゲン・ガン もと | 元気 元来 |
| 4 | 幻 | ゲン まぼろし | 幻滅 夢幻 |
| 5 | 玄 | ゲン | 玄関 幽玄 |
| 7 | 言* | ゲン・ゴン いう こと | 言論 無言 |
| 8 | 弦 | ゲン つる | 弦楽器 上弦 |
| 9 | 限* | ゲン かぎる | 限度 制限 |
| 10 | 原* | ゲン はら | 原理 高原 |
| 11 | 現* | ゲン あらわれる あらわす | 現在 表現 |
| 12 | 減* | ゲン へる へらす | 減少 加減 |
| 13 | 源 | ゲン みなもと | 源泉 資源 |
| 17 | 厳* | ゲン・ゴン おごそか きびしい | 厳格 荘厳 |
| | 【コ】 | | |
| 3 | 己* | コ・キ おのれ | 自己 知己 |
| 4 | 戸* | コ と | 戸外 下戸 |
| 5 | 古* | コ ふるい ふるす | 古代 太古 |
| 8 | 呼 | コ よぶ | 呼吸 点呼 |
| 8 | 固* | コ かためる かたまる・かたい | 固定 堅固 |
| 9 | 孤 | コ | 孤児 孤独 |
| 9 | 弧 | コ | 弧状 括弧 |
| 9 | 故* | コ ゆえ | 故郷 事故 |
| 9 | 枯* | コ かれる からす | 枯死 栄枯 |
| 10 | 個* | コ | 個性 一個 |
| 10 | 庫* | コ・ク | 倉庫 庫裏 |
| 12 | 湖* | コ みずうみ | 湖畔 湖上 |
| 12 | 雇 | コ やとう | 雇用 解雇 |
| 13 | 誇 | コ ほこる | 誇示 誇大 |
| 13 | 鼓 | コ つづみ | 鼓舞 太鼓 |
| 21 | 顧 | コ かえりみる | 顧問 回顧 |
| 4 | 五* | ゴ いつ いつつ | 五色 五体 |
| 4 | 互 | ゴ たがい | 互角 相互 |
| 4 | 午* | ゴ | 午前 正午 |
| 7 | 呉 | ゴ | 呉服 呉音 |
| 9 | 後* | ゴ・コウ のち・うしろ あと・おくれる | 午後 後悔 |
| 10 | 娯 | ゴ | 娯楽 |
| 10 | 悟 | ゴ さとる | 悟性 覚悟 |
| 13 | 碁 | ゴ | 碁盤 囲碁 |
| 14 | 語* | ゴ かたる かたらう | 語学 国語 |
| 14 | 誤* | ゴ あやまる | 誤解 錯誤 |
| 20 | 護* | ゴ | 護衛 保護 |
| 3 | 口* | コウ・ク くち | 人口 口調 |
| 3 | 工* | コウ・ク | 工場 細工 |
| 4 | 公* | コウ おおやけ | 公平 奉公 |
| 4 | 孔 | コウ | 孔版 鼻孔 |
| 5 | 功* | コウ・ク | 功名 功徳 |
| 5 | 巧 | コウ たくみ | 巧妙 技巧 |
| 5 | 広* | コウ ひろい・ひろまる ひろめる ひろがる ひろげる | 広大 広軌 |
| 5 | 甲 | コウ・カン | 甲乙 甲板 |
| 6 | 交* | コウ まじわる まじえる・まじる まざる・まぜる かう・かわす | 交通 交際 外交 絶交 |
| 6 | 光* | コウ ひかる ひかり | 光線 栄光 |
| 6 | 向* | コウ むく・むける むかう・むこう | 向上 趣向 |
| 6 | 后* | コウ | 皇太后 皇后 |
| 6 | 好 | コウ このむ すく | 好意 良好 |
| 6 | 江 | コウ え | 江湖 長江 |
| 6 | 考* | コウ かんがえる | 考慮 参考 |
| 6 | 行* | コウ・ギョウ・アン いく・ゆく おこなう | 旅行 行脚 |
| 7 | 坑 | コウ | 坑夫 炭坑 |
| 7 | 孝* | コウ | 孝行 不孝 |
| 7 | 抗 | コウ | 抗争 対抗 |
| 7 | 攻 | コウ せめる | 攻守 専攻 |
| 7 | 更 | コウ さら・ふける ふかす | 更迭 変更 |
| 8 | 効* | コウ きく | 効果 時効 |
| 8 | 幸* | コウ さいわい さち・しあわせ | 幸福 不幸 |
| 8 | 拘 | コウ | 拘留 拘引 |
| 8 | 肯 | コウ | 肯定 首肯 |
| 9 | 侯 | コウ | 侯爵 諸侯 |
| 9 | 厚* | コウ あつい | 厚生 濃厚 |
| 9 | 恒 | コウ | 恒例 恒星 |
| 9 | 洪 | コウ | 洪水 洪積層 |
| 9 | 皇* | コウ・オウ | 皇帝 法皇 |
| 9 | 紅 | コウ・ク べに・くれない | 紅茶 真紅 |
| 9 | 荒 | コウ あらい・あれる あらす | 荒涼 破天荒 |
| 9 | 郊 | コウ | 郊外 近郊 |
| 9 | 香 | コウ・キョウ か・かおり かおる | 線香 香車 |
| 10 | 候* | コウ そうろう | 候補 気候 |
| 10 | 校* | コウ | 校閲 学校 |
| 10 | 耕* | コウ たがやす | 耕作 農耕 |
| 10 | 航* | コウ | 航海 就航 |
| 10 | 貢 | コウ・ク みつぐ | 貢献 年貢 |

| | | | |
|---|---|---|---|
| 10 | 降* | コウ　おりる・おろす　ふる | 降参　下降 |
| 10 | 高* | コウ　たかい・たか　たかまる　たかめる | 高級　最高 |
| 11 | 康* | コウ　— | 小康　健康 |
| 11 | 控 | コウ　ひかえる | 控除　控訴 |
| 11 | 黄* | コウ・オウ　き・こ | 黄葉　卵黄 |
| 12 | 慌 | コウ　あわてる　あわただしい | 恐慌 |
| 12 | 港* | コウ　みなと | 港湾　出港 |
| 12 | 硬 | コウ　かたい | 硬貨　生硬 |
| 12 | 絞 | コウ　しぼる　しめる・しまる | 絞殺　絞首 |
| 12 | 項 | コウ　— | 項目　事項 |
| 13 | 溝 | コウ　みぞ | 下水溝　排水溝 |
| 13 | 鉱* | コウ　— | 鉱山　鉄鉱 |
| 14 | 構* | コウ　かまえる　かまう | 構造　結構 |
| 14 | 綱 | コウ　つな | 綱領　大綱 |
| 14 | 酵 | コウ　— | 酵母　発酵 |
| 15 | 稿 | コウ　— | 稿料　草稿 |
| 16 | 興* | コウ・キョウ　おこる　おこす | 興行　余興 |
| 16 | 衡 | コウ　— | 平衡　均衡 |
| 16 | 鋼 | コウ　はがね | 鋼鉄　製鋼 |
| 17 | 講* | コウ　— | 講義　聴講 |
| 17 | 購 | コウ　— | 購入　購買 |
| 5 | 号* | ゴウ　— | 号外　番号 |
| 6 | 合* | ゴウ・ガッ・カッ　あう・あわす　あわせる | 結合　合戦 |
| 9 | 拷 | ゴウ　— | 拷問 |
| 10 | 剛 | ゴウ　— | 剛健　金剛力 |
| 14 | 豪 | ゴウ　— | 豪雨　文豪 |
| 7 | 克 | コク　— | 克服　克己 |
| 7 | 告* | コク　つげる | 告示　報告 |
| 7 | 谷* | コク　たに | 峡谷　幽谷 |
| 8 | 刻 | コク　きざむ | 刻印　時刻 |
| 8 | 国* | コク　くに | 国際　外国 |
| 11 | 黒* | コク　くろ・くろい | 黒板　暗黒 |
| 14 | 穀* | コク　— | 穀物　雑穀 |
| 14 | 酷 | コク　— | 酷似　残酷 |
| 14 | 獄 | ゴク　— | 獄舎　地獄 |
| 10 | 骨 | コツ　ほね | 骨子　筋骨 |
| 5 | 込 | —　こむ・こめる | |
| 4 | 今* | コン・キン　いま | 昨今　古今 |
| 7 | 困 | コン　こまる | 困難　貧困 |
| 8 | 昆 | コン　— | 昆虫　昆布 |
| 9 | 恨 | コン　うらむ　うらめしい | 悔恨　痛恨 |
| 10 | 根* | コン　ね | 根気　精根 |
| 11 | 婚 | コン　— | 婚約　結婚 |
| 11 | 混* | コン　まじる　まざる・まぜる | 混合　混雑 |
| 11 | 紺 | コン　— | 紺青　濃紺 |
| 14 | 魂 | コン　たましい | 魂胆　霊魂 |
| 16 | 墾 | コン　— | 墾田　開墾 |
| 17 | 懇 | コン　ねんごろ | 懇切　別懇 |

**【サ】**

| | | | |
|---|---|---|---|
| 5 | 左* | サ　ひだり | 左遷　左右 |
| 7 | 佐 | サ　— | 佐幕　補佐 |
| 9 | 査* | サ　— | 査察　調査 |
| 9 | 砂 | サ・シャ　すな | 砂丘　土砂 |
| 10 | 唆 | サ　そそのかす | 教唆　示唆 |
| 10 | 差* | サ　さす | 差別　誤差 |
| 12 | 詐 | サ　— | 詐欺　詐取 |
| 18 | 鎖 | サ　くさり | 鎖国　封鎖 |
| 10 | 座 | ザ　すわる | 座席　星座 |
| 3 | 才* | サイ　— | 才能　秀才 |
| 6 | 再* | サイ・サ　ふたたび | 再度　再来年 |
| 7 | 災* | サイ　わざわい | 災害　火災 |
| 8 | 妻* | サイ　つま | 妻子　良妻 |
| 9 | 砕 | サイ　くだく　くだける | 砕石　粉砕 |
| 10 | 宰 | サイ　— | 宰相　主宰 |
| 10 | 栽 | サイ　— | 栽培　盆栽 |
| 11 | 彩 | サイ　いろどる | 彩色　淡彩 |
| 11 | 採* | サイ　とる | 採集　伐採 |
| 11 | 済* | サイ　すむ　すます | 済度　返済 |
| 11 | 祭* | サイ　まつる　まつり | 祭礼　葬祭 |
| 11 | 斎 | サイ　— | 斎場　書斎 |
| 11 | 細* | サイ　ほそい・ほそる　こまか・こまかい | 細心　詳細 |
| 11 | 菜* | サイ　な | 菜食　野菜 |
| 12 | 最* | サイ　もっとも | 最大　最後 |
| 12 | 裁 | サイ　たつ　さばく | 裁判　体裁 |
| 13 | 債 | サイ　— | 債務　負債 |
| 13 | 催 | サイ　もよおす | 催眠　主催 |
| 13 | 歳 | サイ・セイ　— | 歳末　歳暮 |
| 13 | 載 | サイ　のせる　のる | 積載　掲載 |
| 14 | 際* | サイ　きわ | 際限　交際 |
| 6 | 在* | ザイ　ある | 在留　存在 |
| 7 | 材* | ザイ　— | 材木　人材 |
| 10 | 剤 | ザイ　— | 薬剤　錠剤 |
| 10 | 財* | ザイ・サイ　— | 私財　財布 |
| 13 | 罪* | ザイ　つみ | 罪悪　功罪 |
| 11 | 崎 | —　さき | 長崎 |

9

| | | | |
|---|---|---|---|
| 7 | 作* | サク・サ つくる | 著作 作用 |
| 9 | 削 | サク けずる | 削除 添削 |
| 9 | 昨* | サク | 昨年 昨日 |
| 10 | 索 | サク | 索引 思索 |
| 12 | 策* | サク | 策略 対策 |
| 12 | 酢 | サク す | 酢酸 |
| 13 | 搾 | サク しぼる | 搾取 圧搾 |
| 16 | 錯 | サク | 錯覚 交錯 |
| 9 | 咲 | さく | 遅咲き |
| 5 | 冊 | サツ・サク | 冊子 短冊 |
| 5 | 札 | サツ ふだ | 表札 入札 |
| 8 | 刷* | サツ する | 刷新 印刷 |
| 10 | 殺* | サツ・サイ・セツ ころす | 相殺 殺生 |
| 14 | 察* | サツ | 察知 観察 |
| 15 | 撮 | サツ とる | 撮影 |
| 17 | 擦 | サツ する すれる | 擦過傷 摩擦 |
| 14 | 雑* | ザツ・ゾウ | 混雑 雑炊 |
| 5 | 皿 | さら | 灰皿 |
| 3 | 三* | サン み・みつ みっつ | 三角 再三 |
| 3 | 山* | サン やま | 山脈 登山 |
| 8 | 参* | サン まいる | 参加 降参 |
| 10 | 桟 | サン | 桟橋 |
| 10 | 蚕* | サン かいこ | 蚕糸 養蚕 |
| 11 | 惨 | サン・ザン みじめ | 陰惨 惨殺 |
| 11 | 産* | サン うむ・うまれる うぶ | 産業 生産 |
| 12 | 傘 | サン かさ | 傘下 落下傘 |
| 12 | 散* | サン ちる・ちらす ちらかす・ちらかる | 散歩 解散 |
| 14 | 算* | サン | 算数 予算 |
| 14 | 酸* | サン すい | 酸素 辛酸 |
| 15 | 賛* | サン | 賛成 称賛 |
| 10 | 残* | ザン のこる のこす | 残念 敗残 |
| 15 | 暫 | ザン | 暫時 暫定 |
| | 【シ】 | | |
| 3 | 士* | シ | 士官 紳士 |
| 3 | 子* | シ・ス こ | 子孫 扇子 |
| 4 | 支* | シ ささえる | 支持 支点 |
| 4 | 止* | シ とまる とめる | 中止 静止 |
| 4 | 氏* | シ うじ | 氏名 某氏 |
| 5 | 仕* | シ・ジ つかえる | 仕事 給仕 |
| 5 | 史* | シ | 史学 歴史 |
| 5 | 司* | シ | 司会 上司 |
| 5 | 四* | シ よ・よつ よっつ・よん | 四季 四方 |
| 5 | 市* | シ いち | 市況 都市 |
| 5 | 矢 | シ や | 一矢 |
| 6 | 旨 | シ むね | 趣旨 論旨 |
| 6 | 死* | シ しぬ | 死角 必死 |
| 6 | 糸* | シ いと | 絹糸 製糸 |
| 6 | 至* | シ いたる | 至当 夏至 |
| 7 | 伺 | シ うかがう | 伺候 奉伺 |
| 7 | 志* | シ こころざす こころざし | 志願 有志 |
| 7 | 私* | シ わたくし | 私腹 公私 |
| 8 | 使* | シ つかう | 使役 駆使 |
| 8 | 刺 | シ さす ささる | 刺激 名刺 |
| 8 | 始* | シ はじめる はじまる | 始終 開始 |
| 8 | 姉* | シ あね | 姉妹 諸姉 |
| 8 | 枝 | シ えだ | 枝葉 連枝 |
| 8 | 祉 | シ | 福祉 |
| 8 | 肢 | シ | 肢体 下肢 |
| 9 | 姿 | シ すがた | 姿勢 雄姿 |
| 9 | 思* | シ おもう | 思想 思索 |
| 9 | 指* | シ ゆび さす | 指導 屈指 |
| 9 | 施 | シ・セ ほどこす | 実施 施主 |
| 10 | 師* | シ | 師匠 教師 |
| 10 | 紙* | シ かみ | 紙面 用紙 |
| 10 | 脂 | シ あぶら | 脂肪 樹脂 |
| 11 | 視* | シ | 視力 注視 |
| 11 | 紫 | シ むらさき | 紫煙 紫紺 |
| 12 | 詞* | シ | 歌詞 品詞 |
| 12 | 歯* | シ は | 歯科 義歯 |
| 13 | 嗣 | シ | 嗣子 嫡嗣 |
| 13 | 試* | シ こころみる ためす | 試験 追試 |
| 13 | 詩* | シ | 詩人 漢詩 |
| 13 | 資* | シ | 資格 物資 |
| 13 | 飼 | シ かう | 飼育 飼料 |
| 14 | 誌 | シ | 誌面 雑誌 |
| 13 | 雌 | シ め・めす | 雌雄 雌伏 |
| 15 | 賜 | シ たまわる | 賜暇 恩賜 |
| 16 | 諮 | シ はかる | 諮問 |
| 5 | 示* | ジ・シ しめす | 示談 示唆 |
| 6 | 字* | ジ あざ | 字画 活字 |
| 6 | 寺* | ジ てら | 寺院 社寺 |
| 6 | 次* | ジ・シ つぐ つぎ | 目次 次第 |
| 6 | 耳* | ジ みみ | 耳目 耳鼻科 |
| 6 | 自* | ジ・シ みずから | 各自 自然 |
| 7 | 似* | ジ にる | 疑似 類似 |

| 画数 | 漢字 | 音訓 | 用例 |
|---|---|---|---|
| 7 | 児* | ジ・ニ／— | 児童、小児 |
| 8 | 事* | ジ・ズ／こと | 無事、好事家 |
| 8 | 侍 | ジ／さむらい | 侍従、侍医 |
| 8 | 治* | ジ・チ／おさめる、おさまる、なおる・なおす | 政治、治安 |
| 9 | 持* | ジ／もつ | 持続、支持 |
| 10 | 時* | ジ／とき | 時間、当時 |
| 12 | 滋 | ジ／— | 滋養、滋味 |
| 13 | 慈 | ジ／いつくしむ | 慈愛、慈善 |
| 13 | 辞* | ジ／やめる | 辞職、式辞 |
| 14 | 磁 | ジ／— | 磁石、磁器 |
| 19 | 璽 | ジ／— | 玉璽、国璽 |
| 6 | 式* | シキ／— | 式典、形式 |
| 19 | 識* | シキ／— | 識別、意識 |
| 12 | 軸 | ジク／— | 中軸、車軸 |
| 2 | 七* | シチ／なな・ななつ、なの | 七曜、七福神 |
| 5 | 失* | シツ／うしなう | 失望、消失 |
| 9 | 室* | シツ／むろ | 室内、居室 |
| 10 | 疾 | シツ／— | 疾走、悪疾 |
| 11 | 執 | シツ・シュウ／とる | 執筆、執念 |
| 12 | 湿 | シツ／しめる、しめす | 湿度、多湿 |
| 14 | 漆 | シツ／うるし | 漆器、乾漆 |
| 15 | 質* | シツ・シチ・チ／— | 質問、言質 |
| 8 | 実* | ジツ／み、みのる | 実力、充実 |
| 6 | 芝 | —／しば | 芝居 |
| 5 | 写* | シャ／うつす、うつる | 写真、描写 |
| 7 | 社* | シャ／やしろ | 社会、神社 |
| 7 | 車* | シャ／くるま | 車庫、電車 |
| 8 | 舎* | シャ／— | 舎監、校舎 |
| 8 | 者* | シャ／もの | 御者、前者 |
| 10 | 射 | シャ／いる | 射撃、発射 |
| 11 | 捨 | シャ／すてる | 捨象、取捨 |
| 11 | 赦 | シャ／— | 赦免、恩赦 |
| 11 | 斜 | シャ／ななめ | 斜面、傾斜 |
| 12 | 煮 | シャ／にる、にえる・にやす | 煮沸 |
| 14 | 遮 | シャ／さえぎる | 遮断、遮光 |
| 17 | 謝* | シャ／あやまる | 謝絶、感謝 |
| 8 | 邪 | ジャ／— | 邪推、正邪 |
| 11 | 蛇 | ジャ・ダ／へび | 大蛇、蛇足 |
| 3 | 勺 | シャク／— | |
| 4 | 尺 | シャク／— | 尺度、尺八 |
| 10 | 借* | シャク／かりる | 借金、貸借 |
| 10 | 酌 | シャク／くむ | 酌量、晩酌 |
| 11 | 釈* | シャク／— | 釈放、解釈 |
| 17 | 爵 | シャク／— | 爵位、公爵 |
| 8 | 若 | ジャク・ニャク／わかい、もしくは | 若干、老若 |
| 10 | 弱* | ジャク／よわい・よわる、よわまる・よわめる | 弱点、強弱 |
| 11 | 寂 | ジャク・セキ／さび・さびしい、さびれる | 静寂、寂然 |
| 4 | 手* | シュ／て・た | 手腕、挙手 |
| 5 | 主* | シュ・ス／ぬし、おも | 主催、坊主 |
| 6 | 守* | シュ・ス／まもる、もり | 守備、留守 |
| 6 | 朱 | シュ／— | 朱筆、朱肉 |
| 8 | 取* | シュ／とる | 取材、聴取 |
| 9 | 狩 | シュ／かる、かり | 狩猟 |
| 9 | 首* | シュ／くび | 首尾、自首 |
| 10 | 殊 | シュ／こと | 殊勲、特殊 |
| 10 | 珠 | シュ／— | 珠算、真珠 |
| 10 | 酒* | シュ／さけ、さか | 酒宴、飲酒 |
| 14 | 種* | シュ／たね | 種類、品種 |
| 15 | 趣 | シュ／おもむき | 趣味、興趣 |
| 7 | 寿 | ジュ／ことぶき | 寿命、長寿 |
| 8 | 受* | ジュ／うける、うかる | 受験、甘受 |
| 11 | 授* | ジュ／さずける、さずかる | 授業、教授 |
| 14 | 需* | ジュ／— | 需要、民需 |
| 16 | 儒 | ジュ／— | 儒教、儒学 |
| 16 | 樹 | ジュ／— | 樹木、植樹 |
| 4 | 収* | シュウ／おさめる、おさまる | 収穫、回収 |
| 5 | 囚 | シュウ／— | 囚人、虜囚 |
| 6 | 州* | シュウ／す | 欧州、本州 |
| 6 | 舟 | シュウ／ふね、ふな | 舟航、孤舟 |
| 7 | 秀 | シュウ／ひいでる | 秀才、優秀 |
| 8 | 周* | シュウ／まわり | 周知、円周 |
| 8 | 宗* | シュウ・ソウ／— | 改宗、宗家 |
| 9 | 拾* | シュウ・ジュウ／ひろう | 拾得、拾万円 |
| 9 | 秋* | シュウ／あき | 秋季、晩秋 |
| 9 | 臭 | シュウ／くさい | 臭気、悪臭 |
| 10 | 修* | シュウ・シュ／おさめる、おさまる | 改修、修行 |
| 11 | 終* | シュウ／おわる、おえる | 終了、最終 |
| 11 | 習* | シュウ／ならう | 習慣、練習 |
| 11 | 週* | シュウ／— | 週末、毎週 |
| 12 | 就* | シュウ・ジュ／つく、つける | 就任、成就 |
| 12 | 衆* | シュウ・シュ／— | 民衆、衆生 |
| 12 | 集* | シュウ／あつまる、あつめる・つどう | 集合、全集 |
| 13 | 愁 | シュウ／うれえる、うれい | 愁傷、哀愁 |
| 13 | 酬 | シュウ／— | 応酬、報酬 |
| 17 | 醜 | シュウ／みにくい | 醜悪、美醜 |

12

| 画数 | 漢字 | 音訓 | 例 |
|---|---|---|---|
| 22 | 襲 | シュウ おそう | 襲名 世襲 |
| 2 | 十* | ジュウ・ジッ とお と | 十字架 十回 |
| 5 | 汁 | ジュウ しる | 果汁 墨汁 |
| 6 | 充 | ジュウ あてる | 充実 補充 |
| 7 | 住* | ジュウ すむ すまう | 住所 安住 |
| 9 | 柔 | ジュウ・ニュウ やわらか やわらかい | 柔軟 柔和 |
| 9 | 重* | ジュウ・チョウ え・おもい・かさねる・かさなる | 重大 慎重 |
| 10 | 従* | ジュウ・ショウ・ジュ したがう したがえる | 従順 従容 従一位 |
| 11 | 渋 | ジュウ しぶ しぶい・しぶる | 渋滞 苦渋 |
| 14 | 銃 | ジュウ ― | 銃弾 小銃 |
| 16 | 獣 | ジュウ けもの | 獣類 猛獣 |
| 16 | 縦 | ジュウ たて | 縦断 操縦 |
| 8 | 叔 | シュク ― | 伯叔 |
| 9 | 祝* | シュク・シュウ いわう | 慶祝 祝儀 |
| 11 | 宿* | シュク やど やどる・やどす | 宿泊 合宿 |
| 11 | 淑 | シュク ― | 淑女 貞淑 |
| 11 | 粛 | シュク ― | 粛清 自粛 |
| 17 | 縮 | シュク ちぢむ・ちぢまる・ちぢめる・ちぢれる・ちぢらす | 縮図 短縮 |
| 14 | 塾 | ジュク ― | 私塾 |
| 15 | 熟 | ジュク うれる | 熟練 成熟 |
| 5 | 出* | シュツ・スイ でる だす | 出現 出納 |
| 8 | 述* | ジュツ のべる | 述懐 陳述 |
| 11 | 術* | ジュツ ― | 術策 芸術 |
| 9 | 俊 | シュン ― | 俊才 英俊 |
| 9 | 春* | シュン はる | 春季 青春 |
| 18 | 瞬 | シュン またたく | 瞬間 一瞬 |
| 6 | 旬 | ジュン ― | 旬刊 上旬 |
| 6 | 巡 | ジュン めぐる | 巡業 一巡 |
| 9 | 盾 | ジュン たて | 矛盾 |
| 10 | 准 | ジュン ― | 准将 批准 |
| 10 | 殉 | ジュン ― | 殉職 殉難 |
| 10 | 純* | ジュン ― | 純真 不純 |
| 12 | 循 | ジュン ― | 循環 因循 |
| 12 | 順* | ジュン ― | 順序 従順 |
| 13 | 準* | ジュン ― | 準備 基準 |
| 15 | 潤 | ジュン うるおう うるおす・うるむ | 潤沢 湿潤 |
| 15 | 遵 | ジュン ― | 遵守 遵法 |
| 5 | 処* | ショ ― | 処置 対処 |
| 7 | 初* | ショ はじめ・はじめて はつ・うい そめる | 初期 最初 |
| 8 | 所* | ショ ところ | 所得 近所 |
| 10 | 書* | ショ かく | 書籍 読書 |
| 11 | 庶 | ショ ― | 庶民 庶子 |
| 12 | 暑* | ショ あつい | 暑気 避暑 |
| 13 | 署 | ショ ― | 署名 部署 |
| 14 | 緒 | ショ・チョ お | 由緒 情緒 |
| 15 | 諸* | ショ ― | 諸君 諸国 |
| 3 | 女* | ジョ・ニョ・ニョウ おんな・め | 少女 女房 |
| 6 | 如 | ジョ・ニョ ― | 突如 如実 |
| 7 | 助* | ジョ たすける たすかる・すけ | 助力 救助 |
| 7 | 序* | ジョ ― | 序幕 秩序 |
| 9 | 叙 | ジョ ― | 叙述 叙景 |
| 10 | 徐 | ジョ ― | 徐行 徐々 |
| 10 | 除* | ジョ・ジ のぞく | 除外 掃除 |
| 3 | 小* | ショウ ちいさい こ・お | 小心 縮小 |
| 4 | 升 | ショウ ます | 一升 |
| 4 | 少* | ショウ すくない すこし | 少年 多少 |
| 5 | 召 | ショウ めす | 召喚 応召 |
| 6 | 匠 | ショウ ― | 名匠 意匠 |
| 7 | 床 | ショウ とこ ゆか | 起床 温床 |
| 7 | 抄 | ショウ ― | 抄本 抄録 |
| 7 | 肖 | ショウ ― | 肖像 不肖 |
| 8 | 尚 | ショウ ― | 尚早 高尚 |
| 8 | 招* | ショウ まねく | 招待 招来 |
| 8 | 承* | ショウ うけたまわる | 承諾 継承 |
| 8 | 昇 | ショウ のぼる | 昇進 上昇 |
| 8 | 松 | ショウ まつ | 松竹梅 青松 |
| 8 | 沼 | ショウ ぬま | 沼沢 湖沼 |
| 9 | 昭* | ショウ ― | 昭和 昭昭 |
| 10 | 宵 | ショウ よい | 徹宵 春宵 |
| 10 | 将 | ショウ ― | 将棋 大将 |
| 10 | 消* | ショウ きえる けす | 消滅 費消 |
| 10 | 症 | ショウ ― | 症状 重症 |
| 10 | 祥 | ショウ ― | 吉祥 発祥 |
| 10 | 称* | ショウ ― | 称賛 名称 |
| 10 | 笑 | ショウ わらう えむ | 笑覧 微笑 |
| 11 | 唱* | ショウ となえる | 唱歌 提唱 |
| 11 | 商* | ショウ あきなう | 商売 通商 |
| 11 | 渉 | ショウ ― | 渉外 徒渉 |
| 11 | 章* | ショウ ― | 記章 文章 |
| 11 | 紹 | ショウ ― | 紹介 |
| 11 | 訟 | ショウ ― | 訴訟 |
| 12 | 勝* | ショウ かつ まさる | 勝敗 名勝 |
| 12 | 掌 | ショウ ― | 掌中 車掌 |
| 12 | 晶 | ショウ ― | 水晶 結晶 |

| | | | |
|---|---|---|---|
| 12 | 焼* | ショウ、やく、やける | 焼却、全焼 |
| 12 | 焦 | ショウ、こげる・こがす、こがれる・あせる | 焦心、焦点 |
| 12 | 硝 | ショウ、— | 硝酸、硝石 |
| 12 | 粧 | ショウ、— | 化粧 |
| 12 | 詔 | ショウ、みことのり | 詔勅、詔書 |
| 12 | 証* | ショウ、— | 証明、偽証 |
| 12 | 象* | ショウ・ゾウ、— | 象徴、対象 |
| 13 | 傷 | ショウ、きず、いたむ・いためる | 傷害、感傷 |
| 13 | 奨 | ショウ、— | 奨励、推奨 |
| 13 | 照* | ショウ、てる・てらす、てれる | 照明、残照 |
| 13 | 詳 | ショウ、くわしい | 詳細、未詳 |
| 14 | 彰 | ショウ、— | 顕彰、表彰 |
| 14 | 障 | ショウ、さわる | 障害、故障 |
| 15 | 衝 | ショウ、— | 衝突、折衝 |
| 15 | 賞* | ショウ、— | 賞罰、懸賞 |
| 17 | 償 | ショウ、つぐなう | 償金、代償 |
| 17 | 礁 | ショウ、— | 座礁、暗礁 |
| 20 | 鐘 | ショウ、かね | 半鐘、警鐘 |
| 3 | 上* | ジョウ・ショウ、うえ・うわ、かみ、あげる・あがる、のぼる・のぼせる、のぼす | 上等、地上、机上、上人 |
| 3 | 丈 | ジョウ、たけ | 丈夫、丈六 |
| 4 | 冗 | ジョウ、— | 冗談、冗費 |
| 7 | 条* | ジョウ、— | 条約、箇条 |
| 7 | 状* | ジョウ、— | 状態、免状 |
| 9 | 乗* | ジョウ、のる・のせる | 乗車、乗法 |
| 9 | 城 | ジョウ、しろ | 城内、落城 |
| 9 | 浄 | ジョウ、— | 浄化、清浄 |
| 11 | 剰 | ジョウ、— | 剰余、過剰 |
| 11 | 常* | ジョウ、つね、とこ | 常備、非常 |
| 11 | 情* | ジョウ・セイ、なさけ | 情緒、風情 |
| 12 | 場* | ジョウ、ば | 場内、会場 |
| 12 | 畳 | ジョウ、たたむ、たたみ | 畳語、重畳 |
| 13 | 蒸 | ジョウ、むす、むれる・むらす | 蒸気、蒸発 |
| 15 | 縄 | ジョウ、なわ | 縄文 |
| 16 | 壌 | ジョウ、— | 土壌 |
| 16 | 嬢 | ジョウ、— | 老嬢、令嬢 |
| 16 | 錠 | ジョウ、— | 錠剤、手錠 |
| 20 | 譲 | ジョウ、ゆずる | 譲渡、謙譲 |
| 20 | 醸 | ジョウ、かもす | 醸造、醸成 |
| 6 | 色* | ショク・シキ、いろ | 特色、色彩 |
| 9 | 食* | ショク・ジキ、くう・くらう、たべる | 食事、断食 |
| 12 | 植* | ショク、うえる、うわる | 植物、誤植 |
| 12 | 殖 | ショク、ふえる、ふやす | 殖産、利殖 |
| 13 | 飾 | ショク、かざる | 虚飾、装飾 |
| 13 | 触 | ショク、ふれる、さわる | 触媒、接触 |
| 15 | 嘱 | ショク、— | 嘱託、委嘱 |
| 18 | 織* | ショク・シキ、おる | 織機、組織 |
| 18 | 職* | ショク、— | 職務、就職 |
| 10 | 辱 | ジョク、はずかしめる | 恥辱、屈辱 |
| 4 | 心* | シン、こころ | 心配、感心 |
| 5 | 申* | シン、もうす | 申告、内申 |
| 7 | 伸 | シン、のびる、のばす | 伸縮、追伸 |
| 7 | 臣* | シン・ジン、— | 臣下、大臣 |
| 7 | 身* | シン、み | 身体、単身 |
| 7 | 辛 | シン、からい | 辛苦、辛酸 |
| 9 | 侵 | シン、おかす | 侵害、侵略 |
| 9 | 信* | シン、— | 信用、通信 |
| 9 | 津 | シン、つ | 興味津々 |
| 9 | 神* | シン・ジン、かみ・かん・こう | 精神、神社 |
| 10 | 唇 | シン、くちびる | 口唇 |
| 10 | 娠 | シン、— | 妊娠 |
| 10 | 振 | シン、ふる、ふるう | 振動、不振 |
| 10 | 浸 | シン、ひたす、ひたる | 浸水、浸透 |
| 10 | 真* | シン、ま | 真偽、写真 |
| 10 | 針 | シン、はり | 針路、運針 |
| 11 | 深* | シン、ふかい・ふかまる、ふかめる | 深夜、水深 |
| 11 | 紳 | シン、— | 紳士、貴紳 |
| 11 | 進* | シン、すすむ、すすめる | 進級、前進 |
| 12 | 森* | シン、もり | 森厳、森林 |
| 12 | 診 | シン、みる | 診察、往診 |
| 13 | 寝 | シン、ねる、ねかす | 寝室、就寝 |
| 13 | 慎 | シン、つつしむ | 慎重、謹慎 |
| 13 | 新* | シン、あたらしい、あらた・にい | 新聞、革新 |
| 15 | 審 | シン、— | 審判、不審 |
| 15 | 震 | シン、ふるう、ふるえる | 震動、地震 |
| 16 | 薪 | シン、たきぎ | 薪炭 |
| 16 | 親* | シン、おや・したしい、したしむ | 親族、肉親 |
| 2 | 人* | ジン・ニン、ひと | 成人、人情 |
| 3 | 刃 | ジン、は | 白刃、凶刃 |
| 4 | 仁* | ジン・ニ、— | 仁義、仁王 |
| 6 | 尽 | ジン、つくす・つきる、つかす | 尽力、無尽蔵 |
| 6 | 迅 | ジン、— | 迅速、疾風迅雷 |
| 9 | 甚 | ジン、はなはだ、はなはだしい | 甚大、幸甚 |
| 10 | 陣 | ジン、— | 陣頭、円陣 |
| 12 | 尋 | ジン、たずねる | 尋常、千尋 |

14

【ス】

| 画数 | 漢字 | 読み | 用例 |
|---|---|---|---|
| 7 | 図* | ズ・ト / はかる | 図画 意図 |
| 4 | 水* | スイ / みず | 水陸 海水 |
| 7 | 吹 | スイ / ふく | 吹奏 鼓吹 |
| 8 | 垂 | スイ / たれる・たらす | 垂直 懸垂 |
| 8 | 炊 | スイ / たく | 炊事 自炊 |
| 9 | 帥 | スイ / — | 統帥 元帥 |
| 10 | 粋 | スイ / — | 粋人 純粋 |
| 10 | 衰 | スイ / おとろえる | 衰弱 盛衰 |
| 11 | 推* | スイ / おす | 推進 類推 |
| 11 | 酔 | スイ / よう | 酔漢 麻酔 |
| 12 | 遂 | スイ / とげる | 遂行 完遂 |
| 13 | 睡 | スイ / — | 睡眠 熟睡 |
| 15 | 穂 | スイ / ほ | 穂状 出穂期 |
| 16 | 錘 | スイ / つむ | 紡錘 |
| 12 | 随 | ズイ / — | 随行 追随 |
| 19 | 髄 | ズイ / — | 神髄 骨髄 |
| 8 | 枢 | スウ / — | 枢軸 中枢 |
| 11 | 崇 | スウ / — | 崇拝 尊崇 |
| 13 | 数* | スウ・ス / かず・かぞえる | 数学 人数 |
| 11 | 据 | — / すえる・すわる | |
| 7 | 杉 | — / すぎ | 杉並木 |
| 3 | 寸 | スン / — | 寸法 一寸 |

【セ】

| 画数 | 漢字 | 読み | 用例 |
|---|---|---|---|
| 10 | 畝 | — / せ・うね | 畝織 |
| 19 | 瀬 | — / せ | 浅瀬 |
| 9 | 是* | ゼ / — | 是非 国是 |
| 4 | 井 | セイ・ショウ / い | 市井 天井 |
| 5 | 世* | セイ・セ / よ | 世紀 出世 |
| 5 | 正* | セイ・ショウ / ただしい・ただす・まさ | 正義 正面 |
| 5 | 生* | セイ・ショウ / いきる・いかす・いける・うまれる・うむ・おう・はえる・はやす・き・なま | 生活 生命 一生 誕生 |
| 6 | 成* | セイ・ジョウ / なる・なす | 賛成 成就 |
| 6 | 西* | セイ・サイ / にし | 西部 東西 |
| 7 | 声* | セイ・ショウ / こえ・こわ | 声楽 大音声 |
| 8 | 制* | セイ / — | 制限 統制 |
| 8 | 姓 | セイ・ショウ / — | 姓名 百姓 |
| 8 | 征 | セイ / — | 征服 遠征 |
| 8 | 性* | セイ・ショウ / — | 性質 気性 |
| 8 | 青* | セイ・ショウ / あお・あおい | 青年 緑青 |
| 8 | 斉 | セイ / — | 斉唱 一斉 |
| 9 | 政* | セイ・ショウ / まつりごと | 政治 摂政 |
| 9 | 星* | セイ・ショウ / ほし | 星座 明星 |
| 9 | 牲 | セイ / — | 犠牲 |
| 9 | 省* | セイ・ショウ / かえりみる・はぶく | 帰省 省略 |
| 10 | 逝 | セイ / ゆく | 逝去 急逝 |
| 11 | 清* | セイ・ショウ / きよい・きよまる・きよめる | 清算 清浄 |
| 11 | 盛 | セイ・ジョウ / もる・さかる・さかん | 盛大 繁盛 |
| 12 | 婿 | セイ / むこ | 女婿 |
| 12 | 晴* | セイ / はれる・はらす | 晴雨 快晴 |
| 13 | 勢* | セイ / いきおい | 勢力 情勢 |
| 13 | 聖* | セイ / — | 聖書 神聖 |
| 13 | 誠* | セイ / まこと | 誠実 至誠 |
| 14 | 精* | セイ・ショウ / — | 精力 不精 |
| 14 | 製* | セイ / — | 製造 鉄製 |
| 14 | 誓 | セイ / ちかう | 誓約 宣誓 |
| 14 | 静* | セイ・ジョウ / しず・しずか・しずまる・しずめる | 静止 静脈 |
| 15 | 請 | セイ・シン / こう・うける | 請求 普請 |
| 16 | 整* | セイ / ととのえる・ととのう | 整理 調整 |
| 12 | 税* | ゼイ / — | 税金 免税 |
| 3 | 夕* | セキ / ゆう | 今夕 一朝一夕 |
| 5 | 斥 | セキ / — | 斥候 排斥 |
| 5 | 石* | セキ・シャク・コク / いし | 磁石 石高 |
| 7 | 赤* | セキ・シャク / あか・あかい・あからむ・あからめる | 赤道 赤銅 |
| 8 | 昔 | セキ・シャク / むかし | 昔日 今昔 |
| 8 | 析 | セキ / — | 析出 分析 |
| 10 | 隻 | セキ / — | 隻手 数隻 |
| 10 | 席* | セキ / — | 席上 出席 |
| 11 | 惜 | セキ / おしい・おしむ | 惜敗 痛惜 |
| 11 | 責* | セキ / せめる | 責任 職責 |
| 13 | 跡 | セキ / あと | 遺跡 追跡 |
| 16 | 積* | セキ / つむ・つもる | 積雪 面積 |
| 17 | 績* | セキ / — | 成績 紡績 |
| 20 | 籍 | セキ / — | 戸籍 本籍 |
| 4 | 切* | セツ・サイ / きる・きれる | 切断 一切 |
| 7 | 折* | セツ / おる・おり・おれる | 折衝 屈折 |
| 8 | 拙 | セツ / — | 拙速 巧拙 |
| 9 | 窃 | セツ / — | 窃盗 窃取 |
| 11 | 接* | セツ / つぐ | 接触 直接 |
| 11 | 設* | セツ / もうける | 設立 建設 |
| 11 | 雪* | セツ / ゆき | 雪辱 降雪 |
| 13 | 摂 | セツ / — | 摂取 摂生 |
| 13 | 節* | セツ・セチ / ふし | 節約 お節料理 |
| 14 | 説* | セツ・ゼイ / とく | 説明 遊説 |
| 6 | 舌* | ゼツ / した | 舌端 筆舌 |

| 画数 | 漢字 | 音訓 | 例 |
|---|---|---|---|
| 12 | 絶* | ゼツ / たえる・たやす / たつ | 絶食 断絶 |
| 3 | 千* | セン / ち | 千円 千万 |
| 3 | 川* | セン / かわ | 川柳 河川 |
| 5 | 仙 | セン / — | 仙骨 水仙 |
| 5 | 占 | セン / しめる / うらなう | 占拠 独占 |
| 6 | 先* | セン / さき | 先生 率先 |
| 9 | 宣* | セン / — | 宣伝 託宣 |
| 9 | 専* | セン / もっぱら | 専用 専念 |
| 9 | 泉* | セン / いずみ | 泉水 温泉 |
| 9 | 浅* | セン / あさい | 浅学 深浅 |
| 9 | 洗 | セン / あらう | 洗剤 水洗 |
| 9 | 染 | セン / そめる・そまる / しみる・しみ | 染料 汚染 |
| 10 | 扇 | セン / おうぎ | 扇子 扇状 |
| 10 | 栓 | セン / — | 消火栓 |
| 11 | 旋 | セン / — | 旋律 周旋 |
| 11 | 船* | セン / ふね・ふな | 船舶 乗船 |
| 13 | 戦* | セン / いくさ / たたかう | 戦争 論戦 |
| 13 | 践 | セン / — | 実践 |
| 14 | 銭* | セン / ぜに | 銭湯 金銭 |
| 14 | 銑 | セン / — | 銑鉄 |
| 15 | 潜 | セン / ひそむ / もぐる | 潜水 沈潜 |
| 15 | 線* | セン / — | 線路 光線 |
| 15 | 遷 | セン / — | 遷都 変遷 |
| 15 | 選* | セン / えらぶ | 選挙 当選 |
| 16 | 薦 | セン / すすめる | 自薦 推薦 |
| 17 | 繊 | セン / — | 繊細 化繊 |
| 17 | 鮮 | セン / あざやか | 鮮明 新鮮 |
| 6 | 全* | ゼン / まったく | 全部 完全 |
| 9 | 前* | ゼン / まえ | 前後 以前 |
| 12 | 善* | ゼン / よい | 善処 慈善 |
| 12 | 然* | ゼン・ネン / — | 自然 天然 |
| 13 | 禅 | ゼン / — | 禅宗 座禅 |
| 14 | 漸 | ゼン / — | 漸次 東漸 |
| 18 | 繕 | ゼン / つくろう | 修繕 営繕 |

【ソ】

| 画数 | 漢字 | 音訓 | 例 |
|---|---|---|---|
| 8 | 阻 | ソ / はばむ | 阻害 険阻 |
| 9 | 祖* | ソ / — | 祖父 元祖 |
| 10 | 租 | ソ / — | 租税 地租 |
| 10 | 素* | ソ・ス / — | 平素 素性 |
| 11 | 措 | ソ / — | 措置 挙措 |
| 11 | 粗 | ソ / あらい | 粗野 精粗 |
| 11 | 組* | ソ / くむ / くみ | 組織 改組 |
| 12 | 疎 | ソ / うとい / うとむ | 疎外 親疎 |
| 12 | 訴 | ソ / うったえる | 訴訟 告訴 |
| 13 | 塑 | ソ / — | 塑像 彫塑 |
| 18 | 礎 | ソ / いしずえ | 礎石 基礎 |
| 4 | 双 | ソウ / ふた | 双方 無双 |
| 6 | 壮 | ソウ / — | 壮健 強壮 |
| 6 | 早* | ソウ・サッ / はやい・はやまる / はやめる | 早期 早速 |
| 6 | 争* | ソウ / あらそう | 争議 紛争 |
| 7 | 走* | ソウ / はしる | 走行 滑走 |
| 9 | 奏 | ソウ / かなでる | 奏楽 演奏 |
| 9 | 相* | ソウ・ショウ / あい | 相談 首相 |
| 9 | 荘 | ソウ / — | 荘厳 別荘 |
| 9 | 草* | ソウ / くさ | 草案 雑草 |
| 9 | 送* | ソウ / おくる | 送別 放送 |
| 10 | 倉* | ソウ / くら | 倉庫 穀倉 |
| 10 | 捜 | ソウ / さがす | 捜査 捜索 |
| 10 | 挿 | ソウ / さす | 挿入 挿話 |
| 10 | 桑 | ソウ / くわ | 桑園 桑田 |
| 11 | 掃 | ソウ / はく | 掃除 清掃 |
| 11 | 曹 | ソウ / — | 法曹 陸曹 |
| 11 | 巣 | ソウ / す | 営巣 帰巣 |
| 11 | 窓 | ソウ / まど | 窓外 同窓 |
| 12 | 創* | ソウ / — | 創造 独創 |
| 12 | 喪 | ソウ / も | 喪失 |
| 12 | 葬 | ソウ / ほうむる | 葬儀 国葬 |
| 12 | 装 | ソウ・ショウ / よそおう | 装置 衣装 |
| 13 | 僧 | ソウ / — | 僧院 尼僧 |
| 13 | 想* | ソウ・ソ / — | 想像 愛想 |
| 14 | 層 | ソウ / — | 断層 高層 |
| 14 | 総* | ソウ / — | 総括 総代 |
| 14 | 遭 | ソウ / あう | 遭遇 遭難 |
| 15 | 槽 | ソウ / — | 水槽 浴槽 |
| 16 | 操 | ソウ / みさお / あやつる | 操縦 体操 |
| 17 | 燥 | ソウ / — | 焦燥 乾燥 |
| 17 | 霜 | ソウ / しも | 霜害 星霜 |
| 18 | 騒 | ソウ / さわぐ | 騒動 騒乱 |
| 19 | 藻 | ソウ / も | 藻類 海藻 |
| 10 | 造* | ゾウ / つくる | 造形 製造 |
| 14 | 像* | ゾウ / — | 偶像 銅像 |
| 14 | 増* | ゾウ / ます・ふえる / ふやす | 増加 急増 |
| 14 | 憎 | ゾウ / にくむ / にくい / にくらしい / にくしみ | 憎悪 愛憎 |
| 15 | 蔵* | ゾウ / くら | 蔵書 土蔵 |

| 画数 | 漢字 | 読み | 用例 |
|---|---|---|---|
| 18 | 贈* | ゾウ・ソウ／おくる | 贈呈 寄贈 |
| 19 | 臓 | ゾウ | 臓物 心臓 |
| 7 | 即 | ソク | 即時 即席 |
| 7 | 束* | ソク／たば | 束縛 収束 |
| 7 | 足* | ソク／あし・たりる・たる・たす | 足跡 俊足 |
| 9 | 促 | ソク／うながす | 促進 督促 |
| 9 | 則* | ソク | 法則 規則 |
| 10 | 息* | ソク／いき | 消息 令息 |
| 10 | 速* | ソク／はやい／はやめる／すみやか | 速力 快速 |
| 11 | 側* | ソク／かわ | 側面 君側 |
| 12 | 測* | ソク／はかる | 測量 目測 |
| 9 | 俗* | ゾク | 俗界 民俗 |
| 11 | 族* | ゾク | 民族 家族 |
| 12 | 属* | ゾク | 属性 金属 |
| 13 | 賊 | ゾク | 賊軍 盗賊 |
| 13 | 続* | ゾク／つづく／つづける | 続行 継続 |
| 8 | 卒* | ソツ | 卒業 兵卒 |

| 画数 | 漢字 | 読み | 用例 |
|---|---|---|---|
| 11 | 率* | ソツ・リツ／ひきいる | 率先 能率 |
| 6 | 存* | ソン・ゾン | 存在 依存 |
| 7 | 村* | ソン／むら | 村長 漁村 |
| 10 | 孫* | ソン／まご | 子孫 |
| 12 | 尊* | ソン／たっとい／とうとい／たっとぶ／とうとぶ | 尊重 尊大 本尊 |
| 13 | 損* | ソン／そこなう／そこねる | 損害 破損 |

【タ】

| 画数 | 漢字 | 読み | 用例 |
|---|---|---|---|
| 5 | 他* | タ | 他人 自他 |
| 6 | 多* | タ／おおい | 多様 雑多 |
| 5 | 打* | ダ／うつ | 打撃 殴打 |
| 7 | 妥 | ダ | 妥協 妥当 |
| 12 | 堕 | ダ | 堕落 堕胎 |
| 12 | 惰 | ダ | 惰性 怠惰 |
| 14 | 駄 | ダ | 駄作 無駄 |
| 4 | 太* | タイ・タ／ふとい／ふとる | 太陽 太平 |
| 7 | 対* | タイ・ツイ | 応対 対句 |

| 画数 | 漢字 | 読み | 用例 |
|---|---|---|---|
| 7 | 体* | タイ・テイ／からだ | 体格 体裁 |
| 9 | 耐 | タイ／たえる | 耐久 忍耐 |
| 9 | 待* | タイ／まつ | 待遇 接待 |
| 9 | 怠 | タイ／おこたる／なまける | 怠惰 怠慢 |
| 9 | 胎 | タイ | 胎児 受胎 |
| 9 | 退* | タイ／しりぞく／しりぞける | 退去 後退 |
| 10 | 帯* | タイ／おびる／おび | 帯刀 地帯 |
| 10 | 泰 | タイ | 泰平 安泰 |
| 11 | 袋 | タイ／ふくろ | 有袋類 風袋 |
| 11 | 逮 | タイ | 逮捕 逮夜 |
| 12 | 替 | タイ／かえる／かわる | 代替 交替 |
| 12 | 貸* | タイ／かす | 貸借 賃貸 |
| 12 | 隊* | タイ | 隊列 部隊 |
| 13 | 滞 | タイ／とどこおる | 滞在 渋滞 |
| 14 | 態* | タイ | 態度 形態 |
| 3 | 大* | ダイ・タイ／おお・おおきい／おおいに | 大学 大衆 |
| 5 | 代* | ダイ・タイ／かわる・かえる／よ・しろ | 代用 交代 |

| 画数 | 漢字 | 読み | 用例 |
|---|---|---|---|
| 5 | 台* | ダイ・タイ | 台地 舞台 |
| 11 | 第* | ダイ | 第一 及第 |
| 18 | 題* | ダイ | 題目 課題 |
| 13 | 滝 | たき | |
| 6 | 宅 | タク | 宅地 住宅 |
| 7 | 択 | タク | 択一 選択 |
| 7 | 沢 | タク／さわ | 光沢 恩沢 |
| 8 | 卓 | タク | 卓見 食卓 |
| 8 | 拓 | タク | 拓本 開拓 |
| 10 | 託 | タク | 託児所 委託 |
| 17 | 濯 | タク | 洗濯 |
| 15 | 諾 | ダク | 諾否 承諾 |
| 16 | 濁 | ダク／にごる／にごす | 濁流 混濁 |
| 7 | 但 | ただし | |
| 12 | 達* | タツ | 達人 速達 |
| 11 | 脱 | ダツ／ぬぐ／ぬげる | 脱衣 離脱 |
| 14 | 奪 | ダツ／うばう | 奪取 強奪 |

| 画数 | 漢字 | 読み | 用例 |
|---|---|---|---|
| 12 | 棚 | たな | 大陸棚 戸棚 |
| 4 | 丹 | タン | 丹念 丹精 |
| 8 | 担 | タン／かつぐ／になう | 担当 加担 |
| 9 | 単* | タン | 単独 簡単 |
| 9 | 炭* | タン／すみ | 炭田 石炭 |
| 9 | 胆 | タン | 大胆 豪胆 |
| 11 | 探 | タン／さぐる／さがす | 探検 探知 |
| 11 | 淡 | タン／あわい | 淡白 濃淡 |
| 12 | 短* | タン／みじかい | 短剣 長短 |
| 13 | 嘆 | タン／なげく／なげかわしい | 嘆息 慨嘆 |
| 14 | 端 | タン／はし・は／はた | 端緒 発端 |
| 15 | 誕 | タン | 誕生 生誕 |
| 17 | 鍛 | タン／きたえる | 鍛練 鍛工 |
| 6 | 団* | ダン・トン | 団結 布団 |
| 7 | 男* | ダン・ナン／おとこ | 男性 長男 |
| 9 | 段 | ダン | 段落 階段 |
| 11 | 断* | ダン／たつ／ことわる | 断絶 決断 |

17

| | | | |
|---|---|---|---|
| 12 | 弾 | ダン / ひく・はずむ・たま | 弾丸 銃弾 |
| 13 | 暖* | ダン / あたたか・あたたかい・あたたまる・あたためる | 暖炉 暖房 温暖 |
| 15 | 談* | ダン / ｜ | 談話 会談 |
| 16 | 壇 | ダン・タン / ｜ | 花壇 土壇場 |
| | 【チ】 | | |
| 6 | 地* | チ・ジ / ｜ | 地球 地面 |
| 6 | 池* | チ / いけ | 貯水池 電池 |
| 8 | 知* | チ / しる | 知人 周知 |
| 10 | 値 | チ / ね・あたい | 価値 数値 |
| 10 | 恥 | チ / はじる・はじ・はじらう・はずかしい | 恥辱 無恥 |
| 10 | 致 | チ / いたす | 致死 一致 |
| 12 | 遅 | チ / おくれる・おくらす・おそい | 遅刻 遅日 |
| 13 | 痴 | チ / ｜ | 痴人 白痴 |
| 13 | 稚 | チ / ｜ | 稚魚 幼稚 |
| 13 | 置* | チ / おく | 処置 放置 |
| 6 | 竹* | チク / たけ | 竹林 破竹 |
| 10 | 畜 | チク / ｜ | 畜生 家畜 |
| 10 | 逐 | チク / ｜ | 逐次 放逐 |
| 13 | 蓄 | チク / たくわえる | 蓄財 貯蓄 |
| 16 | 築* | チク / きずく | 築城 建築 |
| 10 | 秩 | チツ / ｜ | 秩序 |
| 11 | 窒 | チツ / ｜ | 窒素 窒息 |
| 9 | 茶* | チャ・サ / ｜ | 茶園 喫茶 |
| 12 | 着* | チャク・ジャク / きる・きせる・つく・つける | 着陸 愛着 |
| 14 | 嫡 | チャク / ｜ | 嫡男 廃嫡 |
| 4 | 中* | チュウ / なか | 中立 的中 |
| 6 | 仲 | チュウ / なか | 仲介 伯仲 |
| 6 | 虫* | チュウ / むし | 害虫 昆虫 |
| 7 | 沖 | チュウ / おき | 沖天 沖積層 |
| 8 | 宙 | チュウ / ｜ | 宇宙 |
| 8 | 忠* | チュウ / ｜ | 忠臣 忠義 |
| 8 | 抽 | チュウ / ｜ | 抽出 抽象 |
| 8 | 注* | チュウ / そそぐ | 注意 発注 |
| 9 | 昼* | チュウ / ひる | 昼食 白昼 |
| 9 | 柱* | チュウ / はしら | 柱石 支柱 |
| 9 | 衷 | チュウ / ｜ | 衷心 苦衷 |
| 15 | 鋳 | チュウ / いる | 鋳鉄 改鋳 |
| 15 | 駐 | チュウ / ｜ | 駐車 常駐 |
| 11 | 著* | チョ / あらわす・いちじるしい | 著者 顕著 |
| 12 | 貯* | チョ / ｜ | 貯金 貯蓄 |
| 2 | 丁* | チョウ・テイ / ｜ | 丁数 壮丁 |
| 4 | 弔 | チョウ / とむらう | 弔意 慶弔 |
| 5 | 庁 | チョウ / ｜ | 庁舎 登庁 |
| 6 | 兆 | チョウ / きざす・きざし | 兆候 前兆 |
| 7 | 町* | チョウ / まち | 町民 町内 |
| 8 | 長* | チョウ / ながい | 長所 会長 |
| 9 | 挑 | チョウ / いどむ | 挑戦 挑発 |
| 11 | 帳* | チョウ / ｜ | 帳面 記帳 |
| 11 | 張* | チョウ / はる | 張力 拡張 |
| 11 | 彫 | チョウ / ほる | 彫刻 木彫 |
| 11 | 眺 | チョウ / ながめる | 眺望 |
| 11 | 釣 | チョウ / つる | 釣魚 釣艇 |
| 11 | 頂 | チョウ / いただく・いただき | 頂上 絶頂 |
| 11 | 鳥* | チョウ / とり | 鳥類 益鳥 |
| 12 | 朝* | チョウ / あさ | 朝刊 帰朝 |
| 12 | 脹 | チョウ / ｜ | 膨脹 |
| 12 | 超 | チョウ / こえる・こす | 超越 超過 |
| 13 | 腸* | チョウ / ｜ | 腸炎 胃腸 |
| 13 | 跳 | チョウ / はねる・とぶ | 跳躍 跳馬 |
| 14 | 徴 | チョウ / ｜ | 徴収 特徴 |
| 15 | 潮 | チョウ / しお | 潮流 風潮 |
| 15 | 澄 | チョウ / すむ・すます | 澄明 清澄 |
| 15 | 調* | チョウ / しらべる・ととのう・ととのえる | 調査 快調 |
| 17 | 聴 | チョウ / きく | 聴衆 謹聴 |
| 18 | 懲 | チョウ / こりる・こらす・こらしめる | 懲役 懲罰 |
| 8 | 直* | チョク・ジキ / ただちに・なおす・なおる | 直角 実直 直訴 正直 |
| 9 | 勅 | チョク / ｜ | 勅語 奉勅 |
| 7 | 沈 | チン / しずむ・しずめる | 沈没 消沈 |
| 9 | 珍 | チン / めずらしい | 珍品 珍客 |
| 10 | 朕 | チン / ｜ | |
| 11 | 陳 | チン / ｜ | 陳列 開陳 |
| 13 | 賃* | チン / ｜ | 賃金 運賃 |
| 18 | 鎮 | チン / しずめる・しずまる | 鎮火 鎮静 |
| | 【ツ】 | | |
| 9 | 追* | ツイ / おう | 追加 急追 |
| 15 | 墜 | ツイ / ｜ | 墜落 墜死 |
| 10 | 通 | ツウ・ツ / とおる・とおす・かよう | 通行 通夜 |
| 12 | 痛 | ツウ / いたい・いたむ・いためる | 痛快 苦痛 |
| 12 | 塚 | ｜ / つか | 貝塚 |
| 14 | 漬 | ｜ / つける・つかる | 漬物 |
| 8 | 坪 | ｜ / つぼ | 坪数 |
| | 【テ】 | | |
| 7 | 低* | テイ / ひくい・ひくめる・ひくまる | 低地 高低 |

18

---

- 7 呈 テイ — 呈上 贈呈
- 7 廷 テイ — 廷吏 法廷
- 7 弟* テイ・ダイ・デ おとうと — 兄弟 弟子
- 8 定* テイ・ジョウ さだめる さだまる さだか — 定刻 定規
- 8 底* テイ そこ — 底辺 海底
- 8 抵 テイ — 抵抗 大抵
- 8 邸 テイ — 邸宅 豪邸
- 9 亭 テイ — 亭主 料亭
- 9 貞 テイ — 貞節 不貞
- 9 帝 テイ — 帝王 皇帝
- 9 訂 テイ — 訂正 校訂
- 10 庭* テイ にわ — 庭園 校庭
- 10 逓 テイ — 逓信 駅逓
- 11 停* テイ — 停車 調停
- 11 偵 テイ — 偵察 探偵
- 12 堤 テイ つつみ — 堤防 突堤
- 12 提* テイ さげる — 提出 前提

---

- 12 程* テイ ほど — 程度 日程
- 13 艇 テイ — 艇身 舟艇
- 15 締 テイ しまる・しめる — 締結 締約
- 8 泥 デイ どろ — 泥土 雲泥
- 8 的* テキ まと — 的中 目的
- 11 笛 テキ ふえ — 霧笛 汽笛
- 14 摘 テキ つむ — 摘出 指摘
- 14 滴* テキ しずく したたる — 滴下 点滴
- 14 適* テキ — 適当 快適
- 15 敵* テキ かたき — 敵陣 強敵
- 8 迭 テツ — 更迭
- 13 哲 テツ — 哲人 先哲
- 13 鉄* テツ — 鉄道 鋼鉄
- 15 徹 テツ — 徹夜 貫徹
- 15 撤 テツ — 撤去 撤退
- 4 天* テン あめ・あま — 天候 晴天
- 8 典* テン — 典雅 辞典

---

- 8 店* テン みせ — 店員 商店
- 9 点* テン — 点滅 得点
- 10 展* テン — 展開 個展
- 11 添 テン そえる・そう — 添加 添削
- 11 転* テン ころがる ころげる ころがす・ころぶ — 転出 好転
- 5 田* デン た — 田園 美田
- 6 伝* デン つたわる・つたえる・つたう — 伝達 皆伝
- 13 殿 デン・テン との・どの — 殿堂 御殿
- 13 電* デン — 電車 発電

【ト】

- 4 斗 ト — 斗酒 北斗七星
- 6 吐 ト はく — 吐露 音吐
- 10 徒* ト — 徒歩 生徒
- 10 途 ト — 途中 帰途
- 11 都* ト・ツ みやこ — 都会 都合
- 12 渡 ト わたる わたす — 渡航 譲渡
- 13 塗 ト ぬる — 塗料 塗炭

---

- 3 土* ド・ト つち — 土木 土地
- 5 奴 ド — 奴隷 守銭奴
- 7 努* ド つとめる — 努力
- 9 度* ド・ト・タク たび — 法度 支度
- 9 怒 ド いかる おこる — 怒気 激怒
- 2 刀* トウ かたな — 刀剣 短刀
- 5 冬* トウ ふゆ — 冬眠 厳冬
- 6 灯* トウ ひ — 灯火 点灯
- 6 当* トウ あたる・あてる — 当選 適当
- 7 投* トウ なげる — 投入 遠投
- 7 豆 トウ・ズ まめ — 豆腐 大豆
- 8 東* トウ ひがし — 東西 極東
- 8 到 トウ — 到着 殺到
- 9 逃 トウ にげる・にがす・のがす・のがれる — 逃亡 逃避
- 10 倒 トウ たおれる たおす — 倒置 転倒
- 10 凍 トウ こおる こごえる — 凍結 冷凍
- 10 唐 トウ から — 唐音 唐突

---

- 10 島* トウ しま — 島民 孤島
- 10 桃 トウ もも — 桃源 桜桃
- 10 討* トウ うつ — 討議 検討
- 10 透 トウ すく・すかす すける — 透明 浸透
- 10 党* トウ — 党派 政党
- 11 悼 トウ いたむ — 悼辞 哀悼
- 11 盗 トウ ぬすむ — 盗賊 強盗
- 11 陶 トウ — 陶器 薫陶
- 12 塔 トウ — 管制塔 石塔
- 12 搭 トウ — 搭載 搭乗
- 12 棟 トウ むね・むな — 病棟 上棟
- 12 湯* トウ ゆ — 湯治 熱湯
- 12 痘 トウ — 天然痘 種痘
- 12 登* トウ・ト のぼる — 登記 登山
- 12 答* トウ こたえる こたえ — 答弁 問答
- 12 等* トウ ひとしい — 等分 平等
- 12 筒 トウ つつ — 円筒 水筒

| 画数 | 漢字 | 音 | 訓 | 例 |
|---|---|---|---|---|
| 12 | 統* | トウ | すべる | 伝統　統計 |
| 14 | 稲 | トウ | いね　いな | 水稲　陸稲 |
| 15 | 踏 | トウ | ふむ　ふまえる | 未踏　踏破 |
| 16 | 糖 | トウ | ― | 砂糖　糖分 |
| 16 | 頭* | トウ・ズ・ト | あたま　かしら | 頭痛　音頭 |
| 17 | 謄 | トウ | ― | 謄写　謄本 |
| 18 | 闘 | トウ | たたかう | 戦闘　闘争 |
| 20 | 騰 | トウ | ― | 沸騰　騰貴 |
| 6 | 同* | ドウ | おなじ | 混同　同情 |
| 9 | 洞 | ドウ | ほら | 空洞　洞察 |
| 10 | 胴 | ドウ | ― | 胴乱　胴体 |
| 11 | 動* | ドウ | うごく　うごかす | 活動　動物 |
| 11 | 堂* | ドウ | ― | 殿堂　堂々 |
| 12 | 童* | ドウ | わらべ | 児童　童話 |
| 12 | 道* | ドウ・トウ | みち | 道徳　神道 |
| 13 | 働* | ドウ | はたらく | 労働　実働 |
| 14 | 銅* | ドウ | ― | 青銅　銅像 |
| 15 | 導* | ドウ | みちびく | 指導　導入 |
| 9 | 峠 | ― | とうげ | 峠道 |
| 10 | 匿 | トク | ― | 隠匿　匿名 |
| 10 | 特* | トク | ― | 独特　特殊 |
| 11 | 得* | トク | える　うる | 会得　得意 |
| 13 | 督 | トク | ― | 監督　督促 |
| 14 | 徳* | トク | ― | 道徳　徳用 |
| 16 | 篤 | トク | ― | 危篤　篤農 |
| 8 | 毒* | ドク | ― | 中毒　毒舌 |
| 9 | 独* | ドク | ひとり | 単独　独断 |
| 14 | 読* | ドク・トク・トウ | よむ | 読書　読点 |
| 5 | 凸 | トツ | ― | 凹凸　凸版 |
| 8 | 突 | トツ | つく | 衝突　突然 |
| 8 | 届* | ― | とどける　とどく | 付け届け |
| 4 | 屯 | トン | ― | 駐屯　屯田 |
| 11 | 豚 | トン | ぶた | 養豚　豚児 |
| 12 | 鈍 | ドン | にぶい　にぶる | 愚鈍　鈍角 |
| 16 | 曇 | ドン | くもる | 晴曇　曇天 |
| | 【ナ】 | | | |
| 4 | 内* | ナイ・ダイ | うち | 内容　参内 |
| 9 | 南* | ナン・ナ | みなみ | 指南　南無 |
| 11 | 軟 | ナン | やわらか　やわらかい | 硬軟　軟化 |
| 18 | 難* | ナン | かたい　むずかしい | 困難　難易 |
| | 【ニ】 | | | |
| 2 | 二* | ニ | ふた　ふたつ | 無二　二分 |
| 5 | 尼 | ニ | あま | 修道尼　尼僧 |
| 6 | 弐* | ニ | ― | 弐万 |
| 6 | 肉* | ニク | ― | 筋肉　肉薄 |
| 4 | 日* | ニチ・ジツ | ひ　か | 平日　日時 |
| 2 | 入* | ニュウ | いる　いれる　はいる | 侵入　入学 |
| 8 | 乳 | ニュウ | ちち　ち | 牛乳　乳液 |
| 7 | 尿 | ニョウ | ― | 利尿　尿素 |
| 6 | 任* | ニン | まかせる　まかす | 責任　任務 |
| 7 | 妊 | ニン | ― | 不妊　妊娠 |
| 7 | 忍 | ニン | しのぶ　しのばせる | 残忍　忍耐 |
| 14 | 認* | ニン | みとめる | 承認　認識 |
| | 【ネ】 | | | |
| 14 | 寧 | ネイ | ― | 安寧　寧日 |
| 15 | 熱* | ネツ | あつい | 情熱　熱湯 |
| 6 | 年* | ネン | とし | 豊年　年代 |
| 8 | 念* | ネン | ― | 断念　念願 |
| 11 | 粘 | ネン | ねばる | 粘着　粘土 |
| 16 | 燃* | ネン | もえる　もやす・もす | 再燃　燃料 |
| | 【ノ】 | | | |
| 10 | 悩 | ノウ | なやむ・なやます | 苦悩　悩殺 |
| 10 | 納* | ノウ・ナッ・ナ・ナン・トウ | おさめる　おさまる | 納得　納屋　出納 |
| 10 | 能* | ノウ | ― | 芸能　能力 |
| 11 | 脳 | ノウ | ― | 頭脳　脳髄 |
| 13 | 農* | ノウ | ― | 酪農　農業 |
| 16 | 濃 | ノウ | こい | 濃淡　濃厚 |
| | 【ハ】 | | | |
| 7 | 把 | ハ | ― | 十把　把握 |
| 8 | 波* | ハ | なみ | 電波　波浪 |
| 9 | 派* | ハ | ― | 流派　派遣 |
| 10 | 破* | ハ | やぶる　やぶれる | 撃破　破壊 |
| 19 | 覇 | ハ | ― | 制覇　覇者 |
| 10 | 馬* | バ | うま　ま | 競馬　馬車 |
| 11 | 婆 | バ | ― | 老婆　産婆 |
| 8 | 拝* | ハイ | おがむ | 崇拝　拝見 |
| 8 | 杯 | ハイ | さかずき | 銀杯　祝杯 |
| 9 | 背 | ハイ | せ・せい　そむく・そむける | 腹背　背後 |
| 9 | 肺 | ハイ | ― | 肺臓　肺炎 |
| 10 | 俳 | ハイ | ― | 俳句　俳優 |
| 10 | 配* | ハイ | くばる | 心配　配分 |
| 11 | 排 | ハイ | ― | 排出　排気 |
| 11 | 敗* | ハイ | やぶれる | 失敗　敗北 |
| 12 | 廃 | ハイ | すたれる　すたる | 荒廃　廃物 |
| 15 | 輩 | ハイ | ― | 先輩　輩出 |

| 획수 | 漢字 | 읽기 | 용례 |
|---|---|---|---|
| 7 | 売* | バイ / うる・うれる | 売買 商売 |
| 10 | 倍* | バイ | 倍率 倍加 |
| 10 | 梅 | バイ / うめ | 梅雨 紅梅 |
| 11 | 培 | バイ / つちかう | 培養 栽培 |
| 11 | 陪 | バイ | 陪席 陪審 |
| 12 | 媒 | バイ | 媒体 触媒 |
| 12 | 買* | バイ / かう | 買収 売買 |
| 15 | 賠 | バイ | 賠償 |
| 5 | 白* | ハク・ビャク / しろ・しら / しろい | 白髪 黒白 |
| 7 | 伯 | ハク | 伯仲 画伯 |
| 8 | 拍 | ハク・ヒョウ | 拍手 拍子 |
| 8 | 泊 | ハク / とまる / とめる | 宿泊 停泊 |
| 8 | 迫 | ハク / せまる | 迫害 切迫 |
| 11 | 舶 | ハク | 舶来 船舶 |
| 12 | 博* | ハク・バク | 博覧 博徒 |
| 16 | 薄 | ハク / うすい・うすめる / うすまる・うすらぐ / うすれる | 薄情 軽薄 |
| 7 | 麦* | バク / むぎ | 麦秋 精麦 |
| 13 | 漠 | バク | 漠然 砂漠 |
| 16 | 縛 | バク / しばる | 束縛 捕縛 |
| 19 | 爆 | バク | 爆発 原爆 |
| 15 | 箱 | はこ | 箱庭 小箱 |
| 9 | 畑* | はた・はたけ | 畑作 麦畑 |
| 6 | 肌 | はだ | 肌色 地肌 |
| 2 | 八* | ハチ / や・やつ / やっつ・よう | 八月 八方 |
| 13 | 鉢 | ハチ・ハツ | 植木鉢 衣鉢 |
| 9 | 発* | ハツ・ホツ | 発明 発作 |
| 14 | 髪 | ハツ / かみ | 頭髪 整髪 |
| 6 | 伐 | バツ | 伐採 征伐 |
| 7 | 抜 | バツ / ぬく・ぬける / ぬかす・ぬかる | 抜群 選抜 |
| 14 | 罰 | バツ・バチ | 罰金 罰当たり |
| 14 | 閥 | バツ | 閥族 派閥 |
| 4 | 反* | ハン・ホン・タン / そる / そらす | 謀反 反物 |
| 5 | 半* | ハン / なかば | 半面 大半 |
| 5 | 犯* | ハン / おかす | 犯罪 侵犯 |
| 6 | 帆 | ハン / ほ | 帆船 出帆 |
| 7 | 伴 | ハン・バン / ともなう | 随伴 伴奏 |
| 7 | 判* | ハン・バン | 判定 大判 |
| 7 | 坂* | ハン / さか | 坂路 急坂 |
| 8 | 板* | ハン・バン / いた | 乾板 黒板 |
| 8 | 版* | ハン | 版画 出版 |
| 10 | 班 | ハン | 班長 班田 |
| 10 | 畔 | ハン | 湖畔 河畔 |
| 10 | 般 | ハン | 先般 諸般 |
| 11 | 販 | ハン | 販売 市販 |
| 12 | 飯* | ハン / めし | 炊飯 赤飯 |
| 13 | 搬 | ハン | 搬入 運搬 |
| 13 | 煩 | ハン・ボン / わずらう / わずらわす | 煩雑 煩悩 |
| 13 | 頒 | ハン | 頒布 頒価 |
| 15 | 範 | ハン | 範囲 模範 |
| 16 | 繁 | ハン | 繁栄 頻繁 |
| 18 | 藩 | ハン | 藩主 廃藩 |
| 12 | 晩 | バン | 晩夏 今晩 |
| 12 | 番* | バン | 番組 順番 |
| 12 | 蛮 | バン | 蛮人 野蛮 |
| 15 | 盤 | バン | 盤根 基盤 |
| | 【ヒ】 | | |
| 4 | 比* | ヒ / くらべる | 比較 無比 |
| 5 | 皮* | ヒ / かわ | 皮膚 樹皮 |
| 6 | 妃 | ヒ | 妃殿下 王妃 |
| 7 | 否* | ヒ / いな | 否定 安否 |
| 7 | 批 | ヒ | 批判 高批 |
| 8 | 彼 | ヒ / かれ / かの | 彼我 彼岸 |
| 8 | 披 | ヒ | 披露 披見 |
| 8 | 肥* | ヒ / こえる・こえ / こやす・こやし | 肥大 施肥 |
| 8 | 非* | ヒ | 非常 是非 |
| 9 | 卑 | ヒ / いやしい / いやしむ / いやしめる | 卑屈 尊卑 |
| 9 | 飛* | ヒ / とぶ・とばす | 飛躍 雄飛 |
| 10 | 疲 | ヒ / つかれる / つからす | 疲労 疲弊 |
| 10 | 秘 | ヒ / ひめる | 秘密 神秘 |
| 10 | 被 | ヒ / こうむる | 被害 外被 |
| 12 | 悲* | ヒ / かなしい / かなしむ | 悲喜 慈悲 |
| 12 | 扉 | ヒ / とびら | 開扉 門扉 |
| 12 | 費* | ヒ / ついやす / ついえる | 費用 消費 |
| 14 | 碑 | ヒ | 碑銘 石碑 |
| 15 | 罷 | ヒ | 罷免 罷業 |
| 16 | 避 | ヒ / さける | 避難 逃避 |
| 7 | 尾 | ビ / お | 尾行 首尾 |
| 9 | 美* | ビ / うつくしい | 美術 賛美 |
| 12 | 備* | ビ / そなえる / そなわる | 備考 準備 |
| 13 | 微 | ビ | 微笑 衰微 |
| 14 | 鼻* | ビ / はな | 鼻孔 酸鼻 |
| 4 | 匹 | ヒツ / ひき | 匹敵 馬匹 |
| 5 | 必* | ヒツ / かならず | 必要 必死 |
| 8 | 泌 | ヒツ・ヒ | 分泌 泌尿器 |
| 12 | 筆* | ヒツ / ふで | 筆記 毛筆 |

| | | | |
|---|---|---|---|
| 10 | 姫 | ひめ | 姫松 |
| 6 | 百* | ヒャク | 百貨店　数百 |
| 5 | 氷* | ヒョウ　こおり・ひ | 氷山　製氷 |
| 8 | 表* | ヒョウ　おもて・あらわす・あらわれる | 表面　発表 |
| 10 | 俵* | ヒョウ　たわら | 俵数　土俵 |
| 11 | 票* | ヒョウ | 票決　得票 |
| 12 | 評* | ヒョウ | 評判　批評 |
| 14 | 漂 | ヒョウ　ただよう | 漂流　漂泊 |
| 15 | 標* | ヒョウ | 標語　目標 |
| 8 | 苗 | ビョウ　なえ・なわ | 痘苗　種苗 |
| 9 | 秒* | ビョウ | 秒速　寸秒 |
| 10 | 病* | ビョウ・ヘイ　やむ・やまい | 病人　疾病 |
| 11 | 描 | ビョウ　えがく | 描写　素描 |
| 11 | 猫 | ビョウ　ねこ | 愛猫 |
| 9 | 品* | ヒン　しな | 品質　上品 |
| 10 | 浜 | ヒン　はま | 海浜　京浜 |
| 11 | 貧* | ヒン・ビン　まずしい | 貧富　清貧 |
| 15 | 賓 | ヒン | 賓客　来賓 |
| 16 | 頻 | ヒン | 頻発　頻繁 |
| 10 | 敏 | ビン | 敏速　俊敏 |
| 11 | 瓶 | ビン | 瓶詰　花瓶 |
| | 【フ】 | | |
| 4 | 不* | フ・ブ | 不幸　不作法 |
| 4 | 夫* | フ・フウ　おっと | 夫人　夫婦 |
| 4 | 父* | フ　ちち | 父母　祖父 |
| 5 | 付* | フ　つける・つく | 付録　添付 |
| 5 | 布* | フ　ぬの | 布告　公布 |
| 7 | 扶 | フ | 扶養　扶助 |
| 8 | 府* | フ | 府庁　政府 |
| 8 | 怖 | フ　こわい | 恐怖　驚怖 |
| 8 | 附 | フ | 附属　寄附 |
| 9 | 負* | フ　まける・まかす・おう | 負担　勝負 |
| 9 | 赴 | フ　おもむく | 赴任 |
| 10 | 浮 | フ　うく・うかれる・うかぶ・うかべる | 浮力　浮沈 |
| 11 | 婦* | フ | 婦人　主婦 |
| 11 | 符 | フ | 符号　音符 |
| 12 | 富* | フ・フウ　とむ・とみ | 富豪　富貴 |
| 12 | 普 | フ | 普通　普及 |
| 14 | 腐 | フ　くさる・くされる・くさらす | 腐敗　豆腐 |
| 15 | 敷 | フ　しく | 敷設 |
| 15 | 膚 | フ | 皮膚　完膚 |
| 15 | 賦 | フ | 賦与　月賦 |
| 19 | 譜 | フ | 譜面　楽譜 |
| 8 | 侮 | ブ　あなどる | 侮辱　軽侮 |
| 8 | 武* | ブ・ム | 武力　武者 |
| 11 | 部* | ブ | 部分　全部 |
| 15 | 舞 | ブ　まう・まい | 舞台　洋舞 |
| 9 | 封 | フウ・ホウ | 封書　封建的 |
| 9 | 風* | フウ・フ　かぜ・かざ | 風雨　風情 |
| 6 | 伏 | フク　ふせる・ふす | 伏線　起伏 |
| 8 | 服* | フク | 服装　衣服 |
| 11 | 副* | フク | 副業　副賞 |
| 12 | 幅 | フク　はば | 幅員　振幅 |
| 12 | 復* | フク | 復習　往復 |
| 13 | 福* | フク | 福祉　幸福 |
| 13 | 腹 | フク　はら | 腹案　立腹 |
| 14 | 複* | フク | 複数　重複 |
| 18 | 覆 | フク　おおう・くつがえす・くつがえる | 覆面　転覆 |
| 5 | 払 | フツ　はらう | 払底　払暁 |
| 8 | 沸 | フツ　わく・わかす | 沸点　煮沸 |
| 4 | 仏* | ブツ　ほとけ | 仏像　石仏 |
| 8 | 物* | ブツ・モツ　もの | 物体　貨物 |
| 10 | 粉* | フン　こ・こな | 粉飾　鉄粉 |
| 10 | 紛 | フン　まぎれる・まぎらす・まぎらわす・まぎらわしい | 紛争　紛糾　紛失　内紛 |
| 12 | 雰 | フン | 雰囲気 |
| 15 | 噴 | フン　ふく | 噴火　噴出 |
| 15 | 墳 | フン | 墳墓　古墳 |
| 15 | 憤 | フン　いきどおる | 憤慨　義憤 |
| 16 | 奮* | フン　ふるう | 奮闘　発奮 |
| 4 | 分* | ブン・フン・ブ　わける・わかれる・わかる・わかつ | 分数　部分 |
| 4 | 文* | ブン・モン　ふみ | 文学　証文 |
| 14 | 聞* | ブン・モン　きく・きこえる | 新聞　前代未聞 |
| | 【ヘ】 | | |
| 5 | 丙 | ヘイ | 丙種　甲乙丙 |
| 5 | 平* | ヘイ・ビョウ　たいら・ひら | 平和　平等 |
| 7 | 兵* | ヘイ・ヒョウ | 兵器　雑兵 |
| 8 | 併 | ヘイ　あわせる | 併用　合併 |
| 8 | 並 | ヘイ　なみ・ならべる・ならぶ・ならびに | 並列　並行 |
| 9 | 柄 | ヘイ　がら・え | 横柄　葉柄 |
| 10 | 陛* | ヘイ | 陛下 |
| 11 | 閉 | ヘイ　とじる・とざす・しめる・しまる | 閉店　開閉 |
| 12 | 塀 | ヘイ | 板塀 |
| 15 | 幣 | ヘイ | 紙幣　貨幣 |
| 15 | 弊 | ヘイ | 弊害　悪弊 |

22

| 画数 | 漢字 | 読み | 用例 |
|---|---|---|---|
| 6 | 米* | ベイ・マイ こめ | 米食 新米 |
| 16 | 壁 | ヘキ かべ | 壁画 絶壁 |
| 18 | 癖 | ヘキ くせ | 習癖 悪癖 |
| 7 | 別* | ベツ わかれる | 別格 特別 |
| 4 | 片 | ヘン かた | 片言 破片 |
| 5 | 辺* | ヘン あたり べ | 辺境 周辺 |
| 7 | 返* | ヘン かえす かえる | 返事 返書 |
| 9 | 変* | ヘン かわる かえる | 変化 急変 |
| 11 | 偏 | ヘン かたよる | 偏見 不偏 |
| 12 | 遍 | ヘン ― | 遍歴 普遍 |
| 15 | 編* | ヘン あむ | 編集 続編 |
| 5 | 弁* | ベン ― | 弁解 雄弁 |
| 9 | 便* | ベン・ビン たより | 便利 郵便 |
| 10 | 勉* | ベン ― | 勉強 勤勉 |
| | 【ホ】 | | |
| 8 | 歩* | ホ・ブ・フ あるく あゆむ | 歩行 歩合 |
| 9 | 保* | ホ たもつ | 保持 確保 |
| 10 | 捕 | ホ とらえる とらわれる とる つかまえる つかまる | 捕鯨 捕虜 逮捕 |
| 10 | 浦 | ホ うら | 曲浦 |
| 12 | 補* | ホ おぎなう | 補充 候補 |
| 15 | 舗 | ホ ― | 舗道 店舗 |
| 5 | 母* | ボ はは | 母性 継母 |
| 12 | 募 | ボ つのる | 募集 応募 |
| 13 | 墓* | ボ はか | 墓地 墳墓 |
| 14 | 慕 | ボ したう | 慕情 思慕 |
| 14 | 暮 | ボ くれる くらす | 暮春 薄暮 |
| 19 | 簿 | ボ ― | 簿記 帳簿 |
| 4 | 方* | ホウ かた | 方角 前方 |
| 5 | 包* | ホウ つつむ | 包帯 包容力 |
| 7 | 芳 | ホウ かんばしい | 芳香 芳名 |
| 7 | 邦 | ホウ ― | 邦人 異邦 |
| 8 | 奉 | ホウ・ブ たてまつる | 奉納 奉行 |
| 8 | 宝 | ホウ たから | 宝石 国宝 |
| 8 | 抱 | ホウ だく いだく かかえる | 抱擁 介抱 |
| 8 | 放* | ホウ はなす はなつ はなれる | 放送 開放 |
| 8 | 法* | ホウ・ハッ・ホッ ― | 法度 法主 |
| 8 | 泡 | ホウ あわ | 気泡 水泡 |
| 9 | 胞 | ホウ ― | 胞子 同胞 |
| 10 | 俸 | ホウ ― | 俸給 本俸 |
| 10 | 倣 | ホウ ならう | 模倣 |
| 10 | 峰 | ホウ みね | 連峰 高峰 |
| 10 | 砲 | ホウ ― | 砲台 大砲 |
| 11 | 崩 | ホウ くずれる くずす | 崩壊 崩落 |
| 11 | 訪 | ホウ おとずれる たずねる | 訪問 探訪 |
| 12 | 報* | ホウ むくいる | 報告 吉報 |
| 13 | 豊* | ホウ ゆたか | 豊作 豊満 |
| 13 | 飽 | ホウ あきる あかす | 飽食 飽和 |
| 15 | 褒 | ホウ ほめる | 褒章 褒美 |
| 16 | 縫 | ホウ ぬう | 縫製 裁縫 |
| 3 | 亡 | ボウ・モウ ない | 死亡 亡者 |
| 4 | 乏 | ボウ とぼしい | 欠乏 貧乏 |
| 6 | 忙 | ボウ いそがしい | 忙殺 多忙 |
| 7 | 坊 | ボウ・ボッ ― | 坊主 坊ちゃん |
| 7 | 妨 | ボウ さまたげる | 妨害 |
| 7 | 忘 | ボウ わすれる | 忘却 備忘 |
| 7 | 防* | ボウ ふせぐ | 防戦 国防 |
| 8 | 房 | ボウ ふさ | 暖房 女房 |
| 8 | 肪 | ボウ ― | 脂肪 |
| 9 | 某 | ボウ ― | 某所 某氏 |
| 9 | 冒 | ボウ おかす | 冒険 感冒 |
| 10 | 剖 | ボウ ― | 解剖 |
| 10 | 紡 | ボウ つむぐ | 紡績 混紡 |
| 11 | 望* | ボウ・モウ のぞむ | 望見 所望 |
| 12 | 傍 | ボウ かたわら | 傍線 路傍 |
| 12 | 帽 | ボウ ― | 帽子 制帽 |
| 12 | 棒 | ボウ ― | 棒暗記 鉄棒 |
| 12 | 貿* | ボウ ― | 貿易 |
| 15 | 暴* | ボウ・バク あばく あばれる | 暴挙 暴露 |
| 16 | 膨 | ボウ ふくらむ ふくれる | 膨脹 膨大 |
| 16 | 謀 | ボウ・ム はかる | 謀議 謀反 |
| 5 | 北* | ホク きた | 北極 南北 |
| 4 | 木* | ボク・モク き・こ | 木石 木材 |
| 6 | 朴 | ボク ― | 純朴 素朴 |
| 8 | 牧* | ボク まき | 牧場 放牧 |
| 14 | 僕 | ボク ― | 下僕 公僕 |
| 14 | 墨 | ボク すみ | 墨画 白墨 水墨 |
| 15 | 撲 | ボク ― | 撲殺 打撲 |
| 7 | 没 | ボツ ― | 没落 埋没 |
| 11 | 堀 | ほり | 釣堀 外堀 |
| 5 | 本* | ホン もと | 本国 資本 |
| 8 | 奔 | ホン ― | 奔走 出奔 |
| 18 | 翻 | ホン ひるがえる ひるがえす | 翻訳 翻案 |
| 3 | 凡 | ボン・ハン ― | 凡人 凡例 |
| 9 | 盆 | ボン ― | 盆栽 旧盆 |

| | | | |
|---|---|---|---|
| 【マ】 | | | |
| 11 | 麻 | マ あさ | 麻薬 亜麻 |
| 15 | 摩 | マ | 摩擦 摩天楼 |
| 16 | 磨 | マ みがく | 研磨 |
| 21 | 魔 | マ | 魔王 悪魔 |
| 6 | 毎* | マイ | 毎日 毎週 |
| 8 | 妹* | マイ いもうと | 弟妹 姉妹 |
| 8 | 枚 | マイ | 枚挙 枚数 |
| 10 | 埋 | マイ うめる・うまる うもれる | 埋没 埋葬 |
| 13 | 幕 | マク・バク | 暗幕 幕府 |
| 14 | 膜 | マク | 網膜 腹膜 |
| 2 | 又 | また | 又聞き |
| 5 | 末* | マツ・バツ すえ | 末代 末子 |
| 8 | 抹 | マツ | 抹殺 抹消 |
| 3 | 万* | マン・バン | 万年 万歳 |
| 12 | 満* | マン みちる みたす | 満足 充満 |
| 14 | 慢 | マン | 慢心 高慢 |

| | | | |
|---|---|---|---|
| 14 | 漫 | マン | 漫画 散漫 |
| 【ミ】 | | | |
| 5 | 未* | ミ | 未定 未来 |
| 8 | 味* | ミ あじ あじわう | 味覚 風味 |
| 15 | 魅 | ミ | 魅力 魅惑 |
| 8 | 岬 | みさき | |
| 11 | 密 | ミツ | 密談 秘密 |
| 10 | 脈* | ミャク | 脈絡 山脈 |
| 7 | 妙 | ミョウ | 妙味 微妙 |
| 5 | 民* | ミン たみ | 民主 市民 |
| 10 | 眠 | ミン ねむる ねむい | 睡眠 安眠 |
| 【ム】 | | | |
| 5 | 矛 | ム ほこ | 矛盾 |
| 11 | 務* | ム つとめる | 事務 職務 |
| 12 | 無* | ム・ブ ない | 無理 絶無 |
| 13 | 夢 | ム ゆめ | 夢中 悪夢 |
| 19 | 霧 | ム きり | 霧散 濃霧 |

| | | | |
|---|---|---|---|
| 10 | 娘 | むすめ | 娘心 小娘 |
| 【メ】 | | | |
| 6 | 名* | メイ・ミョウ な | 名作 戒名 |
| 8 | 命* | メイ・ミョウ いのち | 命令 寿命 |
| 8 | 明* | メイ・ミョウ あかり・あかるい あかるむ あからむ あきらか・あける あく・あくる あかす | 明言 明快 解明 明白 光明 |
| 13 | 盟* | メイ | 盟友 同盟 |
| 9 | 迷* | メイ まよう | 迷路 混迷 |
| 14 | 銘 | メイ | 銘記 感銘 |
| 14 | 鳴* | メイ なく・なる ならす | 鳴動 雷鳴 |
| 13 | 滅 | メツ ほろびる ほろぼす | 滅亡 壊滅 |
| 8 | 免 | メン まぬかれる | 免許 放免 |
| 9 | 面* | メン おも・おもて つら | 面前 顔面 |
| 14 | 綿* | メン わた | 綿花 純綿 |
| 【モ】 | | | |
| 8 | 茂 | モ しげる | 繁茂 |
| 14 | 模 | モ・ボ | 模型 規模 |

| | | | |
|---|---|---|---|
| 4 | 毛* | モウ け | 毛髪 羊毛 |
| 6 | 妄 | モウ・ボウ | 妄信 妄言 |
| 8 | 盲 | モウ | 盲人 全盲 |
| 10 | 耗 | モウ・コウ | 消耗 心身耗弱 |
| 11 | 猛 | モウ | 猛烈 勇猛 |
| 14 | 網 | モウ あみ | 網膜 漁網 |
| 5 | 目* | モク・ボク め・ま | 目測 面目 |
| 15 | 黙 | モク だまる | 黙殺 沈黙 |
| 8 | 門* | モン かど | 門番 専門 |
| 10 | 紋 | モン | 紋様 家紋 |
| 11 | 問* | モン とう・とい とん | 問題 質問 |
| 4 | 匁 | もんめ | |
| 【ヤ】 | | | |
| 8 | 夜* | ヤ よ よる | 夜行 暗夜 |
| 11 | 野* | ヤ の | 野人 広野 |
| 4 | 厄 | ヤク | 災厄 厄介 |
| 7 | 役* | ヤク・エキ | 役人 使役 |

| | | | |
|---|---|---|---|
| 9 | 約* | ヤク | 約束 確約 |
| 11 | 訳* | ヤク わけ | 訳者 翻訳 |
| 16 | 薬* | ヤク くすり | 薬草 良薬 |
| 21 | 躍 | ヤク おどる | 躍動 跳躍 |
| 【ユ】 | | | |
| 5 | 由* | ユ・ユウ・ユイ よし | 理由 由緒 |
| 8 | 油* | ユ あぶら | 油脂 重油 |
| 12 | 愉 | ユ | 愉快 愉悦 |
| 16 | 諭 | ユ さとす | 諭旨 教諭 |
| 16 | 輸* | ユ | 輸入 密輸 |
| 18 | 癒 | ユ | 治癒 平癒 |
| 11 | 唯 | ユイ・イ | 唯一 唯々諾々 |
| 4 | 友* | ユウ とも | 友人 親友 |
| 6 | 有* | ユウ・ウ ある | 有名 有無 |
| 9 | 勇* | ユウ いさむ | 勇気 豪勇 |
| 9 | 幽 | ユウ | 幽霊 幽谷 |
| 11 | 悠 | ユウ | 悠々 悠長 |

24

| 画数 | 漢字 | 読み | 用例 |
|---|---|---|---|
| 11 | 郵 | ユウ ｜ | 郵便 郵送 |
| 12 | 猶 | ユウ ｜ | 猶予 |
| 12 | 裕 | ユウ ｜ | 裕福 余裕 |
| 12 | 遊* | ユウ・ユ あそぶ | 遊戯 遊山 |
| 12 | 雄 | ユウ お・おす | 雄弁 英雄 |
| 14 | 誘 | ユウ さそう | 誘惑 勧誘 |
| 15 | 憂 | ユウ うれえる うれい・うい | 憂慮 内憂 |
| 16 | 融 | ユウ ｜ | 融解 金融 |
| 17 | 優 | ユウ やさしい すぐれる | 優秀 俳優 |
| | 【ヨ】 | | |
| 3 | 与 | ヨ あたえる | 与党 寄与 |
| 4 | 予* | ヨ ｜ | 予見 猶予 |
| 7 | 余* | ヨ あまる あます | 余分 残余 |
| 13 | 誉 | ヨ ほまれ | 名誉 栄誉 |
| 13 | 預* | ヨ あずける あずかる | 預金 預言 |
| 5 | 幼 | ヨウ おさない | 幼児 幼稚 |
| 5 | 用* | ヨウ もちいる | 用意 使用 |
| 6 | 羊 | ヨウ ひつじ | 羊毛 牧羊 |
| 9 | 洋* | ヨウ ｜ | 洋上 海洋 |
| 9 | 要* | ヨウ いる | 要点 必要 |
| 10 | 容* | ヨウ ｜ | 容色 内容 |
| 11 | 庸 | ヨウ ｜ | 凡庸 |
| 12 | 揚 | ヨウ あげる あがる | 揚水 掲揚 |
| 12 | 揺 | ヨウ ゆれる・ゆる ゆらぐ・ゆるぐ ゆする ゆさぶる ゆすぶる | 動揺 |
| 12 | 葉* | ヨウ は | 葉脈 紅葉 |
| 12 | 陽* | ヨウ ｜ | 陽光 太陽 |
| 13 | 溶 | ヨウ とける とかす・とく | 溶解 水溶 |
| 13 | 腰 | ヨウ こし | 腰痛 腰部 |
| 14 | 様* | ヨウ さま | 様式 模様 |
| 14 | 踊 | ヨウ おどる おどり | 舞踊 |
| 15 | 窯 | ヨウ かま | 窯業 |
| 15 | 養* | ヨウ やしなう | 養育 休養 |
| 16 | 擁 | ヨウ ｜ | 擁護 抱擁 |
| 16 | 謡 | ヨウ うたい うたう | 謡曲 歌謡 |
| 18 | 曜* | ヨウ ｜ | 曜日 日曜 |
| 7 | 抑 | ヨク おさえる | 抑圧 抑揚 |
| 10 | 浴* | ヨク あびる あびせる | 浴場 水浴 |
| 11 | 欲* | ヨク ほっする ほしい | 欲望 食欲 |
| 11 | 翌 | ヨク ｜ | 翌日 翌年 |
| 17 | 翼 | ヨク つばさ | 翼賛 尾翼 |
| | 【ラ】 | | |
| 13 | 裸 | ラ はだか | 裸体 全裸 |
| 19 | 羅 | ラ ｜ | 羅列 網羅 |
| 7 | 来* | ライ くる・きたる きたす | 来年 往来 |
| 13 | 雷 | ライ かみなり | 雷雨 魚雷 |
| 16 | 頼 | ライ たのむ・たよる たのもしい | 依頼 信頼 |
| 12 | 絡 | ラク からむ からまる | 連絡 脈絡 |
| 12 | 落* | ラク おちる おとす | 落語 集落 |
| 13 | 酪 | ラク ｜ | 酪農 |
| 7 | 乱 | ラン みだれる みだす | 乱戦 混乱 |
| 7 | 卵 | ラン たまご | 卵黄 鶏卵 |
| 17 | 覧 | ラン ｜ | 観覧 展覧 |
| 18 | 濫 | ラン ｜ | 濫費 濫用 |
| 20 | 欄 | ラン ｜ | 欄干 空欄 |
| | 【リ】 | | |
| 6 | 吏 | リ ｜ | 吏員 能吏 |
| 7 | 利* | リ きく | 利益 鋭利 |
| 7 | 里* | リ さと | 里程 郷里 |
| 11 | 理* | リ ｜ | 理由 整理 |
| 12 | 痢 | リ ｜ | 疫痢 赤痢 |
| 13 | 裏 | リ うら | 裏面 表裏 |
| 15 | 履 | リ はく | 履歴 弊履 |
| 18 | 離 | リ はなれる はなす | 離別 分離 |
| 11 | 陸* | リク ｜ | 陸地 着陸 |
| 5 | 立* | リツ・リュウ たつ たてる | 立身 建立 |
| 9 | 律* | リツ・リチ ｜ | 法律 律儀 |
| 11 | 略* | リャク ｜ | 略称 計略 |
| 9 | 柳 | リュウ やなぎ | 花柳界 川柳 |
| 10 | 流* | リュウ・ル ながれる ながす | 電流 流布 |
| 10 | 留* | リュウ・ル とめる とまる | 保留 留守 |
| 10 | 竜 | リュウ たつ | 竜頭蛇尾 |
| 11 | 粒 | リュウ つぶ | 粒子 粒状 |
| 11 | 隆 | リュウ ｜ | 隆盛 興隆 |
| 12 | 硫 | リュウ ｜ | 硫安 硫酸 |
| 10 | 旅* | リョ たび | 旅行 旅情 |
| 13 | 虜 | リョ ｜ | 虜囚 捕虜 |
| 15 | 慮 | リョ ｜ | 慮外 配慮 |
| 2 | 了 | リョウ ｜ | 了解 完了 |
| 6 | 両* | リョウ ｜ | 両親 千両 |
| 7 | 良* | リョウ よい | 良好 善良 |
| 10 | 料* | リョウ ｜ | 料理 材料 |
| 11 | 涼 | リョウ すずしい すずむ | 涼味 納涼 |
| 11 | 猟 | リョウ ｜ | 猟師 狩猟 |
| 11 | 陵 | リョウ みささぎ | 陵墓 丘陵 |

| | | | |
|---|---|---|---|
| 12 | 量* | リョウ はかる | 量産 測量 |
| 14 | 僚 | リョウ | 僚友 同僚 |
| 14 | 領* | リョウ | 領土 要領 |
| 15 | 寮 | リョウ | 寮母 茶寮 |
| 17 | 療 | リョウ | 療養 治療 |
| 18 | 糧 | リョウ・ロウ かて | 糧食 兵糧 |
| 2 | 力* | リョク・リキ ちから | 権力 力作 |
| 14 | 緑* | リョク・ロク みどり | 新緑 緑青 |
| 8 | 林* | リン はやし | 林立 山林 |
| 9 | 厘 | リン | 厘毛 一厘 |
| 10 | 倫 | リン | 倫理 絶倫 |
| 15 | 輪* | リン わ | 輪番 車輪 |
| 16 | 隣 | リン となる となり | 隣室 近隣 |
| 18 | 臨* | リン のぞむ | 臨床 君臨 |
| | 【ル】 | | |
| 10 | 涙 | ルイ なみだ | 感涙 落涙 |
| 11 | 累 | ルイ | 累積 係累 |
| 12 | 塁 | ルイ | 塁審 敵塁 |
| 18 | 類* | ルイ | 類型 種類 |
| | 【レ】 | | |
| 5 | 令* | レイ | 令嬢 命令 |
| 5 | 礼* | レイ・ライ | 礼儀 礼賛 |
| 7 | 冷* | レイ つめたい・ひえる ひや・ひやす ひやかす さめる さます | 冷却 冷淡 寒冷 |
| 7 | 励 | レイ はげむ はげます | 励行 奨励 |
| 7 | 戻 | レイ もどす もどる | 戻入 返戻 |
| 8 | 例* | レイ たとえる | 例外 用例 |
| 13 | 鈴 | レイ・リン すず | 電鈴 風鈴 |
| 13 | 零 | レイ | 零細 零落 |
| 15 | 霊 | レイ・リョウ たま | 霊感 悪霊 |
| 16 | 隷 | レイ | 隷属 奴隷 |
| 17 | 齢 | レイ | 樹齢 妙齢 |
| 19 | 麗 | レイ うるわしい | 麗人 美麗 |
| 14 | 暦 | レキ こよみ | 暦年 還暦 |
| 14 | 歴* | レキ | 歴史 経歴 |
| 6 | 列* | レツ | 列車 陳列 |
| 6 | 劣 | レツ おとる | 劣等 卑劣 |
| 10 | 烈 | レツ | 烈火 壮烈 |
| 12 | 裂 | レツ さく さける | 裂傷 分裂 |
| 10 | 恋 | レン こう・こい こいしい | 恋愛 失恋 |
| 10 | 連* | レン つらなる つらねる・つれる | 連合 関連 |
| 13 | 廉 | レン | 廉価 清廉 |
| 14 | 練* | レン ねる | 練習 熟練 |
| 16 | 錬 | レン | 錬金術 鍛錬 |
| | 【ロ】 | | |
| 8 | 炉 | ロ | 炉辺 暖炉 |
| 13 | 路* | ロ じ | 路上 道路 |
| 21 | 露 | ロ・ロウ つゆ | 露出 披露 |
| 6 | 老* | ロウ おいる ふける | 老巧 長老 |
| 7 | 労* | ロウ | 労力 疲労 |
| 9 | 郎 | ロウ | 郎等 下郎 |
| 10 | 朗 | ロウ ほがらか | 朗読 明朗 |
| 10 | 浪 | ロウ | 浪人 激浪 |
| 12 | 廊 | ロウ | 廊下 回廊 |
| 13 | 楼 | ロウ | 楼門 高楼 |
| 14 | 漏 | ロウ もる・もれる もらす | 漏水 遺漏 |
| 4 | 六* | ロク むっ・むつ むっつ・むい | 六法 丈六 |
| 16 | 録* | ロク | 録音 記録 |
| 15 | 論* | ロン | 論争 議論 |
| | 【ワ】 | | |
| 8 | 和* | ワ・オ やわらぐ やわらげる なごむ・なごやか | 和平 和尚 |
| 13 | 話* | ワ はなす・はなし | 話題 講話 |
| 13 | 賄 | ワイ まかなう | 賄賂 収賄 |
| 12 | 惑 | ワク まどう | 惑星 困惑 |
| 8 | 枠 | わく | 枠内 窓枠 |
| 12 | 湾 | ワン | 湾内 港湾 |
| 12 | 腕 | ワン うで | 腕力 敏腕 |